Carl-Auer

„Ich könnte mir vorstellen, dass der Konstruktivismus in unserem Buch überhaupt nicht vorkommt, sondern dass wir eine Haltung präsentieren."

Heinz von Foerster

„Wie kann ich denn sicher sein, dass der Weg wirklich die Farbe hat, die ich sehe, von sich aus, ohne dass ich ihn ansehe?"

Junge, 10 Jahre

Gewidmet Heinz von Foerster, der am 2. Oktober 2002 verstarb

LernLust
und EigenSinn

Reinhard Voß (Hrsg.)
Systemisch-konstruktivistische Lernwelten

Zweite Auflage, 2006

Über alle Rechte der deutschen Ausgabe verfügt Carl-Auer-Systeme
Verlag und Verlagsbuchhandlung GmbH; Heidelberg
Fotomechanische Wiedergabe nur mit Genehmigung des Verlages
Satz: Verlagsservice Josef Hegele, Dossenheim
Umschlaggestaltung: Goebel/Riemer
Umschlagbild: Joan Miró: Femmes, oiseau et goutte d'ean ...
© Sucdessió Miró/VG Bild-Kunst, Bonn 2006
Printed in the Netherlands
Druck und Bindung: Koninklijke Wöhrmann, Zutphen

Zweite Auflage, 2006
ISBN-13: 978-3-89670-480-1
ISBN-10: 3-89670-480-X
© 2005, 2006 Carl-Auer-Systeme, Heidelberg

Die Deutsche Bibliothek verzeichnet diese Publikation
in der Deutschen Nationalbibliografie;
detaillierte bibliografische Daten sind im
Internet über http://dnb.ddb.de abrufbar.

Informationen zu unserem gesamten Programm, unseren Autoren
und zum Verlag finden Sie unter: **www.carl-auer.de**.

Wenn Sie unseren Newsletter zu aktuellen Neuerscheinungen
und anderen Neuigkeiten abonnieren möchten, schicken Sie
einfach eine leere E-Mail an: **carl-auer-info-on@carl-auer.de**.

Carl-Auer Verlag
Häusserstr. 14
69115 Heidelberg
Tel. 0 62 21-64 38 0
Fax 0 62 21-64 38 22
E-Mail: info@carl-auer.de

Inhaltsverzeichnis

Lesezeichen ... 8

Reinhard Voß
**Schaut euch an diese Hose, und schaut euch an die Welt! –
Die Schule(n) neu erfinden II** ... 9

Praxis, Reflexion, Vernetzung

Angelika Beck
**„Schlaf, mit wem du willst!" –
Effi Briest als Unterrichtsabenteuer** ... 22

Falko Peschel
Offener Unterricht und sein Potenzial ... 32

Alois Niggli
**Die Passung von Instruktion und Selbstlernen
als Grundelement arrangierter Lernwelten** ... 42

Horst Siebert
Nachgefragt: Die Konstruktion lebenslangen Lernens ... 54

Rolf Balgo
**Wie konstruiere ich mir eine Lernbehinderung?
Eine provokative Anleitung** ... 65

Jochen Schweitzer
**„Und konnten zusammen nicht kommen" –
Warum Schule und Jugendhilfe nicht zueinander passen
und daher eigentlich gut kooperieren können ... 77**

Reinhard Voß
**„Bitte nicht helfen, es geht mir schon schlecht genug!" –
Den Beitrag der Psychotherapie für die Schul- und Unterrichtswirklichkeiten
konstruktiv gestalten ... 87**

Fremde Blicke

Siegfried J. Schmidt
Selbstorganisation und Lernkultur ... 99

Jim Garrison und Stefan Neubert
Bausteine für eine Theorie des kreativen Zuhörens ... 109

Norbert Schläbitz
**Vom Dirigieren zum Moderieren oder:
„Lernumwelten" in flexiblen Wissenswelten ... 121**

Xaver Büeler
**Vom Beobachten zum Entwickeln – Ein kritischer Blick hinter die Kulissen
von Bildungsevaluation, Schulentwicklung und Bildungsmanagement ... 135**

Hans Rudi Fischer
Poesie, Logik und Kreativität – Für eine Pädagogik der Einbildungskraft ... 144

Clemens Albrecht
**PISA oder: Über die Unwahrscheinlichkeit, lesen zu können.
Literalität als Bildungsziel? ... 155**

Zum Stand der Kunst

Rolf von Lüde
**Schulentwicklung und das Nadelöhr des Bewusstseins –
Wie Schulen ihre eigene Wirklichkeit verändern können ... 167**

Kersten Reich
Konstruktivistische Didaktik auf dem Weg, die Didaktik neu zu erfinden ... 179

Lilian Fried
„Ich seh etwas, das du nicht siehst!" – Systemtheoretische Schultheorie nach Niklas Luhmann als Reflexionshilfe für pädagogische Berufe ... 191

Rolf Arnold
Die Systemik der Berufsbildung ... 201

Wolfgang Sander
Neue Lernkulturen in der *politischen Bildung* – Konzeptuelles Deutungswissen Stichworte zu konstruktivistischen Perspektiven ... 213

Konstruktivistische Lehrerbildung

Bernhard Pörksen
**Die Form und die Botschaft –
Die kommunikative Matrix einer konstruktivistischen Hochschuldidaktik ... 224**

Andreas Völkel und Bärbel Völkel
**Es könnte auch anders sein –
Lehrerbildung im Spannungsfeld zwischen Erfahrung und Antizipation ... 233**

Mediale Wissenskonstruktion

Wolf-Andreas Liebert
Wissenskonstruktion durch kooperatives Schreiben in Netzwerkmedien ... 244

Iris Meißner
Virtuelle Unterrichtsformen – Chancen für die Grammatik ... 257

Literatur ... 267
Verzeichnis der Autorinnen und Autoren ... 286

Lesezeichen

In der Tradition meiner bisherigen Publikationen zielt auch der vorliegende Reader mit der Vielzahl seiner Autoren und Positionen bewusst darauf ab, *Vielfalt* zu erzeugen. Über einen ständigen Wechsel der *Perspektiven* soll (ohne jeden Anspruch auf Vollständigkeit) die Breite systemisch-konstruktivistischer AnSichten bezüglich des Wandels der *Lernkulturen* in Schule und Unterricht vorgestellt werden. Angeboten wird ein *Netzwerk* aus verschiedenen jeweils stärker theorie- oder praxisorientierten Beiträgen, die die Leser in die Entscheidung stellen, ihren je individuellen Einstieg in das Thema zu finden. Ein Netzwerk hat keinen Anfang und kein Ende. Es ist ein Konstrukt vom Schulleben, an dem der einzelne Leser vor dem Hintergrund seiner Biografie und Berufserfahrung, seiner täglichen Unterrichtspraxis, seines Bedürfnisses nach Veränderung und der Gestaltung von Visionen mit *Lernlust* und *Eigensinn* teilhaben kann.

Gekoppelt daran besteht die Möglichkeit, in ein zweites *Netzwerk* einzutreten. Über den Adressenpool systemisch-konstruktivistischer Lehrerinnen und Lehrer (http://www.uni-koblenz.de/~didaktik/voss/netzwerk/netzwerk.htm) kann ein persönlicher Kontakt und damit ein direkter Erfahrungsaustausch mit engagierten Kolleginnen und Kollegen hergestellt werden. Bisherige Reader:

SchulVisionen – Theorie und Praxis systemisch-konstruktivistischer Pädagogik (1998); Verhaltensauffällige Kinder in Schule und Familie – Neue Lösungen oder alte Rezepte? (2000); Entwicklung im Netzwerk – Systemisches Denken und professionsübergreifendes Handeln in der Entwicklungsförderung (^{3}2000) (zus. mit H. v. Lüpke; Die Schule neu erfinden – Systemisch-konstruktivistische Annäherungen an Schule und Pädagogik (^{4}2002); Unterricht aus konstruktivistischer Sicht – Die Welten in den Köpfen der Kinder (^{2}2005); Wir erfinden Schulen neu. Lernzentrierte Pädagogik in Schule und Lehrerbildung (2006).

Schaut euch an diese Hose, und schaut euch an die Welt! – Die Schule(n) neu erfinden II

Reinhard Voß

Wiederkehrende Zyklen bieten gerade in Zeiten beschleunigter gesellschaftlicher Entwicklung die Möglichkeit, innezuhalten, zurückzuschauen. Aus dieser (wiederum) veränderten Perspektive lassen sich Bewährtes, Problematisches und Neues erkennen, was es ermöglicht, aus der Paradoxie „zurück in die Zukunft" heraus neue Akzente für die weitere Entwicklung systemisch-konstruktivistischer Schul- und Unterrichtswirklichkeiten zu setzen. Lernlust und Eigensinn lassen sich nach sieben Jahren „Schulen(n) neu erfinden" als Kontinuum beschreiben, das von den Betroffenen mit Sorgfalt und nachhaltig – wider den Zeitgeist des „beschleunigten Stillstands" – weitergeführt wird.

Im Frühjahr 1996 begleitete mich Heinz von Foerster zur Eröffnung des ersten Schulkongresses „Die Schule neu erfinden" durch die Stadthalle in Heidelberg. Wohlwollend, in seiner ureigenen Art, riet er mir: „Herr Voß, Sie müssen jetzt zum Unterhalter, zum Entertainer werden. Zeigen Sie Kunststücke, erzählen Sie Witze oder Geschichten. Die Menschen wollen unterhalten werden." Wohl wahr! Nun habe ich keine Gabe, Kunststücke vorzuführen, und das mit dem Witzeerzählen sollte ich auch lieber lassen. Aber Geschichten kann ich erzählen. Ich erzähle jetzt nicht wieder die Geschichte vom Juden, der von Krakau nach Prag reiste, um dort einen Schatz zu finden, den er dann letztlich, wieder zu Hause, unter seinem eigenen Ofen fand. Eine Geschichte, die man nicht oft genug erzählen kann. Ich bin sicher, jeder von uns hat seinen Schatz schon gefunden. Aber ich kenne auch noch eine andere Geschichte.

Vier Wochen lang war der Beamte im Dorf tätig. Am ersten Tag hatte er beim Schneider die Hose bestellt, am letzten Tag war sie noch nicht fertig.

Sechs Jahre später kam er wieder. Strahlend brachte der Schneider ihm das Beinkleid. „Was?", rief der Beamte, „jetzt bringst du die Hose? Gott hat die ganze Welt in sechs Tagen erschaffen!" Liebevoll strich der Meister über sein Werk: „Herr, schaut euch an diese Hose, und schaut euch an die Welt!"

Der Schulkongress in Heidelberg war mein Versuch (Voß 1998b, 2002b), der systemisch-konstruktivistischen (Schul-)Pädagogik ein erstes gemeinsames Forum zu schaffen. „Die Schule(n) neu erfinden" steht seitdem für einen eigenen, eigensinnigen und lustbetonten Weg im Kontext der notwendigen Schul- und Unterrichtsreformen. (Die anhaltende Nachfrage nach konstruktivistischer Literatur, im Besonderen auch von Studierenden, Referendarinnen und Referendaren und jungen Lehrerinnen und Lehrern belegen dies deutlich.) Inspiriert und angeregt durch systemisch-konstruktivistische Ideen entdecken Lehrerinnen und Lehrer ihre Lust und Freude an Lernen und Veränderung (wieder). Gerade in den autopoietischen Lernwelten des Konstruktivismus wird immer wieder Neues erschaffen, erfunden, „die Erweiterung des Möglichen" (Owen 2001) geleistet, wird Neues gesehen, werden neue Bezüge hergestellt, wird neuer Sinn erschaffen. Die (neu) erlebte Leidenschaft der Lehrerinnen und Lehrer nach gemeinsamer Arbeit und die Lust auf Neues schaffen eine Atmosphäre wechselseitiger Inspiration für die verschiedenen Ebenen der täglichen Schul- und Unterrichtspraxis. Die lähmende Fixierung auf externe Reformimpulse wird ersetzt durch die Lust auf Eigenes (Ideen, Visionen ...). „Die Lust auf Neues und das Verlangen nach Zuwendung sind unermüdliche Antriebe zur Findigkeit" (Franck 1998, S. 11). In seiner Arbeit *Die Kunst, nicht zu lernen* schreibt F. B. Simon (1997, S. 159): „Wer, wo auch immer, als Lehrer wirkt, sollte sich stets bewußt sein, dass diejenigen Erreger die größte Chance haben, sich zu vermehren, deren Übertragung mit Lust verbunden ist. Dies gilt für den schulischen Lehrstoff genauso wie für andere Tröpfcheninfektionen." Dies gilt für Lehrer wie Schüler in gleicher Weise.

Immer mehr Lehrerinnen, Referendare und Studierende nehmen ihre Unterrichts- und Schulentwicklung „in die eigenen Hände" (in Anlehnung an Ulrich Beck 1996: *Das Leben in die eigenen Hände nehmen*), gestalten mit ihren Schülern Unterricht, der unter die Haut geht. Nach Zeiten, in denen sie stärker auf die negativen Seiten der gesellschaftlichen Entwicklung fokussierten, orientieren sie sich an anderen Werten und Haltungen, die neuen Halt ermöglichen (in Anlehnung an Helm Stierlin *Haltsuche in Haltlosigkeit* von 1977). Sie beschreiben es als spannende Erfahrung, ihr Berufsleben mit neuen Augen anzusehen, neue Wege zu gehen, ihren Berufsstand im Sinne von Lernbegleitung, Moderation, Coaching neu zu erfinden. Sie unterstreichen den Subjektbezug im pädagogischen Dialog hin, betonen die vielfältigen Beziehungsebenen im Unterricht. Sie lösen sich von traditionellen didaktischen Mythen – wie der Lehrer als Alleswisser oder dass Lehren lernen macht – und einem mechanistischen Verständnis von Wissenstransformation. Sie erarbeiten sich Kompetenzen einer nichtlinearen Beeinflussung in einem auf Dialog angelegten Unterricht im Hinblick auf Kontextsteuerung, individuelle Lernbegleitung und Perspektivenwechsel (Voß 2002c). Sie sehen in Eltern Partner zur Realisierung des gemeinsamen Erziehungsauftrages, entdecken andere Autoren, z. B. Peter M. Senge (1996), der in seinem Buch *Die fünfte Disziplin* die Bedeutung des Systemdenkens unterstreicht, oder F. Vester 1999: *Die Kunst, vernetzt zu denken. Ideen und Werkzeuge für einen neuen Umgang mit Komplexität*. Dort heißt es: „Denn komplex heißt nicht notgedrungen kompliziert, und das Verständnis von Systemen ist nicht unbedingt schwieriger als das von Einzeldingen, nur bedarf es dazu anderer Voraussetzungen und Instrumente. Es ist möglich, auch komplexe Systeme mit wenigen Schlüsselvariablen zu erfassen, ihr Verhalten besser zu verstehen und anders mit ihnen umzugehen." So etwas lässt sich üben!

Der von Lehrerinnen und Lehrern individuell wie sozial neu erschaffene Sinn ist zunächst immer Eigensinn. Er zielt darauf ab, den eigenen wie gemeinsamen Lebenssinn zu entwerfen, neue Schul- wie Unterrichtswirklichkeiten zu gestalten, den notwendigen Wandel der Lernkulturen zu konstruieren, gegebenenfalls auch gegen das politische Establishment. Als *Kinder der Freiheit* (Beck 1997) entdecken sie neben den Gefahren und Risiken zugleich auch die Chancen und (Gestaltungs-)Möglichkeiten, die ihnen die postmoderne Berufswelt zurzeit eröffnet. Sie wollen ausprobieren, mitgestalten, eigene Ideen und Visionen entwerfen. Sie kennen die *riskanten Freiheiten* (Beck u. Beck-Gernsheim 1997), sehen sich als Architekten ihres eigenen Berufslebens, sie durchstehen Kämpfe „nicht als Opfer, sondern als Abenteurer" (P. Coelho). Der „Möglichkeitssinn" (R. Musil) liegt ihnen näher als lähmende Sicherheiten, sie nehmen die Verantwortung für ihr Handeln an, das (reflexive) Scheitern inbegriffen. Die Anerkennung ihrer Schülerinnen und Schüler als Subjekte ihrer Lebenspraxis setzt zunächst den Eigensinn und die Eigenverantwortlichkeit der Lehrer voraus. „Lehrer sind Lerner, Politiker und Künstler" (P. Freire). Ihren Beruf können sie nur gut machen, wenn sie lebendig, neugierig, lustbetont und eigensinnig leben. Viele von ihnen sind Exoten, „merkwürdige Menschen" (J. W. Goethe), ungewöhnliche Lehrer, die ihr BerufsLeben leben, anstatt gelebt zu werden.

Der Begriff „Eigensinn" wurde übrigens bis ins 18. Jahrhundert hinein im Sinne von „Eigensinn und stolzer Mut" verstanden und ausschließlich auf selbstständig denkende Menschen angewendet. (Erst im 19. Jahrhundert, im Besonderen durch die unselige Koalition von Medizin und Pädagogik, wird Eigensinn als jene Triebkraft im Kinde ausgemacht, die es mit allen Mitteln „zu brechen" gilt. vgl. Voß 1995.) Das, was das Wort Eigensinn ursprünglich meinte, ist vergessen, weil das, was es bezeichnete, dem so genannten historischen Fortschritt geopfert wurde. Den eigensinnigen Menschen, der seine Sinne, seine Wahrnehmung wie seinen Körper, seine Sexualität, aber auch seinen Lebens- und Zeitsinn sein Eigen nennen konnte, der selbstständig dachte und handelte (auch gegenüber den so genannten Mächtigen in dieser Welt), der seinem Leben einen eigenen Sinn gab, diesen Menschen gilt es in unserer heutigen Welt wieder zu entdecken.

„Eine Tugend gibt es, die liebe ich sehr, eine einzige. Sie heißt Eigensinn. – Von allen den vielen Tugenden, von denen wir in Büchern lesen und von Lehrern reden hören, kann ich nicht soviel halten. Und doch könnte man all die vielen Tugenden, die der Mensch sich erfunden hat, mit einem einzigen Namen erfassen. Tugend ist: Gehorsam. Die Frage ist nur, wem man gehorche. Nämlich auch der Eigensinn ist Gehorsam. Aber alle anderen, so sehr beliebten und gelobten Tugenden sind Gehorsam gegen Gesetze, welche von Menschen gegeben sind. Einzig der Eigensinn ist es, der nach diesen Gesetzen nicht fragt. Wer eigensinnig ist, gehorcht einem anderen Gesetz, einem einzigen, unbedingt heiligen, dem Gesetz in sich selbst, dem Sinn des Eigenen" (Hesse 1982, S. 454)

Dass Schul- und Unterrichtsreformen notwendig sind, die Not also gewendet werden muss, darin sind sich alle Betroffenen und Beteiligten einig. Nach PISA soll alles anders werden. Dem gegenüber unterstreicht Rita Süßmuth, eine streitbare Kollegin aus meinen frühen Dortmunder Uni-Zeiten: „In Deutschland wird Pisa benutzt, um Recht zu haben und alles beim Alten zu lassen." Ihre Hoffnung sind

die Schulen selbst. Ihr Appell: „Strukturen von innen aufbrechen."
Klare Worte! Dies war bereits 1996 mein Plädoyer in Heidelberg. Wir, die Betroffenen und Beteiligten, werden die Schule(n) neu erfinden. Am Tag der Rede von Rita Süßmuth in Hildesheim verabschiedete das niedersächsische Parlament in Hannover ein neues Schulgesetz: „Keine neue Gesamtschulen, keine kooperativen Haupt- und Realschulen, es soll alles so werden wie in Bayern" (*DIE ZEIT* 29/2003, S. 61). Vorsicht! Ich verweise auf Wolfgang Welsch (1996, S. 178). Ort der Handlung: München.

> Auf einer übergroßen Reklamewand lesen die Passanten (oder auch nicht): Unsere Schule wird modern – „Eine selbstbewusste Fortschrittsparole, hundertfach über die Stadt verteilt. Eines Morgens jedoch las ein gedankenverlorener Passant in zerstreuter Wahrnehmung plötzlich einen anderen Text (er ist ihn plötzlich nicht mehr losgeworden). Die Tafeln, die Farben, die Buchstaben – gewiss war alles noch wie vorher. Aber der Text lautete anders. Da prangte nicht mehr die Fortschrittsparole ‚Unsere Schule wird modern', sondern da stand plötzlich eine Fäulnisprophetie: ‚Unsere Schule wird modern' (in Moder übergehen) … Unsere Schule wird – dereinst, in absehbarer Zeit, bald, es hat schon begonnen – modern: wird sich in Fäulnis, Verwesung, Moder auflösen."

Wir, die Betroffenen und Beteiligten, sind gefordert – trotz vieler Hindernisse, die die Bildungspolitik schafft, anstatt sie zu beseitigen – zu verhindern, dass sich unsere Schulen in Fäulnis, Verwesung oder Moder auflösen. Dazu ein Beispiel: Mein erstes Geld als Student habe ich 1970 an der Uni in Münster im Forschungsprojekt „Gesamtschule" verdient. Dieses durchaus entwicklungsbedürftige Projekt wurde in den folgenden drei Jahrzehnten von den politischen Parteien zerredet, umgangssprachlich: „an die Wand gefahren". Heute reisen Bildungspolitiker in Scharen nach Skandinavien – Länder, die alle über ein funktionierendes landesweites Gesamtschulsystem verfügen – um dort zu bewundern, was in unserem Land von ihnen verhindert wurde.

Auf die Politik allein können wir uns nicht verlassen. Wir werden die Dinge weitgehend selbst in die Hand nehmen müssen! Mit Lernlust und Eigensinn! Doch wie steht es um unsere politische Bildung? In seinem Buch *Politik entdecken – Freiheit leben. Neue Lernkulturen in der politischen Bildung* unterstreicht Wolfgang Sander (2001, S. 42): „Anstiftung zur Freiheit ist politische Bildung, weil Freiheit Mut und Ermutigung erfordert. Politische Freiheit zu leben erfordert von den

Menschen auch Anstrengung und Unbequemlichkeiten." Sind wir dazu bereit? Nehmen wir z. B. Partei (in Köln sagt man „Arsch hu") gegen den ungeheuren Medikamentenmissbrauch, der im Umgang mit so genannten hyperaktiven Kindern belegbar ist? Sind wir heute in unserem Schulalltag bereit, in konfliktreichen Situationen in der Kommunikation zu bleiben, anstatt Konflikte zu ignorieren, zu übersehen oder gar den Konflikt über Disziplinarverfahren und die Versetzung von Schülern und Lehrern an andere Schulen vermeintlich zu lösen? Sind wir bereit, uns wirklich mit Schülern, Eltern, Kollegen (oder gar mit uns selbst) auseinander zu setzen, ohne sie bereits vorab verurteilt zu haben? Eigensinn ist vonnöten: Doch verordnen lässt es sich nicht!

EINE HALTUNG, DIE NEUEN HALT ERMÖGLICHT

Der Konstruktivismus ist eine Erkenntnisphilosophie, gekoppelt an anthropologische Grundpositionen und Werte, die entsprechende didaktische und methodische Implikationen für Lernen und Lernbegleitung etc. bedingen. Der systemisch-konstruktivistische Ansatz stellt keine Methodenlehre zur Anwendung bestimmter Techniken im Unterricht dar, sondern ist eine Grundhaltung, die geprägt ist durch Werte wie Respekt, Wertschätzung, Neugierde, durch Autonomie und Koevolution, durch Partizipation und Eigenverantwortung. Der systemisch-konstruktivistische Paradigmenwechsel ist somit mehr als ein didaktisch-methodisches Mäntelchen, das man je nach Zeitgeist der Modeströmung an- oder ablegen könnte. Er drückt sich in einer Haltung aus, die neuen Halt ermöglicht, die den ganzen Menschen beansprucht und sich damit auch durch seinen professionellen, seinen pädagogisch-didaktischen Alltag zieht. Haltung ist eine „selbstgeprägte Form", die sich der Mensch gibt, um „sein eigenes Dasein verantwortlich in die Hand zu nehmen" (Bollnow 1974, S. 155). Sie bestimmt seine Biografie, sein Berufsleben. Sie bestimmt natürlich auch die Grundorientierung für seine Berufskompetenzen: Sensibles Wahrnehmen, einfühlendes Verstehen, Zuhören, Nachfragen bestimmen neben der Begeisterung für seine Fächer und einer breiten Methodenkompetenz das grundlegende professionelle Können des Lehrers. Das wird deutlich im Titel der amerikanischen Publikation (Finkel 2000) *Teaching with Your Mouth*

Shut. Eine entsprechende Spiegelung in der Lehrerausbildung als verpflichtender Studienanteil „Selbstreflexion" und als berufsbegleitende obligatorische Supervision lässt sich in der aktuellen bildungspolitischen Diskussion nicht erkennen.

Zugleich halten sich hartnäckig traditionelle Vorurteile gegenüber dem Konstruktivismus oder, besser, den Konstruktivismen, wie im Besonderen der Vorwurf der Beliebigkeit. Wir sollten diese immer wieder ernsthaft aufgreifen und durch unsere tägliche Praxis widerlegen. Der Vorwurf der Beliebigkeit ist meiner Meinung nach so bedeutsam, da speziell systemisch-konstruktivistische Positionen eine große Herausforderung an jeden einzelnen Menschen stellen. In einem Interview, das ich mit Ernst von Glasersfeld anlässlich seines Vortrages 2000 in Koblenz führte, reagierte er auf die Frage nach der Zukunft des Konstruktivismus folgendermaßen: „Ich glaube, es wird lange dauern, aus Gründen, die ich schon öfter gesagt habe. Denn wenn man anfängt, konstruktivistisch zu denken, dann kommt man darauf, dass man fast alles, was man vorher gedacht hat, umkrempeln muss. Da ist fast nichts von den früheren Auffassungen, die man beibehalten kann. Und es ist eine anstrengende und vor allen Dingen sehr ungemütliche Sache. Die meisten Leute scheuen sich davor und schieben den Konstruktivismus deshalb lieber beiseite" (Voß 2002b, S. 30).

Der zweite Schulkongress in Koblenz (vgl. Voß 2006) weist auf das Bewusstsein hin, dass das Neue, die anderen Wege überprüft werden müssen. Nötig sind Reflexion, Metareflexion, Diskussion, Kritik etc., Chancen reflexiven Scheiterns müssen ergriffen werden. Was ist der Stand unserer Kunst in ihren theoretischen und praktischen Erscheinungsformen? Welche Entwicklungen, welche Perspektiven haben sich eröffnet? In welche Richtungen lassen sich weitere Entwicklungen konturieren? Evaluation und Qualitätsmanagement bedeuten im systemisch-konstruktivistischen Sinne zunächst Selbstreflexion – also einen Prozess, in dem der Beobachter immer Teil des Systems ist. Dieser Prozess darf dabei nicht auf Einzelaspekte reduziert werden, sondern muss jeweils auf das systemische Ganze bezogen bleiben. Bedeutsame, nachhaltige Evaluation kann nicht nur von oben verordnet werden. Sie ist Teil einer Kultur, die neben der Technik des Qualitätsmanagements eine entsprechende Qualitätsmentalität aufseiten der Handelnden erfordert. Durchaus notwendige Anregungen, Irritationen, Perturbationen von Schulleitern, Schulräten oder Ministerien müssen viabel, passend eingebunden sein in selbst gesteuerte Lern- und Entwicklungsprozesse der einzelnen Klasse, Schule usw. Das heißt: gelebte Kommunikation, Partizipation, geeignete Verantwortungsteilung und -bereitschaft. Wenn wir dies missachten, werden wir lediglich erneut eine Reformwarteschleife durchlaufen, weil die Betroffenen die verordneten Anregungen wiederum unterlaufen werden. Testorientierte Curricula in den USA oder auch das bewährte deutsche Lehrerwort vom „Aussitzen" sprechen für sich. Da ich vorhin Rita Süßmuth erwähnt habe: Ende der 70er-Jahre haben wir unter ihrer Leitung als Gruppe von Lehrenden an der Uni Dortmund uns wechselseitig in unseren Seminaren besucht und anschließend mit den Studierenden über die Seminare diskutiert. Seinerzeit war Evaluation kein Thema der Bildungspolitik. Wir wollten unsere Lehre verbessern. Wir wollten lernen. Dies geschah in einer Atmosphäre von Akzeptanz, Wertschätzung und Lernfreude.

WIDER DEN ZEITGEIST

Der zweite Schulkongress bot zugleich die Chance, neue Themen zu setzen, neue Akzente zu wählen. Ich will zwei benennen. Das erste Thema ist die Zeit. Die Betroffenen und Beteiligten werden ihre Schul- und Unterrichtswirklichkeit neu erfinden. Aber sie werden dies nur in ihren je individuellen Eigenzeiten tun (vgl. Voß 1998a). Wir alle miteinander werden hilfreicher und erfolgreicher in unserer Arbeit sein, wenn wir akzeptieren, dass nicht nur Individuen ihren je eigenen Lernzeiten und Rhythmen folgen, sondern auch Lerngruppen, Klassen, Peergroups, Schulen, Familien. Druck jedweder Art kann dabei nur kontraproduktiv wirken bei Schülern, Lehrern, Klassen, Schulen etc. Es ist ein Thema, das die Bildungspolitik in folgenschwerer Weise vernachlässigt, da ihre innere Uhr auf vier Jahre fixiert, auf die nächste Wahl eingestellt ist. Zugleich müssen wir der Bildungspolitik beistehen, den Zeitdruck, den Medien ihrerseits auf sie ausüben, auszuhalten. Aktuelle Zeitungsberichte mit dem Tenor „Zwei Jahre nach PISA – nichts passiert" machen dies deutlich.

Sie, liebe Leserinnen und Leser, müssen die Geschichte von der Hose unbedingt weitererzählen. Die Zeit, die wir den anderen für ihre Eigenzeit lassen, die Zeit, die wir beim Zu- bzw. Loslassen gewinnen, schafft eigene Lebenszeit, Zeit zum Nachdenken.

Alsdann muss das Thema „Leistung und Menschlichkeit bzw. Mitmenschlichkeit" benannt werden. Bereits 1978 habe ich mich in meiner Dissertation *Humane Relevanz als Problem pädagogischer Praxis* gegen die damals populäre Schülerorientierung gewendet. In der Schule geht es immer um *alle* Menschen, um einzelne Schüler, Lehrer, Väter und Mütter, Hausmeister, Mentoren, Schulleiter usw., Beziehungsstrukturen bestimmen unseren Schul- und Unterrichtsalltag. Zu Recht unterstreicht Hartmut von Hentig (1985): *Die Menschen stärken, die Sachen klären*. Die Art und Weise, wie Menschen miteinander lernen, die Formen des Umgangs, das soziale Miteinander, das Klima, die Atmosphäre – das alles ist die grundlegende Voraussetzung für erfolgreiches Lernen und faire Chancen bei ungleichen Startbedingungen. Die Art und Weise, wie ich Beziehungen zu Menschen, Gruppen, Inhalten und Kontexten biografisch im Alltag erfahren habe, prägt wiederum meine anthropologischen und ethischen Haltungen, erkennbar in meinem Handeln. Dies vollzieht sich in rekursiven Schleifen. Deutliche Unterstützung erhält die Diskussion zum Thema „Sozialklima" durch aktuelle Ergebnisse der Therapieforschung und die zurzeit viel beachteten Neurowissenschaften. Psychotherapie ist dann erfolgreich, jenseits aller methodischen Differenzen, wenn sich Therapeut und Klient wertschätzen. Die Neurowissenschaften belegen deutlich (z. B. Spitzer 2002), dass das Gehirn, je nachdem ob es unter den Vorzeichen von Angst und Misstrauen oder von Freude und Anerkennung lernt, identische Informationen anders aufnimmt. Ich folge dem Kollegen Baumert (2002, S. 11), wenn er sagt: „Die Kommunikation über Unterricht – und zwar über seine Vorbereitung, Durchführung und Ergebnisse – gehört zum Kern der Professionalität des Lehrberufs". Doch ich frage mich, in welcher Atmosphäre werden diese Gespräche geführt? Wie steht es z. B. um die Kompetenzen der Menschen auf den verschiedenen Leitungsebenen in systemischer Gesprächsführung? Wie steht es um das allgemeine Reformklima der Bildungspolitik in Deutschland?

Das Tabu, respektlosen Umgang von Menschen mit Menschen im Schulalltag zu thematisieren, müssen wir auf allen Ebenen aufbrechen: vom Schulhof bis in die Flure der Schulverwaltungen und Ministerien. Wenn vorherrschende Umgangsformen wie Demütigungen, Willkür, Worte, die verletzen wollen, Hohn und Spott, aber auch Besserwisserei und fehlende Wertschätzung u. a. nicht infrage gestellt werden und durch einen radikalen Wandel im Sozialklima ersetzt werden, werden wir keine weit reichenden Erfolge in der Qualitätsoffensive für Schule und Unterricht erreichen. (In diesem Kontext sollten wir auch immer wieder daran erinnern, dass ein Drittel der bis 15-jährigen Schüler das Klassenziel nicht erreichen.) Das entscheidende Problem ist darin zu sehen, dass wir die Verletzungen der Menschen in unseren Schulen zum Teil gar nicht mehr wahrnehmen und entsprechend nicht mehr re-agieren.

Ich frage mich: In welchen der vielen wissenschaftlichen und politischen Reformzirkel werden die Menschlichkeit, die Würde des Menschen, das soziale Klima usw. thematisiert? Wie wird diese Thematik in Schulen diskutiert? Gewalt z. B. schwappt nicht ungefragt in die Schule hinein. Da bestehen Passungen! Wie steht es um den Beistand, den unsere Schulen erhalten, und den, den wir von innen aus mitgestalten? Wie sehen die gesellschaftlichen Kontextbedingungen aus, und welchen Spielraum lassen sie der einzelnen Schule? Warum lassen wir es zu, dass es Regionen und Stadtbezirke gibt, in denen es zu einer kaum mehr erträglichen Problemverdichtung an bestimmten Schulen kommt? Bildungspolitik kann niemals Defizite der Gesellschafts-, Sozial- und Gesundheitspolitik egalisieren.

Auf der anderen Seite sprechen die positiven Beispiele für sich. In einem Kölner Projekt gegen das Schuleschwänzen – ein weiteres großes Tabuthema in unserer Gesellschaft – charakterisiert ein Schüler die neu gewonnene Bereitschaft zum Lernen mit dem Satz: „Hier kriegen wir jeden Morgen eine Tasse Kakao. Das hat noch keiner für mich gemacht." Nicht anders in Winchester, Virginia. Die Vorschulpädagogin Nancy Hoenisch unterstreicht: „Erst müssen sie sich anerkannt fühlen. Vorher können sie überhaupt nichts lernen." In seiner Vorstellung des Buches von Nancy Hoenisch und Elisabeth Niggemeyer (2003), *Bildung mit Demokratie und Zärtlichkeit. Lernvergnügen Vierjähriger*, resümiert Hartmut von Hentig (*DIE ZEIT* 5/2003, S. 45): „Unsere Republik wird eher an Rücksichtslosigkeit, Besitzstandswahrung, Erfolgsstreben zugrunde gehen, als an fehlenden ‚Bildungsstandards' und an der mittelmäßigen Platzierung im OECD-Vergleich. Vor allem aber: Nur wer sich aufgehoben fühlt, ist auch frei, zu lernen." Dem ist nichts hinzuzufügen.

Den gesellschafts- und bildungspolitischen Impuls der Leistung und Leistungskontrolle finde ich mehr als legitim. Aus systemisch-konstruktivistischer Sicht bezweifele ich allein, ob die Basis für Leistung geschaffen ist. Ich wünschte ein Leistungsverständnis, das dem 21. und nicht dem 20. Jahrhundert entspricht, das anknüpft an vorhandene Neugier, intrinsische Motivation, Lust, Begierde und Leidenschaft, anknüpft an eine Differenz hinsichtlich dessen, wer, wann, unter welchen Bedingungen welche Leistung erbringen kann. Wir bauen heute Autos anders als vor 100 Jahren. Die Fixierung auf einen veralteten Leistungsbegriff lässt sich in diesen postmodernen Zeiten nicht einmal im Sinne einer verbreiteten, oft kritisierten „Ökonomisierung der Pädagogik" beschreiben. Vergleichbar der bekannten Geschichte von Paul Watzlawick, nach der wir Lösungen allein unter dem Lichtkegel suchen, weil es dort hell ist, werden andere Autoren aus der Wirtschaft nicht wahrgenommen. Themen wie *Hochleistung und Mitmenschlichkeit* (F. B. Breckwoldt, Vortrag), *Leadership mit Lust und Leistung* (Stehling 2002) und *Warum wir Führung komplett neu denken müssen* (Sprenger 2000) weisen deutliche Parallelen zu unserer neuen Lernkultur in Schule und Unterricht auf. Leistung setzt eine Kultur, ein Klima voraus, das durch Menschlichkeit und Koevolution geprägt ist.

Leistung wiederum muss gemessen werden. Ohne Zweifel! Man wird gerade uns danach beurteilen, ob und inwieweit es uns gelingt, neue Wege der Leistungsmessung in der Schule zu erfinden (von Foerster 1999a). Leistung als Bewältigung einer Sache, eines selbst gesetzten Ziels nach eigenem Zeitraster lässt sich vielfältig überprüfen. Bundesweite Standards sind kein Problem, wenn Lerngruppen oder Klassen darüber entscheiden können, wann sie sich ihnen stellen. Und: Leistungsmappen, Berichte, Bescheinigungen, Urkunden, Jahresarbeiten, Referate, Gedichte, Aufsätze, Bilder, Theater- oder Musikrezensionen – groß ist die Vielfalt der Möglichkeiten, Leistungen zu beurteilen. Letztlich geht es immer wieder um den Machtanspruch konkurrierender Paradigmen, deren Kern immer anthropologische und ethische Prämissen enthalten. Wie sehe ich den Menschen, und wie begegne ich ihm?

Ende der 60er-Jahre – ich war Student bei dem alten Gestaltpsychologen Wolfgang Metzger – schenkte mir dieser einen Aufsatz, *Do Schools of Psychology still Exist?*, in dem er die Bedeutung der humanistischen Psychologie als dritter Kraft neben Behaviorismus und Psychoanalyse herausstellte. Mehr als 35 Jahre später ist die Notwendigkeit, diese Bedeutung anzuerkennen, hochaktuell. „Ich liebe doch das Leben" schreibt 1848 Heinrich Heine (vgl. Heine 1997) an seinen Bruder, und dies lässt ihn nicht aufhören, die humanen Traditionen der Menschheit einzufordern und zu verteidigen. Offensichtlich müssen wir uns immer wieder neu für Menschlichkeit und Mitmenschlichkeit entscheiden und in unserem Handeln bedeutsam werden lassen. Dies bedeutet, einen Weg zu beschreiben, auf dem ein anderes Zeitmaß gilt und der viele Irr-, Um- und Rückwege beinhaltet; einen Weg, der uns durch ständig wechselnde Landschaften führt und eine jeweils andere Ausrüstung erfordert. Wir kennen die Wirklichkeit schaffende Bedeutung unserer Konstruktionen, für die wir im Sinne von Respekt und Vielfalt die Verantwortung übernehmen müssen. Das systemische Denken ist deutlicher konturiert, auch wenn wir, wie Frederick Vester unterstreicht, noch lange feste üben müssen. Wir wissen, dass grundlegende Haltungen und Eigenzeiten unser Handeln bestimmen. Wir wissen, dass wir uns von traditionellen didaktischen Mythen trennen, dass die Menschen mehr ihren inneren Strukturen folgen müssen als äußeren Instruktionen, mehr dem eigenen Begehren, der eigenen Lust. Und bei alledem: Vergessen wir die Hose nicht!

Praxis, Reflexion, Vernetzung

„Schlaf, mit wem du willst!" –
Effi Briest als Unterrichtsabenteuer

Angelika Beck

Viele Schüler und Schülerinnen finden Fontanes Roman *Effi Briest* langweilig und verweigern die Lektüre. Statt die Jugendlichen eines Besseren belehren zu wollen, kann die von ihnen als langweilig empfundene Handlungsarmut als Qualität des Romans umgedeutet und anerkannt werden. Der Lesewiderstand bildet so den Ausgangspunkt eines individuellen und persönlichen Lernprozesses. Er wird nicht bekämpft, sondern genutzt, um kreatives Potenzial freizusetzen.

Die neueren Lehrpläne gleichen Gedenkstätten der deutschen Literatur, in denen Werke wie Goethes *Faust* oder Fontanes *Effi Briest* gleich Stelen aneinander gereiht stehen. Als Klassiker gelten den Lehrplangestaltern traditionsmächtige Literaturen. Die Klassiker können genauso wenig dafür wie die Jugendlichen, mit denen sie in Kontakt gebracht werden sollen. Den Lehrerinnen und Lehrern bleibt es anheim gestellt, diese überdeterminierten Texte zum Leben zu erwecken. Eine Fülle didaktischer Unterrichtshilfen drängt sich mit praxisnahen Kopiervorlagen auf. Sie sind auch im Internet zu haben, genauso wie eine Fülle bewährter Schülerreferate (www.hausaufgaben.de).

Folgende Fragen bestimmen die hier vorgestellte Unterrichtssequenz in einem Deutschgrundkurs der 12. Jahrgangsstufe:

– Welche Verfahrensweisen erlauben es, der Literatur und den Schülern gegenüber neugierig und aufmerksam zu bleiben?
– Wie gehe ich mit *Klassikern* im Deutschunterricht um, deren Behandlung für die nächsten Jahre (oder gar Jahrzehnte) im Lehrplan bzw. durch das Zentralabitur vorgeschrieben sind, ohne die Schüler und damit mich zu langweilen?

– Wie lassen sich weitgehend selbst gesteuerte gemeinsame Lernprozesse unter den Bedingungen der staatlichen Regelschule initiieren?

Relevante Kontextbedingungen

- klare Vorgaben durch den *Hessischen Lehrplan/Deutsch/12 II*: u. a. Rhetorik, ein Werk Büchners, ein Drama der Klassik, ein Roman Fontanes
- ein enger Unterrichtsraum, der schlecht zu lüften ist, für 15 Schülerinnen und acht Schüler
- zwei Einzelstunden, davon eine am Nachmittag, eine Doppelstunde in einer 5./6. Stunde
- Eine Klausur muss geschrieben werden.

DER VORLAUF DER UNTERRICHTSSEQUENZ

Um Zeit für eigenständige Unterrichtsphasen zu gewinnen, nehmen wir uns die Dramen in Form von Theaterbesuchen vor: Goethes *Torquato Tasso* und *Dantons Tod* von Büchner. Am Beispiel der Reden Dantons und Robespierres werden rhetorische Formen analysiert und für die Überleitung zu *Effi Briest* von Theodor Fontane frei genutzt. Der Text *Die Affaire hat nichts zu bedeuten* (Schwanitz 2001, S. 208–210), in dem der männliche Seitensprung parodistisch legitimiert wird, entfacht die Streitlust der Jugendlichen. Ich fordere sie auf, zu zweit kurze Reden zum Thema „Promiskuität" vorzubereiten. Als Anregung dient eine Liste möglicher Titel:

Ist Treue möglich bzw. wünschenswert?
Was ich nicht weiß, macht mich nicht heiß ...
Carpe diem – wie viel sexuelle Freiheit braucht der Mensch?
Was du nicht willst, dass man dir tu, das füg auch keinem andern zu!
Früh übt sich oder: Was Evchen nicht lernt, lernt Eva nimmermehr.
Ist die Forderung nach Treue human oder inhuman?

Für das Vortragen der ca. zweiminütigen Reden wird der Kursraum kurzerhand in einen Vortragssaal mit Stuhlreihen umgebaut, ein hochgestellter Tisch dient als Rednerpult, auch das Mineralwasser für die Redner fehlt nicht. Jede Rede wird mit Applaus bedacht. Die Schüler haben, ohne derselben Meinung sein zu müssen, Sichtweisen von Verfechtern von Treue bzw. von grenzenloser Promiskuität eingenommen, wie beispielsweise in der Forderung von Jenny und Varinia: *Schlaft, mit wem ihr wollt!* (s. Homepage des Kurses: www.ratatong-schrank.de.vu). Normative Erwartungen (vgl. Luhmann) und ihre fragwürdige Erfüllbarkeit stehen im Raum. Die Zeit ist reif für die Lektüre von *Effi Briest*.

LESEN IST SCHWERARBEIT

Nach den Osterferien: Wir sitzen im Stuhlkreis. Drei von 23 Schülerinnen und Schülern haben den ganzen Text gelesen, einer keine einzige Seite, einer 17 Seiten, einer 20.

Die „Störung" könnte sich so anfühlen: „Die Schüler haben wieder einmal nicht gelesen. Sie machen mir einen Strich durch meine Unterrichtsvorbereitungen ... Ich bin enttäuscht ... Ich werde mich rächen."

- In der Themenzentrierten Interaktion (TZI) haben Störungen Vorrang. Werden Störungen, worin auch immer sie bestehen, von der Gruppenleitung übergangen, bleiben sie im Untergrund weiter aktiv.
- Aus systemischer Sicht (vgl. Simon, Rotthaus) lassen sich Störungen als Interpretation von Verhaltensweisen beschreiben, die den Erwartungen dessen, der sie so interpretiert, nicht entsprechen. Irritationen (= Störungen) ermöglichen sowohl für die Lerngruppe als auch für die Leitung Lernprozesse, insofern die Interpretation „Störung" als eine Sichtweise erkannt wird, neben der andere möglich sind. Verhaltensweisen oder Äußerungen der Schüler, die den mitunter auch unterschwelligen Erwartungen der Leitung nicht entsprechen und von dieser als störend wahrgenommen werden, geben Auskunft über die Art und Weise, wie sich der Impuls der Leitung („Lesen Sie *Effi Briest* in den nächsten Wochen!") in der Lerngruppe auswirkt.
- Gelingt es, Störungen umzudeuten, können sie ihr kreatives Potenzial entwickeln. Oft hilft es schon, die störende Verhaltensweise anders zu rahmen (vgl. Bateson, Goffman): In welchem Kontext ist diese Reaktion, die mich stört, angemessen? Für welches Problem erscheint sie als Lösung? Auf welche Frage ist die Verhaltensweise die angemessene Antwort?

Wie wäre es, wenn die Information, dass das Buch kaum gelesen wurde, so interpretiert würde: „Die Schüler haben gute Gründe, *Effi Briest* nicht zu lesen bzw. weiterzulesen bzw. ganz zu lesen. Ich disponiere um und entschließe mich, diese Rückmeldung als Ausgangspunkt für einen gemeinsamen Lernprozess zu nutzen. Ich frage sie nach den guten Gründen."

Aus dieser Perspektive erscheinen Schüler nicht als Mängelwesen, deren Defizite mittels Vergleichsarbeiten regelmäßig festgestellt werden müssen. Wertschätzung sichert den Jugendlichen ihre Würde als eigenständige, prinzipiell autonome Wesen (vgl. Rotthaus), die gute Gründe für ihre Verhaltensweisen haben. Emphatisches Sichhineinversetzen in die Systembedingungen der Schüler erlaubt es den Lehrern, sich von der Rolle des Besserwissers (vgl. Reich) zu verabschieden und in Bewegung zu bleiben, denn „Wissen macht dumm", wie Fritz B. Simon sehr direkt sagt (vgl. Simon).

Ich stelle also jedem Schüler bzw. jeder Schülerin im Stuhlkreis folgende Fragen und schreibe die Antworten mit:

– Wie weit sind Sie in der Lektüre gekommen?
– Wann und wo haben Sie gelesen?
– Wie haben Sie das Lesen erlebt?
– Was hat Sie beim Lesen irgendwie beschäftigt?

Aus den Antworten erfahren alle etwas über Lesegewohnheiten und Leseerlebnisse im Zusammenhang mit *Effi Briest*:

> Das Lesen ist Schwerarbeit. Ich vergesse alles und muss es dann noch einmal lesen ... Ich könnte es schaffen, aber ich bin oft abgelenkt, und dann habe ich keine Lust mehr ... Das Lesen ist wie geschmolzener Käse auf einer alten Pizza ... Ich kann höchstens drei Seiten am Stück schaffen ... Im Vergleich zu der Mathe-/Physikvorlesung fand ich Effi nicht so schlimm ... Mit Effi ist das Bräunen in der Sonne nicht so langweilig. Es hat mich zum Träumen angeregt ... Ich habe vor dem Einschlafen gelesen und bin eingeschlafen ... Ich habe gemerkt: Es ist besser, Effi auf einem harten Stuhl in der Küche zu lesen als vor dem Einschlafen ... Die Lektüre wirkt so ermüdend. Ich verliere immer den Kontext. Alles, was mich nicht interessiert, wird ausführlich erzählt, und was mich interessiert, fehlt ... Sie sind ja schon verheiratet. Was soll da noch passieren? Es hört nichts auf, es fängt nichts an ... Mich stößt das Buch ab, nicht so richtig eklig, aber es passiert nichts ... Der Schreibstil langweilt mich. Lauter ellenlange Beschreibungen. Das ist Informationsmüll ... Ich habe so gar kein Bild von Effi. Es gibt keinen Höhepunkt, kein Event ... Effi finde ich dämlich, langweilig und selbstmitleidig ... Interessiert hat mich die Beziehung zu den Eltern ...

Es lohnt sich, den Fokus der Aufmerksamkeit auf das zu lenken, was bei der Lektüre in den Schülern vorgeht und sie zu unterstützen, Beobachtbares zu verbalisieren und sich selbst die Wertschätzung zu gönnen, die die Lehrpläne den Klassikern zollen. In den Äußerungen lassen sich viele Ansatzpunkte finden, die sowohl mit dem Erleben der Jugendlichen zu tun haben als auch mit Fontanes Roman:

- Zerstreuung (Action und Event) versus Langeweile
- Vorstellungen von und Erwartungen an „Eheleben", dauerhafte Partnerschaften.

Mögliche Fragen an den Text:
- Wo findet sich die lähmende Langeweile: beim Lesen und bei der Leseerwartung? Im Schreibstil? Im erzählten Leben? Oder im gesellschaftspolitischen Kontext des Romans?
- Wovon wird nicht erzählt? Was fehlt? Wo sind die Lücken?
- Welche emotionale Beziehung entsteht zwischen mir als Leser bzw. Leserin und den Protagonisten?

DIE FORMULIERUNG DER AUFGABEN

In einer zweiten Runde geht es darum, mit jeder Schülerin bzw. jedem Schüler eine ihm gemäße Leseaufgabe zu formulieren. Ich muss genau zuhören, nachfragen und warten, bis jeder seine Formulierung gefunden hat. Dies ist eine anstrengende Übung für alle: Die Aufmerksamkeit ist hoch. Die Stunde wird im Nachhinein von der Lerngruppe sehr positiv bewertet.

> Die Formulierung des Themas nimmt in der TZI eine zentrale Stelle ein (vgl. Langmaack): Es gilt, eine gute Balance zu finden zwischen dem Einzelnen, der Gruppe und dem Thema (ich – wir – es). Es lohnt sich, für diese Anfangsphase eine hohe Konzentration aufzubringen. Hier wird die Feder gespannt, die dem weiteren Geschehen die Spannkraft verleiht.

Beim Eingehen auf die Angebote der Schülerinnen und Schüler erscheint mir wichtig:

- mit der Lerngruppe einige Gesprächsregeln zu vereinbaren, z. B. das Chairman-Prinzip: Sie sind Ihr Chef. Geben Sie nur preis, wovon Sie wollen, dass es der Kurs erfährt;
- die Vieldeutigkeit des Romans und das persönliche Angebot der Schüler im Auge zu haben

- bei den „inhaltlichen" Angeboten der Schüler emotionale Zugänge zu berücksichtigen: z. B. Abwehr von Ähnlichkeiten (mit Effi), Neid auf Effis Reichtum, Hass auf die Mutter u. a. m.
- bei Interventionen den sozialen Kontext des Kurses zu berücksichtigen
- mit hypothetischen Fragen Umdeutungen und weitere Möglichkeiten zu eröffnen
- darauf zu achten, die Schüler selbst die Formulierungen finden zu lassen
- darauf zu achten, dass die Formulierungen nicht zu eng sind
- den Schülern die Entscheidung zuzumuten, welche Distanz sie einnehmen wollen bzw. in welchem Maße sie sich einlassen wollen
- darauf zu vertrauen, dass das Thema im Verlauf der Arbeit umformuliert wird, falls es (noch) nicht passt

Die Schüler formulieren folgende Zugänge zum Text:

- Bartosz, bei dem sich Spaß und Lageweile bei der Lektüre mischen, fragt sich: Wie hätte ein Ehemann seine junge Frau wirklich glücklich machen können?
- Olga, die alle Schuld am „Scheitern" der Ehe Effi zuschreibt, bearbeitet die Frage: Wie hätte ich Geert von Innstetten wirklich glücklich gemacht?
- Philipp möchte mehr Distanz zum Text und wird sich mit einem Sekundärtext beschäftigen.
- Erik-Lân untersucht, wie es Fontane gelingt, so planmäßig Spannung zu vernichten: Qualität der Unlust.
- Patrick bleibt auf Distanz und untersucht die Rolle des Rondells im Roman.
- Alexander fragt sich, wie es den Männern geht, und macht sich auf die Suche nach dem Männerglück in *Effi Briest*.
- Simone sucht nach den Textstellen, an denen Sexualität durchblitzt bzw. deutlich verschwiegen wird: Wo ist der Sex versteckt?
- Laura fragt empört: Wo bleibt Effis Widerstand?
- Susan sucht die Textstellen heraus, die ihr besonderes Unbehagen bereiten.
- Cathy findet Effi *dämlich* und wird sich mit der weiblichen Sozialisation im 19. Jahrhundert beschäftigen: Wie wird Effi zur Frau, und wie werde ich eine Frau?

- Saskia nimmt sich Effi als Patientin vor.
- Jenny untersucht „Das Fremde, das ich nicht verstehe – eventuell die Männer?".
- Aline findet Effis Leben besonders langweilig und wird eine Tabelle erarbeiten: Prioritäten im Leben von Effi und Aline aus dem Rückblick als 50-Jährige: Was wollen wir erreicht haben?
- Jessica wird die eheliche Kommunikation von Effi und Geert von Innstetten analysieren und eine verbesserte Version anbieten.
- Christine fragt sich, wie es Effi schafft, so zielsicher abzukratzen, und hat sich später geärgert, dass sie das Thema nicht anders formuliert hat.
- Varinia wird sich mit der Funktionalisierung des Spuks durch von Innstetten beschäftigen: Angst und Erziehung in *Effi Briest*.
- Corinna ist sauer auf Effi: Vorwürfe gegen Effi! Wo versinkt sie in Selbstmitleid, und was gefällt mir nicht an ihr? Corinna merkt im Verlauf der Arbeit, dass sich ihre Aggression vor allem gegen die Mutter wendet und sich ihre Wut auf die Situation der Frau im 19. Jahrhundert richtet.
- Conny fragt: Ist Glück auf Dauer möglich, und warum wird die Sexualität als Thema versteckt? Conny nimmt über Internet Kontakt zu einem Paartherapeuten auf und interviewt ihn.
- Nina untersucht die Frage, an welchen Stellen Effi als dumm und klein behandelt wird, und möchte herausbekommen, ob sich das im Verlauf des Romans verändert.

Forschen und Begutachten

Ich erstelle eine Liste (Name, Leseerlebnis und Leseaufgabe) und verschicke sie per E-Mail an die Schüler. So können sich alle in Ruhe zu Hause mit den Forschungsaufträgen der Mitschüler beschäftigen mit dem Auftrag:

„Welches Forschungsergebnis interessiert Sie persönlich besonders? Melden Sie sich bei Ihrem Mitschüler/Ihrer Mitschülerin per E-Mail als Gutachter/Gutachterin an. Sie erhalten den Text dann als Erster/Erste." So werden Kontakte zwischen Schülern, ausgehend von den Themen, initiiert, und gegenseitiges Interesse wird geweckt. Das Medium E-Mail verstärkt die Spannung: Wer interessiert sich für mein Thema? In unserem Fall finden die beiden Themen am meisten Zuspruch: „Ist Glück auf Dauer möglich?" (vier Angebote) und „Auf der Suche nach dem Männerglück" (drei Angebote). Für das Gutachten gelten folgende Maßgaben: wertschätzende Wiedergabe des allgemeinen Eindrucks, drei Verbesserungsvorschläge und drei Anschlussfragen. Gutachten sind eine bewährte Methode, denn

– sie verschaffen den Begutachteten ein Feedback von Gleichaltrigen
– sie schaffen eine breitere Leserschaft für Schülertexte
– sie erhöhen die Aufmerksamkeit für eigene Fehler
– entlasten die Lehrer und relativieren ihre Kritik.

Für die Bearbeitung der Leseaufgabe und das Gutachten stehen zwei Wochen zur Verfügung. Die Abgabe erfolgt per E-Mail. Bis dahin ist die Tischordnung im Kursraum der Montessori-Pädagogik entlehnt: Alle Tische werden an die Wände geschoben, die Schüler sitzen innen (im umgedrehten Stuhlkreis) und arbeiten an ihren Aufgaben. Das führt zu großer Ruhe, weil der Blickkontakt weg ist. Ich sitze auf dem Gang. Die Schüler kommen einzeln zu mir heraus und besprechen den Stand ihrer Forschung mit mir.

Einzelarbeit mit begleitender Beratung ermöglicht auch im herkömmlichen Schulbetrieb weitgehend selbst gesteuerte Lernphasen. Die Berücksichtigung des eigenen, persönlichen, biografischen Zugangs zur Literatur wirkt motivierend auf die Schüler.

Der Roman wird so

– subjektiv und persönlich
– aus unterschiedlichen Blickwinkeln und
– ausgehend von den Interessen der Lern- und Altersgruppe

erschlossen.

Die Auseinandersetzung mit historischer Literatur kann bei Schülern interne Umbauarbeiten in Gang setzen, wenn es gelingt, „über ein museales Orientierungswissen hinaus ein Feld für Differenzerfahrungen" (Nutz 1999, S. 27) zu eröffnen, das den Fragen Raum gibt, die die Schüler aktuell beschäftigen. Diese Fragen, Erwartungen und entwicklungsbedingten Interessen, die in der Konfrontation mit der Fremdheit historischer Literatur in unterschiedlichen Formen (z. B. als Gelangweiltheit oder Belustigung) auftauchen, können einen Ansatzpunkt zu einer eigenen Positionsbestimmung in Bezug auf einen historischen Text bilden.

Die Aufgabe der Lehrer besteht in der aufmerksamen Beobachtung und der neugierigen Begleitung der in Gang gesetzten Lernprozesse (vgl. Rotthaus). Diese werden sich anders entwickeln, da die internen Umbauprozesse, insofern sie stattfinden, nicht vorhersagbar sind.

Schüler haben dabei grundsätzlich ein Recht auf Nichtlernen, denn „Lernen ... lohnt sich häufig nicht" (vgl. Simon). Es kann in jeder Lerngruppe Einzelne geben, die kein Arbeitsergebnis abliefern – aus welchen Gründen auch immer. Auch dafür haben sie gute Gründe, tragen allerdings auch die Verantwortung für den institutionellen Anschluss (d. h. die Leistungsbewertung) mit.

Die Forschungsergebnisse der Schüler werden mit den Gutachten auf der Homepage des Kurses (www.ratatong-schrank.de.vu) allen zugänglich gemacht.

In den Lerngruppen finden sich inzwischen immer Jugendliche, die eine Homepage einrichten und sie auch warten können und wollen. Lehrer werden dann zum Nutzer unter anderen Nutzern.

Anschlüsse

Für alle erfolgt nun ein Lektüreangebot zum Thema „Das erste Mal". Dazu werden Quellentexte zum Thema „Hochzeitsnacht" aus dem 19. Jahrhundert einer Studie der *Bundeszentrale für gesundheitliche Aufklärung* (Stich 2000) gegenübergestellt. Der Austausch über die Texte erfolgt außerhalb des Unterrichts. Wer mag, leiht sich Aufklärungsliteratur aus den letzten 40 Jahren (bei mir) aus.

Zu diesem Zeitpunkt der Unterrichtssequenz darf darauf vertraut werden, dass das unterrichtliche Angebot die Schülerinnen und Schüler auch außerhalb der Schulstunden beschäftigt. Eine Schülerin beschreibt dies so: „Ich weiß nicht, wie Sie das machen, aber ich denke ständig über irgendetwas aus dem Unterricht nach."

In der Klausur setzen sich die Schüler mit der Frage auseinander, inwieweit der Roman *Effi Briest* heute noch Aktualität besitzt, und präsentieren durchgehend mehr oder weniger differenzierte Überlegungen: Neben deutlich markierten Umbrüchen (z. B. freierer Umgang mit Sexualität, Selbstbewusstsein der Mädchen und Frauen) werden Kontinuitäten (z. B. Kommunikationsprobleme in Partnerschaften und die Schwierigkeit, sich aus einer unbefriedigenden Beziehung zu lösen) gesehen.

Fassbinders *Effi-Briest*-Verfilmung schafft eine frische Grundlage für die gemeinsame Rekonstruktion eines literaturwissenschaftlichen Sekundärtextes (Brackert u. Schuller 1981), der die Handlungsarmut des Romans zum Ausgangspunkt nimmt. Viele Elemente dieses wissenschaftlichen Textes wurden in den persönlichen Leseaufgaben schon vorbereitet: die Handlungsarmut, ein Aspekt der von der Lerngruppe einhellig beklagten Langweiligkeit des Romans, die Kommunikationsvermeidung und die Verschiebung von Konflikten auf Beschreibungen. Die Bereitschaft, sich neugierig auf den anspruchsvollen Text einzulassen, wächst in dem Maße, als die eigenen Wahrnehmungen im Blick der Literaturwissenschaftler wieder erkannt, bestätigt und im Kontext des ausgehenden 19. Jahrhunderts reflektiert werden können. Das Selbstbewusstsein der Schülerinnen und Schüler im Umgang mit einem Klassiker und seine Bewertung ist nach dieser Sequenz deutlich gewachsen.

Die Sequenz klingt aus mit dem Vergleich von drei Filmen zum Thema „Ehe", die im Nachhinein Effi wieder in ein anderes Licht rücken:

- *Das Geheimnis (Le Secret)* von Virginie Wagon, Frankreich 2000
- *Martha* von Rainer Werner Fassbinder, BRD 1973 (zeitgleich mit seiner *Effi-Briest*-Verfilmung)
- *Die Bettwurst* von Rosa von Praunheim, BRD 1971

In den abschließenden Berichten der Schülerinnen und Schüler werden folgende Punkte positiv hervorgehoben:

- die Berücksichtigung der Leseschwierigkeiten am Anfang
- die eigene Wahl und Formulierung der Lese- und Forschungsaufgabe
- das Abfassen der Gutachten
- die literaturwissenschaftliche Zuordnung der Langeweile.

Eine Schülerin drückt es rückblickend so aus: „Insgesamt hat mir diese Unterrichtseinheit sehr gut gefallen, weil ich für mich selber dadurch einiges gelernt habe und die Einheit mir außerdem das Buch etwas näher gebracht hat, mit dem ich am Anfang nichts anfangen konnte."

Offener Unterricht und sein Potenzial

Falko Peschel

Die Begleitung und Überprüfung eines sehr konsequent praktizierten Konzepts „offenen Unterrichts" zeigt erstaunlich positive Ergebnisse, die vermuten lassen, dass Merkmale effektiven Unterrichts, die aus Stichproben geschlossenen Unterrichts gewonnen werden (wie Strukturiertheit, Transparenz, Zielgerichtetheit), auch nur für diese Unterrichtsformen gelten – das Potenzial des offenen Unterrichts aber weit darüber liegt. Ein Beitrag zu einem radikal konstruktivistischen Verständnis von Unterricht und seinen Möglichkeiten bei konsequenter Umsetzung.

OFFENER UNTERRICHT ZWISCHEN THEORIE UND PRAXIS

Gerade in letzter Zeit tut sich sehr viel in der Schullandschaft. Nach der intensiven Arbeit der Kollegien, der eigenen Schule durch ein Schulprogramm eine gemeinsame Basis zu verschaffen, werden nun immer mehr Schulen zu selbstständigen Schulen. Schulen, die sich selbst verwalten – bürokratisch und pädagogisch. Projekte zum demokratischen Lernen und zur schülereigenen Streitschlichtung sind genauso angesagt wie gemeinsame Überlegungen zur Qualitätssicherung durch parallel geschriebene Arbeiten oder jahrgangsübergreifenden Unterricht. In den Richtlinien und Lehrplänen wird immer stärker ein Unterricht konkretisiert, in dem sich Schüler mit für sie selbst bedeutsamen Gegenständen auseinander setzen und selbst planen, entdecken, erkunden, untersuchen, beobachten, experimentieren, dokumentieren und ihre Arbeiten bewerten. Schule im Umbruch!

Auch die Wissenschaft bekommt ein neues Gesicht: Renommierte Untersuchungen wie die PISA-Erhebung erfassen nicht mehr nur den Ausschnitt rein fachlicher Leistungen, sondern versuchen auch, soziale Kompetenz und selbst reguliertes Lernen zu messen. In der Lehr-Lern-Forschung werden behavioristisch orientierte Fragestellungen nach direkten Lehr-Lern-Zusammenhängen abgelöst von Untersuchungen zu interessegeleitetem Lernen und der Frage nach der Bedeutung impliziter und inzidenteller Lernprozesse. Schule im Umbruch!

Schule im Umbruch? Betrachtet man das näher, was da so vielversprechend aussieht, so bekommt man ein anderes Gefühl. Das selbst regulierte Lernen wird nicht nur in wissenschaftlichen Erhebungen, sondern auch in Fortbildungen auf ein kleinschrittig lehrbares Methodentraining reduziert, das neue Tricks liefern soll, die Schüler zum Arbeiten zu motivieren. Auch bei der Untersuchung der Effektivität interessenorientierter sowie impliziter und inzidenteller Lernprozesse gerät man schnell ins Staunen: Trotz vielversprechender Ergebnisse in der Praxis werden diese Lernformen entweder wissenschaftlich ignoriert oder aber in Versuchsanordnungen evaluiert, in denen gar nicht das wirklich untersucht werden kann, das untersucht werden müsste.

Aber auch in der Schule muss man zwischen Aktionismus und Entwicklung unterscheiden. Die meisten Schulprogramme entpuppen sich schnell als ein oberflächlicher Abklatsch der gängigen Richtlinien, ergänzt durch die Nennung der schuleigenen Besonderheiten wie des jährlichen Martinsumzugs oder der Weihnachtsfeier mit den Eltern. Und auch die gemeinsamen Überlegungen zur Qualitätssicherung durch verabredete Leistungsüberprüfungen führen nicht etwa dazu, dass Unterricht und Leistungsmessung individualisiert werden, sondern eher zu Überprüfungen, in denen die verschiedensten Klassen und Lehrer nun über einen Kamm geschoren werden. So ist es auch nicht verwunderlich, dass der Wandel der Schule trotz aller Bemühungen durch Verordnungen und Projekte genau dort stecken bleibt, wo es mit der Offenheit konkreter wird: Ebenda, wo es um wirkliche Veränderungen im Unterricht geht.

Und genau das spiegeln auch die Untersuchungen wider, die sich näher mit individualisierenden Lernformen befassen. So stellt z. B. Gervé in seiner Befragung zur Umsetzung freier Arbeit fest, dass weniger als 5 % der Freiarbeit praktizierenden Lehrer mindestens eine Stunde freie Arbeit pro Tag zulassen. Im Grund existiert freie Arbeit als durchgehendes Konzept auch in „Freiarbeitsklassen" also gar nicht. Bedenkenswert ist auch das Verständnis, das die Lehrer von „freier Arbeit" haben: Für nur 4 % der Lehrer war freie Arbeit eine Zeit, in der die Kinder nach Belieben einer Beschäftigung ihres momentanen Interesses nachgehen können – 96 % der frei arbeitenden Lehrer empfanden freie Arbeit als durchaus lehrergesteuert. Nur 1 % (!) der Lehrer ließ (in der sowieso nur auf einzelne Stunden beschränkten Freiarbeitszeit) bei den Kindern überwiegend Aufgaben zu, die nicht direkt in dem vom Lehrer vorbereiteten und selbst eingeführten Angebot enthalten waren (vgl. Brügelmann 1996/1997; Gervé 1997a, b).

Nicht nur für den Wissenschaftler, sondern für alle, die mit Schule zu tun haben, ergibt sich die Frage, ob diese Ergebnisse nicht auf die Untauglichkeit oder Unumsetzbarkeit der entsprechenden Unterrichtsformen hinweisen müssen. Wird „offener Unterricht" nicht praktiziert, weil bei den Lehrern immer noch ein Bild von Schule und Lernen vorherrscht, das den grundlegenden Prinzipien dieser Unterrichtsform entgegensteht – oder haben sich vielleicht die entsprechenden Grundannahmen über die Fähigkeiten der Schüler und ihr Lernen in der Praxis als falsch erwiesen, sodass Lehrer richtigerweise und begründet ganz andere Wege gehen?

Um eine erste Antwort auf diese Fragen zu bekommen, kann ein Unterricht näher beleuchtet werden, in welchem die „hehren" Prinzipien des offenen Unterrichts möglichst konsequent umgesetzt wurden. Dabei geht es nicht darum, dass dieser Unterricht auf andere Lehrer oder Klassen übertragbar wäre, sondern lediglich um die Frage nach dem Potenzial, das die entsprechende Konzeption birgt: Ist „offener Unterricht" konsequent allgemein didaktisch und fachdidaktisch praktizierbar, oder handelt es sich um eine Utopie, die maximal als anzustrebendes Ideal fungieren darf?

Offener Unterricht in der Praxis

Montagmorgen, kurz nach 8 Uhr. Pia ruft laut „Kreis!" in die Klasse. Die seit rund einer halben Stunde eingetrudelten Kinder des dritten Schuljahrs finden sich daraufhin im Sitzkreis ein, der fest in einer Ecke des Klassenraums installiert ist. Da Pia schon zwei Tage als „Kreisleiterin" dran war, bestimmt sie den sich meldenden Bodo als neuen Kreisleiter.

Bodo fragt zuerst, ob jemand etwas Wichtiges zu sagen hat. Mehrere Kinder und der Lehrer melden sich. Bodo nimmt zuerst Harald dran, der sagt: „Ich will was abstimmen. Wer ist dafür, dass wir heute beim Turnen Völkerball spielen?" Die Mehrzahl der Kinder ist dagegen. Ines zeigt auf und sagt, dass sie lieber freies Turnen macht, weil dann diejenigen, die etwas zusammen machen wollen, das machen können, aber nicht alle Völkerball spielen müssen. Lutz wirft ungefragt ein, dass man für Völkerball aber die ganze Turnhalle braucht und man dann während des freien Turnens kein Völkerball spielen kann. Eine Diskussion entbrennt, die Bodo nach einem vergeblichen „Ruhe!" in den Griff bekommt, indem er Kinder, die sich nicht gemeldet haben, einzeln anspricht. Sabine schlägt vor, verschiedene Möglichkeiten für das Turnen an der Wandtafel im Kreis zu sammeln. Als das geschehen ist, einigt man sich durch Abstimmung darauf, dass heute freies Turnen stattfindet und dafür nächste Woche die Hälfte der Sportdoppelstunde Völkerball gespielt wird.

Nachdem noch andere Kinder für sie wichtige Sachen berichtet oder zur Abstimmung gebracht haben, kommt schließlich auch der Lehrer dran. Er spricht den Kreisleiter an: „Bodo, wir müssen mal überlegen, wann wir die Vorträge von Carlo und Fedor machen. Jetzt ist relativ wenig Zeit – nur noch bis zur Pause. Wäre die Frage, ob man jetzt nicht lieber ein bis zwei Vorträge macht, dass man danach dann die Stunde zum Arbeiten zur Verfügung hat." Die Resonanz der Kinder ist ablehnend, sie hätten auch so noch genug zu tun. Also macht Bodo eine „Runde", in der jedes Kind vor dem Verlassen des Sitzkreises kurz sagt, was es heute arbeiten will:

Michael möchte schwierige Rechenaufgaben angehen, Sabine möchte an ihrem selbst verfassten „Bibi-Bloxberg-Buch" weiterschreiben, Lars möchte mit Mehmet einen Vortrag über das Kriegsgeschehen im Nahen Osten vorbereiten, und Kai und Meike wollen an ihrer Wetterstation weiterbauen ... Und im Nu sind alle in der Klasse und auf dem Schulgelände verteilt und mit ihren Vorhaben beschäftigt.

Nach der „Rausgehpause" bitten Caterina und Steven den Kreisleiter Bodo, einen „Vorstellkreis" einzuberufen. Caterina möchte ihre neuste Mathematikerfindung präsentieren und Steven über seine Beobachtungen der mitgebrachten Frösche berichten. Bodo ruft die Kinder zusammen, aber lässt auch Ausnahmen zu. Wer lieber an seinen Sachen weiterarbeiten möchte, kann das mit ihm absprechen. Zuerst möchte Carlo seinen Vortrag *Wale und Haie* halten. Während des Vortrags nimmt Carlo Kinder dran, die Fragen haben. Einige Kinder ergänzen seine Ausführungen auch selbst. Als darüber spekuliert wird, wie viel ein Blauwal in der Woche etwa trinkt – vielleicht 2000 Liter? –, spricht Ines den Lehrer an, der sich mit Hospitanten außerhalb des Kreises befindet: „So viel Wasser??" Der Lehrer muss zugeben: „Ich hab nicht zugehört gerade ..." Ines kommentiert: „Oh, du hörst ja nie zu!" Der Lehrer versucht, sich rauszureden: „Ja, ich bin ja auch abgelenkt. Die hängen da irgendwas auf, und du redest da ..." Ines macht einen neuen Versuch: „Also, ich habe gefragt, wie viel Wasser der Blauwal ungefähr in einem Tag oder in der Woche trinkt."

Nachdem die Kinder, die es wollten, ihre Produkte vorgestellt haben, fragt Bodo kurz nach, ob jemand nichts zu tun habe, worauf alle Kinder den Kreis verlassen. Neben dem Weiterführen der morgens begonnenen Arbeiten sind durch die neuen Anregungen weitere Kleingruppen entstanden, die sich direkt im Anschluss an das Treffen intensiver mit einer Sache auseinander setzen wollen. Rechtzeitig vor Ende des Schultages ruft Bodo alle noch einmal für den „Schlusskreis" zusammen, in welchem einige Kinder noch einmal Ergebnisse oder Fragen präsentieren, dann aber alle der Reihe nach kurz berichten, womit sie sich am Tag beschäftigt haben. Dabei bewerten sie ihre eigene Leistung mit einem selbst erdachten System, das von „Super" und „O. k." über „Ich hätte heute mehr schaffen können" bis hin zu „War heute nichts los mit mir" geht. Man hat dabei den Eindruck, dass die Kinder sich dabei fast schon zu ehrlich bewerten – und zwar ohne Druck von außen, denn ob jemand arbeitet oder nicht, bleibt letztendlich ihm selbst überlassen (vgl. ausführlich Peschel 2002).

OFFENER UNTERRICHT IN DER EVALUATION

Bei dem gerade vorgestellten Unterricht handelt es sich nicht etwa um eine die Zeit bis zu den Ferien überbrückende Projektwoche und auch nicht um einen radikalen Schulversuch irgendwelcher pädagogischer Utopisten. Nein, es handelt sich um ein vom ersten Schultag an in einer Regelschule praktiziertes Unterrichtskonzept, das die in den gängigen Richtlinien und Lehrplänen formulierten Prinzipien in einer Weise ernst nimmt, wie sich das im Schulalltag kaum jemand traut. Ob es sich dabei um ein „Unterrichts"-Konzept handelt, ist lediglich deshalb strittig, weil bei dieser Art von Schule nicht mehr „unterrichtet" wird. Die Unterrichtszeit zeichnet sich dadurch aus, dass die Schüler sich ihr Lernen bzw. ihren Schultag nicht nur selber einteilen können, sondern dass auch keine Lernwege oder Lerninhalte vorgegeben werden – und in der Folge auch keine Lehrgänge oder Arbeitsmittel. Das „weiße (leere) Blatt" ist Hauptarbeitsmedium im Unterricht und wird ergänzt durch „Werkzeuge": eine Buchstabentabelle zum Schreibenlernen, ein Wörterbuch zum Nachschlagen, ein Punktefeld als Strukturierungshilfe zum Rechnen, Sach- und Geschichtenbücher zum Lesen und Forschen usw.

Diese Art von Unterricht provoziert – und zwar nicht nur, weil hier dem gängigen Bild von Schule widersprochen wird, sondern vor allem deshalb, weil hier die in der Theorie so oft genannten, aber in der Praxis selten ernst genommenen Prinzipien guten Unterrichts konsequent umgesetzt werden. Deshalb stellt sich die Frage, welche Wirkungen ein solcher von den Kindern getragener Unterricht ohne Lehrgänge und Schulbücher hat. Es ist zwar mit der Evaluation einer Schulklasse nicht möglich zu beweisen, dass die praktizierte Unterrichtsform generell besser ist als andere Lehr- und Lernformen, aber zumindest das Potenzial des Ansatzes kann nachgewiesen werden – und damit lassen sich Allgemeinurteile (z. B. dass Offener Unterricht zu Nachteilen im fachlichen Wissen und Können führt) widerlegen.

Dazu wurde der gerade kurz umrissene Unterricht über alle vier Grundschuljahre hinweg ausführlich dokumentiert und evaluiert – wobei u. a. gezeigt werden konnte, dass die Stichprobenauswahl in der Verteilung wesentlicher Merkmale nicht vom „Durchschnitt" abweicht, sodass die Erfahrungen auf Regelklassen übertragbar erscheinen. Vor allem wenn man die Kinder betrachtet, die ihre ganze Schulzeit in der Klasse verbracht haben, also nie auf herkömmliche Weise „unterrichtet" worden sind, ergeben sich beeindruckende Resultate, die im Folgenden kurz für die Bereiche Schreiben bzw. Rechtschreiben, Lesen und Rechnen wiedergegeben werden (vgl. ausführlich Peschel 2003).

Rechtschreiben

Im Gegensatz zu üblichen Formen des Rechtschreibunterrichts mit hohen Anteilen des Einübens von Wörtern, Regeln etc. ist das Rechtschreiblernen im oben beschriebenen Unterrichtskonzept ganz in das freie Schreiben und Lesen integriert. Es geht also um die Überprüfung der These, dass Rechtschreiben nicht explizit gelehrt werden muss, sondern als ein vornehmlich beiläufig erfolgender Prozess impliziter Musterbildung des Einzelnen erfolgt, der in einer entsprechenden Lernumgebung auch ohne Unterrichten ablaufen kann.

Während die Kinder nach einem Monat im Durchschnitt gerade den Anlaut eines Wortes verschriften können, sind sie nach knapp einem halben Jahr Schule in der Lage, weitgehend lautgetreu zu schreiben. Im normierten Rechtschreibtest *(Hamburger Schreibprobe)* ergeben sich vom Ende des ersten Schuljahrs bis in die weiterführende Schule Prozentränge, die mit Durchschnittswerten zwischen 56 und 73 hochsignifikant über dem Mittelwert der Eichstichprobe liegen. Lediglich ein Asylantenkind aus Bosnien und ein anderer Junge mit sehr unterdurchschnittlichem Intelligenzquotienten bewegen sich länger unterhalb des mittleren Prozentrangs 50, liegen aber immer noch im Mittelfeld und schließen die Grundschulzeit mit Prozentrang 34 ab.

Lesen

Die Kinder lernen ohne expliziten Leseunterricht im ersten Schulhalbjahr lesen und können alle zum Ende des Schuljahrs fremde Texte zumindest ohne zu stocken vorlesen. Zum Ende des zweiten Schuljahrs lesen nur zwei Kinder noch nicht ganz flüssig, wobei eines auch Probleme mit einem sinnbetonten Vorlesen hat (das Asylantenkind aus Bosnien). Zum Ende der vierten Klasse können alle Kinder flüssig und sinnbetont vorlesen und erreichen im *Worttest O40* die höchste Stufe der Lesegeschwindigkeit bzw. Lesesicherheit, womit sie sich hochsignifikant von der Eichstichprobe unterscheiden.

Das viel wichtigere Leseverständnis wird im vierten Schuljahr mit dem *Hamburger Lesetest* erhoben. Dabei müssen Fragen zu Texten unterschiedlicher Schwierigkeit und Art – von Geschichten bis hin zu Sachtexten, Tabellen, Anleitungen und anderen Gebrauchstexten – richtig beantwortet werden. Ende des vierten Schuljahrs befinden sich die Kinder im Durchschnitt vor dem Übergang zur – auch für Erwachsene geltenden – höchsten Lesestufe, d. h., sie können mehrere Informationen bzw. Handlungs- oder Hintergrundmotive zum Beantworten der Fragen kombinieren und rekonstruieren. Insgesamt liegt die Klasse sogar im Durchschnitt mit Prozentrang 77 im oberen Bereich und unterscheidet sich hochsignifikant von der Eichstichprobe. Nur das Asylantenkind und der schon oben genannte andere Junge liegen unter dem Durchschnitt, befinden sich aber mit Prozentrangwerten von 27 und 39 noch im Mittelfeld.

Rechnen

Gerade beim „Rechnenlernen" werden vielfach Unterrichtsmerkmale, die eher lehrerzentriert bzw. lehrergesteuert erscheinen, als effektiv betrachtet *(SCHOLASTIK-Studie,* vgl. Helmke/Weinert 1997*).* Als durchgängiges Messinstrument wird in der hier untersuchten Klasse ein eigens entwickelter Überforderungstest eingesetzt, der inhaltlich nicht nur auf den im jeweiligen Schuljahr beschränkten Zahlenraum bzw. die dann üblichen Operationen begrenzt ist, sondern immer schon Aufgaben aus den nachfolgenden Schuljahren enthält. Dabei zeigt sich, dass die Kinder zu allen Testzeitpunkten schon Stoff beherrschen, den sie im Bezug auf den Zahlenraum bzw. die Operationen und Verfahren eigentlich noch nicht können müssten. Bis auf ein Mädchen ohne mathematische Vorkenntnisse und mit einem Intelligenzquotienten, der (eigentlich) auf eine Lernbehinderung hinweist, liegen alle Kinder immer über den Lehrplananforderungen.

Im Bereich der Addition haben die Kinder fast über die gesamte Grundschulzeit einen Vorsprung von rund anderthalb Schuljahren. Kein Kind liegt irgendwann unter den Anforderungen. Im Bereich der Subtraktion beträgt der durchschnittliche Vorsprung vor dem gängigen Lehrplan rund ein Schuljahr, und nur das genannte Mädchen liegt zu zwei Messzeitpunkten ein halbes Schuljahr unter den Anforderungen. Bei der Multiplikation schwankt der Vorsprung gegenüber den Lehrgangsinhalten zwischen einem Dreiviertel- und einem ganzem Jahr, und auch hier liegt nur das Mädchen zu einzelnen Messezeitpunkten unter den Anforderungen. Die Division ist für die Kinder wohl die schwierigste oder auch alltagsfernste Operation, sie spielt eine eher untergeordnete Rolle. Im Schnitt liegen die Schüler bei der Division trotzdem ungefähr ein halbes Schuljahr vor dem Lehrgangsstoff. Nur das mathematikschwache Mädchen befindet sich hier bis zum vierten Schuljahr kontinuierlich unter den Ansprüchen.

Weiterführende Schule

Von den Kindern, die ihre ganze Grundschulzeit in der hier beschriebenen Klasse verbracht haben, wechseln trotz der durchschnittlichen

Eingangsvoraussetzungen drei Viertel auf das Gymnasium, kein Kind geht auf die Hauptschule. Neben diesen positiven Ergebnissen, die das Konzept eines (radikal) offenen Unterrichts auch den „schwächeren" Kindern ermöglicht, war vor allem die Entwicklung von Kindern verblüffend, die als eigentlich nicht an der Regelschule beschulbar diagnostiziert worden waren. Diese haben nach dem Wechsel in die hier beschriebene Klasse – durch den Verzicht auf Belehrung und „Unterrichten" – Zeit und Möglichkeit bekommen, einen Zugang zu ihrem eigenen Lernen zu finden. Auch sie sind alle an der Regelschule verblieben und trotz diagnostizierter Lernbehinderung oder Erziehungsproblematik nach der Grundschule auf Gymnasium, Gesamtschule oder Hauptschule gewechselt.

OFFENER UNTERRICHT IN DER DISKUSSION

Insgesamt ergibt sich bei der Betrachtung der Entwicklungen der Kinder bzw. der Klasse der Eindruck, dass das besondere Potenzial des Ansatzes darin besteht, dass sich schnell ein Leistungsvorsprung ausbildet, der über die Jahre gehalten werden kann. Dabei haben sich die Kinder die von ihnen erwarteten Leistungen insofern selbst gesteuert angeeignet, als sie keinem Lehrgang und keinem Lehrgangsunterricht gefolgt sind, sondern nur die Möglichkeit hatten, auf Bücher, Alltagsmaterialien und andere Werkzeuge zurückzugreifen. Damit werden Ergebnisse von Studien relativiert, aus denen gefolgert wird, dass Wissen nur durch ein hohes Maß an Lehrersteuerung und Vorstrukturierung im Unterricht erzeugt werden kann. Es ist vielmehr anzunehmen, dass diese Untersuchungsergebnisse (*SCHOLASTIK*, *LOGIK* etc.) nur dann gelten, wenn Stoff in Lehrgangsform vermittelt wird, aber nicht, dass dies die effektivste bzw. einzig mögliche Form der Vermittlung darstellt.

Von daher erscheint auch ein begriffliches Umdenken nötig zu sein. So werden z. B. Prinzipien wie Strukturiertheit, Transparenz, Zielgerichtetheit etc. zwar als wichtig für effektiven Unterricht angesehen, aber immer nur einseitig aus der Sichtweise des Lehrenden betrachtet, der gar keinen direkten Einfluss auf den Lernprozess hat. Viel näher liegt es, diese Begriffe von demjenigen aus zu definieren, der als Einziger den aktiven Part des Lernens vollziehen kann: vom Lernenden aus. Damit wird auch klar, warum Selbstregulierung und

Interessenorientierung einen so hohen Stellenwert im Lernprozess haben: Während der Lernende in einem Unterricht „direkter Instruktion" dem vom Lehrer vorgegebenen und vorstrukturierten Lernweg folgen muss, auch wenn dieser ganz und gar nicht dem eigenen Weg entspricht, kann bzw. muss er im Offenen Unterricht seinen eigenen Weg gehen. Einen Weg, auf dem er sich selber „direkt instruiert" – mit der größtmöglichen kognitiven, emotionalen, sozialen Passung, die beim Lernprozess herrschen kann. Aus diesem Blickwinkel erscheint nun der lehrerzentrierte Unterricht als willkürlich und nicht auf die individuellen Bedürfnisse und Strukturen der Lernenden passend, während sich die „chaotische Unstrukturiertheit" des Offenen Unterrichts als das eigentlich Struktur, Transparenz und Ziel gebende Moment darstellt. Ob sich der Lernende im Offenen Unterricht dann sein Wissen eher als Autodidakt aneignet oder aber Impulse von außen aufnimmt, ist eine zweitrangige Frage. Viel wichtiger ist die Grundbasis: die Selbstbestimmung über das eigene Lernen. Dass dazu eine eher radikale Umsetzung offener Unterrichtsformen notwendig ist, wird deutlich – und damit auch, warum Vor- und Zwischenformen geöffneten Unterrichts wie Freiarbeit bzw. Wochenplan-, Werkstatt- oder Projektunterricht sich in ihrer Effektivität so wenig von geschlossenen Formen unterscheiden.

Vor allem aber muss die Behauptung, dass Schreiben, Rechtschreiben, Lesen, Vorlesen, Leseverständnis, Rechnen und Mathematik nur mit einem expliziten Leselehrgang etc. erlernt werden können, nach diesen Ergebnissen auf Klassenebene relativiert werden, da die beschriebene Stichprobe dies für den hier beschriebenen Rahmen widerlegt. Das könnte dafür sprechen, impliziten und inzidentellen Lernprozessen eine stärkere Beachtung zu schenken und statt expliziter Teilleistungsübungen o. Ä. im Unterricht mehr auf selbst gesteuertes und interessenorientiertes Lernen, z. B. durch freies Schreiben, Lesen, Rechnen und Mathematiktreiben zu setzen.

Es ist mit einer Fallstudie zwar nicht möglich zu beweisen, dass Offener Unterricht generell besser ist als traditionelle Lehr- und Lernformen. Unser Beispiel kann aber das Potenzial dieses Ansatzes nachweisen und damit Allgemeinurteile (z. B. „Offener Unterricht mag soziales Lernen und Persönlichkeitsentwicklung der Kinder fördern, führt aber zu Nachteilen im fachlichen Wissen und Können") widerlegen.

Die Passung von Instruktion und Selbstlernen als Grundelement arrangierter Lernwelten

Alois Niggli

> Es ist keine leichte Aufgabe, Lernende einerseits anzuleiten und ihnen andererseits zugleich Freiräume für selbstverantwortliche Konstruktionen zu lassen. Gleichwohl verlangen Erkenntnisse der Unterrichtsforschung eher einen unvoreingenommenen Umgang mit diesen auf den ersten Blick unvereinbaren Prinzipien. Im folgenden Beitrag werden dazu Vorschläge gemacht und am Beispiel des allgemeinen Sprachunterrichts praxistauglich erläutert. Grundlage bilden Annahmen zur Konstruktion des Wissens und zur Kultur der dabei verwendeten Lernaufgaben. Davon ausgehend, werden Kriterien genannt für eher offen bzw. eher geschlossen arrangierte Lernwelten.

Einleitung

Hinter uns liegt ein Jahrhundert der Schulkritik; aber auch ein Jahrhundert der Reformbestrebungen, die sich gegen die traditionelle Lern- und Paukschule gerichtet haben. Im Zuge dieser Entwicklung hat eine Reihe neuer Lernformen Eingang in den Schulalltag gefunden. Diese Lernformen werden meist unter dem Sammelbegriff des „offenen Unterrichts" zusammengefasst. Kennzeichnend dafür ist, dass vermehrt auf lehrerunabhängige Lerninstruktion und Lernmotivation gesetzt wird. Allerdings ist umstritten, ob diese methodischen Arrangements das halten, was sie versprechen. Empirische Belege zeigen ein widersprüchliches Bild (Chall 2000). Vor allem Schülerinnen und Schüler mit ungünstigen Ausgangsbedingungen scheinen benachteiligt zu werden (Gruehn 2000, S. 51). Auf der anderen Seite hat die Unterrichtsforschung gleichzeitig die Wirksamkeit so genannter direkter Instruktion bestätigt (vgl. Helmke 2003). Eine generelle Überlegenheit der einen oder anderen Unterrichtsform existiert offensichtlich nicht. Offenheit ohne Instruktionselemente scheint nach den vorliegenden Erkenntnissen nämlich noch keine Konstruktion zu garantieren. Jeder Lernprozess ist an sich konstruktiv, „und es muß oberstes Ziel des Unterrichts sein, den Lernenden Konstruktionen zu ermöglichen und diese anzuregen. Lernen erfordert zum anderen aber auch Orientierung, Anleitung und Hilfe: Jeder Lernprozeß ist also interaktiv, und es ist eine weitere zentrale Aufgabe des Unterrichts, Lernende unterstützend zu begleiten und ihnen hilfreiche Instruktionen anzubieten" (Mandl/Reinmann-Rothmeier 1995, S. 52). Aus diesem Dilemma ist nur herauszukommen, wenn versucht wird, eine Balance zwischen beiden Konzeptionen herzustellen. In diesem Beitrag wird dazu ein Modell mit fünf Bausteinen für Lernwelten unterbreitet, in denen direkte Instruktion und offene Formen miteinander verzahnt sind.

PLANUNGSGRUNDLAGEN FÜR EINEN KONSTRUKTIVISTISCHEN UMGANG MIT LERNINHALTEN

Als Planungsgrundlagen werden vorerst drei Bausteine (Funktionsrhythmus, Aufgabenkultur, Artikulation) für kommunikative Lernumwelten vorgestellt, die den Erwerb intelligenten Grundwissens im Kontext direkter Instruktion unterstützen können. Darunter versteht man ein wohl organisiertes, disziplinär, interdisziplinär und lebenspraktisch vernetztes System von flexibel nutzbaren Fähigkeiten (vgl. Weinert 2001, S. 76).

Der Funktionsrhythmus – Lernen im Umgang mit Information

Keine Lebenszeit reicht aus, um alles Wissen, das in der Weltzeit angesammelt worden ist, zu lernen. Daraus entsteht der Unterschied zwischen *Information* und *Wissen*. Informationen sind Zeichen und Symbole, die außerhalb des menschlichen Körpers gespeichert werden können. Wissen hingegen ist individuell bewertete Information. Psychologisch gesehen, ist Wissen deshalb dynamisch und nicht statisch. Der Funktionsrhythmus bietet eine Hilfe an für die Grundstrukturierung im Umgang mit Information bzw. ihre Transformation in Wissen. Drei Phasen werden dabei unterschieden (Baeriswyl 2003):

a) Phase des Angebotes von Information:
Zu Beginn erhält der Schüler *Informationen über Sachverhalte.* Sie können völlig neu oder eine Ergänzung zu bisherigem Wissen oder Vorwissen sein. Information kann von der Lehrkraft lediglich angeboten werden. Sie ist ein „Anstoß zu weiterführenden Prozessen" (Straka u. Macke 2002, S. 109). Daneben beinhaltet die a-Phase auch *Informationen, die den Lernprozess steuern*, etwa wenn Aufträge erteilt oder Material präsentiert wird oder wenn sich die Lehrperson versichert, ob die Aufgabenstellung verstanden worden ist.

b) Phase der Transformation von Information in Wissen:
Ein zweiter Aspekt des Lernens liegt in der Umwandlung (Transformation) der Information in Wissen. Wir lernen, Information zu „demaskieren" oder zu analysieren, um sie zu ordnen, damit wir sie extrapolieren oder interpolieren oder in eine andere Form bringen können (Bruner 1969, vgl. Baeriswyl 2003, 9.8). Das Resultat davon ist individuell transformiertes Wissen.

c) Phase der Bewertung des Wissens, das Lernergebnis kontrollieren zu können:
Im Normalfall handeln Lebewesen auf der Basis eines nichtproblematisierten Wissens. Es ist deshalb zu prüfen, ob die Art der Transformation dem neuen Anwendungszweck gerecht wird. Diese Wertung dient der Überprüfung der Angemessenheit der Wissensorganisation für das Lösen zukünftiger Aufgaben (Straka u. Macke 2002, S. 111).

Mit dem Funktionsrhythmus ist nicht ein kleinschrittiger, gängelnder Formalismus intendiert. Einer b-Phase muss beispielsweise keineswegs immer eine c-Phase folgen (s. unten: Prototyp). Auch kann eine Verarbeitungsphase durchaus mehrere Lernaufgaben beinhalten. Man kann Phasen weglassen und später einfügen. Der Funktionsrhythmus kann kurze Sequenzen strukturieren oder längere Projekte begleiten. Er reicht vom Arbeitsblatt bis zum Projekt und betont jeweils die Vollständigkeit eines Lernprozesses beim *quantitativen* Umgang mit Information (vgl. Baeriswyl 2003, 9.10).

Die Aufgabenkultur – Lernen als Konstruktion von Wissen
Die Aufgabenkultur beschreibt Merkmale der *qualitativen* Bearbeitung der Information in der b-Phase des Funktionsrhythmus. In die-

Die Passung von Instruktion und Selbstlernen

ser Phase müssen die Schülerinnen und Schüler ihr Wissen und ihr Verstehen selbst konstruieren. Dazu brauchen sie Anstöße, etwa zum Herstellen von Zusammenhängen, als Hilfen beim Analysieren oder beim Erstellen von Synthesen. Diese Funktion kommt den Lernaufgaben zu. Konstruktivistisch orientierte Lernaufgaben zeichnen sich unter anderem durch folgende Merkmale aus: Sie beziehen sich auf verschiedene Kontexte, sind komplex und berücksichtigen unterschiedliche Perspektiven. Am besten funktioniert das, wenn Aufgaben problemorientiert gestellt werden. Die Lernergebnisse sind meist nicht genau vorhersagbar (vgl. Dohnke et al. 1997). Aus dem Spektrum dieser Merkmale haben Cathomas und Carigiet (2002) zwei Hauptkoordinaten isoliert und für die Planung des Unterrichts ein hilfreiches Vier-Felder-Schema geschaffen.

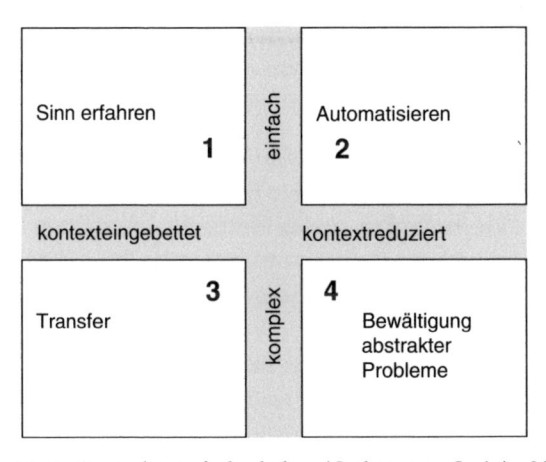

	einfach	
Sinn erfahren 1		Automatisieren 2
kontexteingebettet		kontextreduziert
Transfer 3	komplex	4 Bewältigung abstrakter Probleme

Abb. 1: Dimensionen der Aufgabenkultur (Cathomas u. Carigiet 2002)

Die waagrecht dargestellte Dimension wird als Hierarchie von mentalen Repräsentationen gesehen, die zunehmend abstrakt und zunehmend unabhängig von der Umwelt sind (vgl. Kintsch 1998, pp. 15 f.; Bruner 1974). Die senkrecht verlaufende Komplexitätsdimension kann etwa durch gängige kognitive Taxonomiestufen (Bloom 1974; Metzger et al. 1993; Döring 1991) operationalisiert werden. Auch spezifisch definierte Bereiche wie das Lesenkönnen lassen sich in unterschiedlich komplexe Kompetenzstufen überführen (Artelt et al. 2000). Die beiden Dimensionen umschließen vier Aufgabenfelder.

Feld 1: In diesem Feld werden einfache, die eigene Umwelt betreffende Aufgaben bearbeitet. Wegleitend ist das Prinzip der Authentizität und der Anschaulichkeit. Die Schüler sehen, wozu das zu Lernende nützlich ist, ohne es allerdings schon zu beherrschen.

Feld 2: In diesem Feld werden abstrakte Formen ohne direkten Bezug zur Erfahrungswelt reproduziert. Im Sprachunterricht sind dies beispielsweise Wiederholungsübungen zur Festigung von Sprachregeln, in der Mathematik einfache formale Anwendungsroutinen.

Grundwissen, das in den Feldern 1 und 2 erworben und gefestigt wird, ist von entscheidender Bedeutung für komplexeres Denken und den Erwerb neuen Wissens. Denken ist nicht ohne Wissen möglich. Das notwendige Wissen muss zur Verfügung stehen (Resnick a. Hall 1998, pp. 101).

Feld 3: Das Gelernte wird unter neuen Bedingungen angewandt. Lernende müssen dabei Anpassungen an den Kontext vornehmen. Gelöst werden reale, mehr oder weniger komplexe Probleme.

Feld 4: In diesem Feld geht es um den Umgang mit abstrakter Realität. Im Sprachunterricht sind abstrakte Begriffszusammenhänge zu analysieren oder zu entwerfen. In den Naturwissenschaften können formale Zusammenhänge selbst entdeckt oder komplexe, abstrakte Problemstellungen analysiert und gelöst werden.

Die verschiedenen Felder bilden einen Mix für ein mehrperspektivisches Angebot. Die Komplexität wechselt zwischen dem Entwickeln und Üben notwendiger Prozeduren und dem Bewältigen komplexerer Problemstellungen (von Aufschnaiter 1998, S. 55). In den Feldern 1 und 2 ist das Verhalten der Lernenden tendenziell eher reaktiv, in den Feldern 3 und 4 aktiv. Die Aufgaben werden je nach Anforderungen in unterschiedlichen Sozialformen, wo immer möglich in funktionierenden Lerngemeinschaften, bearbeitet.

Die Artikulation – Lernen als Aufbau von Zusammenhängen

Die Schule hat die Aufgabe, Informationen zu sortieren und zu sichten, den Stoff zu analysieren und das Zerlegte in eine zusammenhängende Struktur zu überführen. Lernen ist kumulativ. Das nachfolgende Wissen wird jeweils mit den zuvor erworbenen Kenntnissen verknüpft. Die verschiedenen Funktionsrhythmen werden deshalb in eine übergeordnete makrostrukturelle Artikulation überführt. Obwohl die meisten Themen des Unterrichts ein fachwissenschaftliches Äquivalent aufweisen, kann die wissenschaftliche Struktur nicht unmittelbar in den Schulunterricht übernommen werden. Die Logik der Sache ist eine andere als die Psychologie des Erwerbs. Im Beispiel wird von folgenden Lernsequenzen ausgegangen:

(1) Diagnose der Vorkenntnisse und Interessen
(2) neue Inhalte untersuchen und Verfahrensweisen erarbeiten
(3) Verständnis prüfen/Konsolidieren/Strukturen klären
(4) komplexere Anwendungs- und Transferaufgaben
(5) Beurteilung des Gelernten

Jede dieser Sequenzen wird auf der Ebene des Umgangs mit Information durch einen oder mehrere vollständige oder unvollständige Funktionsrhythmen strukturiert. Die fünf Sequenzen stützen sich einerseits auf die didaktische Tradition (Klingberg 1995). Andererseits sind konstruktivistisch inspirierte Adaptionen vorgenommen worden (vgl. Klippert 2001). Vorstrukturierte Lernphasen leisten eine Reduktion von Komplexität der verschieden individuell hochgradig verschieden ablaufenden Lernprozesse und stellen auf diese Weise die Handlungsfähigkeit der Lernpersonen erst her. Ein Allgemeingültigkeitsanspruch eines Schemas ist unter diesen Bedingungen nicht zu begründen.

PRAXISBEISPIEL ZU EINER PROTOTYPISCHEN LERNUMWELT

Die bisherigen Vorschläge werden an einer Unterrichtseinheit zum Thema „Unterschiede zwischen Vers und Prosa" veranschaulicht. Mit Blick auf den gegebenen Rahmen werden im Beispiel nur die Funktionsrhythmen 6 bis 8 mit den Phasenbezeichnungen (a, b, c) angeführt. Gemäß der Logik im gewählten Artikulationsschema sind Funktionsrhythmen nach aufsteigenden Schwierigkeiten geordnet, d. h.: Zur Lösung einer Aufgabe werden mehr und mehr Fertigkeiten benötigt. Das dazu notwendige Grundwissen wird in jeweils früheren Phasen erworben. Allerdings ist es sinnvoll, bereits zu Beginn des Lernens mit einfachen Problemstellungen zu beginnen (s. F3 und F4) und kognitive Konflikte (F3) zu provozieren.

Praxis, Reflexion, Vernetzung

Tab. 1: *Ausgewählte Funktionsrhythmen einer Artikulation zum Thema „Vers/Prosa"*

---

1. Diagnose der Vorkenntnisse und Interessen

F1: Lieblingsgedichte mitbringen, vorstellen.

F2: Gründe aus F1 ordnen und besprechen.

---

2. Neue Inhalte untersuchen und Verfahrensweisen erarbeiten

F3: Anhand von fünf Texten herausfinden, ob es sich um Gedichte handelt oder nicht.

F4: Prosatext von Hermann Hesse über den Nebel mit seinem Gedicht *Im Nebel*[1] vergleichen und Unterschiede festhalten.

F5: Die S. schreiben Gedichte in Prosatexte um und vergleichen die Wirkung.

F6: b) Die S. bilden aus zerschnittenen Strophen eine für sie stimmige Reihenfolge.
c) Die Lösungen werden mit dem Original verglichen.

F7: a) Die Lehrkraft verweist darauf, dass Gedichte oftmals durch einzelne Wörter aus dem persönlichen Erfahrungsbereich bestimmt sind, und demonstriert dies an einem Wortgitter eines Gedichtes von Bertolt Brecht[2].
b) Die S. erhalten ein Wortgitter für eine ähnliche Übung. Sie sollen eigene Wortgitter erstellen und damit sich nicht reimende, ca. sechszeilige Gedichte verfassen.
c) Gemeinsam werden die Gedichte begutachtet.

F8: b) Die S. wählen mindestens einen Prosatext zum Thema „Courage gezeigt – Courage vermisst" aus dem Buch „GegenPower"[3] aus und übertragen ihn in einen Text in Versform. Die Verse sollen sich nicht reimen.
c) Die Gedichte werden verglichen. Schlüsselwörter werden analysiert.

---

3. Verständnis prüfen/Konsolidieren/Strukturen klären

F9: Die Lehrperson fasst die wichtigsten Inhalte zu den Unterschieden zwischen Prosa und Poesie zusammen. Die S. kommentieren in Gruppen Aussagen auf Aussagekarten (Behauptung auf Vorderseite/Antwort auf Rückseite).

F10: Die S. erstellen eine Dokumentation ihrer bisherigen Erfahrungen und ihrer geschaffenen Gedichte.

---

1 Aus M. Keller (1996): Gedichtwerkstatt. Bern (Zytglogge).
2 Aus B. Brecht (1967): Gesammelte Werke (Radwechsel/Der Blumengarten). Gedichte 3. Frankfurt a. M. (Suhrkamp).
3 Aus M. Köster (2001): GegenPower. München (dtv).

4. Komplexere Anwendungs-/Transferaufgaben

F11: Den S. werden verschiedene Anregungen vorgegeben, ein eigenes, sich nicht reimendes Gedicht zu verfassen und dabei Verse, Betonungen oder Schlüsselwörter zu verwenden.
1. Die S. erhalten eine Übersetzung von *Imagine* von John Lennon. Sie verfassen eigene Texte zu „Stell dir vor ..."; oder:
2. Die S. erhalten das Gedicht *Werbung* von Gudrun Pausewang[4] und kreieren ein eigenes Gedicht mit Werbenamen und Slogans; oder:
3. Die S. erhalten das Gedicht *Lachen* von Rosemarie Künzler-Behncke[5]. Sie kreieren ein ähnliches Gedicht zu einer menschlichen Verhaltensweise; oder:
4. Die S. schaffen ein Gedicht zu einem offenen, selbst gewählten Thema.

5. Beurteilung des Gelernten

F12: Die S. geben in einem Essay Antwort auf das Gedicht *Gedichtbehandlung* von Bernd Lunghard. Sie konfrontieren ihre Erfahrungen im Unterricht mit den Aussagen im Gedicht. Der Essay wird benotet.

F13: Austausch über das Gelernte und seine Bedeutung für die S.

Der Aufbau der gesamten Lernsequenz mündet in die Bewältigung komplexerer Problemstellungen (F11). Die Steigerung der Komplexität, die zu dieser Leistung geführt hat, wird in der folgenden Tabelle transparent gemacht.

Tab. 2: Zuordnung der Funktionsrhythmen zu den vier Feldern der Aufgabenkultur

Sinn erfahren	Automatisieren	Transfer	abstrakte Problemstellungen
F1/F7a/F10	F6/F9	F2/F3/F4/F5/F7b/F8/ F11 (1–3)	F11 (4)/F12/F13

PLANUNGSGRUNDLAGEN FÜR EINE BALANCE ZWISCHEN DIREKTER INSTRUKTION UND OFFENEN UNTERRICHTSFORMEN

Es würde konstruktivistischen Prinzipien widersprechen, wenn für die oben skizzierten Transformationsprozesse allen Schülerinnen und Schülern dieselben Ressourcen zur Verfügung stehen würden. Ihre Kompetenzen sind verschieden. Auch ihre inhaltlichen Interes-

---

4 Aus H. J. Gelberg (Hrsg.) (1988): Die Erde ist mein Haus. 8. Jahrbuch der Kinderliteratur. Weinheim/Basel (Beltz & Gelberg).
5 Aus H. J. Gelberg (Hrsg.) (1997): Oder die Entdeckung der Welt. Weinheim/Basel (Beltz & Gelberg).

sen sind unterschiedlich. Eine wichtige Rolle spielt insbesondere die Lernzeit (Carrol 1963). Deshalb bleibt die eingangs erwähnte organisatorisch-methodische Offenheit ein wichtiges Anliegen. Die Balance zwischen direkter Instruktion und offenen Formen wird im Folgenden über vier Bezugsfelder hergestellt. In den Zeilen der unten stehenden Tabellen 3 und 4 werden die fraglichen Organisationsformen differenziert: direkte Instruktion als Klassenunterricht und offener Unterricht, beispielsweise in Form von arrangiertem Planunterricht (Niggli 2000). Organisationsformen betreffen die generellen organisatorischen Prinzipien von Unterricht. In zwei Kolonnen wird zusätzlich das Lehrerverhalten in eine direkte und eine indirekte Komponente zerlegt. Dies ist notwendig, weil Lehrkräfte auch unter den Bedingungen direkter Instruktion ein indirektes Lehrerverhalten zeigen können. Direktes Verhalten der Lehrkraft liegt vor, wenn sie den Unterricht stark durch ihre Person strukturiert. Sie interveniert und gibt häufig Feedback (vgl. Dubs 1995, S. 65). Indirektes Unterrichtsverhalten wird praktiziert, wenn Lernende über längere Zeitabschnitte hinweg selbstständig arbeiten können, alleine, zu zweit oder in Gruppen. In die entstandenen vier Felder lassen sich nun die Balancekriterien einfügen. Die Bestimmung dieser Kriterien unterliegt zwei Perspektiven. In Anlehnung an das bekannte didaktische Dreieck hat sich die Planung der *Lehrperson* einerseits an der *Sache*, andererseits an den *Lernenden* zu orientieren.

An Ansprüchen der Sache orientierte Balancekriterien

In Tabelle 3 sind mögliche Indikatoren aufgeführt, die Ansprüchen der Sache genügen (Baustein 4). Die in den vier Zellen als relevant erachteten Kriterien betreffen die Komplexität bzw. die Schwierigkeit der Inhalte, das erwähnte Grundwissen sowie die Problemorientierung, die teilweise auch nicht genau vorhersagbare strukturelle Lernergebnisse kennt. Zusätzlich wird der Faktor „Zeit" erwähnt. Auch er spielt im Unterricht eine nicht zu vernachlässigende Rolle.

Tab. 3: Organisationsformen von Unterricht, Lehrerverhalten und zugeordnete Funktionsrhythmen

Organisationsform \ Verhalten der Lehrkraft	direkt	indirekt
direkte Instruktion (vermittelnder Klassenunterricht)	• klar strukturierte Inhalte • Grundlagenwissen • tiefe Komplexität • wenig Zeit	• strukturell nicht eindeutig bestimmbare Lernergebnisse • mittlere Komplexität • mittlerer Schwierigkeitsgrad • notwendiges Grundlagenwissen verfügbar
	F1, F2, F4, F13	F1, F3, F4, F7
offener Unterricht (arrangierter „Planunterricht" zum Selbstlernen)	• hoher Schwierigkeitsgrad (in Relation zu Schülergruppen mit unterschiedlichen Lernbedingungen)	• strukturell nicht eindeutig bestimmbare Lernergebnisse • höhere Komplexität • höherer Schwierigkeitsgrad • Grundlagenwissen verfügbar • Üben einfach strukturierter Stoffinhalte
	F9	F5, F6, F8, F10, F11, F12

Die Zuordnung der einzelnen Funktionsrhythmen zu den vier Feldern ist nicht eindeutig. Es handelt sich eher um plausible Zuweisungen. Die für den offenen Unterricht reservierten Schüleraktivitäten können in der Liste der vorgesehenen Funktionsrhythmen in Tabelle 1 angekreuzt werden. Diese Lerntätigkeiten werden in einen Plan überführt, der für die Schüler die zu lösenden Aufgaben und die Kontrollmöglichkeiten auflistet. Für offenen Planunterricht eignen sich gemäß Tabelle 3 eher komplexere Lernaufgaben. Aber auch das Üben einfacher Strukturen ist stark vom individuellen Leistungsstand abhängig und vorzugsweise offen zu organisieren.

An Ansprüchen individueller Lernbegleitung orientierte Balancekriterien

Die Zuordnung von funktionsrhythmisch strukturierten Lernaufgaben zu den einzelnen organisatorischen Feldern ist quasi die eine Seite der Medaille (Baustein 5). Die Absicht, Lernende zu unterstützen und individuell zu begleiten, erfordert es, auch die Selbst- und Fremdsteuerung für die einzelnen Schülerinnen und Schüler auszubalancieren – dies ist die andere Seite der Medaille. Annäherungsweise kann man sich dabei am Methodenrepertoire der kognitiven Lehre („cognitive aprenticeship") von Collins et al. (1989) orientieren, das für traditionelle und für offene Lernumgebungen gelten kann. In Tabelle 4 sind zusätzlich noch einzelne ergänzende methodische Interaktionsformen aufgeführt.

Tab. 4: Übergänge zwischen direkter Instruktion und offenen Unterrichtsformen aufgrund adaptiver methodischer Stützmaßnahmen (vgl. Niggli 2000, S. 149)

Organisationsform \ Verhalten der Lehrkraft	direkt	indirekt
direkte Instruktion (vermittelnder Klassenunterricht)	• *modeling** • Lehrgespräch • Präsentationen	• *coaching** (eher für langsamer Lernende) • *scaffolding** (eher für schneller Lernende) • *articulation** • Arbeit in Lerngemeinschaften
	geringer Anteil an Selbstlernen	mittlerer bis hoher Anteil an Selbstlernen
offener Unterricht (arrangierter „Planunterricht" zum Selbstlernen)	• *modeling** • *coaching** (mit geführten Kleingruppen)	• *scaffolding** • *articulation** • *fading**
	relativ geringer bis mittlerer Anteil an Selbstlernen	hoher Anteil an Selbstlernen

Die mit einem (*) bezeichneten Methoden sind Entlehnungen aus dem Ansatz der kognitiven Lehre.

Zeigt die Diagnose der Vorkenntnisse (vgl. Artikulationsschema), dass es erforderlich ist, den Weg zur Lösung transparent zu machen, dann sind die gedanklichen Vorgänge in einem *modeling* zu externalisieren. Vorzeigen und Selbstverbalisieren der Lehrkraft kann diesem Ziel dienen. Direkte Hilfestellungen werden durch *coaching* zur Verfügung gestellt. Der Einfluss der Lehrkraft ist in diesem Fall intensiver als beim *scaffolding*, mit dem eher gezielte Tipps vermittelt werden. *Scaffolding* ist in offenen Lernformen zweifellos eine geeignete Stützmaßnahme. Die intensivere Betreuung, die hingegen beim *coaching* intendiert ist, kann im Klassenunterricht vermutlich auf effizientere Weise geleistet werden. Die Lernumgebung ist weniger komplex als in offen organisierten Formen. Implizite Lernvorgänge werden jeweils verbalisiert bzw. artikuliert *(articulation)*. Die Lehrkraft veranlasst den Schüler, zu formulieren, was an einer Lösung gut oder besser ist. *Fading* kann vorzugsweise ebenfalls in offenen Formen praktiziert werden. Mit dem Anwachsen der Fähigkeiten der Schüler kann sich die Lehrkraft sukzessive aus dem Prozess zurückziehen. Haben einzelne Schüler nach wie vor Schwierigkeiten, können sie in Kleingruppen auch während offener Unterrichtsphasen gezielt durch direktes Lehrerverhalten unterstützt werden. Helmke (1988) hat diese Maßnahme als wirksam nachweisen können.

KONSEQUENZEN FÜR DIE LEHRKRÄFTE

Die geforderten Modifikationen stellen Planungsüberlegungen dauernd infrage. Konstruktivistisch inspirierter Unterricht ist durch Planung allein nicht determinierbar. Ohne Planung gelingt er aber auch nicht. Mit den fünf Bausteinen wird man in strategischer Absicht somit lediglich eine Art Handlungszusammenhang eingeben können. Lehrpersonen können letzten Endes nur Kommunikationsangebote machen und sich dabei von den hier unterbreiteten Modellannahmen mehr oder weniger inspirieren lassen. Sie werden damit Wirkungen auslösen, aber nicht festlegen. Mehr ist nicht erstrebenswert, wenn Offenheit nicht nur deklamatorisch beschworen, sondern als Grundsatz auch tatsächlich praktiziert werden soll.

Nachgefragt: Die Konstruktion lebenslangen Lernens

Horst Siebert

> Lebenslanges Lernen ist ein politisch-ökonomisches Programm, das gesamtgesellschaftliche Probleme lösen soll, indem an die Selbststeuerung und Selbstverantwortung der Erwachsenen appelliert wird. In biografischen Interviews haben wir versucht herauszufinden, inwieweit diesem gesellschaftlichen Imperativ die Lernbegründungen und Identitätskonstrukte der Adressaten und Adressatinnen entsprechen.

Einleitung

„Lebenslanges Lernen" ist ein Konstrukt, das seit Beginn der 1990er-Jahre international weit verbreitet ist. Dieses Projekt suggeriert eine universelle Problemlösung durch individuelle Lernanstrengungen. Arbeitsmarktprobleme, Umweltgefährdung, Probleme des multikulturellen Zusammenlebens, die Kostenexplosion des Gesundheitswesens, die Wettbewerbsfähigkeit unserer Wirtschaft – all diese Probleme unserer Gesellschaft sollen durch permanente Weiterbildung gelöst werden. Lernen erscheint als multifunktionale Coping-Strategie, wobei eine Individualisierung der Systemkrisen vorgenommen wird: Da das politische System mit seinen Steuerungskapazitäten offenbar überfordert ist, wird den „selbstverantwortlichen, mündigen Bürgern und Bürgerinnen" nahe gelegt, sich selber mithilfe der Weiterbildung um ihre Daseinsfürsorge zu kümmern. Systemkrisen werden so zu individuellen Lernaufgaben umdefiniert. Wurde früher kritisiert, dass der Staat „seine" Bürger entmündigt, so entlastet sich der Staat jetzt mit dem Hinweis auf die Selbstorganisation der lernfähigen und aufgeklärten Individuen. Wer das Angebot der Weiterbildung nicht in Anspruch nimmt, gilt als „bildungsfern",

„lernunwillig", als nicht „auf der Höhe der Zeit" und „schwer vermittelbar".

Die Botschaft des lebenslangen Lernens – Sicherheit und Wohlstand für alle durch Weiterbildung – erweist sich so als zwiespältig. Einerseits ist nicht zu bestreiten, dass lebenslanges Lernen demokratische Partizipation, berufliche Leistungsfähigkeit und kluge Lebensführung fördern kann. Andererseits werden mit diesem Imperativ Versprechungen und Erwartungen – z. B. Abbau von Arbeitslosigkeit – geweckt, die so nicht eingelöst werden können. Weiterbildung wird für den Einzelnen zu einer prekären und riskanten Zumutung.

Zu fragen ist, wie die Erwachsenen mit der gesellschaftlichen Aufforderung zum lebenslangen Lernen umgehen, wie sie die gesellschaftliche Wirklichkeitskonstruktion mit ihrem Selbstbild und ihrer Lebensplanung verbinden, wie sie sich selber aufgrund ihrer Lernbiografie als lernende Erwachsene „konstruieren". Dieser Konstruktionsprozess bezieht sich auf den alltäglichen Begriff des Lernens, auf die Schulzeit und den Einfluss der Schule auf die Persönlichkeitsentwicklung, auf die – insbesondere beruflichen – Lernanforderungen, auf die Weiterbildungsangebote und auf das Bild von den Weiterbildungsteilnehmern. Es reicht also nicht, zu fragen, wer aus welchen Gründen an Seminaren teilnimmt oder nicht, sondern es ist nach dem Stellenwert des Lernens im privaten und beruflichen Alltag, für das Selbstverständnis und die eigene Zukunftsperspektive zu fragen. Wie schlägt sich das gesellschaftliche Programm des lebenslangen Lernens im Bewusstsein und im Handeln der Individuen nieder?

In einem Seminar über *Biografieforschung und biografisches Lernen* haben wir diese Subjektperspektive des lebenslangen Lernens untersucht.[1] Studenten und Studentinnen der Erwachsenenbildung haben (bis jetzt) 63 „fokussierte Interviews" zur Lerngeschichte und zu den Lernpraktiken Erwachsener durchgeführt. Das Sprichwort „Was

---

1 Interviewer und Interviewerinnen waren: Wiebke Albrecht, Gerda Bauer, Meike Browarzik, Imke Burkhardt, Nicole Ebel, Yuliya Fesenko, Sylvia Fredebohm, Nicole Friehe, Monika Gapska, Veronica Ghica, Sabine Hamm, Judith Heers, Carsten Hildebrandt, Manuela Krebs, Jessica Lerena-Dreger, Katrin Linkermann, Silke Müller, Cornelia Pankalla, Natalie Pape, Claudia Pfeiffer, Julia Rullo Rorira, Julia Seisselberg, Sandra Sieverling, Elfriede Studt, Claudia Usedom-Boziaonek, Sabine de Wall, Susanne Walz, Svenja Wemhöner, Patricia Willner.

Hänschen nicht lernt, lernt Hans nimmermehr" war der Ausgangsimpuls, der überraschend differenzierte und reflektierte Kommentare auslöste. Anschließend wurde gefragt, ob die Interviewten im vergangenen Jahr an einem Seminar der Weiterbildung teilgenommen haben. Zwischen der Teilnahme und den lebensweltlichen Lernaktivitäten war nur eine schwache positive Korrelation erkennbar. Anders formuliert: Viele Befragte sind sehr lernaktiv, obwohl sie nicht oder selten das institutionalisierte Bildungsangebot nutzen. Gefragt wurde dann nach den Schulerinnerungen und Schulerfahrungen, wobei die Schulzeit aus der Perspektive des Hier und Jetzt rekonstruiert wurde: In Relation zu der momentanen Lebenssituation und den jetzigen Lernerfahrungen als Erwachsener wurde die schulische Vergangenheit jeweils neu gedeutet. Gefragt wurde ferner nach dem bevorzugten Lernstil, wobei eine Klassifizierung (Lernen aus Erfahrung, Learning by Doing, Lernen durch Lektüre und Internet, Lernen durch Gespräche) vorgegeben wurde.

Auf die methodischen Probleme der Datenerhebung und -interpretation kann ich hier aus Platzgründen nicht eingehen. Im Folgenden werden einige Lernkonstrukte dargestellt, die sich auf einer Skala von „offensiver Lernwiderstand" bis „Lernen als Lebensstil" verorten lassen.

WEITERBILDUNG ALS ZEITVERSCHWENDUNG

Interviewpartner Nr. 37: 50 Jahre alt, männlich, verheiratet, zwei Kinder, Hauptschulabschluss, Kfz-Mechaniker.

Er bestätigt das Sprichwort, dass die Lernfähigkeit im Alter nachlässt. Seine Erinnerungen an Schule und Lernen sind negativ. „Na, Lernen hat mir nie viel Spaß gemacht, und wenn ich mich drücken konnte, dann habe ich das auch getan. Das liegt wohl daran, dass ich schon die Schule so total doof fand."

Er verspürt keine berufliche Notwendigkeit, sich weiterzubilden. „Ja, und heute habe ich meinen Job, und da interessiert es keinen, ob ich noch drei Sprachen oder anderes Zeug mehr kann." – „Ich arbeite, und das reicht, lernen musste ich früher in der Penne. Ich glaube, das tue ich mir freiwillig nicht noch einmal an."

Einrichtungen der Erwachsenenbildung hält er für überflüssig. Volkshochschulen bieten nach seiner Auffassung vor allem „Bastelkurse" an. „Nee, aus meinem Bekanntenkreis hat eigentlich niemand so richtig Bock auf Volkshochschule und so 'n' Quatsch. Ist wohl besser was für Hausfrauen ... die brauchen das als Ablenkung oder als Bestätigung ... Ich muss meine Arbeit machen, dann habe ich echt keine Lust mehr, mich abends noch irgendwo hinzusetzen und an einem Kurs teilzunehmen. Ich wüsste ehrlich auch nicht, was mich da interessieren würde." – „Zum Lesen habe ich keine Zeit. Ich wüsste auch nicht, was ich lesen sollte."

Allenfalls könnte er sich die Teilnahme an einem Computerkurs vorstellen, „damit meine Kinder da nicht immer besser informiert sind wie ich. Ist schon manchmal ein dummes Gefühl, wenn die Kinder einem was vormachen können."

Abschließend stellt er – mit einem leichten Bedauern fest: „Ich glaube, wenn mir die Schule früher mehr Spaß zum Lernen gemacht hätte, dann würde ich auch heute mehr Lust zum Lernen haben. Aber meine Erinnerungen an die Schulzeit sind wirklich nicht doll."

Insgesamt eine in sich stimmige Konstruktion von Weiterbildung als überflüssiger Tätigkeit. Weiterbildung ist etwas für Leute, die nichts Besseres zu tun haben. „Normale" Menschen haben eine Teilnahme an Seminaren nicht nötig. Diese selbstbewusst und offensiv vorgetragene Ablehnung wird jedoch am Schluss relativiert.

NEGATIVE SCHULERINNERUNGEN ERWEISEN SICH ALS WEITERBILDUNGSBARRIERE

Interviewpartnerin Nr. 2: 26 Jahre alt, weiblich, Arzthelferin, verheiratet. Im vergangenen Jahr hat sie nicht an einem Seminar teilgenommen (keine Zeit, keine Lust, kein attraktives Angebot), dennoch generell lerninteressiert.

Ihre derzeitige Lernpassivität empfindet sie selber als peinlich: „Privat fällt mir momentan nichts ein. Ich habe irgendwie keinen Bereich, der mich wirklich interessiert. Mann, bin ich langweilig."

Ihre Schulerinnerungen sind von Misserfolgserlebnissen geprägt, die offenbar Schuldgefühle auslösen. „Die Orientierungsstufe waren die schlimmsten zwei Jahre, die ich gemacht habe. Da hatte ich total viele Misserfolge. Da war ich nicht so gut. Die Schule war unwichtig, ich habe nicht wirklich gelernt und deswegen schlechte Noten geschrieben ... Manche Lehrer waren ungerecht und haben die guten Schüler bevorzugt, da hat einfach die Chemie nicht gestimmt ... Ich musste eine Klasse wiederholen ... Die Lehrer haben schon immer ge-

sagt: ‚Noch so eine.' So wurde man bei manchen Lehrern gleich abgestempelt, hatte keine Chance mehr, zu zeigen, was man konnte."
Ihr Konstrukt „Lernen" ist untrennbar mit Prüfungen verknüpft. Auf die Frage, welche Assoziationen der Lernbegriff auslöst, antwortet sie: „Absolut unangenehme. Die Angst, nicht zu bestehen und das Gelernte nicht abrufen zu können. Wenn man davor sitzt, hat man einen Black-out. Man weiß irgendwie gar nichts mehr, obwohl man sich sehr intensiv vorbereitet hat. So ging es mir immer. Wenn ich ans Lernen denke, das war immer furchtbar ... Manches Erlernte aus der Schulzeit habe ich total vergessen."

Deshalb nimmt sie an keiner Fortbildung teil. „Ich habe Prüfungsangst, ich würde mich fortbilden, aber keine Prüfungen mehr machen wollen. Ich habe so große Angst durchzufallen. Deshalb würde ich jetzt nichts (an Weiterbildung) mehr machen."

An Seminaren ohne Prüfung würde sie nicht alleine teilnehmen. „Auf jeden Fall muss das Seminar mit meinen Kolleginnen sein. Ohne die würde ich das nicht machen."

DIE KONSTRUKTION DER ERWACHSENENBILDUNG IST VOM SELBSTBILD ABHÄNGIG

Interviewpartner Nr. 5: 36 Jahre alt, männlich, selbstständiger Kaufmann, ledig und hat kein Interesse an Erwachsenenbildung.

Ein Universitätsstudium und eine Berufsausbildung hat er abgebrochen. Er liest selten Bücher, und diese meist nicht zu Ende. Die Interviewerin beschreibt ihn als schüchtern. Seine beliebteste Lernaktivität ist Fernsehen. Dennoch ist er offenbar kreativ: Er erfindet Patente.

Er interpretiert sich selber als selbst bestimmt, der sich nicht unter Druck setzen lässt. Er beschreibt sich als „eigentlich träge und faul".

Seine Schulerinnerung ist geprägt von dem Gefühl, Außenseiter zu sein. „Dass da immer so Cliquenwirtschaft ist und dass man auch dazugehören will und das vielleicht gar nicht immer tut – oder so. Daran erinnere ich mich nicht gerne."

Auch seine Erinnerung an das (abgebrochene) Universitätsstudium ist negativ: „Irgendwas hat mir an der Uni nicht gefallen. Ja, dass die mich immer so unter Druck gesetzt haben, da hatte ich Probleme mit. Ich bin ein viel zu selbst bestimmter Mensch."

Ein Seminarbesuch in der Erwachsenenbildung kommt für ihn kaum infrage. Die Einrichtungen und die – von ihm konstruierten – Teilnehmer passen nicht zu seinem Lebensstil.

Seine Wahrnehmung von Volkshochschulseminaren bestätigt seine Abneigung gegen systematisches, organisiertes Lernen. „Also, was ich kenne, sind Volkshochschulkurse. Ich hatte mal mit Leuten zu tun, die alle nicht richtig Deutsch sprachen, und da gibt es ja Deutschkurse für Anfänger. Also, was in den Volkshochschulen für Kurse angeboten werden, das ist echt irre. Also, so ein großer Quatsch irgendwie, ‚Wie häkel ich Topflappen' [lacht]."

Dann aber nimmt das Gespräch doch noch eine überraschende Wende. Die Interviewerin fragt: „Gibt es etwas, was du noch super gerne lernen würdest?" Er antwortet: „Ja, wie man ganz schnell reich und berühmt wird." Dies ist vielleicht ironisch gemeint. Doch dann fährt er (offenbar ernsthaft) fort: „Ich möchte gerne lernen, für mein Leben Gottvertrauen zu finden, Zuversicht, was mein Leben anbetrifft."

KRISENVERARBEITUNG ALS LERNPROZESS

Interviewpartnerin Nr. 10: 28 Jahre alt, weiblich, Abitur, Diakonin, zurzeit arbeitslos, verheiratet.

Sie nimmt an Seminaren mit unterschiedlicher Thematik teil: „Töpfern an der Scheibe" („seit meiner Kindheit ein Traum") und „Konfliktmanagement". Zur Entscheidung für den Töpferkurs sagt sie: Sie hatte „berufsbedingt das Gefühl, mir platzt der Kopf voller Infos und Lernen, und ich muss jetzt zum Ausgleich etwas mit den Händen machen."

Die Seminarqualität beurteilt sie vor allem nach der Persönlichkeit der Lehrenden. Die Leiterin und der Leiter eines Meditationsseminars „waren so toll, die hätten auch ‚Häkeln für Anfänger' anbieten können, und ich wäre wahrscheinlich hingegangen."

Der Leiterin des Töpferkurses fehlte „jegliches Gespür für ihre Teilnehmerinnen oder die jeweilige Gruppendynamik. Sie ist stets unfreundlich, beschimpft die Teilnehmerinnen … und vermittelt mir oft das Gefühl, dass sie mich als eine Art Tochter betrachtet, die sie stets zurechtweisen muss."

Ein entscheidendes Lernerlebnis hängt mit ihrer Kündigung als Diakonin und der anschließenden Arbeitslosigkeit zusammen. „Nachdem es sehr große Konflikte am Arbeitsplatz gab und ich mich entschlossen hatte zu kündigen, erlebte ich einen sehr großen Bruch in meinem Leben. Dies stellte aber zugleich einen sehr großen Lernfortschritt dar. Ich habe gelernt, selber Entscheidungen zu treffen, mir angemessene Hilfe zu suchen und schließlich neue Wege zu gehen. Auch ist mir bewusst geworden, dass ein solcher Einschnitt mit richtiger Trauerarbeit verbunden ist."

Auch wenn der Anlass schmerzlich ist, wird der Lernprozess positiv bewertet: „Der Begriff ist für mich eindeutig positiv besetzt, da mir durch Lernen immer wieder neue Türen geöffnet werden."

LERNEN ALS EMANZIPATIONSPROZESS

Interviewpartner Nr. 30: 40 Jahre alt, männlich, verheiratet, zwei Kinder, Abitur, Diplomsozialpädagoge, Diplomsupervisor, Zusatzqualifikation Gruppendynamik, tätig in der Familienbetreuung, zurzeit Teilnahme an einem Seminar *Provokative Therapie*.

Als besonders intensive Lernphase erlebt er eine Zusatzausbildung in Gruppendynamik. Hier lernt er, seine eigene Biografie zu reflektieren, er lernt, „wie ich andere erlebe und wie ich erlebt werde". Er lernt, sich von seinen Eltern zu emanzipieren. „In dieser Zeit war ich ca. 30 Jahre alt, wo ich gedacht hatte, ich wäre schon längst erwachsen. Da musste ich erkennen, dass es mir persönlich an der eigenen Ablösung fehlt. Das war ein sehr wichtiger Punkt in meinem Leben."

Außerdem lernt er in diesem Seminar, Konflikten nicht auszuweichen. Und er lernt, „dass ich bei gewissen Menschentypen immer Schwierigkeiten haben werde." – „Das war eine harte, aber auch eine lehrreiche Zeit."

Nach diesem Seminar ändert sich seine emotionale Einstellung zum Lernen. Während er früher Lernen als unangenehme Notwendigkeit empfunden hat, macht es ihm von nun an Spaß.

Der Gesprächspartner praktiziert einen reflexiven Lernstil: Aus Erfahrungen lernt man nichts, wenn sie nicht reflektiert werden. Reflexion aber ist Selbstbeobachtung, und sie besteht darin, darauf zu achten, was eine neue Situation „bei mir selbst verursacht".

Offensichtlich war das Gruppendynamikseminar eine Zäsur im Leben, wobei seine als befreiend empfundene Identitätskrise sein „heimlicher Lehrplan" und nicht das Thema des Seminars war. Gleichsam unterhalb des offiziellen Seminarinhalts erlebt er einen emanzipatorischen Lernprozess, der seine weitere Identitätsentwicklung nachhaltig beeinflusst. Ein – zunächst berufsbezogenes – Fortbildungsseminar wird zu einem „kritischen Lebensereignis".

LEBEN LERNEN

Interviewpartner Nr. 12: 30 Jahre alt, männlich, Hauptschule, Orthopädiemeister, verheiratet.

Er nimmt zurzeit nicht an Seminaren teil, weil eine solche Weiterbildung ihm momentan „nicht wichtig genug" ist. Dennoch ist seine Einstellung zum Lernen und auch zum Seminarbesuch positiv.

Dem Sprichwort „Was Hänschen nicht lernt, lernt Hans nimmermehr" widerspricht er vehement. Er ist überzeugt, als Erwachsener „besser" zu lernen als früher: „Ich habe eher das Gefühl, ich lerne nun besser ... Ich habe jetzt einen anderen Abstand im Kopf, um die Dinge wahrzunehmen. Als junger Auszubildender habe ich vieles für ganz wichtig gehalten, was ich mir unbedingt merken wollte. Und so hatte ich einen riesigen Kopf voller Infos und konnte im Endeffekt wenig davon umsetzen ... Das hat deshalb im Endeffekt nicht so viel Spaß gemacht."

Er nimmt nicht an Kursen teil, liest auch nicht viel, aber: „Ich lese eigentlich sehr gerne, bin aber oft sehr kopfmüde, um noch viel aufzunehmen, das ist dann sehr anstrengend."

Seine Erinnerungen an die Schulzeit sind ausgesprochen positiv: „Ich war richtig gut in der Schule und hatte Spaß. Ich wusste, wofür ich lerne. Ich hatte auch ein sehr schönes Verhältnis zu meinen Lehrern."

Er ist nicht übermäßig ehrgeizig, sondern eher philosophisch und selbstreflexiv. Schon als Jugendlicher „hatte ich das Gefühl, da muss doch noch mehr sein. Ich habe nach Antworten, nach einem Sinn gesucht."

Er lernt durch Beobachtung, d. h. durch den Umgang mit anderen und durch Selbstbeobachtung: „Ich sehe *mich* als Studienobjekt, z. B. wie reagiere ich auf bestimmte Situationen, wie reagieren meine Mitmenschen auf mich?"

Als junger Mensch war er ein Jahr in Norwegen. „Das Wichtigste, was ich dort gelernt habe, ist, dass Träume und Wünsche gelebt werden müssen, um dann festzustellen, dass das Leben, egal wo es stattfindet, das Leben ist ... Egal wo ich bin, ich muss nicht in der Zukunft leben, sondern in der Gegenwart."

Dieser Gesprächspartner entspricht nicht dem gesellschaftlichen Muster des lebenslangen Lerners. Obwohl er seinen Beruf ernst

Praxis, Reflexion, Vernetzung

nimmt, sind die gängigen Begründungen für Weiterbildung sekundär. Lernen heißt für ihn: sich und die Umwelt aufmerksam zu beobachten, Wichtiges von Unwichtigem zu unterscheiden, ständig neue Erfahrungen zu machen, Wünsche zu leben …

LERNEN IST EINE OPTIMISTISCHE KONSTRUKTION DER LEBENSWELT

Interviewpartner Nr. 3: 60 Jahre alt, männlich, Studium, Bauingenieur, verheiratet, hat zwei Söhne, die studieren.

Er hat im vergangenen Jahr an keinem Seminar teilgenommen, da er kein passendes Angebot gefunden hat, ist aber ansonsten hoch motiviert, sowohl selbst organisiert zu lernen als auch an Seminaren teilzunehmen.

Er ist im klassischen Verständnis gebildet. Für ihn ist berufliches Lernen existenznotwendig, aber darüber hinaus hängt Lernen untrennbar mit Lebenssinn, mit sinnvoller Lebensführung zusammen. Wenn das Lernthema relevant ist, stellt sich die Frage nach Freiwilligkeit oder Zwang nicht.

Zu seiner Schulzeit sagt er: „Wenn man merkt, dass man etwas in der Schule Gelerntes im Leben anwenden könnte, dann macht es Sinn im Leben, Freude, Spaß."

Berufliche Weiterbildung ist „berufsnotwendig, damit man weiterkommt". „Wenn man keine Weiterbildung macht, ist man eigentlich weg vom Fenster."

Aber darüber hinaus ist Lernen Leben. Zweimal betont er, dass er tot ist, wenn er nicht mehr lernt: „Manchmal sage ich, wenn ich nicht lerne, bin ich tot." Auf die Frage, welche Assoziationen der Begriff „lernen" hervorruft, antwortet er: „Auf jeden Fall angenehme Assoziationen. Ja, wenn ein Mensch das lernende Leben hat und dann nicht mehr lernt, das ist der Tod."

Auffällig ist die Begeisterung, die Freude, mit der der Interviewte über Lernen spricht.

LERNEN IST GEFÜHLSSACHE: „ANZUGTRÄGERLASTIGE KURSE"

Interviewpartnerin Nr. 6: 33 Jahre alt, weiblich, Promotion in Südafrika in Theologie, Pastorin. Sie nimmt häufig an Seminaren teil (Themen: Hospiz, Fundraising, Trauerbegleitung, Demenz).

Ihre Schulerinnerungen sind geprägt von der Atmosphäre, von dem Ambiente. Ihre erste Schule war eine „klassische Dorfschule", die Lehrerin unterrichtete mehrere Klassen gleichzeitig. „Gymnasialzeit war sehr nett und faszinierend für mich ... Es wurde von der Atmosphäre immer entspannter und übersichtlicher. Das Gymnasium war eine kleine Schule, man kannte sich einfach und hatte einen familiären Charakter, und wir haben immer Freiräume gefunden, um Doppelkopf zu spielen."

Die Gesprächspartnerin unterscheidet lebendiges Lernen (in Gruppen) und „Karteikartenlernen": „Bei Sprachen mache ich das typische Karteikartendrehen ... Das benutze ich vor allen Dingen für langweiligen Detailkram."

Seminare der Erwachsenenbildung beurteilt sie – nicht nur, aber auch – emotional: „Die Fundraising-Tagung war inhaltlich schon hervorragend, und es waren gute Leute da, die sehr gut referiert haben, aber die Atmosphäre war doch sehr miefig, sehr anzugträgerlastig, sehr männerlastig, und es wurde nicht als positives Lernen bei mir verbucht."

Sie lernt lieber mit Buchstaben als mit Zahlen. „Mit Buchstaben konnte man spielen, konnte man sich Geschichten ausdenken und viele andere Sachen machen, aber mit Zahlen konnte man gar nichts machen, zumindest war es nicht lebendig."

Lernen ist Veränderung, Öffnung, Identitätsentwicklung, Leben.

„Lernen ist was Tolles. Es ist irgendwie so, dass sich durchs Lernen meine Scheuklappen immer ein Stückchen mehr öffnen, und das finde ich sehr schön ..."

„Lernen hat was mit Identität zu tun, und zwar mit Identität, die durch neues Wissen, neue Begegnungen und neue Einsichten immer wieder neu infrage gestellt wird, und diese Identität im Fluss ist etwas ganz Zentrales."

Befriedigende Lernprozesse sind, so diese Theologin, auch erfolgreich, vor allem aber „schön" – dies ist ihr bevorzugtes Adjektiv.

Lernen: eine Frage der Relevanz und Relation

Interviewpartner Nr. 22: 45 Jahre alt, männlich, Abitur, Chefarzt einer Frauenklinik, verheiratet, sehr weiterbildungsaktiv.

Zur Berechtigung des Sprichworts „Was Hänschen nicht lernt, lernt Hans nimmermehr" differenziert er zwischen erfahrungsabhängigen und erfahrungsunabhängigen Lernaufgaben.

„Berechtigt ist es [das Sprichwort] sicher bei bestimmten motorischen Fähigkeiten wie Fahrradfahren oder auch beim Erlernen von Sprachen. Aber bei anderen Dingen wie Operieren [als Arzt] oder der erfolgreichen Teilnahme an einer Quizsendung ist es notwendig, auf eine gewisse Erfahrung zurückgreifen zu können ... Man muss sich nur 'ne Quizsendung im Fernsehen anschauen ...: Da scheitern unter denen mit etwa gleichem Intelligenzniveau die sehr jungen Teilnehmer überzufällig häufiger als die älteren."

Kriterium für eine Seminarteilnahme ist die thematische Relevanz: „Es gibt Veranstaltungen, die ich für relevant, weniger relevant oder irrelevant halte."

Ein weiteres Kriterium ist die Aufwand-Nutzen-Relation: „Zufrieden war ich [mit einem Seminar], wenn Zeitaufwand und Nutzen hinterher in einem vernünftigen Verhältnis standen, soll heißen, wenn ich für die Zeit, die ich geopfert habe, auch etwas Interessantes oder Relevantes gelernt habe."

Selbst gesteuertes Lernen heißt also: die Relevanz des Lerninhalts feststellen und die Relation von Aufwand und Ergebnis beurteilen können.

Resümee

Die öffentliche Semantik des lebenslangen Lernens, die auf Lernnotwendigkeiten angesichts des sozialen, technischen, ökonomischen Wandels verweist, unterscheidet sich strukturell von den Lernbegründungen der Erwachsenen, die Lernen durchaus als ambivalent erlebt haben und deren Lerninteressen aus ihren Biografien und Lebenswelten resultieren. Die Logik ihrer Lernbedürfnisse berührt sich kaum mit den gesellschaftlichen Lernimperativen. Die Eigensinnigkeit der mündigen Erwachsenen zeigt sich darin, dass sie selten lernen, was und wie sie lernen *sollen*, sondern was und wie sie lernen *wollen*. Über die Relevanz des Lernens entscheiden sie selber – und zwar nur lose gekoppelt mit der gesellschaftlichen Programmatik.

Wie konstruiere ich mir eine Lernbehinderung? Eine provokative Anleitung

Rolf Balgo

Nicht nur (Sonder-)Pädagogen gebrauchen den Begriff „Lernbehinderung", um verschiedene Formen von mangelndem schulischem Lern- und Leistungsverhalten zu umschreiben, auch außerhalb des (sonder)pädagogischen Fachdiskurses kennt jeder dieses Wort. Aber welche Schritte muss man vollziehen, um Lernbehinderung „Wirklichkeit" werden und ihre Folgen entstehen zu lassen? Die sich anschließende Handlungsabfolge soll eine knappe, wenn auch polemisch gemeinte systemische Bauanleitung geben und versteht sich als ein Beitrag zu einer reflexiven Sonderpädagogik.

> **Achtung!** Sie verlassen jetzt den realen Sektor und begeben sich in den Möglichkeitsraum der systemischen Wirklichkeitskonstruktion. Deshalb die Warnung: Spazieren Sie nicht auf Landkarten herum, und essen Sie keine Speisekarten oder die Beipackzettel Ihrer Medikamentenpackungen!
> Bei Risiken und Nebenwirkungen fragen sie keinen Arzt, sondern Ihren Erkenntnistheoretiker! (Vgl. Schindler 2004, S. 25)

Zuvor jedoch noch ein weiterer wichtiger Hinweis: Die „Bauanleitung" zur Konstruktion von „Lernbehinderung" ist bewusst polemisch-provokativ und somit einseitig verfasst worden. Sie will keinesfalls die verantwortliche Entscheidung für das Engagement vieler Sonderpädagogen und -pädagoginnen bei der Förderung von Schülerinnen und Schülern in Abrede stellen oder auch positive Auswirkungen, die sich aus den Erklärungsmodellen bezüglich „Lernbehinderung" ergeben, leugnen. Deshalb wird ausdrücklich darauf hingewiesen, dass es nicht um einen Streit um das „wahre" Erklärungsmodell bzw. um die „richtige" Lösung des Für und Wider hinsichtlich Segregation oder Integration geht, sondern um den Versuch einer reflexiven Beobachtung, wie Sonderpädagogen „Lernbehinderung" beobachten.

Zunächst einmal benötigen wir für unsere Bauanleitung einen Beobachter, der eine erste Unterscheidung trifft (Spencer Brown: „Triff eine Unterscheidung"): Auf der einen Seite der Unterscheidung steht der *Schüler* mit seinem Verhalten, während auf der anderen Seite der Unterscheidung alles andere in der *Umwelt* verbleibt. Nachdem mit dieser individuumzentrierten Sicht der Schüler in das Blickfeld der Aufmerksamkeit genommen wurde, wird dann anschließend defizitorientiert durch eine weitere Unterscheidung die „ausbleibende Verhaltensänderung" des Schülers (zum Beispiel: „Der Schüler bzw. die Schülerin hat nicht gelernt, die Rechenaufgabe zu lösen, den Text fehlerfrei zu schreiben oder zu lesen, das Gedicht aufzusagen usw.") anstatt einer „Verhaltensänderung" seinerseits unterschieden. Zur weiteren Konstruktion sollte dann die eine Seite der Unterscheidung, auf der sich das Defizit der „ausbleibenden Verhaltensänderung" befindet, von nun an als schulisches „Nichtlernen" bezeichnet werden.

Indem wir das unterschiedliche Lernverhalten der verschiedenen Schüler, bezogen auf denselben Lerninhalt, miteinander vergleichen und mit einer Zensur bewerten, können wir darüber hinaus absolut sicher sein, dass wir immer eine gewisse Anzahl von nichtlernenden bzw. mangelhaft oder ungenügend lernenden Schülern produzieren:

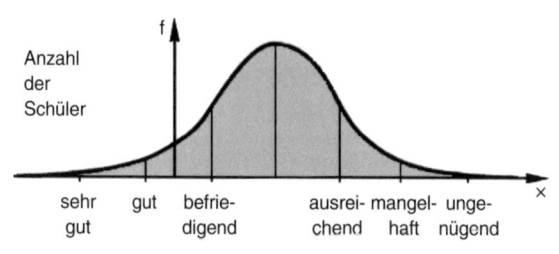

Die Gauß-Verteilung oder Normalverteilung

Nun wird es erforderlich, für alle nachvollziehbar zu machen, wie und wo die Grenze der Unterscheidung zwischen einem als „normal" bewerteten schulischen „Nichtlernen" und einem irgendwie als „nicht mehr normal" bewerteten schulischen „Nichtlernen" gezogen werden soll. Eine andere Möglichkeit für eine Anschlussunterscheidung wäre es, eine Grenze der Unterscheidung zwischen einem als „normal" bewerteten schulischen „Lernen" und einem irgendwie als „nicht mehr normal" bewerteten schulischen „Lernen" (z. B. bei dem Erklärungsmodell der so genannten Hochbegabung) zu ziehen.

Eine Schwierigkeit besteht nämlich darin, dass das „Nichtlernen" zunächst einmal ein Stück weit zur Normalität des schulischen Alltags gehört. Denn da auch das „Nichtlernen" bei allen schulischen Lernern der zu erwartende Normalfall ist (schließlich lernt ein jeder Schüler in seiner Schullaufbahn auch Dinge nicht) oder, umgekehrt formuliert, weil kein schulischer Lerner in seiner Schullaufbahn absolut gar nichts lernt, muss dieses noch von dem „nicht normalen" schulischen „Nichtlernen" abgegrenzt werden. Hierfür ist es nützlich, die sich zunächst einmal auf Beobachtungen des Schülerverhaltens stützende Konstruktion in eine systematische Ordnung zu bringen. Dazu kann man den Beobachtern Unterscheidungskriterien wie „umfängliches", „schwer wiegendes", „lang andauerndes" usw. schulisches „Nichtlernen" vorlegen und versuchen, mit ihnen diesbezüglich einen Konsens herzustellen (vgl. Kanter 1977, S. 34; Bach 1999, S. 37; Siepmann 2000, S. 20). Im Falle einer Einigung ist dann zukünftig mit dem „nicht mehr normalen" schulischen „Nichtlernen" am äußersten Ende der Skala in aller Regel ein „umfängliches, schwer wiegendes und lang andauerndes" schulisches „Nichtlernen" (bzw. Ausbleiben von Verhaltensänderungen) gemeint.

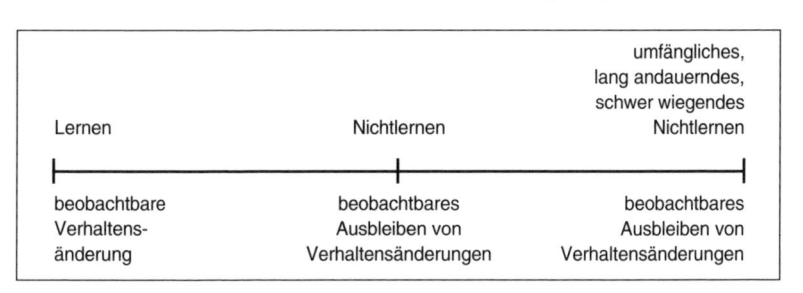

Lernen	Nichtlernen	umfängliches, lang andauerndes, schwer wiegendes Nichtlernen
beobachtbare Verhaltensänderung	beobachtbares Ausbleiben von Verhaltensänderungen	beobachtbares Ausbleiben von Verhaltensänderungen

Es ist dabei nicht erforderlich, genau zu klären, was für die einzelnen Beobachter die Bewertungskriterien „umfänglich", „schwer wiegend", „lang andauernd" usw. bedeuten könnten, sondern es ist im Gegenteil sogar eher förderlich, einfach unhinterfragt von einem gleichen Verständnis der Begriffe auszugehen. Es braucht auch kein diagnostisches Instrument, das die genannten Unterscheidungskriterien zuverlässig misst. Es sollte eher unklar bleiben, wie viele Lernbereiche betroffen sein müssen (in der Regel zwei Fächer), damit das schulische „Nichtlernen" als „umfänglich" bezeichnet, und wie lange das „Nichtlernen" anhalten muss, damit es als „lang andauernd" charakterisiert werden kann. Im Zweifelsfall kann man einfach von zwei Jahren ausgehen (normalerweise fungiert in der Praxis ein eingetretener zweijähriger Leistungsrückstand als Indiz), da es als spekulatives, intersubjektives Kriterium ohnehin nicht überprüfbar ist. Schlussendlich muss noch festgelegt werden, wie stark die Abweichungen vom Leistungsdurchschnitt vergleichbarer Schülergruppen sein müssen, damit man das schulische „Nichtlernen" als „schwer wiegend" benennen kann.

Hier empfiehlt es sich, mithilfe eines als valides wissenschaftliches Verfahren bezeichneten Tests die Messbarkeit einer Substanz zu postulieren, die für das Lernen und die schulischen Leistungen verantwortlich ist: die „Intelligenz". Dadurch kann der persönliche Intelligenzquotient mit dem anderer Schüler verglichen und kann festgelegt werden, ab welchem IQ (in der Regel einem IQ unter 85) von „schwer wiegendem" schulischem „Nichtlernen" gesprochen werden soll. Dazu legt man am besten einen Wert fest und verfährt dann zukünftig so, als bilde diese Konstruktion die Wirklichkeit einer substanziellen Intelligenzminderung ab.

Hierfür stellt man, wie der Leiter des psychologischen Laboratoriums an der Sorbonne, Alfred Binet, bei der Entwicklung seines „Intelligenztests", so genannte Test-Items (Fragen) zusammen, die sich an den Lehrplänen der Regelschulen und den Beurteilungen der Unterrichtsleistungen der Schüler durch die Lehrer orientieren. Man streicht dann Items oder fügt neue hinzu, um eine möglichst enge Entsprechung zwischen Testleistung und den je nach Altersstufe geltenden Leistungsnormen in der Schule herzustellen. In seiner endgültigen Form liefert der Test nun einen Indikator für die schulische Leistung auf der Grundlage des geltenden Maßstabs für schulischen Erfolg und verhilft dazu, die selbst versteckten Ostereier wieder zu finden.

Mit anderen Worten, die in dem Test erzielten Wertungen korrelieren nun mit den von den Lehrern im Klassenzimmer vorgenommenen Einstufungen der Schüler. Indem man auf diese Weise die Lehrerbeurteilungen zum Kriterium für die Validierung des Intelligenztests macht, kann der Schulerfolg oder -misserfolg der Kinder jetzt vorhergesagt werden. Ähnlich könnten wir beim Auto anhand des von der

Benzinuhr gemessenen Benzinquotienten vorhersagen, wie weit das Auto kommen wird. Doch ebenso wenig, wie der Intelligenztest die Substanz „Intelligenz" misst, misst die Benzinuhr die Substanz „Benzin", und nur derjenige, der dies annimmt, wäre erstaunt darüber, dass das Auto sich keinen Zentimeter fortbewegt, obwohl die Benzinuhr den Zustand „voll" anzeigt, sich im Tank aber nur Wasser befindet. Und so könnten wir natürlich auch ein Verfahren entwickeln, das die Fantasie, Sensibilität, den Humor, die Hilfsbereitschaft oder Toleranz als den Wert zu messen vorgibt, der den Intelligenzquotienten verkörpert. Der Mangel einer solchen Art von Intelligenz vor allem bei den Reichen und Erfolgreichen in Wirtschaft, Politik, Wissenschaft und Kultur (vgl. Vilar 1987) lässt aber erahnen, dass ein solches Verständnis in unserer Gesellschaft wenig Aussicht auf Erfolg hätte.

Da wir uns jedoch immer noch auf der Ebene der Beobachtung und Beschreibung von ausbleibenden Verhaltensänderungen eines Schülers befinden, beispielsweise der beobachtbaren ausbleibenden Antwort eines Schülers auf eine Lehrerfrage, können wir bis jetzt lediglich „unnormal" schulisch „nichtlernende" Schüler vom Rest der Bezugsgruppe der „lernenden" (und ab und zu auch „nichtlernenden") Schülerschaft unterscheiden. Deshalb ist es für uns sehr zweckdienlich, nach einem pathologisierenden Erklärungskonzept zu suchen. Indem wir von „Schädigung", „Beeinträchtigung" oder „Behinderung" (noch besser: in englischer Terminologie von *„impairment"*, *„disability"*, *„handicap"* o. Ä.) sprechen, sorgen wir dafür, dass wir uns bald nicht mehr daran erinnern, dass wir es mit unterschiedlichen Ausprägungen von Verhalten auf einem Kontinuum zu tun haben, deren Grenze der Unterscheidung wir selbst gezogen und anschließend unterschiedlich bewertet haben.

Für unsere Zwecke scheint mir der Terminus der „Lernbehinderung" aus zwei Gründen besonders geeignet:

Zum einen hält er in einem Begriff fest:

– eine *Beschreibung* eines Phänomens (ein Mensch zeigt ein beobachtbares Ausbleiben einer Verhaltensänderung),
– eine *Erklärung* (er tut dies aufgrund einer nicht beobachtbaren, im Inneren dieses Menschen lokalisierbaren Schädigung oder [Lern-]Behinderung) und
– eine *Bewertung* (ein solches Lernverhalten ist defizitär oder behindert).

Zum anderen erlaubt der Begriff „Lernbehinderung", das Problem nur auf die Seite des Schülers zu beschränken, der lernbehindert *ist* oder eine Lernbehinderung *hat*. Um zu erklären, warum mit ihm selbst etwas nicht in Ordnung ist, müssen wir dann nur noch eine plausible Ursache erfinden.

Doch wenden wir uns zunächst dem Vorteil zu, dass der Begriff der „Lernbehinderung" durch die Vermengung der Ebenen der *Beschreibung, Bewertung und Erklärung* besonders geeignet ist, das „nicht mehr normale" schulische „Nichtlernen" zu ontologisieren (vergegenständlichen). Er garantiert uns, dass wir nicht mehr auseinander halten können, dass es für bestimmte Phänomene wie z. B. die Verhaltensweisen eines Schülers (über deren Beschreibung wir uns möglicherweise einigen könnten) unterschiedliche Erklärungen geben kann (über die wir uns dann nicht unbedingt einig sein müssen); und dass wir selbst dann, wenn wir uns über die Erklärung einigen, nicht selbstverständlich zum Konsens über ihre Bewertung finden müssen usw.

Um festzustellen, ob eine Person lernt oder nicht, muss ein Beobachter sie zu mindestens zwei Zeitpunkten beobachten: vor dem Lernen und nach dem Lernen. Er vergleicht zwei Situationen miteinander, in denen die beobachtete Person unterschiedliche Verhaltensweisen zeigt – oder auch nicht. Er als Beobachter kann aus seinen direkten Beobachtungen auf der Verhaltensebene und den daraus resultierenden Beschreibungen nicht ableiten, warum die Person diese verschiedenen Verhaltensweisen zeigt oder nicht zeigt (vgl. Simon 1997, S. 148). Simon (ebd., S. 147 f.) gibt folgendes Beispiel:

> „Wenn der Schüler in der ersten Situation, Montag früh im Erdkundeunterricht, die Erdteile trotz Aufforderung nicht nennt, sie aber in der zweiten Situation, eine Woche später, wieder Montag früh, ganz brav aufsagt, dann läßt sich dies auf vielfältige Weise erklären. Daß er sie vorher nicht ‚wußte' und sie in der Zwischenzeit ‚gelernt' hat, ist nur eine der denkbaren Erklärungsmöglichkeiten. Er könnte die Namen der Ozeane und Kontinente auch vorher schon ‚gekonnt' haben, sie aber aus Opposition, Trotz und Widerspenstigkeit nicht genannt haben. Dann hat er möglicherweise in der Zwischenzeit gelernt, seinen Trotz aufzugeben. [...] Dem Beobachter eröffnen sich vielfältige Möglichkeiten der Interpretation und Erklärung. [...] Das Benennen der Ozeane und Kontinente durch einen Schüler ließe sich ebenso auch durch die jahreszeitlich bedingte Aktivierung irgendeines noch zu erfindenden geographischen Instinktes erklären."

Das Beispiel verdeutlicht, dass immer, wenn ein Beobachter von „Lernen" oder „Nichtlernen" spricht, er eine bestimmte Erklärung

Wie konstruiere ich mir eine Lernbehinderung?

für von ihm beobachtete „Verhaltensänderungen" oder „ausbleibende Verhaltensänderungen" einer Person gibt. Er schreibt sie ursächlich irgendwelchen Prozessen in ihrem Inneren zu, die er von außen nicht direkt beobachten kann. Dabei verknüpft er beobachtbare Phänomene, z. B. Verhaltensänderungen oder ausbleibende Verhaltensänderungen, mit nicht beobachtbaren, hypothetischen Prozessen (mit stattfindenden oder ausbleibenden Lernprozessen), deren Kausalität er konstruiert, indem er sie aus dem Verhalten des Menschen in der Interaktion und Kommunikation mit seiner Umwelt ableitet (vgl. ebd., S. 148).

Mit den Begriffen „Lernen", „Nichtlernen" und „Lernbehinderung" können wir also wunderbar verschleiern, dass sie keine wahrnehmbaren Phänomene beschreiben, sondern erklären: Sie sind Erklärungsprinzipien.

> „Die Unterscheidung zwischen Beschreibung und Erklärung ist deswegen so wichtig, weil wir aus unseren Erklärungen meist ableiten, wie wir Phänomene beeinflussen können. Wenn wir das Wetter beschreiben und feststellen, daß es regnet, so können wir aus solch einer Beschreibung nicht folgern, was wir tun müssen, um den Regen abzustellen. Wenn wir aber sagen, Petrus grollt oder die Engel weinen, so erklären wir den Regen und transportieren in solch einer Form der Erklärung auch gleich die Idee, wie wir das erklärte Phänomen beeinflussen können. Wenn Petrus grollt oder die Engel weinen, so empfiehlt es sich halt, sie oder ihn irgendwie zu trösten oder zu versöhnen, sein Tellerchen leer zu essen oder ebendas zu tun, was Engel normalerweise milde stimmt" (ebd., S. 14).

Auch bei der Erklärung des „Lernens", des „Nichtlernens" oder der „Lernbehinderung" hängt es von unseren Vorannahmen als Beobachter ab, ob wir die von uns beschriebenen Verhaltensänderungen oder fehlenden Verhaltensänderungen der Person als Resultat des „Lernens", des „Nichtlernens" oder gar einer „Lernbehinderung" aufgrund einer „Intelligenzminderung", einer „neurophysiologischen Störung", einer „sozialen Benachteiligung" etc. oder aber als Ergebnis ihrer „Faulheit", „Unmotiviertheit" oder „Bösartigkeit" usw. usf. oder sogar durch „Instinkte", den „Einfluss böser Geister" oder die „Stellung der Gestirne" erklären (so stellt beispielsweise eine wissenschaftliche Studie fest, die einen möglichen Zusammenhang zwischen Lernbeeinträchtigungen und dem Sternzeichen erforscht, dass von englischen Kindern, die in Sommermonaten geboren wurden, 50 Prozent wegen erheblicher Lernschwierigkeiten Nachhilfeunterricht bekommen; vgl. *Psychologie Heute* 5/2000, S. 14).

Da aber astrologische Erklärungen durch Sternzeichen im Vergleich zu wissenschaftlichen Erklärungen zurzeit in unserer Gesellschaft kaum Relevanz besitzen und sich aus ihnen darüber hinaus keine Möglichkeiten der Beeinflussung oder Behandlung von Phänomenen ableiten lassen, ist es ratsam, bei den psychologischen Begriffen des „Lernens", „Nichtlernens" oder der „Lernbehinderung" zu bleiben. Sie sind zwar, so können wir mit Simon (1997, S. 149) konstatieren, ebenfalls „ein Speisekartenphänomen, d. h. nicht mehr als ein Wort; wenn wir den Namen eines Gerichts kennen, wissen wir noch nichts über die Speise selbst – das beschriebene Phänomen –, ob sie schmeckt, schwer im Magen liegt usw. Ob jemand lernt oder nicht, entscheiden nicht so sehr die Prozesse in seinem Kopf oder Bauch, sondern die Konzepte des Beobachters." Doch auch wenn es der Beobachter ist, der die Ursache für die im Laufe der Zeit aufgetretenen oder fehlenden Verhaltensänderungen eines Menschen den Veränderungen in dessen „Lernen" oder „Nichtlernen" zuschreibt, so suggeriert eine solche Erklärung immerhin Möglichkeiten der Einflussnahme auf die Psyche eines Schülers, was ihre gesellschaftliche Attraktivität ausmacht.

Deshalb ist es klüger, zu verschweigen, dass „Lernen" kein beobachtbares Phänomen ist, sondern ein Erklärungsprinzip für beobachtbare Verhaltensänderungen eines Organismus. In seiner allgemeinsten Form erklärt der Begriff des Lernens, warum ein Organismus sein Verhalten geändert hat: durch den Mechanismus von nicht beobachtbar ablaufenden psychischen bzw. kognitiven Prozessen.

Ebenso lassen wir im Dunkel, dass auch das „Nichtlernen" kein beobachtbares Phänomen ist. Es ist ein Erklärungsprinzip für das beobachtbare Ausbleiben von Verhaltensänderungen in einem erwartbaren Rahmen durch das nicht beobachtbare Ausbleiben psychischer bzw. kognitiver Prozesse. Denn niemand erwartet, dass ein Mensch alles, zu jeder Zeit und in jeder Form lernt. Wäre dies der Fall, dann wäre die Tatsache, dass die wenigsten Schüler in der Schule alle Unterrichtsinhalte durch ihre gesamte Schulzeit hindurch und bei unterschiedlichsten Lehrmethoden am Ende gelernt haben und mit der Note „sehr gut" abschließen, ein Beleg für das institutionelle Versagen der Schule. Es wird in einem gewissen Rahmen erwartet, dass Schüler nicht lernen, und dies bedarf keiner besonderen Erklärung (es „gibt" halt mehr oder weniger „gute" und „schlechte", „schlaue" und „dumme", „fleißige" und „faule" usw. Schüler).

Wie konstruiere ich mir eine Lernbehinderung?

Vor allem aber sollten wir nicht hinterfragen, dass „Lernbehinderung" kein besonderes beobachtbares Phänomen ist, sondern eher ein besonderes Erklärungsprinzip. Wird nämlich der gewisse Rahmen der Erwartbarkeit von „Nichtlernen" in einem bestimmten sozialen Zusammenhang von schulischen Leistungs- und Beurteilungsnormen überschritten, d. h., findet „Nichtlernen" in einem nicht erwarteten Ausmaß statt oder, umgekehrt formuliert, bleiben die im Vergleich zu einer bestimmten Bezugsnorm in einem bestimmten Zeitraum und in bestimmten Bereichen erwarteten beobachtbaren Verhaltensänderungen im sozialen Kontext Schule aus, dann bedarf dies für den Beobachter einer besonderen Erklärung: entweder das Ausbleiben nicht beobachtbarer psychischer bzw. kognitiver Prozesse oder nicht beobachtbare gestörte, defizitäre oder (lern)behindernde psychische bzw. kognitive Prozesse. Aus den besonderen Erklärungsversuchen werden dann (be)sonder(e) pädagogische Maßnahmen abgeleitet.

Wenden wir uns nun noch dem schon erwähnten anderen Vorteil des Begriffs der „Lernbehinderung" zu, der uns die Beschränkung des Problems auf die Seite des Schülers erlaubt. Hier müssen wir noch eine plausible Ursache dafür erfinden, warum mit ihm selbst etwas nicht in Ordnung ist. Je nachdem in welcher wissenschaftlichen Fachrichtung wir nach einer Ursache suchen, finden wir unterschiedliche Erklärungsangebote für das von uns konstruierte Phänomen der „Lernbehinderung". Mit einer *sozialwissenschaftlichen* Perspektive entdecken wir beispielsweise in den defizitären Sozialisationsbedingungen der Familie der Schüler die Ursachen, die das Problem erzeugen (so kommen lernbehinderte Schüler zu 80 bis 90 Prozent aus sozial randständigen Familien). Doch die fehlenden Möglichkeiten, auf die Familie oder gar auf Besitz- und Machtverhältnisse in der Gesellschaft Einfluss zu nehmen, machen die mangelnde Wirksamkeit sozialwissenschaftlicher Forschungsergebnisse im öffentlichen Bewusstsein plausibel. Darüber hinaus wären die sich daraus ableitenden Handlungskonsequenzen für die nicht zu den Minderheiten zählenden Menschen meist unangenehm und aufwändig, wie z. B. die Abschaffung sozialer Ungleichheit etc. Da Armut das Produkt des Prozesses ist, durch den Reichtum entsteht, ist vorauszusehen, dass wir mit solchen Konzepten auf wenig Gegenliebe stoßen werden.

Bei weitem erfolgversprechender ist eine *biologische* und/oder *psychologische* Sichtweise. Hier erscheint die Lernbehinderung als

Folge der individualen Disposition eines Menschen, als das Gesamt und das Zusammenwirken der somatischen (körperliche Konstitution, Sensorik, Motorik), emotionalen (Erleben, Energetik, Steuerung, Motivation) und kognitiven (Intelligenz, Begabung, Denken, Sprache) Möglichkeiten des Individuums. Um eventuellen Einwänden zu begegnen, dass Intelligenzmängel, kognitive Verarbeitungsschwierigkeiten usw. sich zwar ungünstig auf Lernprozesse auszuwirken scheinen, sie ihrerseits aber eine eigene Entstehungsgeschichte haben und demnach nicht als Letztursache, sondern höchstens als Glied einer Ursachenkette gelten können, ist es ratsam, Lernbehinderung durch ein „multifaktorielles Modell" zu erklären, bei dem neben der individualen Disposition auch die materiellen, sozialen und kulturellen Bedingungen des Verhaltens und Erlebens sowie die inhaltlichen und formalen Anforderungen des Umfeldes berücksichtigt werden (vgl. Bach 1999, S. 13 ff.). Das klingt so schön ganzheitlich-ökologisch und erlaubt es, trotz Theoretisierens über auf die Person einwirkende Umweltbedingungen, die Schäden weiterhin in ihr zu lokalisieren und mit der alten indivduumzentrierten Praxis weitermachen zu können wie bisher. Wenn Lernbehinderung als eine von vielen Faktoren abhängige und anstatt als eine statische als dynamische, in Grenzen veränderbare Größe dargestellt wird, kann zudem theoretisch breit geforscht werden und praktisch einer vielfältigen Palette unterschiedlichster rehabilitativer und präventiver Maßnahmen ein weit höherer Stellenwert eingeräumt werden als früher.

Zu warnen wäre dagegen vor der Auffassung, Behinderung als einen nicht gelungenen *kommunikativen Umgang mit Verschiedenheit* zu betrachten, wie es von Renate Walthes (1995) vorgeschlagen wird. Mit einer Lernbehinderung nach einem solchen Modell wäre eine Beziehung zwischen der so bezeichneten Person und ihrer sozialen Umgebung gemeint. Zusammenfassend lässt sich diese Sichtweise so darstellen: Erst in der Beziehungsgestaltung, d. h. im Umgang miteinander und in der Gestaltung der Lebens- und Lernbedingungen, entfaltet sich das, was das Behindernde an dem Andersartigen ausmacht. So mag zwar beispielsweise die „Lernbehinderung" eine für den Beobachter nützliche Begründung dafür sein, dass ein Schüler nicht das lernt, was seine Mitschüler lernen, was sich jedoch an Problemen damit verbindet, sind Ergebnisse des kommunikativen Umgangs damit. Die in erster Linie auf lernende Schüler eingerichtete Schule ist für den aus dem erwartbaren Rahmen fallenden nicht-

Wie konstruiere ich mir eine Lernbehinderung?

lernenden Schüler in vielerlei Hinsicht nicht passend, doch inwiefern dies für den nichtlernenden Schüler oder für die anderen Schüler hinderlich bzw. behindernd sein wird, hängt davon ab, wie gut es Schule, Lehrern und Schülern gelingt, ihre verschiedenen Lernwelten ineinander passend gemeinsam zu gestalten. Das Behindernde liegt hier nicht in den Phänomenen, einer Schädigung, einem Intelligenzmangel etc., sondern ist eine Frage der Passung, der Bedingungen aller Beteiligten. Ob das über den Rahmen der Erwartbarkeit hinausgehende Nichtlernen eines Schülers behindernd wirkt, d. h., ob es im Kommunikationsprozess hinderliche Bedeutung gewinnt, ist eine Frage, die nicht nur den „Lernbehinderten" betrifft, sondern alle Beteiligten: Personen, Institutionen, Regeln, Umgebungsbedingungen (vgl. Walthes 1995, S. 91). Oder mit den Worten von Hans Eberwein (zit. nach www.behinderung.org/lernb.htm)

> „Lernbehinderung ist also kein feststehendes, defizitäres Persönlichkeitsmerkmal, das dem Individuum unabhängig von schulischen Rahmenbedingungen und Leistungsanforderungen zukommt. Sie ist vielmehr eine schulorganisatorische, normabhängige und deswegen relative sowie relationale Bestimmungsgröße, die von Lehrer zu Lehrer, von Schule zu Schule, von Ort zu Ort und von Kultur zu Kultur variiert."

Der erweiterte Fokus auf die sozialkommunikativen Kontexte, in denen Lernbehinderung entsteht, und auf die Bedingungen, die alle Beteiligten einbringen, vermag aber heutzutage nur wenig umsetzbare Handlungsoptionen für eine Pädagogik bei Lernproblemen zu eröffnen. Dazu wäre es nämlich nötig, alte Ordnungen aufzulösen und gemeinsam neue zu entwickeln. Dies gälte nicht nur für die materiellen, strukturellen, organisatorisch geordneten Lebens- und Lernbedingungen, sondern ebenso für die Ordnung der Sprache, deren Veränderung mit neuen Wirklichkeitskonstruktionen einherginge. Eine solche Pädagogik bei Lernproblemen würde ihre Aufgabe nicht in der (be)sonder(en)pädagogischen Förderung der „lernbehinderten" Schüler in Richtung der Angleichung an einen festgelegten, allgemein verbindlichen Wissens-, Bildungs-, Leistungs- oder Normalitätssollwert begreifen, sondern in der *Koordination* von *Verschiedenheit*, die zu einem gelingenden kommunikativen Umgang mit Vielfalt beitragen möchte (vgl. Prengel 1993). Insgesamt ist die Anschlussfähigkeit dieses Modells für Behinderung derzeit aber zu gering, verlangt es doch von den meisten ein zu großes Maß an Veränderungsbereitschaft (z. B. Veränderung der Sonderpädagogik und Schulpädagogik) und sich von lieb gewonnenen Überzeugungen zu verabschieden. Deshalb sollten wir uns lieber wieder den Vorzügen des Konstrukts der Lernbehinderung zuwenden.

Die Hauptbegründung für die Vorliebe für biologische, psychologische, aber auch multifaktorielle Erklärungsmodelle scheint zu sein, dass solche Erklärungen für Lernbehinderung durch eine Sonderanthropologie des behinderten Menschen mit der Begründung einer besonderen Förderung in Sondereinrichtungen durch Sonderpädagogen mit besonderem Status und somit einer Sonderpädagogik verbunden werden können. Dass die Begründung, durch Segregation später bessere gesellschaftliche Integration erreichen zu wollen, manchen so logisch erscheinen mag wie die Militärlogik, die vorgibt, immer nur für den Frieden in den Krieg zu ziehen, sollte uns nicht beunruhigen, da letztlich doch insgesamt nur eine Minderheit an der allgegenwärtigen Normalität des Wahnsinns zweifelt. Glücklicherweise finden auch Einwände, dass nur die wenigsten Schüler der Schule für Lernhilfe zur Hauptschule rückbeschult werden, dass eine bessere Förderung durch besondere Schulen für Lernhilfe empirisch nicht festgestellt wurde, dass lernbehinderte Schüler seltsamerweise über ihre Schulzeit hinaus in der Regel keinen rechtlichen Behindertenstatus haben und dass immer wieder soziale Ungleichheit reproduziert wird, nur selten Gehör. So merkt kaum jemand, dass wir Lernbehinderung dadurch, dass wir sie definieren, bewerten, erklären, diagnostizieren und (sonder)pädagogisch bzw. therapeutisch bekämpfen, beständig hervorbringen.

Wenn wir bis zu diesem Punkt die Handlungsabfolge der Bauanleitung zur Konstruktion von Lernbehinderung einhalten, können wir sicherlich die öffentliche Meinung davon überzeugen, dass sie als ein gegebenes Faktum der Wirklichkeit hingenommen werden muss. Es muss uns dabei nur gelingen, die Spuren der einzelnen Schritte unserer Konstruktion so zu verwischen, dass unser zurückgelegter Weg im Dunkel bleibt. So können wir weiterhin mit Sachzwängen argumentieren und brauchen hinsichtlich unserer Erkenntnisse keine Verantwortung tragen, weil die Welt eben so ist, wie sie ist. Wie unbequem ist dagegen die Reflexion über die Bedingungen, die unser Handeln steuern, über die Qual der Wahl zwischen verschiedenen Sichtweisen und Handlungsoptionen sowie über die persönliche Verantwortung für das eigene Tun und seine Ergebnisse.

„Und konnten zusammen nicht kommen" – Warum Schule und Jugendhilfe nicht zueinander passen und daher eigentlich gut kooperieren können

Jochen Schweitzer

> Voraussetzungen, Hemmnisse und Strategien erleichterter und produktiver Zusammenarbeit von Jugendhilfe und Schule werden in diesem Beitrag aus Sicht eines systemischen Supervisors und Organisationsberaters beschrieben.

Lieber Gott, mach mich fromm, dass ich zum Kooperieren komm

Überall im Bildungs-, Gesundheits- und Sozialwesen wird seit Mitte der 1990er-Jahre intensivierte Kooperation zwischen Institutionen angemahnt. Fast immer hören wir zugleich, dass es an solcher Zusammenarbeit mangelt; und selten fehlt der abschließende Appell, es dennoch und immer wieder zu versuchen. Warum wird Kooperation so viel herbeigeredet und ihr Fehlen zugleich so viel beklagt?

Dazu möchte ich eine sehr simple These anbieten: Kooperiert wird nur, wo sich dies für alle Beteiligten lohnt. (Wobei hinsichtlich des Lohns keineswegs notwendigerweise an Geld gedacht ist, sondern auch an Spaß und Begeisterung oder an Gemütlichkeit und Entspannung, keineswegs aber an ein bloßes „Ich sollte!".) Und oft lohnt es sich zumindest für einen der Beteiligten nicht. Deshalb verzichtet man dann sinnvollerweise auf Zusammenarbeit.

Zum Problem kann solch sinnvolle Nichtzusammenarbeit werden, wenn Kooperation für etwas grundsätzlich Gutes gehalten und deshalb durch eine Vorschrift oder auch nur vom eigenen Über-Ich verordnet wird, ohne dass sie zugleich für die Beteiligten lohnend gemacht wird. Dann stellt sich die anspruchsvolle Aufgabe, Kooperation zugleich in Worten zu begrüßen und in Taten zu vermeiden. Dies gelingt selten ganz ohne irgendwelche Verrenkungen, Kränkungen und Frustrationen.

WARUM SCHULE UND JUGENDHILFE FRÜHER AUS GUTEN GRÜNDEN EHER WENIG KOOPERIERT HABEN

Zwischen Schule und Jugendhilfe besteht nach Alter, rechtlicher Absicherung und institutioneller Bestandsgarantie traditionell eine große Asymmetrie. Traditionell ist die Schule der ältere und mächtigere der beiden Partner. Jugendhilfe war für ihr Arbeiten auf Schule angewiesen, Schule hat Jugendhilfe nicht gebraucht.

Das zeigt sich rechtlich. Es gibt eine allgemeine Schulpflicht, aber keine Jugendhilfepflicht.

Jedes Kind und jeder Jugendliche muss in die Schule. Aber eine Schule kann sich im Einzelfall eines Schülers wieder entledigen. Kooperation mit Schulen ist der Jugendhilfe im *Kinder- und Jugendhilfegesetz (KJHG)* ins Stammbuch geschrieben. Hingegen ist die Kooperation mit der Jugendhilfe in den Schulgesetzen der Länder bislang nicht als Aufgabe der Schule definiert worden. Das zeigte sich traditionell auch in den Arbeitsverhältnissen der Mitarbeiter und Mitarbeiterinnen. Die recht große Zahl der Lehrer und Lehrerinnen, die bis ca. 1980 noch eingestellt und später verbeamtet wurden, können in ihren stabilen Arbeitsverhältnissen meist weder nach oben noch vor allem nach unten kaum drastische Karrieresprünge machen: Sie leben ohne die Drohung betriebsbedingter Kündigungen oder fraglich verlängerbarer Zeitverträge und müssen sich daher nicht auf eine künftige Konkurrenz auf dem Arbeitsmarkt einstellen. Daher sind alle Tätigkeiten wie extracurriculare Weiterbildung, Elternarbeit, Supervision und Teamarbeit ökonomisch gesehen ihr Privatvergnügen – getragen von ihrem Ethos und ihrer Energie, aber streng wirtschaftlich genommen unnötig.

Jugendhilfe steht in einer anderen Situation: Sie muss (abgesehen von den Jugendämtern) um ihre Klienten potenziell werben. Sie ist gesetzlich verpflichtet, mit Schulen zu kooperieren. Ihre Mitarbeiter leben – relativ zu Lehrern – in häufig instabileren und schlechter besoldeten Arbeitsverhältnissen. Daraus hat sie aber auch eine Tugend gemacht. Sie hat als die Jüngere der beiden aus der Abgrenzung von Schule, aus ihrem Anderssein lange Zeit positive Identität gewonnen. Die Schule war ihr sozusagen als abschreckendes Beispiel außerordentlich wertvoll. Indem sie diese als bürokratisch verkrustet abwertete, konnte sie sich selbst angenehm erhöhen. Diese Unterschiede finden sich als gegenseitige Stereotype der Berufsgruppen übereinander.

Warum dennoch die Kooperation Schule – Jugendhilfe verstärkt „in der Luft liegt"

Vielerorts schreiten Dienstleistungsorganisationen aus ihrer Differenzierungsphase zu einer Integrationsphase fort

Glasl und Lievegoed (1996) postulieren, dass Organisationen sich durch drei Phasen entwickeln. In einer *Pionierphase* wird gegründet. Eine neue Idee beseelt und beflügelt die zunächst wenigen Mitstreiter. Unbürokratisch, tatkräftig und formal schwach organisiert wird die Aufbauarbeit geleistet. Wenn im Erfolgsfalle die Organisation nun wächst, wird sie zu groß und unübersichtlich, als dass man im alten Stile fortfahren könnte. Zudem hat sich das anfängliche Gründungsethos oft verbraucht. In der nun beginnenden *Differenzierungsphase* entwickelt sie interne Arbeitsteilungen, fester kodifizierte Regeln für Arbeitsabläufe, gliedert sich eventuell in Abteilungen und zieht mittlere Hierarchieebenen ein. Diese Abteilungen beginnen, ein Eigeninteresse und Eigenleben zu entwickeln, das sich von dem der Nachbarabteilungen zunehmend abgrenzt. Irgendwann kann aber die Organisation so über-differenziert werden, dass sie für ihre Nutzer bzw. Kunden und vielleicht auch für ihre Mitarbeiter unproduktiv wird: „Die Räder greifen nicht mehr ineinander", die Tätigkeiten sind nicht mehr gut aufeinander abgestimmt, weil jede Abteilung von der maximal guten Erfüllung ihrer Sonderaufgabe so absorbiert ist, dass das Arbeitsergebnis der Gesamtorganisation aus dem Blick gerät. Jetzt steht eine *Integrationsphase* an: Den Spezialeinheiten wird abverlangt, das Endergebnis wieder mehr als Gemeinsames zu betrachten und zu optimieren. Praktisch werden sie häufig umorganisiert, durchmischt (z. B. Mitglieder verschiedener Fachabteilungen in einer „Produktgruppe") und eventuell als Sondereinheiten ganz aufgelöst.

Mit diesen drei Phasen lassen sich nicht nur einzelne Organisationen, sondern auch ganze Dienstleistungssysteme Gewinn bringend beschreiben – z. B. die Ausdifferenzierung der verschiedenen Schultypen aus ursprünglich nur Hauptschulen und Gymnasien, dann die Ausdifferenzierung der verschiedenen Sonderschulen, schließlich die heutigen Bemühungen, die Sonderpädagogik in die Regelschulen zu reintegrieren.

Spätestens in den 1990er-Jahren ist vielerorts Integration angesagt. In der Industrie schließen sich vermehrt Produktionsbetriebe zu lose gekoppelten Produktionsnetzwerken zusammen, die je nach Marktlage mit anderen Partnern andere Produkte für andere Verbraucher herstellen und die innerhalb dieser Netzwerke (die allerdings häufig hierarchisch von einem „Netzwerkführer" geleitet oder manchmal geknechtet werden) hohe gegenseitige Transparenz und präzise Absprachen über die gegenseitige Just-in-time-Belieferung gewährleisten müssen. Der Zusammenschluss autonomer Einrichtungen zu virtuellen Gesamtunternehmen lässt sich auch im Gesundheitswesen beobachten. So kooperieren etwa Arztpraxen und Kliniken in gemeinsamen Qualitätszirkeln bei der Bestimmung einer optimalen Medikation für gemeinsam behandelte Patienten. Und so sind psychiatrische Einrichtungen in einer Region derzeit herausgefordert, in einem „gemeindepsychiatrischen Verbund" einem Patienten ein „Behandlungsmenü" anzubieten, das er sich aus den Teilangeboten verschiedener Einrichtungen als Kombination gemeinsam mit einem „Fallmanager" selbst aussuchen kann.

Schule wie Jugendhilfe stecken derzeit in unterschiedlichen produktiven Entwicklungskrisen, die sie auf das Potenzial des jeweils anderen verweisen

Die Schule bekommt zu viele Schüler nicht mehr in einer Verfassung geliefert, in der sie ohne sozialpädagogische Zusatzarbeit mit ihnen ungestört Unterricht machen könnte. Strittig ist die Diskussion darüber, ob die Schüler immer hyperaktiver und unkonzentrierter werden. Aber eine wesentliche Rolle spielt dabei, dass Eltern vermehrt die erforderliche Zuarbeit hinsichtlich der Schule nicht mehr leisten wollen oder können.

Weitere Gründe tragen zu dieser Krise der Schule bei. Kindliche bzw. jugendliche Devianz spielt sich vermehrt in der Schule statt außerhalb ab – auch weil im immer enger bebauten Lebensumfeld „draußen" (in Wald und Feld) immer weniger unbeaufsichtigter

Raum ist für Bandenkriege, Schlägereien, gefährliche Abenteuer und für das, was insbesondere Jungen sonst noch gerne machen. Nachrichten über Gewalttaten in Schulen haben zu Irritation und Besorgnis geführt. Lehrerkollegien weisen aufgrund der Einstellungspolitik (viele Einstellungen bis ca. 1980, danach nur extrem wenige) einen unausgewogenen Generationenmix auf. Das meist hohe Durchschnittsalter erhöht den sozialen Abstand zwischen Schülern und Lehrern. Lehrer als Berufsgruppe werden, ähnlich wie Hochschullehrer und wie Beamte generell, in der Öffentlichkeit eher abgewertet. Unter diesem Dauerbeschuss muss das kollektive Selbstbewusstsein der Lehrerschaft fragiler werden.

Eine weitere Krise rollt, vielleicht noch mehr am Horizont als schon aktuell, in Form der pädagogischen Möglichkeiten des Internets auf die Lehrerschaft zu, welche die klassische Funktion der Wissensvermittlung zunehmend entwerten. Was dann Lehrern zu vermitteln bleibt, sind neben den grundlegenden Kulturtechniken und dem „Lernen des Lernens" vor allem eine beraterische Aufgabe: die Schüler auf ihren Irrwegen durch die Flut der Optionen und Risiken beratend zu begleiten. Solche Beratungskompetenz ist aber bislang eher in der Jugendhilfe als in der Schule angesiedelt.

Zugleich entsteht in Jugendämtern und Sozialdezernaten ein neues Interesse an Schule.

Jugendhilfe hat sich von vollstationären zu teilstationären und ambulanten Arbeitsformen hin entwickelt. Sie rückt räumlich immer näher an die Familien heran, etwa in der Form der sozialpädagogischen Familienhilfe (Gleske et al. 1996) und der aufsuchenden Familientherapie (Conen 1996). Sie rückt auch näher an die Polizei heran, die inzwischen schon selbst Sozialpädagogen einstellt, und mit der Schulsozialarbeit auch an die Schulen. Da ist es eigentlich konsequent, teilstationäre Gruppen nachmittags gleich in die Schulen zu verlegen, Erlebnispädagogik mit Pausenaufsicht zu verbinden und letzten Endes für schwierige Schüler eine sozialpädagogisch qualifizierte Ganztagesschule aufzubauen, die sich allerdings keiner so zu nennen traut.

Die Schule (die Regelschule, nicht die Sonderschule) hat im pädagogischen Prozess wichtige Potenziale zu bieten, die die Jugendhilfe selbst immer erst neu erzeugen muss. Kinder und Jugendliche bleiben dort über lange Jahre, die Lehrkräfte haben über die Zeit schon viel Vertrautheit und Erfahrungen mit den Kindern erworben, und viele

Eltern wenden sich mit ihren Sorgen offen und direkt an sie (Drolshagen 1999). Zudem: Weil die Schule ein Ort ist, wo alle hinmüssen, ist sie frei vom Stigma, den der Gang zur Erziehungsberatung oder zum Jugendamt hier und dort immer noch haben. Sie ist sozusagen ein ganz normaler, kein besonderer Ort. Hier aufzutauchen ist nicht ehrenrührig und zeigt kein Versagen von Kindern oder Eltern an.

Schließlich steht Jugendhilfe auch unter heftigem Spardruck. Und so spekuliert vielleicht mancher Jugendhilfefinanzier auch darauf, dass dadurch Räume der Schule, die nachmittags frei sind, mitgenutzt und andere Raumkosten dadurch eingespart werden können.

BEDINGUNGEN GELINGENDER KOOPERATION

Kooperation muss für beide Seiten einen Gewinn in ihren je eigenen Währung abwerfen

Wann lohnt sich Kooperation für wen? Lohnen oder Nichtlohnen hängt ab von den spezifischen Währungssystemen der Beteiligten. Anders als am Devisenmarkt gibt es aber im Gesundheitswesen eine babylonische Vielfalt wertbestimmender Währungssysteme. Hier geht es Gott sei Dank nicht nur ums Geld, sondern auch um viele nichtmonetäre Werte: Kreativität und Ästhetik der eigenen fachlichen Arbeit; Beziehungsqualität im Umgang mit den Schülern; Schulnoten; Kennziffern in Jahresberichten u. v. m. Es gibt keine Schilder, auf denen man einfach die Umtauschkurse zwischen diesen sehr verschiedenen Währungen ablesen könnte und wie viel welcher Wert wem bedeutet. Das macht es den Akteuren im Non-Profit-Bereich so schwer herauszufinden, welche ihrer Kooperationsangebote für andere attraktiv und welche irrelevant sind. Sicher richtig liegt man aber wohl mit folgenden Überlegungen:

(1) Kooperation muss beiden Berufsgruppen helfen, diejenigen Tätigkeiten zu verbessern, die im Zentrum ihres beruflichen Ethos stehen. Für die Lehrer wird sich dies in erster Linie im Unterrichten zeigen.

(2) Für beide Gruppen muss die Arbeit dadurch leichter statt schwerer werden, der Spaß an der Arbeit größer statt kleiner, die Arbeitszeit auf die lange Sicht zumindest nicht länger, die

subjektive Arbeitsbelastung geringer statt größer. Ein umfangreiches Besprechungswesen als solches ist nur für sozial vereinsamte Menschen attraktiv.

(3) Dritte Parteien, von Eltern und Schülern über vorgesetzte Behörden (Schulämter, Sozialdezernenten, Landesjugendämter) bis zur Medienöffentlichkeit, werden diese Kooperation nur dann wirksam beeinflussen, wenn sie hinreichend attraktive Rahmenbedingungen für gelingende Kooperationen und überzeugende Strafandrohungen für scheiternde Kooperation anbieten können. Sonntagsreden („man sollte ...") erzeugen nur Pseudostrategien: Kooperation in Worten zu begrüßen und sie in Taten zu vermeiden.

**Eine radikale Lösungsorientierung und ein Desinteresse
an der Problemanalyse erleichtern die Kooperation**
Dies kennen wir aus der Elternarbeit. Solange gefahndet wird, ob die Eltern die Kinder abends zu lange aufbleiben und zu viel Fernsehen schauen lassen oder ob die Lehrerin die anderen Kinder bevorzugt und ihre Hausaufgaben zu schwer oder zu leicht sind, werden Abwehr und Entlastungsschläge die Szene beherrschen. Kooperationsgespräche sollten nach der Leitlinie verlaufen: „Was läuft jetzt schon gut, und was könnten wir tun, damit mehr davon geschieht?"

**Eine systembezogene Kooperation („Liaisondienst") ist effektiver
als eine fallbezogene („Konsiliardienst", „Überweisungspraxis")**
Systembezogene Kooperation, wie sie etwa bei Drolsbach (1999) für die Arbeit von Sonderpädagogen in Regelschulen beschrieben wird, meint, übertragen auf Jugendhilfe: Jugendhilfe ist fallübergreifend, wenngleich nicht zwangsläufig hoch dosiert an der Schule präsent. Sozialpädagogen und Lehrer machen sich vor der ersten Fallarbeit allgemein miteinander bekannt. Wenn so eine grundlegende Vertrauensbasis bereits gelegt ist, wird im Einzelfall informelle und unbürokratische Zusammenarbeit möglich, ohne Zeitverluste, sozusagen *just in time*.

**Den anderen gut ausschauen lassen: das eigene Verhalten verändern,
auf Missionieren verzichten**
Die Autopoiese-Metapher der Systemtheorie (Maturana u. Varela 1987) besagt, dass lebende Systeme immer nur mit solchen Opera-

tionen auf fremde Anstöße und Anregungen reagieren können, die in ihrem eigenen Operationsvorrat verfügbar sind. Sie lassen sich von außen nicht genau instruieren, sondern nur zu etwas anregen, dass ihnen sowieso liegt und möglich ist. Missionierungsversuche (der Sozialpädagogen gegenüber den Lehrern, der Lehrer gegenüber den Sozialpädagogen) erzeugen symmetrische Eskalationen (Angriffs- und Gegenwehrdynamiken), die Veränderung unwahrscheinlicher machen. Daher empfiehlt sich anzunehmen, der andere sei unveränderbar, so wie er eben ist, und das einzige Veränderungspotenzial liege bei einem selbst. Gelingt es, den eigenen Beitrag zur Kooperation zu verändern, hat dies oft nachhaltigere Reaktionen zur Folge, als wenn man den anderen zugleich aufforderte, seinen Beitrag ebenfalls zu ändern.

MÖGLICHE FORMEN DER KOOPERATION AUS SICHT DER SCHULE

Ich will nun mir bekannte Praktiken der Kooperation zwischen Schule und Jugendhilfe einmal in Form einer Stufenleiter anordnen, die verdeutlicht, dass sehr unterschiedlich intensive Stufen der Kooperation möglich sind.

Stufen der Kooperation Schule/Jugendhilfe aus Sicht der Schule

Stufe 1: Problemschüler hinaus an die Jugendhilfe überweisen
Stufe 2: Externe Beratung aus der Jugendhilfe in die Schule holen
         Stufe 2a: fallbezogen
         Stufe 2b: systembezogen
Stufe 3: Jugendhilfe in die Schule integrieren

Beispielsweise kann ein sozialpädagogisches Ergänzungskonzept für die Grundschule, das den Grundschulunterricht in Richtung einer Halb- oder Ganztagesschule für diejenigen Schüler ausweitet, die das brauchen können, folgende Elemente umfassen (Bönsch 1999):

(1) verlässliche Betreuung auch in Ausfall- und Randstunden („Kernzeitbetreuung")
(2) Mittagessen, Mittagsruhe
(3) strukturierte und freie Spiel- und Beschäftigungsangebote
(4) Hausaufgabenbetreuung

(5) Einzelfallhilfe
(6) Elternkontakte

Je nach Intensität des Kooperationsinteresses kann dabei die Sozialpädagogik mehr ein Gast in der Grundschule bleiben, oder aber die Sozialpädagogen können (natürlich nicht im rechtlichen Sinne) in das Lehrerkollegium personell nahezu integriert werden.

Eine Fallsupervision durch eine familientherapeutische kompetente Erziehungsberatungsstelle (ausführlich zu den Möglichkeiten: Spindler u. Klarer 1999) kann oft als erstem Schritt aus einem gemeinsamen Familien-Schule-Gespräch bestehen. Zunächst wird die Erziehungsberaterin mit Kind, Lehrerin und Eltern die Aufträge der Beteiligten an dieses Gespräch klären, um dann die Lösungsideen (wo sehen alle Beteiligten Veränderungsmöglichkeiten?) zu erfragen und miteinander so lange zu diskutieren, bis Handlungsideen entstanden sind, die dann erprobt werden. Diese können sich dann in ganz verschiedenen Teilsystemen abspielen. Es kann ein weiteres Gespräch Eltern/Lehrerin zur Verbesserung ihrer Kooperation geben. Die Erziehungsberaterin kann im Unterricht hospitieren und mit der Lehrerin Veränderungen im Klassenzimmer diskutieren. Bei internen Konflikten und bei Interesse wird die Familie zur Familienberatung in die Beratungsstelle gehen. Möglich sind auch Therapie oder Förderung von Schülern sowohl einzeln als auch in Gruppen; ebenfalls möglich ist – bei verhärteten Fronten – auch ein Wechsel der Klasse oder der Schule, bei schwierigen Familienlagen schließlich eine Aufnahme des betreffenden Kindes in teil- oder vollstationäre Betreuungsangebote. Das Wesentliche an diesem Konzept: Verschafft man sich anfangs im Familien-Schule-Gespräch zunächst einen gemeinsamen ganzheitlichen Eindruck von der Dynamik im gesamten Problemlösungssystem, so werden „passendere" Lösungsstrategien möglich, die von allen Beteiligten besser mitgetragen werden.

Schluss

Ich fasse zusammen: Kooperation wird produktiver und erfreulicher, wenn man sich ihr skeptischer nähert. Verständnis zwischen Berufsgruppen wird vertieft, wenn man die Unterschiede klärt.

Schräges, neurotisches oder arrogantes Verhalten anderer Fachleute wird mir verständlicher, wenn ich mir ihre Honorierungspraxis, Dienstvorschriften, Karrieremuster und Wertesystem anschaue. Die spezifische Selbstorganisation eines jeweils anderen Dienstleistungssystems und der dort Arbeitenden zu verstehen und aufgrund dessen verträgliche Kooperationsangebote zu unterbreiten erleichtert das Entree. Eine breite Palette unterschiedlich intensiver Kooperationsmöglichkeiten erlaubt es, lokal jeweils passende Lösungen zu finden.

„Bitte nicht helfen, es geht mir schon schlecht genug!" – Den Beitrag der Psychotherapie für die Schul- und Unterrichtswirklichkeiten konstruktiv gestalten[1]

Reinhard Voß

Die Ereignisse um das Schuldrama in Erfurt haben wieder einmal eindringlich unterstrichen, dass, unter anderem, die überkommene Beziehung zwischen Psychotherapie und Schule neu erfunden werden muss. Auf diesem Weg sind zunächst traditionelle Missverständnisse und beziehungshemmende Einflüsse zu berücksichtigen. Zugleich eröffnen sich Konturen einer gelingenden Kooperation und auch Chancen, die vor dem Hintergrund eines systemischen Leitkonzepts der Psychotherapie und der Schule Erfolge im Handeln ermöglichen.

ANMERKUNGEN ZU EINER „PROFESSIONELLEN (NICHT-)KOOPERATION"

Nach den immer noch unbegreiflichen Ereignissen von Erfurt ist die Forderung nach stärkerer Kooperation von Schule und Sozialarbeit, von Schule und Kindergarten, von Schule und Jugendhilfe und im Besonderen auch von Psychotherapie und Schule in aller Munde. Bis auf den heutigen Tag kann man den Eindruck gewinnen, dass es sich bei Psychotherapie und Schule eher um eine Nichtbeziehung, eine, so Jochen Schweitzer (1998), „professionelle (Nicht-)Kooperation" handelt. Die eine Seite definiert pointiert den Aufgabenbereich der anderen als „Reparaturwerkstatt" nach dem Motto: „Sorge dafür, dass meine Schüler wieder funktionieren, ansonsten bin ich an dir, Psychotherapie, wenig interessiert." Eine Haltung, die der Professionalität der Pädagogen wenig schmeichelt. Die andere Seite prak-

---

[1] Vortrag, *3. Weltkongress für Psychotherapie*, Wien 2002 (gekürzte Fassung).

tiziert in weiten Teilen, wiederum pointiert, eine traditionelle Eltern Kind-Beziehung, in der in regelmäßigen Abständen der Satz zu hören ist: „So, du liebe Schule, ich sage dir jetzt, was für dich gut ist." Exemplarisch dafür steht der Titel der Publikation von Friedrich Sauter aus dem Jahr 1983, *Psychotherapie in der Schule*. Der Tenor: Die Schule ist krank; die Therapie, die Heilung bringt die Psychotherapie. Unabhängig davon, dass die Psychotherapie als Wissensbestand für die Pädagogik eine enorme Bedeutung hat, ist die Unterscheidung krank/gesund wenig nützlich, die Attitüde des Heilbringens nicht hilfreich.

Knapp 20 Jahre später stellen zwei österreichische Psychotherapeutinnen in ihrem Buchtitel die Frage *Braucht die Schule Psychotherapie?* (Unterweger u. Zimprich 2001). Eine aus der Sicht der Schule ohne Zweifel positive Entwicklung. Eine Frage wird gestellt und in der Einleitung das gemeinsame Anliegen herausgehoben, ein Dialog angeregt und die deutliche Mahnung ausgesprochen: „Psychotherapeutisches Werkzeug kann daher nicht unreflektiert 1 : 1 in die pädagogische Praxis umgesetzt werden" (S. XI). Dennoch gilt für beide Autorinnen die unangefochtene Überzeugung: „Die Psychotherapie kann (hier) mit ihren Denkansätzen, Methoden und Haltungen maßgeblich zur Weiterentwicklung [der Schule] beitragen" (ebd.). Wenn dem so ist – was ich nicht nur nicht bestreite, sondern deutlich unterstütze –, wem nutzt es, wenn eine große Zahl der Lehrerinnen und Lehrer dies nicht begreifen kann bzw. will? Maturana und Varela (1987) unterstreichen, dass Systeme sich nicht von außen instruieren lassen, sondern auf fremde Anstöße und Anregungen („Perturbation") immer nur so reagieren können, wie es ihnen ihre innere Struktur ermöglicht („Strukturdeterminiertheit"), und Spitzer (1996, S. 146) weist darauf hin, dass 99,9 % aller Neuronen ihren Input von anderen Neuronen im Gehirn erhalten.

Ähnliches lässt sich sicher auch für die aus Sicht der Schule berechtigte Umkehrung der Fragestellung erwarten. „Braucht die Psychotherapie die Schule?" Zumindest für die freien Praxen könnte gelten, dass aus der Nachhaltigkeit des Psychotherapeutengesetzes in Deutschland der Markt von 670 000 Lehrern und fast zehn Millionen Schülern als potenziellen Kunden von den Psychotherapeuten sicherlich deutlicher wahrgenommen wird. Doch wiederum, wem nutzt es, wenn der erkennbar wachsende Leidensdruck von Schülern (und Lehrern) kein entsprechendes passendes Angebot der Therapeuten findet und stattdessen immer mehr Betroffene die anstehenden Probleme medikamentös zu lösen erhoffen oder gar verstärkt „ihr Heil" auf dem Esoterikmarkt suchen?

DIE ZUSAMMENARBEIT VON PSYCHOTHERAPIE UND SCHULE FINDET IN DER PRAXIS KAUM STATT

In der Vorstellungswelt eines großen Teils unserer Lehrerinnen und Lehrer kommt in der Beziehung Psychotherapie und Schule das Wort „und" nicht vor. Sie sind traditionell ausgerichtet an der Planung und Gestaltung eines störungsfreien Unterrichts. Schulinterne Beratungsangebote durch Beratungslehrer oder Schulsozialarbeiter und externe Angebote der Jugendhilfe oder anderer städtischer Beratungsstellen (Schulpsychologie, Beratungsstellen für Kinder, Jugendliche und Familien) bis hin zu Angeboten freier psychotherapeutischer Praxen verstehen sie als unterstützende Leistung, die sie nur an ihrem Erfolg, dem störungsfreien Unterricht, messen. Stellt der Erfolg sich nicht ein, so bleiben die Schüler halt sitzen.

Doch auch in der Vorstellungswelt der meisten Psychotherapeuten in Beratungsstellen, freien Praxen und Kliniken wird das „und" in der Verbindung von Psychotherapie und Schule nicht deutlich. Negativbilder von Lehrern, die nur an ihrem Fachwissen und weniger an der Persönlichkeit ihrer Schüler interessiert sind, werden gepflegt, das Gespräch mit ihnen wird in weiten Teilen nicht gesucht. Besonders nachteilig wirken sich erkennbare Verbrüderungen von Psychologen und Eltern aus, die sich in der gemeinsamen negativen Bewertung der Lehrer einig sind. Ganz deutlich in der Aussage einer Mutter während eines Elternsprechtages: „Der Therapeut meines Sohnes ist auch der Meinung, dass Sie vom Umgang mit Kindern keine Ahnung haben." Die Schule selbst, so die Meinung vieler Therapeuten, stehe in der Gefahr einer „pathologischen Selbstentfremdung", und die Lehrer ihrerseits werden als ihre Handlanger angesehen.

Doch es gibt immer auch eine andere Seite: Als Lehrer und Hochschullehrer, im Besonderen aber während meiner therapeutischen Tätigkeiten als Mitarbeiter in einem multiprofessionellen Beratungsteam (vgl. Voß 2000a; von Lüpke u. Voß 2000) machte und mache ich ständig die Erfahrung, dass es eine große, wachsende Zahl von Lehrerinnen und Lehrern gibt, die die therapeutische Arbeit zu schätzen wissen und sie konstruktiv unterstützen. Sie können z. B. Kontakte herstellen oder in besonders schwierigen Fällen Kindern und Familien den Weg zur therapeutischen Begleitung ebnen, indem sie persönlich ein Problem mit einem betroffenen Kind benennen, das sie in der gemeinsamen Beratung thematisieren wollen. Zu nennen sind zugleich auch jene Therapeuten, die engagiert über den Tellerrand ihrer eigenen Profession schauen und sich in Teamarbeit, in Förder- oder Stadtteilkonferenzen u. a. engagieren.

In dem Beitrag des bereits erwähnten Readers von Unterweger und Zimprich listet eine Kollegin (Rahm 2001, S. 47) jene Bereiche auf, die von psychologisch-therapeutischer Seite Angebote für die Schule darstellen können. Grenzt man die bedeutsamen Angebote der Aus- und Weiterbildung von Lehrern sowie Organisationsberatung und Supervision in diesem Rahmen aus, in dem Lehrer wieder Empfänger von Beratung sind, bilden erwartungsgemäß Einzel- und Gruppentherapie für Kinder und Jugendliche und Angebote der Schulpsychologie den Kernbereich. Wie die Autorin, so möchte auch ich für diesen Kontext die psychotherapeutische Tätigkeit im Kontext klinischer Institutionen ausklammern.

Das Kind, der Schüler bildet also die zentrale Schnittmenge, in der sich diese beiden Professionen begegnen. Fragt man jedoch nach der vorhandenen Praxis, so ergibt sich folgendes Bild:

1. Angebote von Beratungsstellen für Kinder sind, wenn überhaupt vorhanden, in den meisten Fällen erst nach wochenlanger Wartezeit verfügbar.
2. Angebote von Schulpsychologen für Schüler, falls vorhanden, bleiben oft in diagnostischen Tätigkeiten gefangen. „Und jetzt?" Die berühmte Frage des Lehrers, nachdem ihn der Psychologe über seine diagnostische Fleißarbeit „aufgeklärt" hat, bleibt unbeantwortet.
3. Angebote von Therapeuten in privaten Praxen erreichen oft nur eine begrenzte Zahl von so genannten Mittelschichtkindern.

Die enorme Kluft zwischen einem idealtypischen Angebot der Psychotherapie und der aktuellen, schlechten Versorgungssituation der Kinder muss zunächst deutlich herausgestellt werden. Die anwachsende Unterversorgung der Kinder mit therapeutischer Unterstützung (gerade auf dem Lande) ist gekoppelt an eine Situation, in der auch noch die in weiten Teilen bestehenden Angebote ihrer nachhaltigen Wirkung beraubt werden, da es nur wenige Absprachen zwischen der Schule und den Psychotherapeuten gibt. Absprachen über Zielvorstellungen oder gar die Bestimmung eines gemeinsamen Handlungsziels finden in der Regel nicht statt, finden nicht statt zwischen Psychotherapie und Schule, nicht zwischen verschiedenen psychotherapeutischen Angeboten. Allzu oft wird eine in der Konsequenz für das bestehende Ausgangsproblem wirkungslose Therapie an die andere gereiht. Ganz klassisch werden z. B. Spiel- und Verhaltenstherapie ohne Bezug nacheinander durchgeführt, oder nach der Gesprächspsychotherapie folgen Übungen der Psychomotorik. Vielfältig kombinierbare Behandlungen werden ohne jeden übergeordneten Behandlungsplan verordnet. Wie soll ein gemeinsamer Behandlungsplan entstehen, wenn es keinerlei Kommunikation zwischen Psychotherapeuten und Lehrern gibt? Wie soll sich gar darüber hinausgehend ein Kooperationsverhältnis entwickeln, wenn im Berufsalltag keinerlei Begegnungen zwischen Vertretern der Professionen stattfinden?

BEZIEHUNGSHEMMENDE EINFLÜSSE

Stellt man die Frage, warum die Situation zwischen Psychotherapie und Schule als „professionelle Nichtkooperation" beschrieben werden muss, so sind im Besonderen drei beziehungshemmende Bedingungen zu nennen, die der notwendigen Kooperation entgegenwirken. Als „Chancen reflexiven Scheiterns" (Beetz u. Cramer 1999) bieten sich zugleich Perspektiven für einen anderen, für Psychotherapie und Schule gemeinsamen Neuanfang an.

„Wasch mir den Pelz, aber mach mich nicht nass!"

Rat Suchende reagieren in der Regel mit ambivalenten Gefühlen gegenüber einer Beratung. Das Bedürfnis nach Hilfe wird offensichtlich zugleich als Bedrohung empfunden. Dies führt zu dem paradoxen Auftrag: „Bitte hilf mir!", und zugleich: „Bitte hilf mir nicht!", oder, umgangssprachlich formuliert: „Wasch mir den Pelz, aber mach mich nicht nass!" Eine Situation, die jeder Lehrer in der Elternarbeit erfährt, was ihn nicht davon abhält, als Betroffener ähnlich in schulinternen oder schulexternen Beratungssituationen zu reagieren.

Diese empfundene Bedrohung, die in der Psychoanalyse als Widerstand interpretiert wird, konnotiert Maslow (1954) positiv, indem er sie als Grundbedürfnis des Menschen nach Sicherheit interpretiert. Weitere legitime, sinnvolle Gründe, Widerstand gegen die Beratung zu leisten, zitiert Storath (1998, S. 64) für die Elternberatung in der Schule. Auch für Lehrer, die sich in Beratungssituationen befinden, gilt:

„Der Wunsch, etwas Wertvolles nicht aufzugeben. Ein Missverständnis der Veränderung und ihrer Implikationen. Die Überzeugung, dass die Veränderung für ihr System keinen Sinn hat. Eine geringe Toleranz gegenüber Veränderungen."

Gerade in einem gesellschaftlichen Kontext, in dem Selbstbild und Selbstwertgefühl des Lehrers in hohem Maße verunsichert sind, bedarf der erkennbare Widerstand in Beratungssituationen einer differenzierten Betrachtung. Im Sinne einer konstruktiven Kooperation von Psychotherapie und Schule ist dem Anspruch des Lehrers auf Autonomie, Sicherheit und Wertschätzung seiner Person und Profession in besonderer Weise Genüge zu leisten. Da ich davon ausgehe, dass Psychotherapeuten und Psychologen eine ihre professionelle Arbeit begleitende Supervision in Anspruch nehmen, sie also auch immer selbst Betroffene sind, sollte ihnen ein Einfühlen in diesen Anspruch leicht fallen.

Der Begriff Psychotherapie als medizinische Heilbehandlung

„Solange der Begriff ‚Psychotherapie' mit schwerer psychischer Störung, schwerer Verhaltensabweichung, schuldhaftem Versagen, defizitären Persönlichkeitsmerkmalen oder gar – was [...] noch problematischer ist – mit psychischer Krankheit/Erkrankung identifiziert wird, sollte man meines Erachtens ganz auf ihn verzichten." Ein Satz von Klaus Mücke (2001, S. 170), der irritiert, gegebenenfalls provoziert. Diskussionswürdig ist er im Kontext von Schule und Familie allemal. Ähnlich wie Gunther Schmidt, der den Wandel der Familientherapie zur Familienberatung fordert, sollten wir auch im Kontext von Schule und Psychotherapie von psychosozialer Beratung sprechen. Da es in der Schule eine Vielzahl von Beratungsangeboten (Erziehungsberatung, Lernberatung, Schullaufbahnberatung) gibt, könnte Psychotherapie als psychosoziale Beratung sinnvoll in ein gegebenes Kontinuum „Unterrichten – Erziehen – Beraten" einbezogen werden. Psychosoziale Beratung fokussiert den Menschen im Kontext seiner Lebenswelt und -geschichte, der sich vor dem Hintergrund seiner Kompetenzen und Ressourcen vom Therapeuten zu autonomen Lösungen anregen lässt oder auch nicht. Sie distanziert sich damit deutlich von klassisch psychoanalytischen bzw. tiefenpsychologischen u. ä. Therapiekonzepten, die den Rat Suchenden eher als krank und passiv ansehen und für ihn wissen, was getan werden muss. Ich bin der festen Überzeugung, dass der gesellschaftliche Wandel und damit die veränderten Lebensbedingungen dazu führen werden, dass das Unterstützungsbedürfnis der Eltern und Lehrer wächst und entsprechend die Bereitschaft und Offenheit für psychotherapeutische Beratung. Dies setzt natürlich eine Beratungssituation seitens der Psychotherapie voraus, die ein passendes Angebot für Lehrer und Eltern darstellt.

Offen bleibt allerdings, wie sich die Betroffenen letztlich entscheiden werden. Fakt ist, dass ein großer Teil der Eltern, aber auch Lehrer dem traditionellen, medizinischen Krankheitsbegriff zuneigen. In der Konsequenz bevorzugen sie den Weg zum Arzt und entscheiden damit indirekt über den weiteren Weg der Behandlung. „Nicht das Problem an sich, sondern das Etikett, das ihm aufgeklebt wird, und wer dieses Etikett aufklebt, bestimmen in unserem Gesundheitssystem vielfach darüber, wie mit einem Problem umgegangen wird" (Grawe et al. 1994, S. 11, zit. nach Loth 1998, S. 134). Diskussionswürdig sind alle Wege, wenn sie in psychosozialen Kontexten zu einem Mehr an psychosozialer Beratung und einem Weniger an medizinischer Behandlung führen. Für die Behandlung sozialer Probleme sind Ärzte nicht ausgebildet. Der aktuelle Höhepunkt in der Überverordnung von Ritalin spricht für sich (vgl. Voß 1992; Voß u. Wirtz 2000). Der medizinische Informationsdienst *Arznei-Telegramm* (2000, S. 1) beschreibt eine Vervierzigfachung der Ritalinverordnungen in dem Zeitraum von 1995 bis 1999, die seitdem noch weiter zugenommen haben sollen. Es sind nach wie vor die linearen Erklärungen, die nach außen verlagerte Verantwortung, die damit verbundene Entlastung sowie die vermeintlich schnellen Lösungen, die den großen Einfluss des medizinischen Paradigmas im Kontext radikaler gesellschaftlicher Veränderungen ausmachen. Was betroffen macht, ist die Tatsache, dass dieses Denkmodell allzu oft keine Veränderung herbeiführt und die Menschen in ihren Problemen gefangen hält.

Der Lehr-Lern-Mythos
Der angesprochene Wandel der Psychotherapie zur psychosozialen Beratung erfordert ein entsprechendes Umdenken in der Schulpädagogik. Therapeuten und Lehrern kommt gemeinsam eine begleitende, letztlich dienende Funktion zu.

Die Abkehr von Mythen, wonach Lehren – im Sinne linearer Steuerung bzw. deterministischer Instruktion – Lernen bewirkt oder dass Wissen vom Lehrer auf die Schüler transformiert werden kann, bestimmt in weiten Teilen das Selbstverständnis der Lehrerinnen und Lehrer und muss dringend im Rahmen einer modernen Lernkultur verändert werden (vgl. ausführlich Voß 1998b, 2002a).

Die Paradoxie des Lehrberufs (in direkter Parallele zum Berater, Psychotherapeuten oder Manager), wonach der Lehrer etwas tun soll, was nicht funktioniert, lässt sich nur dahin gehend auflösen, dass er das, was er über direkte Beeinflussung nicht erreichen kann, neu reflektiert und dann seine Handlungsoptionen rekonstruiert. Weil der Schüler selbst festlegt, welche Interaktionen zu welchen inneren Veränderungen führen und welche nicht, verbleibt allein die indirekte, die nichtlineare Beeinflussung, die abzielt auf die „Leichtigkeit selbstgewählter Veränderungspfade" (Willke 1989, S. 189).

In der systemischen Therapie soll über vielfältige ziel- und lösungsorientierte Anregungen bzw. Perturbationen (zirkuläres Fragen, Formen indirekter Intervention, Reflecting Teams) der Klient ermutigt werden, seine Ressourcen zur Erweiterung seiner Handlungsspielräume und damit zur möglichen Lösung seines Problems zu nutzen. In enger Parallele hierzu erfordert eine konstruktivistische Didaktik den Wandel von einer direkten Steuerung zu einer indirekten Beeinflussung in der gemeinsamen Gestaltung von Lern-Lehr-Prozessen. Im Kontext eines allgemeinen Kommunikationsprozesses einer Lerngruppe bzw. Klasse macht der Lehrer Angebote zu Inhalten, Strukturen, Prozessen, Regeln etc. – Angebote als Anregungen, die den Schülern die Möglichkeit eröffnen, sie im Sinne der bisherigen Entwicklung und der aktuellen Lebenssituation in ihr System zu integrieren.

Im Rahmen dieser „Ermöglichungsdidaktik" (Autonomie, Partizipation, Kontext- und Ressourcenorientierung) besteht die Fähigkeit des Lehrers darin, die Lernprozesse der Schüler bzw. Lerngruppen zu begleiten und sie immer wieder im Dialog zu weiteren, selbst bestimmten, zielorientierten Lernprozessen anzuregen. Dabei stehen ihm drei Handlungsformen zur Verfügung (vgl. ausführlich Voß 2002a): individuelle Lernbegleitung, Kontextsteuerung, Perspektivenwechsel.

Psychosoziale Beratung und eine systemisch-konstruktivistische Schulpädagogik bilden einen gemeinsamen Rahmen, der Perspektiven für eine effektive Kooperation von Psychotherapie und Schule ermöglicht.

Konturen einer gelingenden Kooperation

In dem gegebenen Rahmen lassen sich Konturen einer gelingenden Kooperation zwischen Psychotherapie und Schule umreißen. Schweitzer (1998, S. 32) unterstreicht zunächst, „daß sich Kooperation also grundsätzlich lohnt". Zu beschreiben sind die Bedingungen einer gelingenden Kooperation, die in der Zukunft einen wichtigen Beitrag zum Wohle des Kindes und damit zur Weiterentwicklung einer humanen und leistungsorientierten Schule leisten werden.

Wertschätzende Grundhaltungen

Die ethischen Implikationen des systemisch-konstruktivistischen Denkens werden nach Ludewig (1992, S. 79) in folgenden Annahmen deutlich: „Jeder Mensch lebt die Welt(en), die er selbst hervorbringt, und Menschen finden sich selbst nur im Wir." Daraus folgert er zwei Grundgebote: „Akzeptanz: Achte die Vielfalt menschlicher Welten! Respekt: Schätze den anderen im Zusammenleben als ebenbürtig!" Diese Grundhaltung kann die Basis für Kooperation von Psychotherapie und Schule darstellen, ohne dass damit jede kritische Diskussion ausgeschlossen wird: Ja sie ist sogar notwendig, soll die Not der Betroffenen gewendet werden.

Professionsspezifisches Handeln vor dem Hintergrund eines systemischen Leitkonzepts

Bevor ich für ein gemeinsames systemisches Leitkonzept unserer Professionen argumentieren will, ein Satz der Klärung vorab: Meine Wertschätzung individueller, kindbezogener Therapieangebote ist ungebrochen, dennoch bin ich der festen Überzeugung – und dafür werbe ich –, dass dieses Angebot eingebunden sein muss in ein lebensweltbezogenes, ressourcenorientiertes und multiprofessionelles Gesamtkonzept, das so wirkungsvoller und für die Betroffenen nützlicher ist.

Unsere Arbeit zum Wohle des Kindes bildet den gemeinsamen Auftrag für Psychotherapie und Schule, den wir nur in Absprache mit den Eltern erfüllen sollten. Dabei sollte jedoch, dies sei immer wieder betont, die Perspektive des Kindes im Beratungsprozess einbezogen werden. Neben einer gemeinsamen Grundhaltung ist ein beide Seiten leitendes Verstehens- und Handlungsmodell anzustreben, das als Kräftedreieck „Familie – Schule – Beratung" der enormen Komplexität der Lebenswelt und Lebensgeschichte (nicht nur) des Kindes Rechnung trägt. Dies näher zu beschreiben überschreitet den gegebenen Kontext.

Die wachsende Komplexität der Lebenswelt bedeutet dabei nicht zwingend Handlungsunfähigkeit. Vester (1999, S. 26) stellt fest: „Wir haben Angst vor komplexen Systemen! Wir denken, dass perfekte Details genügen. Doch das Zusammenspiel wird nicht erfasst. Denn komplexe Systeme verhalten sich anders. Deshalb brauchen wir einen neuen Ansatz. Wir müssen daher dazu übergehen, das Verhaltensmuster komplexer Systeme in der Weise zu verstehen, wie wir die Funktionen eines Organismus verstehen, und Strategien entwickeln, die das Zusammenspiel und die Selbstregulation der Systemkomponenten mit einbeziehen. So etwas lässt sich üben." Das Verhalten komplexer sozialer Systeme ist mithilfe der Einzelprofessionen grundsätzlich nicht erklärbar und erfordert professionsübergreifende Arbeitsweisen: interprofessionelle Kooperation als Tätigkeitsbereich eines institutsgebundenen Teams oder aber interprofessionelle Kooperation unterschiedlicher Institutionen. Für diese gilt, dass eine gemeinsame Grundorientierung in ihrem Denken und Handeln die Qualität ihrer berufsspezifischen Arbeit fördert (Wynne et al. 1986).

Bei einer realistischen Einschätzung zukünftiger bildungs- und gesundheitspolitischer Entwicklungen ist davon auszugehen, dass wir keine breit angelegte Versorgungssituation mit multiprofessionellen Teams erreichen werden. Dies sollte uns jedoch nicht daran hindern, Formen der Kooperation auf der Basis eines professionsübergreifenden Verstehens- und Handlungsmodells anzustreben. Unabhängig von der jeweiligen professionsspezifischen Grundausbildung (Lehrer, Sozialarbeiter oder Psychologe, Psychotherapeut) sollte es systemisch ausgerichtet sein. Dann akzentuiert es in besonderer Weise die Wahrnehmung und Berücksichtigung von Beziehungsstrukturen (sowie ihrer Relationen) und ist ausgerichtet an den Kompetenzen (Fähigkeiten und Ressourcen) und Lösungswegen der Betroffenen.

Mithilfe eines systemischen Leitkonzepts lässt sich ein lebensweltbezogenes, professionsübergreifendes Modell systemischer Konsultation anstreben (*consultare*: sich gemeinsam beraten). Über regelmäßige Telefonkontakte, gemeinsame Arbeitstreffen (Reflecting Teams) bis hin zu wünschenswerter Teamarbeit kann es den Kindern und ihren Bezugspersonen eine angemessene Begleitung ermöglichen. Denn:

- Systemische Konsultation ermöglicht eine Metaposition, aus der heraus Betroffene und Berater in der Lage sind, systemische Beziehungen und Muster wahrzunehmen.
- Systemische Konsultation orientiert sich an den Stärken, Fähigkeiten und Ressourcen der Betroffenen.
- Systemische Konsultation ermöglicht den Betroffenen neue Sichtweisen bezüglich des bestehenden Problems und eröffnet neue Lösungsräume.
- Systemische Konsultation vermeidet eine frühzeitige Problemdefinition. Aus der gemeinsamen Konsultation resultiert klarer, ob in dem gegebenen Fall das Kind bzw. die Familie schulische, sonderpädagogische, sozialpädagogische, individual- oder familientherapeutische, finanzielle oder andere Hilfen benötigt (vgl. ausführlich Voß 1991).

Kooperation muss beiden Seiten einen Erfolg ermöglichen
Wann lohnt sich Kooperation für die Lehrer, wann für die Psychotherapeuten? Könnte man naiv sagen, hier, wenn die Kasse stimmt, und dort, wenn auch der letzte Schüler sich angepasst verhält? Es gibt offensichtlich andere Werte, die angestrebt werden können: professionelles Können, Engagement, Beziehungsqualität in der Kooperation, Erfolg, Anerkennung etc.

In seinem Beitrag *Wann lohnt sich die Zusammenarbeit von Jugendhilfe und Schule* gibt Schweitzer (2001, S. 95) wichtige Hinweise.

Seine Ausführungen verdeutlichen, dass die Klärung der Frage der finanziellen bzw. zeitlichen Vergütung von Beratungszeiten für Psychotherapeuten und Lehrer von besonderer Bedeutung ist.

Fremde Blicke

Selbstorganisation und Lernkultur[1]

Siegfried J. Schmidt

Die PISA-Studie hat die Diskussion über Inhalte, Formen und Ziele des Lernens neu belebt, auch wenn wohl nur wenige diese Studie wirklich gelesen haben und ihren Wert einschätzen können. Aber wie in allen Grundsatzdebatten ist auch hier der zentrale Begriff reichlich ungeklärt. Worüber sprechen die verschiedenen Diskutanten, die vom Lernen sprechen? Um eine Analyse dieser Frage geht es im folgenden Beitrag.

WIE LÄSST SICH LERNEN BEOBACHTEN?

Wenn uns niemand fragt, wissen wir, was „Lernen" ist. Schließlich gehen wir jeden Tag damit um, schreiben es uns und anderen zu oder ab, besuchen besondere Orte des Lernens wie Schulen, Bibliotheken, Universitäten usw. Wir gehen mit diesem Begriff im Alltag ebenso sicher um wie mit anderen wichtigen Begriffen, etwa mit Gedächtnis und Verstehen, Wissen und Kultur, Kommunikation und Wirklichkeit, und das ohne Explikation und Definition – oder gerade deswegen?

Wissenschaftliche Bemühungen um eine zumindest hinreichende Definition solcher Begriffe tun sich da viel schwerer. Verschiedene Disziplinen bieten sehr unterschiedliche Definitionen von „Lernen" an, die sich nicht zu einer plausiblen Gesamtdefinition zusammenfügen lassen. Das verwundert den Beobachter solcher Bemühungen

---

1 Der selbstorganisationstheoretische Hintergrund der folgenden Überlegungen kann hier nicht dargelegt werden. Dazu verweise ich auf S. Jünger (2004): Selbstorganisation, Lernkultur und Kompetenzentwicklung. Wiesbaden (Deutscher Universitäts-Verlag). Eine erste Version erscheint in H. Siebert (Hrsg.), *Zeitschrift zur Erwachsenenbildung* (in Vorb.).

auch keineswegs; hat doch jede Disziplin bei der Verwendung dieses Begriffs einen anderen Bezugsbereich im Blick, der von physiologischen über psychologische bis hin zu sozialen, kulturellen und ökonomischen Aspekten reicht. Mit anderen Worten, jede Disziplin bezieht sich mithilfe des Begriffs „Lernen" auf andere Phänomenbereiche, die dann als „Lernen" konzipiert und kommuniziert werden.

Im Unterschied zu solchen einzelwissenschaftlichen Versuchen, inhaltlich bestimmen zu wollen, was Lernen „ist", soll im Folgenden darüber nachgedacht werden, wie wir über „Lernen" *reden* und welche Plausibilität ein solcher Diskurs erreichen kann. Dabei beginne ich mit folgender Annahme: Da wir nicht wissen, was Lernen als Prozess *ist*, reden wir über Lernen als einen Prozess, der sich zwischen zwei Zuständen eines Systems abspielt, eben dem Zustand vor „dem Lernen" und dem Zustand nach „dem Lernen". Diese spezifische Zustandsveränderung *nennen wir Lernen.*

Daraus folgt: Das Erste, was wir über Lernen sagen können, ist, dass Lernen ein *Erklärungsmodell* für die Beobachtung ganz spezifischer Veränderungen ist und nicht etwa ein Begriff mit einem inhaltlich exakt bestimmbaren Referenzbereich. Und die dabei zu berücksichtigenden Beobachtungsverhältnisse sind alles andere als einfach.

Als „Lernen" bezeichnen wir sinnvollerweise nur solche Veränderungen, deren Ergebnisse *kontingent* sind. Lernen erklärt dann, warum eine *bestimmte* Veränderung stattgefunden hat, obwohl auch andere Veränderungen *möglich* gewesen wären, das heißt, Lernen erklärt die Selektion von Veränderungen, und zwar genauer: von Veränderungen durch Selbstreferenz des sich ändernden Systems. Das bedeutet zugleich, *dass Lernen als Erklärungsmodell nur bei selbst organisierenden Systemen sinnvoll ist.* In diesem Fall erklärt es die selbstbezügliche Selektion von Veränderungen aufseiten des Systems in Bezug zu Veränderungen der Umwelt. Von Lernen zu sprechen sagt damit in erster Linie etwas aus über den Beobachter und Erklärer von Veränderungen. Lernen zu beobachten heißt, realisierte Veränderungen als Auswahl aus möglichen Veränderungen zu beobachten und diese Auswahl durch die Selbstreferenz des Veränderungssystems zu begründen. Die Berücksichtigung dessen, der Lernen im Rahmen seines spezifischen Diskurses beobachtet und beschreibt, ist also ebenso wichtig wie die Berücksichtigung der spezifischen Veränderungsprozesse aufseiten des beobachteten Systems. Deshalb gibt es bis heute keinen Konsens in den Diskursen von der Lernphysiologie bis zur Didaktik über eine inhaltliche Bestimmung von Lernen, also über den Prozess, der zu solchen Veränderungen führt. Lernprozesse lassen sich unter verschiedenen Perspektiven beobachten:

- in der Zeitdimension (kurzfristig/langfristig, episodisch/lebenslang)
- in der Sozialdimension (individuelles Lernen/organisationelles Lernen)
- in der Sachdimension, also in den Prozessbereichen Bewusstsein/Interaktion,

wobei diese Beobachtungen in den Beobachtungssettings Selbstbeobachtung/Fremdbeobachtung bzw. Selbstreferenz/Fremdreferenz vorgenommen werden können.

Wenn man die erkenntnistheoretische Komplementarität von Erfahrung und Reflexion, von Handeln und Erkennen ernst nimmt (cf. Schmidt 2003), dann folgt daraus, dass die im Prozessbereich „Interaktion" beobachtbaren Veränderungen auf Veränderungen im Prozessbereich „Bewusstsein" zurückzuführen sein müssen. Die Voraussetzung für die Erklärung *von* Veränderungen im Prozessbereich „Interaktion" *als* Lernen besteht also darin, dass der Beobachter die Selektivität der Handlungsvarianz als Eigenleistung des je individuellen Bewusstseins der Beobachteten anerkennt. Jemand stellt fest, dass sich die Performanz eines anderen geändert hat, und führt dies darauf zurück, dass er jetzt etwas weiß oder kann, das er vorher nicht gewusst oder gekonnt hat, das er also gelernt haben muss.

Die *Darstellung* von Lernen bedarf auch der *Herstellung*. Nur wer gelernt hat, was lernen heißt, kann Lernen beobachten und beschreiben. Lernprozesse, heißt das erneut, sind nicht unabhängig von ihrer Beobachtung. Wenn keiner Lernerfolge bei sich selbst oder bei anderen beobachtet und mitteilt, ist von Lernen nicht die Rede. Lern*beobachtung* ist damit als Kopplung zweier (oder mehrerer) lernfähiger Aktanten zu verstehen. Sie ereignet sich im Rahmen einer spezifischen *Beobachtungs-* und *Kommunikationsordnung*, weil sie reflexives Handeln (interaktive Varianz wird bestätigt) mit reflexivem Erkennen (kognitiv-emotionale Selektivität wird vollzogen und nachvollzogen) koppelt. Lernen, heißt das, kann im Prinzip als die *Ordnung von Ordnungsveränderungen* konzipiert werden.

Fremde Blicke

Beim Reden über Lernen kann grundsätzlich zwischen zwei Typen von Lernen unterschieden werden, und zwar zwischen *elementarem lebenslangen Lernen* und *funktionalem episodischen Lernen*. Mit seinem Konzept der „ontogenetischen Drift" hat H. R. Maturana darauf verwiesen, dass Individuen lernen, solange sie leben. Nach dem descartesschen Topos könnte man daher sagen: Wir lernen, also sind wir. Wir lernen überall da, wo wir Erfahrungen machen und diese Erfahrungen in der Reflexion auf andere Erfahrungen beziehen, also durch Synthetisierung von Erfahrungen neue Ordnungen herstellen. Dieses *elementare Lernen* kennzeichnet komplexe, dynamische und operativ geschlossene Systeme ganz generell. Es erfasst Lernprozesse als Ordnung der Selbstveränderung im Zuge der Herstellung von Systemidentität. Zu diesen Lernprozessen gibt es keine Alternative. Aber auch diese Lernprozesse werden erst dann als Lernprozesse beobachtet und bewertet, wenn lernende Systeme sie als Zustandsveränderungen (Lernerfolge) beobachten und bewerten bzw. wenn externe Beobachter dies tun und entsprechend kommunizieren.

Davon zu unterscheiden ist auf bestimmte Lernphasen abgestelltes *funktionales Lernen*, das auf die soziokulturelle Organisation von Lern*bestätigung* ausgerichtet ist, also Selbst- und Fremdbeobachtung koppelt und in Beziehung zur kollektiven (etwa einer curricularen) Ordnung der *Bewertung* von bestimmten Handlungsperformanzen setzt. Solche Ordnungen sind bestimmt von gesellschaftlich ausgezeichneten Lernorten und ihrer Institutionalisierung, vom Grad der zeitlichen und sachlichen Selektivität (was soll wie schnell gelernt werden?) sowie der sozialen Selektivität (wie asymmetrisch ist die Bewertungshoheit?). Diese Ordnungen bestimmen, in welchem Maße explizites funktionales Lernen selbst- oder fremdgesteuert und fremdorganisiert ablaufen soll. Im striktesten Fall wird Lernen nur noch als individuelle Ausführung kollektiv stabilisierter Lernbeschreibungen bzw. normativer Lernerwartungen zugelassen. Dabei muss allerdings berücksichtigt werden, dass Veränderungen in kognitiven Systemen nur selbstorganisiert herbeigeführt werden können, weil der Symmetriebruch zwischen System und Umwelt nur vom System bestimmt werden kann. Daher wäre es terminologisch präziser, von selbstreferenziell-selbstorganisiertem und von fremdreferenziell-selbstorganisiertem Lernen zu sprechen. Auch fremdorganisiertes Lernen vollzieht sich im Rahmen der Selbstorganisationsfähigkeit des lernenden Systems. Es geht also bei der Differenz selbstbestimmt/fremdbestimmt nicht um verschiedene Lernprozesse, sondern um verschiedene funktionale Kontexte der Lernbeobachtung und Lernbestätigung, die deshalb so wichtig sind, weil Lernen, wie oben argumentiert, nicht von seiner Beobachtung und kommunikativen Thematisierung zu trennen ist. Genauer gesagt: Wir beobachten in sozialen wie in sozialwissenschaftlichen Beobachtungs- und Kommunikationszusammenhängen nicht Lernen, sondern *Etwas als Lernen*. Und da in gemeinsamen Lernprozessen so etwas wie eine kollektive Lernbewertungsordnung entsteht, gehen wir davon aus, dass diese Ordnung die Bestätigung des elementaren Lernprozesses (Identitätsherstellung) über die Bestätigung des funktionalen Lernprozesses (Identitätsdarstellung) über die Interaktion (Lernperformanz – Lernbewertung) erwartbar und damit verstehbar macht. Lernen im Selbstbeobachtungssetting verweist mithin auf die Herstellung von Identität (= Ordnung der Selbstveränderung), Lernen im Fremdbeobachtungssetting auf die Ordnung der Fremdveränderung – Lernen in der Fremdbeobachtung bedarf eines wahrnehmbaren Resultats, einer Performanz.

Lernen und Lernkultur

In den vorangegangenen Überlegungen ist versucht worden, eine Differenzierung zwischen elementaren (impliziten) Lernprozessen, funktionalen (expliziten, sozial geordneten) Lernprozessen, Lern(erwartungs)räumen und Lernbewertungsordnungen (Bewertungen von Handlungsperformanzen) einzuführen. Die Antwort auf die Frage, wie elementare in funktionale Lernprozesse überführt werden können, führt uns auf das Konzept der *Lernkultur*.

Zur Bestimmung dieses Konzepts greife ich zurück auf die von mir an verschiedenen Stellen (Schmidt 1996, 2003) entwickelten Konzepte „Wirklichkeitsmodell" und „Kulturprogramm".

Wirklichkeitsmodelle bestimme ich als das aus Handeln und Kommunizieren hervorgegangene und durch Praxis und Kommunikation systematisierte kollektive Wissen der Mitglieder einer Gemeinschaft, das über gemeinsam geteilte Erwartungen und Unterstellungen (also über die Herausbildung reflexiver und selektiv operierender Strukturen) ihre Interaktionen koordiniert und Aktanten von

Geburt an durch den (bzw. im) gemeinsamen Bezug auf solche Modelle kommunalisiert. Dieses Wissen ist systematisiert in Form von Kategorien und semantischen Differenzierungen, die im konkreten Handeln in Unterscheidungen asymmetrisiert werden (können). Das für eine Gesellschaft relevante Programm akzeptabler und damit erfolgreicher *Bezugnahmen* auf Wirklichkeitsmodelle, also das Programm der semantischen Verknüpfung von Kategorien und semantischen Differenzierungen, ihrer affektiven Gewichtung und moralischen Bewertung, bezeichne ich als *Kultur*.

Wirklichkeitsmodelle und Kulturprogramme entstehen notwendig coevolutiv und bilden einen Wirkungszusammenhang strikter Komplementarität. Die Einheit der Differenz zwischen Wirklichkeitsmodell und Kulturprogramm kann als *Gesellschaft* bezeichnet werden, womit auf die strikte Komplementarität von Gesellschaft, Wirklichkeitsmodell und Kulturprogramm verwiesen wird, die nur analytisch voneinander unterschieden werden können.

Lernkultur kann im Sinne dieser Begriffsbestimmungen konzipiert werden als Programm der Bezugnahmen auf alle Momente, die in einer Gesellschaft für Lernprozesse jeder Art relevant sind. Dabei ist Lernkultur ein erlerntes und zugleich lernendes Programm, also ein dynamisches Selbstorganisationsprodukt hinsichtlich der Bezugsordnung für die Beobachtung von Lernprozessen. Diese Ordnung entsteht durch die Ordnung von Kommunikationszusammenhängen in Lernerwartungsräumen und Lernbewertungsordnungen. Das heißt, Lernkultur wird als dynamisches Programm konzipiert, das die bewertende Bezugnahme auf die in konkreten Kommunikationszusammenhängen vollzogenen Lernprozesse kollektiv verbindlich regelt. Lernkulturprogramme werden im Lernen und durch Lernen hervorgebracht, und sie orientieren und regulieren in verbindlicher Weise den individuellen Vollzug von Lernprozessen.

Für das Reden über Lernen gilt, dass die Veränderungsperformanz und die ihr zugeordnete episodische Beschreibung von der dispositionalen Erklärung dieser Veränderung getrennt werden muss. Die eine erfasst Lernen über kulturelle Verwirklichung, die andere erklärt kulturelle Verwirklichung durch Lernen. Auf jeden Fall muss zwischen Erklärung und Performanz, Herstellung und Darstellung unterschieden werden. Der Prozess des Lernens und seine nachträgliche Rationalisierung in der Selbstbeschreibung sind ebenso wenig identisch wie der Prozess des Lernens und seine Rationalisierung in der Fremdbeschreibung. Über die Art und Weise, wie wir im Lernen zu einer bestimmten Veränderung gekommen sind, können wir – wie bei allen Selbstbeschreibungen – immer nur ex post, also in Form einer Rekonstruktion, Auskunft geben, wobei wir einen bestimmten Prozess zur Ursache für eine Veränderung bzw. ein bestimmtes Ergebnis erklären, weil wir dieses Ergebnis als das erwünschte (oder nicht erwünschte) Lernresultat einschätzen. Das heißt, wir beschreiben dann Lernerfolge, nicht aber Lernprozesse. Bei diesen Beschreibungen und Erklärungen spielen die Wissens- und Orientierungsschemata der Lernkultur eine entscheidende Rolle. Sie regeln in spezifischen Diskursen, wie wir Lernprozesse nach-vollziehen, nicht wie wir sie vollziehen. Und diese Bestände der Lernkultur wandeln sich notwendig mit den Veränderungen der Lebenswelt, mit dem Wandel von Subjektverständnissen und mit Veränderungen der Wissenschaftstheorie und der jeweiligen disziplinären Diskurse. Damit wird noch einmal deutlich, dass „Lernen" gar kein inhaltlich eindeutig bestimmbares Konzept bezeichnen *kann*, sondern lediglich ein Konzept zur inhaltlichen Bestimmung von „Lernen" in verschiedenen Diskursen und zu ganz verschiedenen Zwecken darstellt.

LERNEN ALS SELBSTLERNEN

Wenn man berücksichtigt, dass Lehrende und Lernende beim funktionalen Lernen ein gekoppeltes Beobachtungssetting bilden, in dem wie in allen sozialen Konstellationen doppelte Kontingenz herrscht, und dass beide kognitiv autonom, also in allen Handlungen an ihre Systemspezifik gebunden sind, dann wird deutlich, dass bei der Modellierung von Lernprozessen nur zirkuläre bzw. reflexive Kausalitätsverhältnisse relevant sein dürften, deren Beschreibung Selbstorganisationsmodelle erforderlich macht. Anders gesagt, Lernen kann nur als Vollzug von *Selbstlernen*, also von Selbstorganisation konzipiert werden. Die systemspezifische Änderung von Systemzuständen erfolgt im Zuge der Verarbeitung von System-Umwelt-Interaktionen, die vom System für relevant gehalten werden und im Bereich sinnvollen Handelns angesiedelt werden können. Lernende Systeme sind also dreifach selektiv: Sie müssen den *Lernanlass*, den *Lernprozess* und das *Lernergebnis* als kognitiv oder interaktiv relevant, affektiv befriedigend und moralisch vertretbar einschätzen, um einen änderungsbereiten Erwartungsstil (sensu von N. Luhmann) ausprägen und einsetzen zu können.

Berücksichtigt man die Systemspezifik aller Operationen von Aktanten, dann müssen Lehrende und Lernende deutlich voneinander getrennt werden. Beide sind zwar lernfähig, streng genommen aber intentional unbelehrbar; denn es gibt keine Möglichkeit, in kognitive Systeme intentional zu intervenieren. Wohl können sie sich in konkreten Lernsituationen und Lernräumen selbst zu aktiven Sozialsystemen strukturell koppeln, in denen beide zwar prinzipiell gleichberechtigt sind, aber im Rahmen der Lernkultur unterschiedlich definierte Aufgaben zu erfüllen haben. Solche Kopplungen werden nur dann dauerhaften Erfolg haben, wenn die Interaktionsprozesse einer bewussten Beobachtung zweiter Ordnung geöffnet werden, wenn also das Lehren des Lernens wie das Lernen des (Selbst-)Lehrens beobachtbar und kommunizierbar gemacht werden und die unhintergehbare Systemspezifik der Kognitionen, Gefühle und moralischen Orientierungen aller Beteiligten als legitim und deshalb als prinzipiell verhandelbar verdeutlicht werden. Erst dann können ökologisch wie sozial verträgliche und individuell erfolgreiche Lernsituationen entstehen, die von legitimer Pluralität und Differenz ausgehen und nicht von einer normativen Hegemonie der Lehrenden, und in denen ein soziales Klima entsteht, in dem die Verhandelbarkeit und Veränderbarkeit von Positionen nicht als Unterwerfung, sondern als Wissens- und Fähigkeitsgewinn empfunden werden kann. Das dürfte in der gegenwärtig noch herrschenden Lernkultur sicher leichter in der Erwachsenenbildung als in der Regelschule zu erreichen sein. Als Ziel sollte es aber nachdrücklich postuliert werden.

Sicherlich ist in Hinsicht auf die konkrete Lernpraxis nicht davon auszugehen, dass die hier skizzierten Überlegungen zum idealen theoretisch-terminologischen Handling von Lernkonzepten unmittelbar zu ähnlich idealen Lernerfolgen führen müssen. Dysfunktionalitäten in Lehr-Lern-Beziehungen werden wohl weiterhin an der Tagesordnung sein; aber vielleicht können die hier vorgetragenen Überlegungen wenigstens zu einer plausibleren Diagnose und partiellen, weil bewusst angestrebten und beobachteten Verbesserung dienen.

Wenn wir alle unentwegt dabei sind, in unseren Geschichten und Diskursen (sensu Schmidt 2003) systemspezifische Wirklichkeiten zu leben, dann sollte dies Lehrende wie Lernende dazu führen zu lernen, wie man aus je eigenen Wirklichkeiten gemeinsame Wirklichkeiten machen kann. Soll dies gelingen, müssen alle lernen, wie man lernt, das heißt, sie müssen in die Kunst der Beobachtung zweiter Ordnung eingeführt werden. Dies ist ungewohnt und deshalb schwierig. Der Einwand, das sei unmöglich, muss sich erst einmal an entsprechenden Erfahrungen beweisen.

Lernen und Wissen

In den bisherigen Überlegungen war Lernen modelliert worden als eine spezifische Art selbstorganisierter Veränderung von kognitiven Systemen. Diese Veränderung bezieht sich auf Wissen und Können. Lernen, Wissen und Erfahrungmachen im Handeln sind komplementär. Wir wissen, weil wir lernen, und wir lernen, weil wir wissen. Wissen lernen ereignet sich im Handeln, auf das wir uns reflexiv beziehen. Wissen als kulturell programmierte Orientierungs- und Problemlösungskompetenz dient als Erwartungsprofil für die Einschätzung von Lernanlässen wie von Lernergebnissen, indem es als Vergleichsparameter für sinnvolle Veränderungen herangezogen werden kann. Aber was wissen wir vom Wissen?

Zunächst einmal geht es grundsätzlich um die Frage, ob Wissen als erwerbbare, speicherbare und übertragbare Ressource oder als sozial folgenreicher kognitiver Prozess konzipiert wird. Eine Antwort auf diese Frage ist verbunden mit der vorausgesetzten Konzeption von *Gedächtnis*. Modelliert man Wissen als speicherbare Ressource, dann ist damit eine Speicherkonzeption von Gedächtnis impliziert. Modelliert man Wissen hingegen als einen spezifischen kognitiven Prozess, dann muss auch Gedächtnis als eine spezifische Prozesssorte konzipiert werden. Erinnern wird dann explizierbar als eine kognitive Operation, in deren Verlauf – immer in der Gegenwart – unter Zuhilfenahme sozial verbindlicher narrativer Schemata Darstellungen erzeugt werden, die mit dem Prädikat „Vergangenheit" versehen werden. Nach dieser Konzeption wird Wissen immer wieder prozessual neu erzeugt. „Dasselbe Wissen" kann daher nie identisch sein, zumal wenn man berücksichtigt, dass Denken, Fühlen und Werten ein integrales Prozesssystem bilden, das sich ständig wandelt und von der jeweiligen Situation beeinflusst wird.

Die Konstruktion von Wissen kann also nur in kognitiven Systemen als Prozessträgern erfolgen, das heißt, sie ist an Aktanten gebunden. Bei der Wissensproduktion werden allerdings in entscheidendem Maße soziokulturelle Muster und Schemata verwendet, was zu einer hinreichenden Vergleichbarkeit kognitiver Wissenskonstruktionen im jeweiligen soziokulturellen Kontext führt.

Da die Art, wie wir wissen, und die Art, wie wir vom Wissen wissen, auf unterschiedlichen phänomenalen Ebenen liegen, ist es erforderlich, ähnlich wie beim Lernen zwischen dem Vollzug von Wissen und seiner Beobachtung und Beschreibung analytisch genau zu differenzieren. Wissen ist in den meisten Fällen in seiner Herstellung blind gegenüber den Kategorien seiner Darstellung. Wenn wir in der Reflexion Bezug auf unser eigenes Wissen nehmen, ist dieses immer schon konstruiert; und über die Art und Weise, wie wir dazu gelangt sind, können wir immer nur in Form einer Rekonstruktion Auskunft geben.

Dasselbe gilt übrigens auch für Können als Ordnung der Herstellung von Ordnung (knowing-how), die kollektiv bestätigt werden kann. Auch Können und die Beobachtung von Können müssen analytisch sauber getrennt werden; denn auch Können ist, wie Lernen, ein Modellierungsinstrument zur retrospektiven Rationalisierung einer beobachtbaren Performanz.

Grundsätzlich dürfte es sich also auch hier empfehlen, zwischen dem Erwerb (oder der Herstellung) von Wissen (= Entstehung einer spezifischen kognitiv-emotionalen Kompetenz), der Reflexion auf das eigene Wissen (Selbstreferenz), der Beschreibung von Wissen bei anderen (Fremdreferenz), der Anwendung von Wissen (Performanz) in Interaktionsprozessen und der Beschreibung der Erwerbsprozesse und Anwendungen unseres Wissens durch andere Beobachter (Fremdbeobachtung) zu unterscheiden, um auf die bereichsspezifischen Besonderheiten aufmerksam zu werden und Herstellung, Darstellung, Reflexion und Beschreibung bzw. Bewertung von Wissen nicht miteinander zu verwechseln.

Bausteine für eine Theorie des kreativen Zuhörens

Jim Garrison und Stefan Neubert

Bei der konstruktivistischen Umgestaltung von Unterricht und Lernkulturen kommt einem Paradigmenwechsel vom Reden zum Zuhören unseres Erachtens besondere Bedeutung zu. Gegenüber dem traditionellen Primat der pädagogischen Rede – z. B. in Form von Instruktion, Belehrung, Aufklärung oder Beratung – scheint ein verstärktes Bewusstsein für die Bedeutung und die Qualitäten des Zuhörens erforderlich, wie sie z. B. in Prozessen der Spiegelung, der Beziehungskommunikation oder des interpretierenden Moderierens zur Geltung kommen. Das Zuhören kann dabei, so unsere These, als ein durchaus aktiver und kreativer Vorgang verstanden werden. In der Art unseres Zuhörens drückt sich auf sehr grundlegende Weise aus, wer wir sind bzw. was zu werden wir uns erlauben. Wir diskutieren in diesem Beitrag im Anschluss an ausgewählte Grundlagen des Pragmatismus und Konstruktivismus einige theoretische Bausteine für ein Verständnis des kreativen Potenzials und der Grenzen interpretierenden Zuhörens.

Unter „Zuhören" versteht man gewöhnlich den Akt eines aufmerksamen Hörens auf Geräusche, Klänge, Laute und Äußerungen. Seltener versteht man darunter einen Vorgang, bei dem wir dem, was wir hören, erlauben, uns zu überzeugen, unser Verhalten zu ändern. In erster Linie interessieren uns hier Laute, in denen menschliche Gefühle zum Ausdruck kommen, sowie Äußerungen, in denen sich personale Identität ausdrückt. Insbesondere geht es uns um den Prozess eines Zuhörens in Dialogen über Identitätsunterschiede hinweg. Weil jeder Mensch allein schon im biologischen Sinne einzigartig ist und, kulturell gesehen, über einen einzigartigen persönlichen Erfahrungsschatz verfügt, finden letztlich alle menschlichen Dialoge über Unterschiede hinweg statt. Es gehört zu den grundlegenden Aufgaben von Erziehung, gemeinsam effektive und wirksame Dialoge zu ermöglichen.

Die Grundlage interpretierenden Zuhörens:
Ein pragmatistisches Verständnis selektiver Aufmerksamkeit, kultureller Bräuche und persönlicher Gewohnheiten

Wir wollen damit beginnen, an einige theoretische Bausteine des amerikanischen Pragmatismus insbesondere in der Tradition John Deweys anzuschließen, um Gewohnheiten als Grundlage des kognitiven Aktes der Deutung und des Verstehens der Laute und Äußerungen anderer herauszustellen und zu erörtern. Gewohnheiten *(habits)* werden im Pragmatismus als im Körper verankerte lebendige und welterschließende Kräfte verstanden, die eine unverzichtbare Voraussetzung unseres Verhaltens, unserer Wahrnehmung und unserer Erfahrung darstellen. Es sind einerseits Kräfte der Beharrung, die einem Leben in sich verändernden Kontexten Beständigkeit und Kontinuität verleihen. Um nicht zu bloßen Handlungsroutinen zu erstarren, sondern ein lebenslanges Lernen durch Erfahrung zu ermöglichen, müssen sie andererseits aber immer auch ein Mindestmaß an Flexibilität aufweisen und prinzipiell offen für Veränderungen angesichts neuartiger Situationen bleiben (vgl. Dewey 1988a; Garrison 1997; Neubert 1998; Hickman, Neubert u. Reich 2004). Gewohnheiten in diesem Sinne setzen immer einen bestimmten kulturellen Kontext voraus, der in unserem Verhalten, unserer Wahrnehmung und unserer Erfahrung implizit enthalten ist und den wir im Alltag zumeist selbstverständlich unterstellen, ohne explizit darüber reflektieren zu müssen.[1]

Zuhören setzt Aufmerksamkeit voraus, und Aufmerksamkeit ist stets selektiv im Blick darauf, was sie wahrnimmt. Pragmatisten und Pragmatistinnen betonen die Bedeutung von selektiver Aufmerksamkeit und Interessen. Für sie ist Erfahrung *(experience)* ein aktives Geschehen, in dem es stets eine Rolle spielt, auf welche Dinge wir achten, weil sie unser Interesse erregen. Wenn wir ein Bedürfnis haben (z. B. zu essen) oder ein Verlangen verspüren (z. B. uns mit jemandem zu treffen, den wir attraktiv finden), dann beeinflussen diese emotionalen Zustände unsere selektive Aufmerksamkeit. Da-

---

1 Vor dem Hintergrund dieses spezifischen Begriffsverständnisses wird in der deutschsprachigen Fachliteratur zur Dewey-Forschung meist auf eine Übersetzung des *habit*-Begriffs verzichtet. Hier wollen wir allerdings der Leserfreundlichkeit halber möglichst wenige englischsprachige Wörter verwenden und gebrauchen daher den Begriff „Gewohnheiten" im eben erläuterten Sinne.

her haben Gefühle und emotionale Zustände auch Auswirkungen auf den Akt des Zuhörens.

In Interessen drücken sich Neigungen aus. Sie sind selektiv, und es gibt keine Auswahl ohne Verwerfung. Es gibt vieles, dem Sie als Leser bzw. Leserin in diesem Moment Aufmerksamkeit schenken könnten – obwohl wir uns natürlich wünschen, dass es unser Text ist. Wenn wir auswählen, tun wir das oft, bevor wir darüber nachdenken. Es gibt wichtige emotionale (nonkognitive) Komponenten, die die später hinzukommenden kognitiven Urteile beeinflussen. Wir denken nur über das nach, was wir beachten und auswählen. Viele unserer Neigungen und Vorurteile sind daher in unsere Wahrnehmung weit unterhalb der Ebene bewusster Aufmerksamkeit eingebaut. Neigungen sind ja nicht notwendigerweise etwas Schlechtes. Als endliche Wesen in einer anscheinend unendlich komplexen Welt benötigen wir Vor-Urteile, damit wir auswählen können, welche Aspekte unserer Welt unsere Aufmerksamkeit verdienen oder erfordern und welche nicht. Anfangs ist es allerdings eher so, dass unsere Neigungen emotionaler Aufmerksamkeit *uns* „besitzen" – und nicht *wir sie*. Nur indem wir sie uns reflexiv bewusst machen, können wir über sie nachdenken.

Auf der kognitiven Seite haben alle von uns Überzeugungen *(beliefs)*, die die notwendige Vorstrukturierung liefern, die wir brauchen, um unsere Welt zu interpretieren. Während selektive Interessen bestimmen, worauf wir achten, wenn wir zuhören, bestimmen unsere kognitiven Überzeugungen, wie wir das Gehörte interpretieren. Für Pragmatisten sind Überzeugungen emotional aufgeladene und im Körper verankerte Gewohnheiten. Es gibt für sie keine Überzeugung, die frei von aller Leidenschaft wäre. Auf vielfältige Weise bilden unsere Überzeugungen den Kern unserer Selbstidentität. Wir erwerben unsere Überzeugungen von unserer Umwelt, insbesondere die Normen und Bräuche unserer sozialen Umwelt. Anfangs bestimmen die Bräuche der Kultur, an deren sozialen Praktiken wir teilnehmen, weitgehend unserer personale Identität. Kulturelle Institutionen wie z. B. Schule und Lehrer oder auch *MTV* bedingen unsere Überzeugungen z. B. durch das, was sie billigen und missbilligen. Erziehung, der Ort kultureller Reproduktion, ist offensichtlich der wichtigste öffentliche Platz für kulturelle Indoktrination. Und wiederum „besitzen" diese Überzeugungen *uns*, bevor *wir sie* reflexiv in Besitz nehmen. Unterschiedliche Kulturen und Subkulturen verlei-

Fremde Blicke

hen ihren Mitgliedern unterschiedliche Überzeugungen und unterschiedliche Weisen, die Welt zu interpretieren, d. h., zu deuten und zu verstehen. Mitglieder unterschiedlicher Kulturen erwerben unterschiedliche Muster selektiver Aufmerksamkeit und gewohnheitsmäßiger Reaktion auf die Welt. Bis zu einem gewissen Grad bewohnen Mitglieder unterschiedlicher Kulturen und Subkulturen unterschiedliche Welten.

Um uns selbst zu „besitzen", müssen wir unsere Überzeugungen und Werte auf der Grundlage bewusster Akte überlegter Untersuchung unserer Welt selbst formen. Und wir fangen erst dann mit dem Untersuchen an, wenn unsere Überzeugungen uns in ungewohnten Situationen im Stich lassen und eine Neuausrichtung erforderlich wird. Wachstum ist ohne die Begegnung mit ungewohnten Situationen, die real sind oder zumindest imaginativ wahrgenommen werden, unmöglich. Mit anderen zu reden, die sich von uns in der einen oder anderen Hinsicht grundlegend unterscheiden, ist eine solche ungewohnte Situation. Wer wachsen möchte, wird sich andere suchen, die unterschiedlich sind, und ihnen sorgfältig zuhören.

Viele Einflüsse wie z. B. vonseiten der Eltern, Peergroups und der populären Massenmedien erfassen uns, bevor wir sie kritisch verstehen können. Viele Leute entwickeln niemals ein unabhängiges Denken, das sich von den herkömmlichen Auffassungen in ihrer Kultur abhebt. Jene, die sich eigenständige Auffassungen und originelle Sichtweisen erworben haben, sind dazu erst durch einen langen Prozess der Kulturkritik, persönlichen Reflexion und Selbsterschaffung gelangt. Damit jemand überhaupt das eigene Selbst in Besitz nehmen und die eigenen je einzigartigen Potenziale verwirklichen kann, muss er bzw. sie den eigenen kulturellen Kontext analysieren, hergebrachte Überzeugungen kritisch prüfen, sie in ihrer kulturellen und historischen Bedingtheit und Begrenztheit reflektieren sowie kulturelle Kontexte teilweise in eigenständiger Konstruktionsarbeit neu erschaffen (vgl. Dewey 1988b). Der Dialog mit Menschen aus einer Kultur oder Subkultur, die sich von unserer eigenen unterscheidet, ist auch ein besonders wirksamer Ansporn zur kulturellen Reflexion, schöpferischen Imagination und Selbsterschaffung. Er kann zu bewusstem, kreativem und kritischem Denken führen und kann uns daran wachsen lassen.

Um zuzuhören, müssen wir anderen zunächst unsere Aufmerksamkeit schenken und dann versuchen, das, was wir hören, zu interpretieren. Wie wir gesehen haben, stellen unsere Überzeugungen eine notwendige interpretatorische Vorstrukturierung zur Verfügung, obwohl sie auch negative Begrenzungen enthalten. Nur durch ein Aufbrechen unserer interpretatorischen Vorstrukturierung ist es uns möglich, zu lernen und über die Grenzen unserer bereits bestehenden Welt hinauszuwachsen. Um andere zu verstehen, müssen wir ihnen gegenüber offen sein. Das bedeutet immer auch zum Teil, dass wir unsere bisherigen Überzeugungen aufs Spiel setzen. Und weil diese Überzeugungen so zentral für die Bildung unserer personalen Identität sind, stellt das durchaus kein geringes Risiko dar. Dies ist der tiefste Grund dafür, warum Dialoge über Unterschiede hinweg ebenso schwer wie gefährlich sind und warum sich solche Dialoge manchmal schlicht nicht herstellen lassen. Allerdings birgt es in unserer durch Pluralität gekennzeichneten (post)modernen Welt ebenfalls schwer wiegende Gefahren, sich *nicht* an Dialogen über Unterschiede hinweg zu beteiligen – nämlich z. B. Gefahren der Isolation und Stagnation, wenn nicht gar des wachsenden Realitätsverlustes durch Rückzug in eine scheinbar gesicherte, aber zunehmend illusorische „heile" Welt des Privaten bzw. exklusiv und hermetisch definierter Gruppenzugehörigkeiten.

Weil sie im Körper verankerte und emotional aufgeladene Handlungsdispositionen darstellen, sind Überzeugungen und Gewohnheiten nach Ansicht der Pragmatisten oftmals sehr schwer aufzubrechen – ein Umstand, den jeder sofort verstehen wird, der sich einmal bemüht hat, abzunehmen oder mit dem Rauchen aufzuhören. Und weil unsere Überzeugungen weitgehend unser Selbst ausmachen, bringt das Aufbrechen einer Gewohnheit zudem immer teilweise auch ein Aufbrechen der eigenen Identität mit sich. Deshalb gibt es immer eine Art „Restgefahr", die in jedem Dialog über Unterschiede hinweg lauert. Oft aber entdecken wir dort, wo wir die größte Gefahr finden, auch die größte Hoffnung und Aussicht auf Wachstum, Staunen und Kreativität.

DIE KUNST DER ERZEUGUNG VON BEDEUTUNGEN UND WECHSELSEITIGEM VERSTEHEN

Die Betonung der Kreativität erlaubt es uns, die nonkognitiven Dimensionen des Verstehensprozesses wie z. B. Imagination, Gefühl und ästhetische Wahrnehmung anzuerkennen. Ein verbreitetes Miss-

Fremde Blicke

verständnis hinsichtlich der Rolle der Interpretation in Dialogen über Unterschiede hinweg geht davon aus, dass das Ziel darin bestehe, die abstrakte und quasi „dekontextualisierte" Bedeutung der Äußerungen eines anderen zu entdecken, wie sie von diesem anderen im Geiste gemeint gewesen ist, und sie dann in unserer eigenen Auffassung einfach nur zu reproduzieren. Im Gegensatz dazu gehen Pragmatisten davon aus, dass das Verstehen ein *konstruktiver* Prozess ist, der in einem spezifischen Kontext stattfindet, zwischen spezifischen Teilnehmern und der daher stets offen für neue Konstruktionen ist. Nicht im Versuch, den Inhalt der Gedanken eines anderen einfach nur zu *reproduzieren*, liegt die kommunikative Aufgabe und Herausforderung, sondern vielmehr darin, ein neues Verständnis und neue Interpretationen unter den Dialogteilnehmern zu *produzieren*. Dies aber erfordert von allen Beteiligten neben kognitiven Leistungen insbesondere auch Imagination und Einfühlungsvermögen.

Die Pragmatisten meinen, dass wir dann, wenn wir hinsichtlich der möglichen Konsequenzen von etwas Übereinstimmung erzeugt haben, zu einer gemeinsamen Bedeutungskonstruktion gelangt sind. Denken Sie z. B. an eine Situation wie die, dass Sie eine stark befahrene Straße an einer großen Verkehrskreuzung überqueren möchten. Wenn Sie und die anderen Fußgänger oder Autofahrer nicht über eine gemeinsame soziale Bedeutungskonstruktion hinsichtlich der Konsequenzen bei Nichtbeachtung von Ampelsignalen, Verkehrszeichen usw. verfügen würden, könnten sich sehr leicht folgenschwere Unfälle ereignen. So wie in diesem sehr einfachen Beispiel sind für die Pragmatisten alle kulturellen Bedeutungen kreative soziale Konstruktionen. Diese Annahme stellt eine wesentliche Grundlage für unseren Versuch dar, die positiven und kreativen Möglichkeiten zu erkunden, die im Zuhören in Dialogen über Unterschiede hinweg liegen.

Wenn wir im Anschluss an die Philosophie John Deweys menschliche Kommunikation als eine Kunst auffassen – und Kunst als die universellste und wirksamste Form von Kommunikation (vgl. Dewey 1989) –, dann liegt es nahe, die kreative Dimension von Dialogen über Unterschiede hinweg besonders zu betonen. Am besten verstehen wir unter „Kunst" hier zunächst einfach die kreative Erzeugung kultureller Güter im weitesten Sinne. Wenn wir erkennen, dass alle kulturellen Bedeutungen sozial konstruierte Artefakte sind, erkennen wir auch, dass künstlerische Kreativität und ästhetische

Wahrnehmung universelle Phänomene in dem Sinne sind, dass alle menschlichen Wesen auf ein Mindestmaß an künstlerischen Fähigkeiten angewiesen sind, um ihr Leben aktiv gestalten zu können und dabei insbesondere das Verhalten anderer zu beeinflussen. Alle Bedeutungen, seien sie nun moralischer, ästhetischer oder kognitiver Art, sind Artefakte, Kunstprodukte, die konstruiert wurden, indem eine gemeinsame Erwartung von Konsequenzen unter den an einer Kommunikation Teilnehmenden hergestellt worden ist.

Unser Geflecht von Gefühlen, Interessen, Überzeugungen und personalen Identitätsbildern ist ein Produkt der Künste sozialer Konstruktion. Wir müssen uns daher fragen: Wie kommen wir dazu, erstens uns selbst „in Besitz" zu nehmen und zweitens uns selbst „neu zu erschaffen" im Sinne eines lebenslangen Entwicklungs- oder Wachstumsprozesses? Die pragmatistische Antwort besteht zum Teil darin, dass wir uns selbst aufgeben, wenn auch nicht auslöschen müssen. Damit ist gemeint, dass wir einen Teil der Gewohnheiten und Überzeugungen, auf die wir uns stützen und verlassen, aufgeben und damit durch andere verwundbar werden müssen. Das ist gefährlich, und niemand sollte uns je versprechen wollen, dass es einen Dialog geben könnte, der ganz und gar ungefährlich ist. Als Lehrer und Lehrerinnen bemühen wir uns zwar um die größtmögliche Sicherheit in unseren Klassenzimmern, können sie aber nicht vollständig garantieren. Wenn wir zudem unsere Lernräume zu sehr klinisch rein und aseptisch gestalten würden, dann könnte sich auch im positiven Sinne nichts Neues und Aufregendes in ihnen ereignen. Lernen ist ein kreatives Abenteuer, und wir können nie im Voraus mit Gewissheit sagen, wohin es uns führen wird. Offenheit bringt unvermeidlich auch Gefahr und Verletzlichkeit mit sich. Aber manchmal ist es uns nur unter Gefährdung bestimmter Aspekte unseres gegenwärtigen Selbst möglich, zu überleben und vielleicht sogar zu wachsen.

Das Verstehen von Bedeutungen ist in emotionaler Hinsicht ebenso sehr ein konstruktiver Prozess wie in intellektueller bzw. kognitiver Hinsicht. Tatsächlich ergänzen sich beide Seiten in jeder vollständigen Kommunikation. Ungeachtet der neurophysiologischen Grundlagen emotionalen Ausdrucks im autonomen Nervensystem bleibt die *Bedeutung* emotionaler Äußerungen eine soziale Konstruktion. Dies gilt auch für unsere persönlichen Erfahrungen unseres Gefühlslebens. Wir müssen die Bedeutung unserer eigenen emotionalen Gesten erst von anderen lernen, indem wir zu einer Übereinstim-

Fremde Blicke

mung hinsichtlich ihrer Konsequenzen gelangen, genauso wie wir die Bedeutung aller anderen Gesten lernen.

Wir neigen zu der Annahme, dass wir unsere Gedanken und Gefühle zunächst in unserem Inneren „haben", bevor wir sie dann bedeutungsvoll auch für andere äußern. In Wirklichkeit muss man schon ein beträchtlich entwickeltes Selbst haben, bevor man über die eigenen Gedanken und Gefühle auch vor ihrer Äußerung gewissermaßen „verfügen" kann, und selbst dann hängt unsere Selbstreflexivität von unserer Fähigkeit ab, die Haltung anderer einzunehmen und uns selbst imaginativ aus ihrer Position heraus zu sehen. Deweys pragmatistischer Mitstreiter George Herbert Mead hat die Vorstellung ausgearbeitet, dass wir hinsichtlich der Reaktion auf die Reize, die wir selbst aussenden, die Rolle des anderen übernehmen und uns in seine Haltung hineinversetzen müssen, um die Bedeutung unseres eigenen Verhaltens zu verstehen. Darin liegt für ihn ein notwendiges Kriterium für unseren Selbstbezug und unsere personale Identität (vgl. Mead 1967; Joas 1989).[2]

Nehmen wir als Beispiel das Schreien eines Kindes. Anfangs ist das Baby einfach nur in einem affektiven Zustand; die Pflegeperson muss die Aktivität des Kindes als Ausdruck eines intentionalen und emotionalen Zustandes interpretieren, der vielleicht Hunger, Müdigkeit oder eine Verletzung bedeutet. Erst später, wenn das Kind gelernt hat, dass andere seine eigenen Aktivitäten als etwas interpretieren, das ganz bestimmte Konsequenzen hat, die es erkennen kann (z. B. gestillt, ins Bett gebracht oder umsorgt zu werden), wird es ihre Bedeutung erlernen. Solches Lernen setzt sich ein Leben lang fort. Die Reaktion anderer, die hinsichtlich einer gemeinsam erwarteten Konsequenz mit unseren eigenen Handlungen koordiniert wird, bestimmt die Bedeutung jeglicher Handlung. Das Selbst wird nicht nur sozial konstruiert, sondern es bleibt auch auf subtile Weise abhängig von anderen hinsichtlich der Bedeutung seiner eigenen Handlungen und letztlich seiner Selbstidentität. Wenn andere in einer sozialen Situation nicht so auf uns reagieren, wie wir es in dem Versuch, ihre Haltung gegenüber unserer Handlung einzunehmen, erwartet hatten, mögen wir selbst als Erwachsene noch mitunter zu zweifeln beginnen, ob wir tatsächlich die intellektuellen oder emotionalen Ab-

---

2 In diesem Zusammenhang ist für Mead die vokale Geste von besonderer Bedeutung, weil sie auf uns selbst genauso wie auf einen anderen wirkt.

sichten hatten, die wir annahmen. In gewissem Sinne sind wir alle Kinder, wenn wir denen begegnen, die sich von uns selbst radikal unterscheiden.

DIE SOZIALE KONSTRUKTION EMOTIONALER BEDEUTUNGEN UND DIE GEFAHR, ABGEWIESEN ZU WERDEN

Die soziale Konstruktion emotionaler Bedeutungen ist mit der Gefahr verbunden, dass unsere Gefühle abgewiesen werden können, wenn andere sich z. B. weigern zuzuhören oder, vielleicht schlimmer noch, die Bedeutung unserer Gefühle zu unserem Schaden umdefinieren im Dienste ihrer Interessen. In ihrem einfühlsamen Essay *Being Dismissed* („Abgewiesen werden") entwickelt Sue Campbell (1994) einen interessanten Interpretationsrahmen, der diese Gefahr unter besonderer Berücksichtigung des Einflusses von Gender-Vorurteilen näher in den Blick rückt. Damit der Ausdruck von Gefühlen von anderen interpretiert werden kann, muss derjenige, der seine Gefühle ausdrücken möchte, „ein angemessenes Repertoire an Ressourcen [haben], um die Bedeutsamkeit der Dinge [anderen] verständlich machen zu können", und diese anderen müssen ihre Auffassungsgabe nutzen und versuchen, die gelieferten symbolischen Äußerungen richtig zu interpretieren (p. 54). Unsere Gefühlsäußerungen für andere interpretierbar zu machen erfordert, wie oben dargestellt, ihre Haltung gegenüber unseren eigenen Gesten und verbalen Äußerungen einzunehmen. Die bittere Ironie liegt nun aber darin, dass diejenigen, die abgewiesen und aus bestimmten Kommunikationen ausgeschlossen werden, wie dies in allen Machtdiskursen geschieht (vgl. Reich 1998b; Neubert u. Reich 2000), möglicherweise niemals die Chance haben werden, das erforderliche Repertoire an Ressourcen zu erwerben, um sich selbst verständlich machen zu können. Obwohl es oft nur schwer aufzudecken ist, liegt hierin vielleicht die bitterste und wirksamste Form von Ausgrenzung und Unterwerfung, weil sie die Ausgeschlossenen dazu bringt, Bilder ihrer eigenen Unfähigkeit zu verinnerlichen.

Diejenigen, die die gesellschaftliche Macht haben, die Gefühlsäußerungen anderer abzuweisen oder umzudeuten, können diese in große Ohnmacht versetzen. Weil die Bedeutung auch der eigenen Gefühle eine soziale Konstruktion ist, die der Spiegelung durch andere bedarf, können solche Situationen zu erheblichen Zweifeln an den eigenen Intentionen führen. Vielfach ist erlernte Hilflosigkeit die Folge solcher Erfahrungen. Wir müssen, wie Campbell sich ausdrückt, verstehen, dass „die Macht des Dialogpartners, der mit seiner Interpretation dazu beiträgt, die Situation zu bestimmen, unsere Intentionen unnachvollziehbar und unverständlich [auch für uns selbst] machen kann" (Campbell 1994, p. 49). Wir können uns ja nicht selbst direkt „sehen"; wir brauchen zuerst andere mit ihren Interpretationsgewohnheiten, die uns als Spiegel dienen, in den wir schauen, um unsere eigenen Handlungen zu verstehen. Wenn ihre Haltung aber abweisend ist, können wir leicht in Verwirrung geraten und an unseren eigenen Gedanken und Gefühlen zu zweifeln beginnen. Weil wir ursprünglich alle nur durch den Blick in den Spiegel der anderen etwas über uns selbst erfahren, müssen wir uns daran erinnern, dass alle Spiegel ihren Gegenstand etwas verzerren. Zudem müssen wir lernen, ebenso weit nach innen wie nach außen zu schauen.

Hilfreich ist in diesem Zusammenhang die vom interaktionistischen Konstruktivismus vorgenommene Unterscheidung des Symbolischen, Imaginären und Realen (vgl. Reich 1998a, b, 2002). Emotionale Bedeutungen sind zunächst *symbolische Konstruktionen*. Wir verwenden gemeinsame Symbole, wenn wir unsere Gefühle für andere interpretierbar ausdrücken wollen – sei dies in Form von Gesten und anderen körpersprachlichen Ausdrucksformen, die kulturellen Konventionen unterliegen, in Gestalt einer Sprache oder eines anderen kulturellen Zeichensystems. Wir verwenden Sprache, Gestik, Darstellung und andere symbolische Mittel, wenn wir uns, wie oben dargestellt, über die Konsequenzen von Gefühlen verständigen und dadurch ihre Bedeutung und Bedeutsamkeit zu bestimmen versuchen. All dies setzt gemeinsam geteilte Symbolwelten voraus, die uns ein Mindestmaß an Ordnung der Gefühle ermöglichen, ohne die eine Kommunikation dieser Gefühle nicht denkbar wäre.

Aber mit solchen symbolischen Leistungen sind nicht zugleich schon alle Vieldeutigkeiten, Differenzen und Unwägbarkeiten hinsichtlich des subjektiven Erlebens von Gefühlen erfasst. Wenden wir den Blick von der Ebene des Symbolischen hin zu der des Imaginären, dann erkennen wir, dass Gefühle stets auch *imaginäre Konstruktionen* sind. Das Imaginäre steht für unser inneres Erleben, es hat mit den Bildern und Vorstellungen zu tun, die wir uns von uns selbst und anderen in unseren Interaktionen machen. Neben allen sozialen Bedeutungskonstruktionen sind Gefühle ja auch immer etwas Singuläres, ein subjektives Erleben, das nur begrenzt symbolisch kommuniziert werden kann. Als imaginäre Konstruktionen sind sie Ausdruck unseres Begehrens, das in Spiegelungen mit dem Begehren von anderen verwoben ist. Solche Spiegelungen erscheinen als grundlegend für die Konstruktion menschlicher Beziehungswirklichkeiten: „So möchte ich mich sehen, so erlebe ich mich selbst in meiner Beziehung zu anderen, und so möchte ich zugleich von diesen anderen als Bestätigung meiner selbst gesehen werden." Aber sehen die anderen mich auch tatsächlich so, wie ich es begehre? Die Theorie imaginärer Spiegelungen betont, dass menschliche Kommunikation kein triviales System von Input und Output ist, das nach eindeutigen symbolischen Vorgaben abläuft. Im Blick auf das Imaginäre bleibt bei aller symbolischen Verständigung stets ein Rest an Unschärfe und Unwägbarkeit. Wir können ja nicht direkt in das Imaginäre der anderen hineinschauen. Hier erscheinen die Sprache und unsere Symbolwelten mitunter wie eine Grenze, eine Mauer, hinter der etwas ist, was wir nur erahnen können – und oft stellt sich solche Ahnung zudem im Nachhinein als trügerisch heraus. Welches innere Bild, welche Vorstellung, welches Begehren bewegt die anderen?

Die intersubjektive Kommunikation von Gefühlen erscheint damit als ein hochgradig komplexer und vielschichtiger Vorgang. Hinzu kommt ein weiterer Umstand, der im interaktionistischen Konstruktivismus als „Einbruch des Realen" in unsere symbolischen Verständigungen und imaginären Vorstellungen bezeichnet wird. Damit sind hier insbesondere Situationen gemeint, in denen wir z. B. von unseren eigenen Gefühlen überrascht oder überwältigt werden, weil diese Gefühle uns vielleicht als fremd, unerwartet, unpassend, rätselhaft und unverständlich erscheinen. Und doch müssen wir anerkennen, dass sie irgendwie „zu uns" gehören. Häufig können wir uns nicht aus einer gewissen Ambivalenz von Gefühlen befreien, empfinden wir eine innere Widersprüchlichkeit, weil wir das, was wir begehren, mitunter auch verabscheuen, das, was wir lieben, mitunter auch hassen. Im Blick auf solche Grenzerfahrungen spricht der interaktionistische Konstruktivismus auch von der *realen Ereignishaftigkeit* von Gefühlen.

Für eine Theorie des kreativen Zuhörens sind diese Beobachtungen zum Verhältnis zwischen symbolischer Verständigung, imaginärer Spiegelung und realer Ereignishaftigkeit von Gefühlen von großer Bedeutung. Zum einen verdeutlichen sie, dass es gerade für ein Verständnis der Konstruktion emotionaler Bedeutungen wichtig ist, die Grenzen symbolischer Verständigung in den Blick zu nehmen und mit einer erhöhten Vielfalt imaginärer Sichtweisen zu rechnen. Dies setzt neben der Sorge und Aufmerksamkeit für unser eigenes imaginäres Begehren – was motiviert uns in dem Wunsch zuzuhören, und welche aktuellen oder auch vergangenen Spiegelungserfahrungen sind dabei für uns von Bedeutung? – insbesondere auch eine Offenheit für die grundlegende Andersheit des imaginären Begehrens anderer voraus, die wir gerade auch dort respektieren sollten, wo eine symbolische Verständigung (noch) nicht gelingt. Um kreativ zuhören zu können, müssen wir bereit sein, uns vom imaginären anderen überraschen zu lassen und ein Gespür für die Singularität und Originalität menschlicher Beziehungen zu entwickeln. Zudem ist auch eine Bereitschaft erforderlich, über uns selbst und unsere eigenen Gefühle staunen zu können, was oft eine Voraussetzung dafür ist, dass wir bisherige Überzeugungen und Gewohnheiten teilweise aufs Spiel setzen, um im Dialog mit anderen kreativ neue Sichtweisen und Interpretationen zu konstruieren. Gerade für pädagogische Situationen, für die Kommunikation zwischen Lehrern und Schülern, scheinen uns diese Beobachtungen von großer Bedeutung zu sein, kommt es doch hier in besonderem Maße darauf an, im Dialog über Unterschiede hinweg gemeinsame Verstehens- und Lernprozesse zu ermöglichen. Solche Dialoge müssen Raum für die sprachlichen, emotionalen und kognitiven Imaginationskräfte aller Lernenden bieten. In Hinblick auf eine konstruktive Gestaltung von Lernkulturen in einer durch Pluralität gekennzeichneten Welt stellt die Pflege dieser Kräfte für uns eine zentrale pädagogische Aufgabe dar.

Daher wollen wir mit den hier entwickelten Bausteinen einer Theorie des kreativen Zuhörens Lehrern und Lehrerinnen und anderen in sozialen oder pädagogischen Berufen Tätigen Mut machen, im Zuhören im Dialog mit anderen, die sich von uns unterscheiden, eine Bedingung für eigenes Wachstum und gemeinsame Perspektivenerweiterung von Lernenden und Lehrenden zu erkennen und wertzuschätzen.

Vom Dirigieren zum Moderieren oder: „Lernumwelten" in flexiblen Wissenswelten

Norbert Schläbitz

> Der vorliegende Beitrag sucht auf der Basis medientheoretischer sowie systemtheoretischer Theoriegebäude, in denen sich Varianten konstruktivistischen Denkens spiegeln, die gegenwärtige Vielfalt von „Wissenslandschaften" herzuleiten und pädagogisch auszuleuchten. Nach erfolgter theoretischer Grundierung wird die Idee des so genannten Lernenlernens aus dem Gesagten abgeleitet sowie praxisnah am Beispiel von „Lernumwelten", die Schülerinnen und Schüler zum selbst verantworteten Lernen anleiten sollen und dem Lehrer die Rolle des „Moderators" ermöglichen, dargestellt.

Schon der Titel *Vom Dirigieren zum Moderieren* signalisiert eine spezifische Form von Unterrichtsorganisation, in der *Lernumwelten* Lehrende ihrer zentralen Funktion entheben und das *Neue* in der Bewegung in Erscheinung treten kann. Unterrichtsorganisation und verändertes Rollenverständnis werden nachfolgend aus der Beschreibung gesellschaftlicher Rahmenbedingungen zu legitimieren gesucht. Dabei wird hergeleitet, dass komplexe Rückkopplungsschleifen zwischen Mensch und Umwelt gedankliche Konstruktionsarbeit in Bahnen lenken, und es wird in gebotener Kürze das Verhältnis zwischen Medien und Mensch beleuchtet. In einem nächsten Schritt werden die Frage nach der Schullandschaft unter veränderten Medienordnungen und die nach Wissenswelten gestellt und das beobachtungsleitende Interesse in der Folge plausibilisiert, dann wird die Frage nach möglichen Veränderungen in Schule und Gesellschaft präzisiert. Die Schwierigkeiten, eine neue Lernkultur in der Praxis umzusetzen, ist in der Folge Thema, abschließend wird die Idee einer befürworteten Unterrichtsorganisation praxisnah konkretisiert.

Fremde Blicke

MEDIENORDNUNGEN UND IHRE WISSENSWELTEN

Gesellschaftliche Leitmedien verändern in der Rückkopplung mit dem Menschen Wissenslandschaften, indem sie Wahrnehmung leiten, Eindrücke verstärken und anderes ausgrenzen.

Was immer in Schriften ausgedrückt wird, bedarf im Zuge der fehlenden Möglichkeit eines Nachfragens des klaren, logischen Gedankens, dem Schreibende wie Lesende folgen. Ein zielgerichtetes, teleologisches Moment ist der linearen Geste des Schreibens inhärent (vgl. Flusser 1991, S. 41). Im Unterschied zum kosten- und zeitaufwändig zu produzierenden *Manuskript* ist der zeilengemäße, geradlinige Gedanke mit dem Buch vervielfacht, und Gedankenvielfalt ist die Folge, während zu Zeiten der Manuskriptkultur es stets nur einen und in der Regel kirchlichen Interpreten gab, der einzig den verkündeten göttlichen Sinn gelten ließ. Mit dem kostengünstigen Buch bedarf es nicht mehr unbedingt des lehrenden Gegenübers, der sich mit seiner Autorität für Vermitteltes verbürgt. Der tote, über Raum und Zeit distribuierbare Buchstabe genügt. Neue Themen und die Idee des Fortschritts können sich konstituieren, auch weil das Erinnerungsmedium Buch im Zuge der Entlastungsfunktion, die es für das menschliche Gedächtnis bereit hält, das Vergessen befördert.

	Manuskript	Buch	Computer/Internet
Prinzip	Zeile	Zeile	Knotenpunkt
Archiv	begrenzt dauerhaft	begrenzt dauerhaft	entgrenzt flüchtig
Ort	stationär	variabel	variabel
Inhalt/ Bedeutung	eindeutig	vielfältig	vielfältig
Wissens- grundlage	glauben	erklären	konstruieren
	zielgerichtet, kausal	zielgerichtet, kausal	ziellos, komplex
Bewusstsein	Kopist	Autor/ Komponist	Navigator/ Manager
Erkenntnisform	Religion	Wissenschaft	Ästhetik

„... die Form des Gedächtnisses (Erinnern/Vergessen) [geht] zu dem Primat *Vergessen* [über]" (Esposito 2002, S. 184). Der Kopf wird frei für neue Ideen und Gedanken (vgl. Ong 1987).

Das oben stehende Schema spiegelt grob die Unterschiede zwischen den zu ihren Zeiten dominierenden Leitmedien *Manuskript, Buch* und *Computer* wider (vgl. Schläbitz 2001, S. 31/Schläbitz 2004, S. 33). Mochte es mit dem Buch gedanklich so erscheinen, dass die Welt alles ist, „worauf am Ende ein Punkt folgen könnte" (Ong 1987, S. 58), womit sich die Vorstellung vom abschließenden Gedanken verstärkte, so erscheint mit dem Computer und dem „Prinzip Knoten oder Schnittpunkt" (Sloterdijk 1993, S. 59) der unablässige Verweis auf anderes. Das heißt dann:

- Prinzipiell ist medientechnisch jedes Wissen an fast jedem Ort gegenwärtig und steht zur Reaktualisierung und Veränderung zur Verfügung.
- Mit der Aufhebung räumlicher und zeitlicher Grenzen ist im Spannungsfeld zwischen global und lokal die Folge eine heterogene Gesellschaftswelt, die sich verabschiedet von Metaerzählungen im Sinne Lyotards und in der eine Multiplikation von Weltbildern, aber auch eine Multiplikation von Persönlichkeitsprofilen (Stichwort: *Bastelbiografie* nach Beck) statthaben.
- Der Verfall von Wissen hat sich im Zuge von Globalisierung und Technisierung heutzutage enorm beschleunigt. „Die Menge der technischen und wissenschaftlichen Publikationen überstieg allein 1986 die Zahl dessen, was Lehrer und Gelehrte seit Anbeginn der Zeitrechnung bis zum Zweiten Weltkrieg hervorgebracht haben" (Cébrian 1999, S. 179). An die Stelle der Dauer ist der Moment getreten; die Folge für das Wissen und die Pädagogik: „... das theoretische und praktische Wissen [...] [wird] schon in einem Jahrzehnt in wesentlichen Teilen überholt sein. [...] Lebenslanges Lernen ist zur Existenzfrage geworden" (Negt 1998, S. 25).

Aufbruch in eine veränderte Schullandschaft

Wissen hat eine nicht zu verachtende Beharrungstendenz, ist auf der einen Seite notwendig *redundant*, damit es als „aktualisierbare Erfahrung" (Baumert et al. 2002, S. 174) zu nutzen und zu speichern ist.

Fremde Blicke

Damit aber neues Wissen entstehen kann, ist Wissen auf der anderen Seite auch auf Veränderung – auf Varietät – angelegt (vgl. Luhmann 2002, S. 99). Und die Waagschale senkt sich zunehmend zugunsten der Seite der Varietät. Insofern ist der dominante schulische Bezug auf einen Wissenskanon problematisch geworden, gerade wenn „die Absicht von Erziehung auf Steigerung von Redundanz *und* Varietät gelegt" ist (ebd., S. 99). An die Stelle des erinnerungsträchtigen Monuments mit festem Fundament ist der ereignisträchtige Moment auf schwankendem Boden getreten. Das Augenmerk liegt dabei weniger auf der einmal erkannten Gestalt denn vielmehr auf dem Hintergrund, der neue Gestalten verheißt.

Wie schwer es aber für Lehrer und Lehrerinnen in der konkreten Alltagssituation ist, fremde Betrachtungsweisen zu akzeptieren oder zu prüfen, sei am folgenden Praxisbeispiel und an folgender Ausgangsfrage dokumentiert: Kennen Sie [gəʊɛːɚ]? Wäre hier nicht die phonetische Schrift genutzt, würde das Gesagte eindeutig identifiziert werden. Im Unterricht einer Klasse 8 trug ein Schüler einen Schulbuchtext zur Klassik vor, der sich u. a. mit der Person *Goethe* [gɸːtə] beschäftigte. Nur war dem Schüler der Name und damit [gɸːtə] gänzlich unbekannt, sodass [gəʊɛːɚ] Gestalt annehmen konnte.

Auf die Frage, wie er zu dieser Lesart und Aussprache gekommen sei, gab er zur Antwort, dass er im Englischunterricht gelernt habe, wie ein „th" richtig auszusprechen sei, und dass nach entsprechender Silbentrennung die zwei Silben „Go" und „ethe" vorlägen, was aus Schülermunde wie „Goäse" klang, wobei der Buchstabe „s" für das „th" im Englischen steht und auch so auszusprechen ist. Der Schüler hat so insgesamt Fragen an das ihm Unbekannte gestellt, und das Ergebnis war eine Lösung, die in sich logisch richtig, deduktiv erschlossen und begründet war. Gelerntes war in der Tat richtig angewendet worden.

| Goethe | • Goe-the | • Konvention |
| | • Go-ethe | • Kontingenz |

Die konventionelle Lesart hieß es zu ergänzen, ohne die Eigenschöpfung als *falsch* zu diskreditieren. So haben wir es mit *zwei* durchaus *richtigen* Betrachtungsweisen zu tun, von denen die eine gesellschaftlich internalisiert ist, während die andere einen neuen Deutungshorizont offeriert, der Spannung verheißt. Ein Lernprozess setzt so auch aufseiten von Lehrenden ein, das Eigene mit fremdem Blick zu betrachten.

Auch die symbolische Repräsentation von Musik oder ihre Klangwerdung verweist etwa in ihrer Erscheinungsweise nicht ausschließlich auf einen anerkannten Interpretationshorizont und auf einen Komponisten. Beethovens Fünfte kann, unterlegt mit einem Rhythmus und umrahmt mit vokalen Linien, zum Technosong avancieren und *Enjoy yourself* heißen, der dann nicht nach den Kriterien der musikalischen Klassik beurteilt wird, sondern nach den Maßstäben der gegenwärtigen *soundcultures*, die Jugendlichen einen neuen Sinn machen.

BEOBACHTER, DIE NICHT ERKENNEN KÖNNEN, DASS SIE NICHT ERKENNEN

Jedwedem Gegebenen wohnt ein Mehrwert inne, der von dem beobachtungsleitenden Interesse abhängig ist. „Die Gestaltpsychologie hat uns gelehrt, daß zu jedem Wahrnehmen nicht nur ein Nichtwahrnehmen gehört, sondern daß ein solcher Ausschluß, solche Selektivität für das Wahrnehmen konstitutiv ist" (Welsch 1993, S. 31). Wenn wir beispielsweise Musik hören, beginnen wir die Welt zu ordnen in ein wertvolles Rauschen (Musik – die Gestalt) und in ein informationsloses Hintergrundrauschen (Nichtmusik – den Grund). Ähnliches gilt beim Betrachten eines Bildes:

Fremde Blicke

Von der Schattenwelt Motorrad wird die Dingwelt wie selbstverständlich abgeleitet. Eine andere Betrachtungsweise nötigte im Allgemeinen zum Widerspruch, zu sehr wirkt die Konvention. Als Ursprung des Schattenwurfes firmiert allerdings ganz offensichtlich keineswegs obligatorisch das so nahe liegende Motorrad. Nichts erinnert an ein Motorrad, obwohl jener Schattenwurf diesem von Shigeo Fukuda komponierten Chaos aus Messern, Gabeln und Löffeln innewohnt (Bild entnommen aus: Seckel 2003, S. 38). Das komplexe Durcheinander kann als Analogie für die undurchschaubare Welt betrachtet werden. Im Zuge einer Unterscheidung wird die Idee Motorrad projiziert und „identifiziert". Eine andere Verletzung – Differenz, ein anderer *Standpunkt*, ein kleiner Schritt vom Wege –, eine andere Welt, die dann nicht Motorrad, sondern wie auch immer, auf alle Fälle recht wahrscheinlich anders geheißen wird, sofern die modellierte Welt nur *viabel* (von Glasersfeld) erscheint.

Auch die um Objektivität bemühte Wissenschaft beschäftigt sich bekanntlich weniger mit der Welt *an sich*, die „ein unzugängliches und undefinierbares X" (Nietzsche 1988, S. 880) bleibt, sondern mehr mit Phänomenen, dem Schattenwurf eines wie auch immer gearteten Vorbildes. Kein noch so ausgefeiltes Untersuchungsinstrumentarium und Methodenbewusstsein können den beobachterrelevanten Konstruktionsaspekt minimieren helfen. Im Gegenteil: „… ja, je reiner sich bei ihr [Wissenschaft; N. S.] das methodische Bewußtsein entwickelt, desto mehr tendiert sie dazu, das aus dem Blick zu verlieren, was ihrer verfeinerten Methode fremd ist" (Hösle 1999, S. 9). Vielmehr ist im Zuge der Methodenverfeinerung eher eine zunehmenden Bestätigungskultur und *Eigenwertbildung* im Sinne Heinz von Foersters zu erwarten.

Beispielhaft sei in diesem Zusammenhang an das Umschlagbild *Alte Frau/Junge Frau* gedacht. Nur unter Ausschluss der Alternative ist entweder *jung* oder *alt* zu erkennen, aber *nie* beides zeitgleich. Wenn der Beobachter mit Blick auf das Bild sich beispielsweise für die Gestalt *junge Frau* implizit „entschieden" hat, werden alle weiteren Beobachtungen (kleine Nase, zierliches Ohr etc.) die Information *junge Frau* zu bestätigen suchen und so die erkannte Gestalt *beweisen* wollen. Solange das funktioniert, besteht überhaupt kein Grund, an der Erstinformation zu zweifeln. Die Eigenwertbildung schreitet fort. Der Beobachter ist praktisch *blind* für die Möglichkeit *alte Frau*, da ja jeder weitere erbrachte Beweis die unterschiedene Information

Alte Frau/Junge Frau *Einstein – oder?* (aus Haken 1996)

junge Frau bestätigt. Die komplexe Welt mit mehr als nur zwei Erscheinungsmöglichkeiten alternativ zu betrachten gerät ohne Kenntnis potenzieller Alternativen nun zu einem noch größeren Problem. Mit dem Standortwechsel – der Perspektivverschiebung – mag ein gänzlich neues, verändertes Phänomen, also ein unbekannter Schattenwurf produziert sein bzw. erscheinen, das bzw. der dem bekannten Erkenntnishorizont nicht entspricht und doch dem undefinierbaren X innewohnt.

Vom „Wissen" zum „Lernen"

Insgesamt vollzieht sich heute eine Einstellung vom „Wissen" zum „Lernen". Wissen und Lernen sind im Grunde Gegensätze, wie Fritz B. Simon pointiert ausführt: „Wo Wissen bewahrt wird, wird Lernen verhindert. [...] Lernen zerstört Wissen, indem es verhindert, dass alte Unterscheidungen weiter vollzogen werden" (zitiert nach Bolz 2002, S. 66). Das eine ist auf Statik ausgerichtet und das andere auf Bewegung. Vom pädagogischen Standpunkt aus gesehen, ist die eine Seite eher mit der materialen Bildung und die andere mit der formalen Bildung gleichzusetzen. Vom Wissensmanagement ist gegenwärtig nicht von ungefähr auch die Rede, was die Veränderung von

Fremde Blicke

Wissen auf der Basis von Wissen durch Neukontextuierung meint. „Statt Bildung also: Wissensmanagement" (ebd., S. 71). Dabei wird umgestellt von der Wissensvermittlung auf die Wissensmoderation mit dem Zweck reflexiv motivierte Lernprozesse zu fördern. Reflexives Lernen meint, „daß man lernt, um in Anwendungssituationen lernen zu können, ob und wie man das Gelernte anwenden kann; sei es, um nicht oder nicht mehr brauchbares Wissen durch funktional äquivalente Formen ersetzen zu können" (Luhmann 2002, S. 194). Anstelle von Kulturkritik wird dann vermehrt Datenkritik betrieben (vgl. Schläbitz 2001, S. 45 ff.). Das heißt, dass es weniger darum geht, einzigartige, bedeutungsvolle Formen zu erschließen, sondern vorgestellte Formen zu verwirklichen. Anstatt die Dinge und Undinge auf ihre Notwendigkeit hin zu prüfen, werden sie mit kreativem Sinn auf ihre Kontingenz hin ausgelegt.

KONTINGENTE SICHTWEISEN SCHULEN UND WIDERSTÄNDE

So wie der Mensch *bestimmt, benennt, belegt, beschreibt,* ja auch *berechnet und bemisst*[3]... und sich seiner konstruktiven Tätigkeit zumeist bewusst ist, so *deutet* er auch und weist Weltzuständen Bedeutung zu, die *an sich* nichts bedeuten. Doch nach wie vor praktiziert Schule vornehmlich das Evidenzprinzip, wonach die Welt etwas bedeutet. So ist das Tagesgeschäft auch weniger auf das Entdecken kreativer, überraschender, nichttrivialer Lösungen abgestellt. Auch nach der x-ten Abfrage wird ein und dieselbe Antwort erwartet, und Goethe [gø:tə] bleibt dann Goethe, obwohl auch andere Antworten denkbar wären, eben [gəʊɛːɚə]. Ein solches Trimmen auf ganz bestimmte Antworten beschreibt den Vorgang der Trivialisierung. „In den Ohren der Pädagogen mag es schrecklich klingen, wenn man ihr Geschäft als Trivialisierung der Menschen beschreibt. Wenn man den Begriff definitionsgenau (und nicht abwertend) verwendet, liegt er jedoch genau auf der Linie dessen, was man als Erziehung beobachten kann" (Luhmann 2002, S. 78). Ungewöhnliche Wege gehende Eigenständigkeit und Nichttrivialität sind schwerlich in Einklang zu bringen mit abgeforderten Prüfungsleistungen, über die Lebenschancen qua Zensur vergeben werden. Die Folge: Nichttri-

---

3 Einstein sagte einmal: „Unsere Theorien bestimmen, was wir messen."

vialität „wird jedoch in der Schule weder gelehrt noch gelernt" (ebd.).

In Anbetracht gesellschaftlicher und nicht zuletzt technologiebedingter Umwälzungen ist das Trivialisierungsprinzip kritisch zu hinterfragen, denn ausgewiesene Bedeutungshorizonte, die zuweilen apodiktisch so und nicht anders lesbar sein sollen und bestenfalls graduell im Sinn dann noch hier- oder dorthin verschiebbar sind, können an fernen, nun nah herangerückten Orten in der Welt gänzlich anders gelesen werden, was Befremden auslöst und doch weiterführen kann, wenn das Befremden als konstruktive Irritation zur Neuinterpretation betrachtet wird.

LERNUMWELTEN

Unter dem Oberbegriff des *Lernenlernens* sind die Schlüsselkompetenzen *Kommunikationsfähigkeit, Teamfähigkeit, Kooperationsfähigkeit, Selbstständigkeit, Urteils- und Entscheidungsfähigkeit* zusammengefasst. Hinter diesen Begriffen und Konzepten steht die Ansicht, dass in einer globalisierten Gesellschaft gewachsene Wissensmodelle der permanenten Revision unterworfen sind.

Dazu bedarf es der Lernmilieus oder *Lernlandschaften*, die die genannten Kompetenzen anwenden und so zu schulen helfen. Es geht folglich darum, „Lernwelten und ‚*didaktische Landschaften*' so zu modellieren, dass die individuellen Entwicklungslinien und -kanäle zum Tragen kommen" (Meister 2000, S. 17).

Eine Lernumwelt, -landschaft (im weiteren Verlauf nur noch Lernumwelt genannt) ...

- sollte weitgehend *selbst erklärend* sein, sodass Lehrer und Lehrerinnen sich zurücknehmen und verstärkt als Moderatoren tätig werden können.
- gestattet den Erwerb von Fachkompetenzen bzw. regt an, solche anderweitig sich zu erschließen.
- ermöglicht unterschiedliche methodische Herangehensweisen.
- sucht problemlösende Ansätze und eröffnet einen Raum zur kreativen Gestaltung.
- sucht darüber hinaus den fachübergreifenden Kontext.
- regt zur Kooperation und Kommunikation an.
- sollte ansprechend gestaltet sein und so motivierend wirken.

Lernumwelten sind in unterschiedlichen Ausprägungen denkbar. Als eine solche kann auch schon ein „Lesetagebuch" oder in differenzierter Form eine „Lesekladde" (vgl. Schläbitz u. Pappas 2003, S. 103 ff.) betrachtet werden.

Für die folgenden Ausführungen werden großflächig gestaltete, mit Informationen und z. T. mit Aufgaben versehene Plakate als Lernumwelten vorgestellt (siehe die folgende Abbildung).[4]

Lernumwelten folgen so weit als möglich den oben genannten Prinzipien. Der wesentliche Unterschied zwischen den Lernumwelten liegt darin, dass die für die Klassenstufe 5 und 6 vorgesehenen aufgabengeleitet verfahren, während die für die Oberstufe darauf verzichten können.

Nach Abschluss eines Projektes[5] zur Lernumwelt *Covern* an einer Orientierungsstufe in Niedersachsen gaben Sechstklässer bei einer anonym gehaltenen Meinungsumfrage exemplarisch zur Antwort: „Ich fand es sehr gut. Die Aufgaben waren sehr informativ." „Ich fand es gut, dass sich jeder etwas von den Aufgaben aussuchen konnte. Mir hat die Gruppenarbeit gefallen, jeder von uns hat andere von uns unterstützt." „Mir hat sehr gefallen, dass alle so tolle Ideen hatten." „Es macht mehr Spaß, in der Gruppe zu arbeiten, als so ein langweiliger Unterricht." Kritische Äußerungen blieben Einzelmeinungen. Die Ergebnisse sowie das gezeigte Engagement übertrafen die Erwartungen der Lehrerin bei weitem.

Dadurch, dass Lernumwelten der Oberstufe bspw. zur Romantik keine expliziten Aufgaben beigefügt sind, sind die Schülerinnen und Schüler gehalten, über eine Mind Map Themenschwerpunkte und Aufgaben aus den gegebenen Informationen zu filtern, zu denen dann Arbeitsgruppen gebildet werden. Die Form der Präsentation der Ergebnisse ist den Gruppen überlassen. Bis auf ganz wenige Aus-

---

[4] Jede dieser Lernumwelten hat eine Größe von 70 × 50 cm, ist mehrfarbig und mit einem kostengünstigen Posterprogramm erstellt worden, das die Bearbeitung von Bildern und Texten erlaubt. Die Einzelteile werden im DIN-A4-Format ausgedruckt und mithilfe von Trennlinien anschließend aneinandergefügt. Die *Lernumwelten* können auf die Lerngruppe hin individuell konzipiert bzw. modifiziert werden. Ihre Herstellung ist unproblematisch und, bezogen auf den schulischen Betrieb, alltagstauglich. Die Lernumwelten sind unter Verwendung von Bildern u. a. aus dem folgenden Buch erstellt worden: Geschichte der Musik in Comics. Stuttgart (Klett).

[5] Die Leitung hatte Sabine Münch, die sich dankenswerterweise bereit erklärt hatte, die genannte Lernumwelt in mehreren Lerngruppen zu erproben.

„Lernumwelten" in flexiblen Wissenswelten

nahmen hatten die Ergebnisse selber zum großen Teil künstlerischen Wert: Neben Musikdarbietungen waren dies aufwändig gestaltete Bilder, die den Fragmentcharakter der Romantik in sich selbst spiegelten und problematisierten, oder auch dreidimensionale Skulpturen, die in chiffrierter Form Antworten auf das ureigenst entwickelte Aufgabenfeld bereithielten und vom Betrachter entschlüsselt wer-

Fremde Blicke

den mussten u. a. m. Ein tradierter Unterricht hätte nicht ansatzweise zu ähnlichen Ergebnissen geführt, weil eine Lehrerlenkung diese Ergebnisbreite nicht hätte antizipieren können.

Die Sozialform der Gruppenarbeit war in den Projektphasen privilegiert, 1. um die Bandbreite möglicher Ergebnisse – als Folge konstruktiver Erkenntnisarbeit – nicht durch eine dominierende Lehrersicht einzuengen und 2. um die gegebene Motivation dauerhaft zu erhalten. Ich folge dabei u. a. auch Horst Siebert, der in einem erweiterten Kontext von „Lernumgebungen" spricht, in den ich das hier unter „Lernumwelt" Vorgestellte mit einbezogen sehe: „Aus systemisch-konstruktivistischer Sicht wird die Gestaltung von Lernumgebungen, Lernsettings, Lernkulturen aufgewertet auf Kosten ‚frontaler Lehre'. [...] Lehre ist nicht zuletzt Unterstützung zur Selbststeuerung der Lernenden und der Selbstorganisation der Gruppe, indem der Seminarleiter Aufgaben an Arbeitsgruppen verteilt und primär bei Bedarf als Berater zur Verfügung steht" (Siebert 1999, S. 140). Genau in diese Richtung zielen die konzipierten Lernumwelten. Man könnte es so umschreiben: *Weniger dirigieren, mehr moderieren.*

Wo Zurückhaltung zu üben Lehrern nicht gelingt, ist die interne Gruppendynamik der Schüler und Schülerinnen aufgebrochen. Mehr noch: Ungewöhnliche, der Regel widersprechende Ergebnisse, die aber ihre Plausibilität haben mögen, werden mit Blick auf die als richtig oder falsch klassifizierende Instanz erschwert. Abstand zu halten fällt Lehrerinnen und Lehrern in der Regel schwer, wie eine Studie verdeutlicht: „Nach unseren Untersuchungsergebnissen halten sich Lehrkräfte hingegen meist keineswegs zurück und geben den Gruppen kaum eine Chance zum ungestörten und selbständigen Arbeiten. [...] In den allermeisten Fällen (70 %) intervenieren die Lehrkräfte ohne Aufforderung durch die Schüler. Insbesondere bei invasiven Interventionen wird deutlich, dass es den Lehrkräften oft darum geht, eigene Vorstellungen über die Aufgabenbearbeitung durchzusetzen (z. B. Präzisierungen oder Erweiterungen des Arbeitsauftrags), ohne sich um das Vor und Nachher in den einzelnen Gruppen zu kümmern" (Nürnberger Projektgruppe 2001, S. 48 f.). Abstand halten will also gelernt sein und Eigenverantwortung zuzubilligen ebenfalls.

Was auch immer für Chancen mit neuen Lernformen verbunden werden, es bedarf bei ihrer Installierung der Erinnerung, dass sie *syndetisch* im Zusammenklang mit anderen zu denken sind. Kein Unterricht darf bestimmte Methoden und Sozialformen (und so auch nicht den Frontalunterricht)[6] prinzipiell ausschließen, sondern erst ein Komplementaritätsprinzip eröffnet der gedanklichen Verarmung vorbeugende Perspektivverschiebungen.

Kommen wir zu Schluss und fassen zusammen: Konnte sich die Tradition ihrer Werte gewiss sein, so ist die Gegenwart von Ungewissheiten ausgezeichnet, die Flexibilität abverlangen. Konnten sich die Wissensstrukturen in der Vergangenheit auf Dauer kondensieren, so sind die heutigen Wissenswelten oft genug mit einem kaum nennenswerten Verfallsindex ausgezeichnet, was die Varietät von Wissen (also die Veränderung) und nicht die Redundanz in den Vordergrund rückt. Kannte Pädagogik in der Vergangenheit demnach noch fixe Bildungsgüter und konnte eine materiale Bildung ausrufen, so ist es heute nötig, sich im Sinne der formalen Bildung Lernwege zur Selbstbeschulung anzueignen, da die Qualität einer materialen Bildung zweifelhaft geworden ist. Den Blick für die Veränderung zu schulen kann nur gelingen, wenn anders als in der Vergangenheit nicht die einmal erkannte Gestalt oder Regel zentral fokussiert wird, sondern eigenverantwortlich aus angeeigneten Regelungen heraus Hintergründe nach neuen Regeln befragt zu werden vermögen. Im Rahmen dieser neuen Schwerpunktsetzung wird die Tradition ihren unbestreitbaren Wert haben und werden materiale Bildungsgüter einen Vermittlungswert haben. Das heißt aber auch, dass, daraus abgeleitet und darüber hinaus, der eigentliche und wesentliche Schwerpunkt in der Flexibilisierung und in der Befähigung zur konstruktiven Veränderung liegen muss, wollen Pädagogik und Bildung zukunftsweisend ausgerichtet sein. Möchte man die genannten Veränderungen in einem heuristisch gedachten Schema verdeutlichen, kann dies in folgender Weise Gestalt annehmen.

---

6 Frontalunterricht „muss nicht von vornherein einengen!" (Peterßen 2001, S. 112).

	Schullandschaft im Aufbruch
Tradition/manifest	→ Gegenwart/flexibel
	Pädagogische Konsequenzen:
	Wer heute lernt, lernt in erster Linie umlernen.
	Was ist Wissen? Umgang mit Wissen …
Redundanz	→ Varietät
	„Wissen garantiert wiederholte Anwendbarkeit, also Redundanz. Andererseits ermöglicht […] es auch das Erkennen von Variationen."
	„… die Absicht von Erziehung [ist] auf Steigerung von Redundanz *und* Varietät gelegt" (beide Zitate: Luhmann).
	Vom Wissen zum Lernen
materiale Bildung	→ **formale Bildung**
	Wissensmanagement ist die Veränderung von Wissen auf der Basis von Wissen.
	Von der Kulturkritik zur Datenkritik
Gestalt + Regel	→ **Hintergrund/Zufall**
	„Die Freude liegt im Unvorhersehbaren" (Menuhin).

Lernumwelten in der vorgestellten Art können *eine* Möglichkeit einer Unterrichtsorganisation bieten, die sich nicht so sehr auf *Gegenstände* mit ihrem *Wahrheitsgehalt* stützt, sondern die den ungewohnten Gedankengang fördert, dem *Fehler* ein Lob ausspricht und dem Lehrer, der Lehrerin eine neue Rolle verleiht, in der der Dirigentenstab zugunsten der Moderation weitgehend beiseite gelegt wird. Im Zusammenklang befördert dies ein flexibles Denken, korrigiert Denkgewohnheiten und lässt Heranwachsende dem Altern von Wissenswerten und Wertvorstellungen sicher begegnen, indem der Konstruktion vor der Konsumtion der Vorrang eingeräumt wird.

Vom Beobachten zum Entwickeln – Ein kritischer Blick hinter die Kulissen von Bildungsevaluation, Schulentwicklung und Bildungsmanagement

Xaver Büeler

> Systemisch-konstruktivistische Ansätze postulieren, dass der Akt der Beobachtung Wirkung zeitigt beim Beobachteten. Der Beitrag prüft diese These am Beispiel der Schule und geht dem Zusammenspiel von Selbst-/ Fremdbeobachtung und Schulentwicklung nach. Plädiert wird für ganzheitliche, an pädagogischen Zielen orientierte Ansätze in Bildungsevaluation und Bildungsmanagement.

REMINISZENZEN

Zum Zeitpunkt des ersten Kongresses *Die Schule neu erfinden* im Jahr 1996 in Heidelberg war rundum Aufbruchstimmung zu spüren. Viele Teilnehmende hatten bereits 1992 an gleicher Stätte den außerordentlich erfolgreichen Kongress *Die Wirklichkeit des Konstruktivismus* besucht. Mit diesem Kongress und den daraus resultierenden Publikationen fand vielleicht erstmals im deutschsprachigen Raum eine Perspektive Eingang in den breiten sozial- und geisteswissenschaftlichen Diskurs, die man retrospektiv als systemisch-konstruktivistisch bezeichnen könnte (vgl. für eine Überblick Schmidt 1987). Obwohl – mehr als zehn Jahre später – der Zeitpunkt für abschließende wissenschaftshistorische Würdigungen sicherlich noch nicht gekommen ist, würde ich diese Zäsur durchaus als einen *Paradigmenwechsel* im Sinne von Thomas Kuhn (1976) verstehen.

Einige mögen einwenden, dass die am Menschen orientierten Disziplinen hier lediglich einen Perspektivenwechsel mit vollzogen, der sich in den Naturwissenschaften schon seit längerer Zeit ange-

Fremde Blicke

bahnt hatte. Dieser Einwand ist insofern zutreffend, als sich die Sozialwissenschaften zumindest zu Beginn der Rezeptionsgeschichte tatsächlich an Erkenntnissen und Analogien aus dem Bereich der Naturwissenschaften orientiert haben. Darüber hinaus darf allerdings nicht übersehen werden, dass die nun aufkommende Systemtheorie und der Konstruktivismus geradezu als Paradebeispiele eines interdisziplinär verlaufenden Paradigmenwechsels verstanden werden können (vgl. Büeler 1994, S. 39 ff.). Der Anteil der Sozialwissenschaften darf dabei nicht gering geschätzt werden. Sie haben einerseits dazu beigetragen, den bisher eher im Hintergrund ablaufenden Bewusstseinswandel wissenschafts- und erkenntnistheoretisch zu reflektieren und auf den Begriff zu bringen (vgl. etwa Luhmann 1990c). Andererseits erwiesen sich Disziplinen wie die Psychologie, die Soziologie oder eben auch die Pädagogik als sehr wertvolle Anwendungsgebiete, sei es zur Prüfung oder zur Weiterentwicklung der neuen Thesen.

Die Stadthalle von Heidelberg war somit für Insider als „Brutstätte" des Konstruktivismus bereits bekannt, als dort im Herbst 1996 der erste konstruktivistische Schulkongress stattfand. Die dort repräsentierte Pädagogik reagierte offen und kreativ auf das neue Deutungsangebot. Faszination war allenthalben spürbar, Erleichterung auch darüber, dass alte Fesseln, die die Disziplin schon allzu lange eingeengt hatten, sich unter dem Eindruck dieser neuen Erkenntnistheorie nun aufzulösen begannen. *Die Schule neu erfinden*, das schien für die sehr zahlreichen Anwesenden eine verlockende Aussicht. Der Titel klang nach Optimismus und stand für den Glauben, die Welt nicht nur neu sehen, sondern gar neu erfinden zu können.

Besonders attraktiv erschien diese Perspektive für ein Teilgebiet der Pädagogik, das sich etwa zur gleichen Zeit zu etablieren vermochte: die Schulentwicklungsforschung (Szaday, Büeler u. Favre 1996) nämlich. Der Begriff *Schulentwicklung (school improvement)* stand dabei für ein Programm, gemäß dem Schulen als lernende Unternehmen betrachtet und zum Gegenstand kontinuierlicher Organisationsentwicklung gemacht werden. Ähnlich dem Konstruktivismus herrschte auch in Bezug auf Schulentwicklung eine spürbare Aufbruchstimmung. Nachdem erste empirische Studien die Möglichkeit, die *Wirksamkeit von Schulen (school effectiveness)* durch gezielte Programme und Maßnahmen zu steigern, eher kritisch beurteilt hatten, gaben spätere und methodisch sorgfältigere Studien durchaus Anlass zum Optimismus. „Schools make a difference" hieß Mitte der 1990er-Jahre auch in den deutschsprachigen Ländern die Losung; die Qualität der Schule entscheidet zumindest teilweise darüber, wie viel Kinder lernen – oder eben auch nicht. Vor diesem Hintergrund musste die Aussicht darauf, die Qualität von Schulen nicht nur sanft zu entwickeln, sondern Schulen gleichsam neu – und wirksamer! – erfinden zu können, zwangsläufig Resonanz auslösen. Der zweite konstruktivistische Schulkongress von 2003 in Koblenz bot Gelegenheit, solche Aussichten vor dem Hintergrund seitheriger Erfahrungen einer kritischen Prüfung zu unterziehen.

SCHULE IM SCHEINWERFERLICHT

Ausgangspunkt bildet dabei eine zentrale These des Konstruktivismus: *Das Beobachtete verändert sich durch die Beobachtung!*[1] Damit diese These einer kritischen Prüfung unterzogen werden kann, muss sie präziser und als Frage formuliert werden:

– Verändert sich Schule durch die Art und Häufigkeit, mit der sie beobachtet wird?
– Und außerdem: Kann diese Veränderung als Schulentwicklung interpretiert werden?

Beim Versuch, diese Fragen einer Antwort zuzuführen, soll zunächst das Offensichtliche hervorgehoben werden. Schulen waren in den letzten Jahren zunehmend dem grellen Schweinwerferlicht öffentlicher Aufmerksamkeit ausgesetzt. Sie werden heute viel intensiver, aber auch kritischer beobachtet, als dies traditionellerweise der Fall war. Gründe dafür können hier nicht ausgeführt, sondern lediglich

---

1 Der Begriff „Beobachtung" wird hier nicht umgangssprachlich, sondern im Sinne des Konstruktivismus verwendet. Er bezeichnet basale Operationen, mit denen lebende Systeme ihre Welt entlang an Unterscheidungen konstruieren. Gregory Bateson (1988, S. 408) definiert eine Informationseinheit als einen Unterschied, der einen Unterschied macht. Solche sich kreisförmig aufbauenden Einheiten bilden die Basis für das Entstehen höherer Konzepte und Ideen. Der Begriff „Beobachtung" ist somit auf einem hohen Abstraktionsniveau angesiedelt und geeignet, sehr unterschiedliche Beobachtungsformen und ihre Wirkungen zu vergleichen – inklusive der methodisch anforderungsreichen Formen –, wie sie in empirisch-statistischen Verfahren Verwendung finden.

in Chiffren angesprochen werden: Reformdruck auf dem öffentlichen Sektor, selektive Einführung von Public Management (dt.: von wirkungsorientierter Verwaltungsführung), Kostendruck auf allen staatlich finanzierten Sektoren, Professionalisierungsbestrebungen und Einführung von modernen Managementansätzen im Bildungsbereich, höherer Vergleichsdruck aufgrund internationaler Leistungsstudien.

Diese und weitere Faktoren haben unter der Hand dazu beigetragen, dass die mediengesteuerte Aufmerksamkeit für das Bildungssystem deutlich zugenommen hat. Parallel und teilweise als Reaktion auf diese erhöhte Reflexivität von außen hat auch die systeminterne Reflexivität zugenommen. Zu erwähnen ist etwa die Zunahme an Schulforschung sowie die Verstetigung immer schon mitlaufender Evaluationsmaßnahmen in Richtung Qualitätsmanagement, Bildungsmonitoring und Bildungscontrolling.

Heute muss davon ausgegangen werden, dass *Schulen in einem, historisch gesehen, neuartigen Umfang der Selbst- und Fremdbeobachtung ausgesetzt* sind. Vieles, was sich bisher im Halbdunkeln oder gar im Schatten als selbstläufige Tradition erhalten konnte, gewinnt im Lichte der gebündelten Aufmerksamkeit an Kontrast und muss sich immer wieder hinterfragen lassen. Die Legitimation des Status quo kann nicht mehr alleine über den Hinweis auf die Tradition gewährleistet werden, im Gegenteil: Den akzentuierten gesellschaftlichen Wandel können nur Schulen erfolgreich bewältigen, die sich selber als lernende Organisationen begreifen (Fullan 1999). In solchen Organisationen werden Traditionen zwar nicht obsolet, aber sie stehen in einem prekären Spannungsverhältnis zu den genauso notwendigen Innovationen.

Die Gewährleistung dieser Balance bildet eine Kernaufgabe von Bildungsmanagement. Die Führung von Schulen hat sich sowohl an der Vergangenheit, an der Gegenwart als auch an der Zukunft zu orientieren. Sie gewährleistet dies durch Formen der normativen, strategischen und operativen Führung, die je unterschiedliche zeitliche und inhaltliche Geltungsbereiche abdecken. Auch auf diesem Areal ist eine deutliche Zunahme an Reflexivität zu konstatieren. Nachdem Schulen bis vor kurzem Züge einer deutlichen Untersteuerung aufwiesen, wurde der Reformbedarf nun allenthalben erkannt. Gesucht wird heute nach Formen einer professionalisierten schulischen Governance, an der die verschiedenen Anspruchsgruppen (Lehrende und Lernende, Leitung und Aufsicht von Schule, Politik und Öffentlichkeit) in angemessener Form beteiligt sind. Auch das ist nicht zu haben, ohne dass das Ausmaß an verfügbarer Aufmerksamkeit, an Beobachtung und an Kommunikation erhöht wird.

All dies kann hier nicht ausgeführt werden. Illustriert werden sollte lediglich die These, dass Schulen heute im Vergleich zu früher nicht nur komplexer und dynamischer geworden sind, sondern dass diese notwendigen Veränderungen im gleichen Maße die Reflexivität und damit Art und Umfang von Fremd- uns Selbstbeobachtung beeinflusst haben. Die Folgefrage lautet: Mit welchen Wirkungen?

You Get what You're Looking for

Es ist schon eine Weile her, da wurden Computer mit dem WYSIWYG-Slogan beworben: What You See Is what You Get. Versprochen wurde, dass alles, was auf dem Bildschirm zu sehen ist, genauso auf dem Drucker rauskomme.

Der Konstruktivismus hat dem Akt des Beobachtens, der in dieser Botschaft als passives Sehen vorgestellt wird, seine Unschuld geraubt. Der Akt der Beobachtung wird als aktive Operation verstanden, mit der ein System sich selber und somit auch die Umwelt laufend rekonstruiert (Maturana u. Varela 1987). Für lebende Systeme wie Menschen oder Organisationen muss der Slogan reformuliert werden: They Get what they're Looking for! Sie finden, wonach sie suchen, sie entwickeln sich so, wie sie sich selber sehen.

Das klingt gleichermaßen trivial wie paradox und ist doch empirisch gut dokumentierbar. Die Art und Weise, wie Systeme sich beobachten und beobachtet werden, beeinflusst in hohem Masse, wie sich diese Systeme entwickeln. Und dies lässt sich wiederum beobachten, auch wenn dies in der Bildungsforschung bisher erst ansatzweise geschieht (Luhmann u. Schorr 1988b). Das Faktum als solches ist evident und kann an zwei aktuellen Beispielen illustriert werden:

– Von herkömmlichen Verfahren der Beurteilung von Schülern und Schülerinnen ist bekannt, dass sie teilweise unerwünschte Nebenwirkungen zeitigen. In den promotionsrelevanten[2] Fä-

---

2 Promotion (schweizerisch) = Versetzung in die nächste Klasse.

chern nimmt die Leistungsbereitschaft zu, in den anderen Fächern fällt sie ab. Das stellt so lange kein Problem dar, als zwischen Lehrplänen und Prüfungsinhalten ein hoher Deckungsgrad besteht. Dies ist aber erkennbarerweise nicht der Fall, weil viele Lehrplanziele entweder als nicht promotionsrelevant oder als nicht messbar ausgeschieden werden. Personale und soziale Kompetenzen etwa fallen damit außer Rang und Traktanden[3]. Diese Asymmetrie wird von den Schülern wiederum beobachtet und steuert nach dem Modell der „rational choice" (James S. Coleman) ihr künftiges Verhalten.

– Auch auf der Makroebene zeichnet sich ab, dass Form und Inhalt von Bildungsevaluationen mittel- und langfristig in hohem Maße verhaltenssteuernd wirkt. PISA demonstriert eindrücklich, wie ganze Nationen ihre Anstrengungen darauf konzentrieren, in Ländervergleichen gut abzuschneiden. Einschränkungen in der Tiefe und Breite der Vermittlung des Lehrplanes werden dabei in Kauf genommen. Aus Ländern mit einer langen Tradition in Bezug auf standardisierte Leistungstests ist bekannt, dass Schulen zu einem *teaching to Test* neigen, um in den öffentlich publizierten Rankings besser abzuschneiden. In der Wahl ihrer Mittel zeigen sie sich dabei nicht zimperlich, mehrere Fälle illegaler Manipulationen sind ruchbar geworden. Auch hier gilt: Wer solche unerwünschten Nebeneffekte vermeiden will, ist genötigt, sie bereits bei der Planung der Evaluation zu antizipieren (Stamm 2003).

Diese Beispiele stehen hier stellvertretend für viele andere. Der Sachverhalt erinnert an die früheren Diskussionen über den heimlichen Lehrplan von Schulen (vgl. Zinnecker 1976). Es geht um eine Entschleierung des Zusammenhangs von strukturellen Bedingungen in Schulen und den darin ablaufenden Lehr-Lern-Prozessen. Lehrende und Lernende orientieren sich – oft unbewusst – an dominanten Beobachtungs- und Kommunikationsmustern in ihrem Umfeld. Sie haben ein gutes Gespür dafür, was belohnungsrelevant wird und was nicht, und maximieren ein Verhalten, das ihnen die erwünschte Belohnung verschafft (Dreeben 1980). Unsere Ausgangsfrage kann somit positiv beantwortet werden: *Schulen verändern sich in der Tat nach Maßgabe der Art und Häufigkeit, mit der sie beobachtet werden.*

3 Traktandum (in der Schweiz gebräuchlich) = Verhandlungsgegenstand.

Das ist nicht zu kritisieren, denn sie verhalten sich rational. Zu kritisieren ist auch nicht der Trend, durch empirische Verfahren die Wirksamkeit von Schule evaluieren zu wollen, denn dies erscheint unter bildungsökonomischen Perspektiven unabdingbar. Zu fordern ist dagegen, dass die Schule beabsichtigte und unbeabsichtigte Wirkungen ihrer erhöhten Reflexivität wiederum bewusst reflektiert und steuert. Das kommt der Forderung gleich, das eigene Beobachten zu beobachten – eine Beobachtung 2. Ordnung also anzustellen. Sollte es gelingen, die Wirkungen dominanter Beobachtungsmuster in Schulen hinreichend zu antizipieren, kann es auch gelingen, diese in den Dienst der Schulentwicklung zu stellen. Davon soll im letzten Abschnitt die Rede sein.

SCHULEN GANZHEITLICH BEOBACHTEN UND ENTWICKELN

Die erhöhte Aufmerksamkeit für den Bildungssektor ist verständlich vor dem Hintergrund, dass Bildung in westlichen Nationen zu den größten öffentlichen Ausgabeposten zählt. Die Bildungspolitik steht in der Pflicht, auch in diesem Bereich Kosten und Nutzen, Investitionen und Wirkungen in ein günstiges Verhältnis zu setzen. Diesem Zweck dienen die neuen Ansätze des Public Managements (Schedler u. Proeller 2000) und des Bildungsmanagements (Thom, Ritz u. Steiner 2002) im Besonderen. Dabei spielt die empirische Messung von Wirkungen *(outcome)* eine zentrale Rolle. Peter F. Drucker pointiert den Umstand folgendermaßen: „If you can't measure it – you can't manage it."

Ich halte die Aussage in dieser Allgemeinheit für überzogen, denn sie unterschätzt den Stellenwert qualitativer und intuitiver Beobachtungen. Ich habe deshalb einmal scherzhaft eine Umkehrung der Aussage vorgeschlagen: „If you can't measure it – try management." Aber Druckers Aussage enthält mehr als nur einen Kern Wahrheit. Der Einbezug moderner Managementmethoden im Bildungswesen führt unter der Hand zu einer Präferenzierung von so genannten harten, quantifizierenden Beobachtungsverfahren, wie sie im Bereich Forschung, Evaluation und Qualitätsmanagement vorherrschen.

Solche Verfahren sind nicht Zweck in sich selber, sondern lediglich ein Mittel zum Zweck der Entwicklung von Schulen. Wenn oben konstatiert wurde, dass Schulen sich unter anderem nach Maßgabe der etablierten Beobachtungsverfahren verändern, dann darf daraus nicht geschlossen werden, dass Veränderungen immer einen erwünschten Verlauf nehmen. Von Schulentwicklung würde ich allerdings nur dann sprechen, wenn eine Annäherung an die pädagogischen Ziele der Schule resultiert. Daraus ergibt sich:

- Referenzpunkt der Schulentwicklung bilden die normativen, pädagogischen und strategischen Ziele einer Schule, wie sie in den Leitbildern, Lehrplänen und Programmen von Schulen festgehalten sind. Führungs-, Leistungs- und Supportprozesse sind auf diese Ziele hin auszurichten.
- Dieses Prinzip behält auch im Bereich reflexiver und evaluativer Verfahren seine Gültigkeit. Diese sind nach Form und Gehalt auf die Ziele der Schule abzustimmen. Es ist auf die Balance von summativen und formativen Wirkungen zu achten (vgl. dazu ausführlich Büeler 2004, S. 270 ff.).

Solche Forderungen mögen zunächst als selbstverständlich erscheinen. Dies darf aber nicht darüber hinwegtäuschen, dass die sich daraus ergebenden Konsequenzen noch kaum zureichend erkannt werden. Allzu oft werden Verfahren und Instrumente zur Beobachtung von Schulen nicht zielorientiert konstruiert, sondern nach arbiträren Kriterien zusammengestellt. Die ganzheitliche Ausrichtung, die in Bildungsinstitutionen besonders zentral ist, spiegelt sich so in der Selbst- und Fremdbeobachtung nicht wider. Das Problem entsteht allerdings weniger durch die *Qualität* der verwendeten Reflexionsverfahren als durch ihre *Selektivität*. Dies sei an zwei Beispielen dargelegt:

- Es besteht ein breiter Konsens darüber, dass Schule neben fachlichen auch überfachliche Kompetenzen zu fördern hat. Forschungen zur lebensweltlichen Relevanz unterschiedlicher Intelligenzfaktoren (Gardner 1983; Sternberg 1996) unterstreichen diesen Anspruch. Nationale und internationale Leistungstests blenden solche Faktoren bisher weitgehend aus und unterminieren damit die Verbindlichkeit dieser Lernziele.
- Mit der Einführung von Public Management werden im Bildungsbereich vermehrt Monitoring- und Controlling-Verfahren angewendet. Diese fokussieren durchgehend einige ein-

fach zu messende Indikatoren, meistens aus dem Finanzbereich.[4] Andere und mithin für die Wirksamkeit von Schulen viel entscheidendere Parameter werden nicht erfolgsrelevant und verlieren damit implizit an Bedeutung.

Selektivität als Strategie der Reduktion von Komplexität ist nicht per se ein Problem. Sie wird dann zum Problem, wenn sie zu systeminternen Widersprüchen führt, etwa dann, wenn wichtige Ziele von Schule oder ihr systemischer Charakter ausgeblendet werden.

Wem die ganzheitliche Entwicklung von Schulen ein Anliegen ist, muss bei dieser Selektivität in der Beobachtung ansetzen. Methoden, Instrumente und Verfahren aus dem Bereich von Bildungsevaluation und Bildungsmanagement werden künftig an Bedeutung noch zulegen und die Entwicklung von Schulen maßgeblich beeinflussen. Es wird von entscheidender Bedeutung sein, in diesem Bereich Ansätze zu entwickeln, die zu den pädagogisch-normativen Zielen von Schule in einem synergetischen Verhältnis stehen. Dies kann einen Beitrag dazu leisten, den Deckungsgrad *in Bezug auf den heimlichen und den offiziellen Lehrplan* zu erhöhen und die Qualität von Schulen zu verbessern. Neu erfunden wird die Schule dadurch nicht. Man wird sich damit bescheiden müssen, die Basis für eine ziel- und wirkungsorientierte Rekonstruktion von Schule geschaffen zu haben.

---

4 Ausnahmen bestätigen die Regel. Solche sind etwa in Ansätzen aus dem Bereich des Total Quality Managements (vgl. das EFQM-Modell) oder bei den strategiefokussierten Controllingsverfahren (vgl. z. B. die Balanced Scorecard von Kaplan & Norton) vorhanden.

Poesie, Logik und Kreativität –
Für eine Pädagogik der Einbildungskraft

Hans Rudi Fischer

Was ist das Betriebsgeheimnis kreativen, Sinn stiftenden Denkens? Unser übliches Verständnis von Rationalität orientiert sich an der Logik und ihren „Denkgesetzen", und diese sind darauf angelegt, die Einbildungskraft im Zaum zu halten. Am Beispiel der Logik der Zeichendeutung, der Hermeneutik, des metaphorischen und des „verrückten" Denkens zeigt der Autor, dass die Logik des kreativen Denkens ein Denken in „Ähnlichkeiten" ist, das gerade im Verstoß gegen die logische Denkordnung Einbildungskraft freisetzt, die in der Lage ist, neuen Sinn, neue Beziehungen, neues Denken zu erzeugen. Eine Pädagogik der Einbildungskraft hätte die prinzipiell widersprüchliche Struktur von logischer Rationalität und Einbildungskraft in ein balancierteres Verhältnis zu bringen, bei der die Einbildungskraft nicht gegen den Verstand ausgespielt wird.

Logik: die Schule des Denkens

Bei der traditionellen Bestimmung des Menschen als Vernunftwesen spielt die Logik eine fundamentale Rolle. Sie liefert mit ihren „Denkgesetzen" die Ordnung, in der Menschen denken, sprechen und so zu Schlüssen kommen, die rational bzw. vernünftig genannt werden. Von diesem Fundament abweichendes Denken wurde und wird häufig aus dem Diskurs als paralogisch bzw. irrational ausgeschlossen. Dieses Verständnis von Rationalität fasst die Regeln, auf denen sie selbst gründet und die sie als Waffen gegen widerstreitende Auffassungen ins Felde führt, als vollständig, zeitlos, universell gültig und invariant auf.

Wenn wir nach dem Bilde für diese Rationalität suchen, so finden wir es im griechischen Mythos, bei der Göttin der Vernunft, Pallas

Athene (vgl. Lorraine Daston 2001). Das Mädchen Athene ist eine Kopfgeburt ihres Vaters Zeus, im Ur-Sprung entspringt sie in voller Rüstung dem Kopfe ihres Vaters. So wie sie geboren wird, so bleibt sie, sie ist von Anfang an fix und fertig, sie kennt keine Entwicklung, keine Erziehung, keine Schule und kein Lernen, sie ist eben bereits ursprünglich vollkommen. Diese Vorstellung von zeitlosen, transkulturellen Maßstäben von Rationalität hält sich auch heute noch. Wenn wir die Logik als Inbegriff solcher Rationalität betrachten, wird auch klar, warum es in der Logik keine Überraschungen, nichts Neues geben kann. Ein völlig rational denkender Mensch könnte nur den logischen Regeln folgen, könnte also nur logisch denken, könnte keine kognitive Dissonanz produzieren, könnte keine Metaphern generieren, hätte und bräuchte keinen Wagemut, von vorgegebenen Denkgeleisen abzuweichen ... etc. Ich habe diese Fassette unseres Verständnisses von Rationalität deswegen so stark pointiert, um zu verdeutlichen, dass menschliches Denken, wäre es nur von solcher Rationalität beherrscht, keinen Raum für Kreativität hätte, keine Möglichkeit, zu lernen, Eigensinn und Neues zu erzeugen oder „irrational" zu denken. Ich möchte im vorliegenden Beitrag der Frage nachgehen, wie es angesichts der durch Tradition und Kultur vorgegebenen „Gedankenbahnen", die auch in den Schulen als Enkulturationsinstanzen vermitteltet werden, möglich ist, Einbildungskraft zu entfesseln und Fantasie freizusetzen. Wie ist eine Pädagogik der Einbildungskraft möglich, wenn deren genuiner Auftrag doch gerade darin besteht, den Verstand so zu schulen, dass er die Einbildungskraft, die ja bei Kindern bekanntlich noch sehr groß ist, im Zaume zu halten vermag? „Verstand" kommt jedoch selbst von „verstehen", daher möchte ich zunächst die Grundlage unseres Verstandes, unseres Denkens, sowohl des logischen als auch des paralogischen, in dem ausmachen, was im Zentrum von Mantik (Deutungskunst; griech. *mantis:* „Seher") wie Semantik steht: den Zeichen. Daran anschließend werde ich das Lieblingswort der Konstruktivisten, „konstruieren", als dialektischen Prozess von Entdecken und Erfinden ausweisen und dann den Kern der Einbildungskraft im paralogischen Denken konkretisieren. Gerade die paralogischen Denkmuster sind es, die in Mythos und Poesie ebenso anzutreffen sind wie in Traum, Wissenschaft und der Wirklichkeit unseres alltäglichen Denkens. Solche Verstöße gegen logisch gültige Schlussfolgerungen sind nicht nur der Kern alles Kreativen, alles Neuen, sondern auch das

Wesen metaphorischen, poetischen Denkens, zu dem ich am Schluss dieses Aufsatzes kommen werde.

ZEICHEN – LEUCHTFEUER DES DENKENS

Erkennen wird – in Alkmaions Motto – als inferenzieller, aktiver Prozess des Erkenntnissubjektes verstanden, es *macht* seine Erkenntnis, indem es folgert bzw. ableitet. Dieses *Erschließen* der Welt, dessen, was ist, dessen, was war und sein wird, versucht die Logik in bestimmte Schemata (etwa Syllogismen) zu bringen, um in unserem Denken die Ordnung aufzuzeigen, die Rationalität garantiert.

Mit dieser Fähigkeit, sich die Welt zu erschließen, kann der Mensch von sichtbaren, wahrnehmbaren Zeichen auf Nichtwahrnehmbares, auf „unsichtbare" Bedeutungen übergehen. Seit alters ist das die Kunst der Seher (Mantiker), aus den inneren oder äußeren Zeichen auf das zu schließen, was war, was ist und was sein wird.

Es geht also ganz abstrakt um *Zeichen*, das die Griechen *sema* (in: Semantik), Leuchtfeuer, nannten. Alles kann zum Zeichen werden. Ich gehe von einem triadischen Zeichenbegriff aus, wie er sich seit Peirce in Zeichentheorie und Semantik durchgesetzt hat. Demnach ist ein Zeichen ein Etwas, das sich auf ein Anderes für einen Dritten bzw. etwas Drittes bezieht. Dieses Dritte ist in der Zeichentheorie (die einen dyadischen Zeichenbegriff hatte: Aliquid stat pro aliquo: Etwas steht für etwas Anderes) erst vor mehr als 100 Jahren wieder entdeckt worden. Im Konstruktivismus und in der Hermeneutik sprechen wir von diesem Dritten als dem Beobachter oder dem Interpreten, durch ihn erst bekommen die Zeichen ihre Bedeutung. Die Zeichen, die Wörter, die Sprache ermöglichen also erst vermittels unserer „inneren Landkarte", unseres Koordinatensystems, unseres Glaubenssystems oder des Deutungsrahmens des Interpreten, des Beobachters, uns auf unserer Odyssee durchs Leben zu orientieren.

So gesehen, erweist sich der Mensch in erster Linie als ein Homo significans, der sich mithilfe von Zeichen seine Welt erschließt und ihr Bedeutung bzw. Sinn gibt. Als sinnbedürftige, sinnhungrige Wesen sind wir vor allem Zeichendeuter und Spurenleser, wir sind die Autopoieten unserer eigenen Welt: Ich meine zunächst nur die Welt des (unsichtbaren) Sinnes, des Geistes, des Denkens und nicht die Welt des Seins. In dieser autopoietischen Welt gibt es wahrhafte

Schöpfung, nämlich die Möglichkeit, Neues, neuen Sinn, neue Bezüge herzustellen im Sinne von Poiesis. Neuer Sinn ist zunächst immer Eigensinn, Sinn, von einem Einzelnen aus dem Horizont seiner Weltsicht, seines Koordinatensystems entworfen wie erschlossen, um sich im eigenen Weltentwurf zu orientieren.

EINBILDUNGSKRAFT: VOM ENTDECKENDEN ERFINDEN UND DEM ERFINDENDEN ENTDECKEN

Texte, Erzählungen, Gedichte haben keine Bedeutung, Bedeutungen sind nicht da – wie uns die Bedeutungswörterbücher Glauben machen wollen –, sie sind keine *ready-mades* ebenso wie unser Leben keinen Sinn *hat*. Weniger provokativ gesagt, heißt das, die Bedeutung eines Textes liegt nicht in ihm, wie der Sinn unseres Lebens nicht im Leben selbst liegt. Dieser Sinn des Textes muss ebenso konstruiert werden wie der Sinn, den ich meinem Leben gebe. Dieses Konstruieren von Sinn, dieser schöpferische Akt, geschieht über einen Zeichenprozess, in dem der Leser eines Textes Worte, Metaphern, Strukturen des Textes, die alle Zeichen sind, deutet und in diesem Deutungsprozess zum Autopoieten wird. Analog müssen wir die Zeichen, die unser Leben uns andeutet, in einen Zusammenhang, einen Rahmen, eine Ordnung bringen, die ihnen Sinn geben. Dieser Rahmen, dieser Deutungs- oder Interpretationsrahmen, ist nicht von der Natur vorgegeben, und er ist auch innerhalb derselben Kultur unterschiedlich. Daraus wird das Multiversum verständlich, in dem wir Tag für Tag versuchen, uns zurechtzufinden. Wir sehen eine Ordnung in die Welt hinein, wir erzeugen zunächst einen Eigensinn, indem wir unsere Erfahrung so organisieren, dass sie im Rahmen unseres Selbst- und Weltbildes für uns Sinn ergibt. Insofern ist jedes Leben ein Kunstwerk, es ist Poiesis im ursprünglichen Sinne: gemacht.

Einbildungskraft als das Vermögen, sich etwas vorzustellen, was nicht oder noch nicht wirklich vorhanden ist, ist die Voraussetzung, dass der Mensch mittels Zeichen nicht nur über Abwesendes sprechen kann, sondern auch noch nicht vorhandenen, neuen Sinn, neue Realität erzeugen kann. Wenn wir uns unter diesem Gesichtspunkt dem unter Konstruktivisten so beliebten Verb „konstruieren" bzw. dem deutschen „erfinden" zuwenden, wird diese menschliche Fähigkeit besonders relevant.

Dieses Konstruieren von Sinn, den ich als genuinen poietischen Akt begreife, ist sowohl ein Entdecken als auch ein Erfinden. „Entdecken" und „Erfinden" – die von der Etymologie her nicht weit voneinander entfernt liegen – sind für mich komplementäre Begriffe. Ich möchte das mit einem Aphorismus (entnommen aus Eco 1985, S. 313) erläutern, der von einem großen Bildhauer stammt, nämlich von Michelangelo, der das Wesen der Bildhauerei dahin gehend bestimmte, dass der Bildhauer im unbehauenen Stein die Statue *entdecke*, die das Material bereits umgebe und die von dem Übermaß des Steins verdeckt werde. Der Bildhauer treibe vermittels seiner Einbildungskraft seine noch unfertige, noch nicht realisierte Idee mit seinem Handwerkszeug in den Stein, in die ihm entgegenstehende Natur, er nehme das Überschüssige weg, er ent-decke in diesem interaktiven Prozess die Statue im Stein. Die Idee von der Statue ist vermittels seiner Einbildungskraft zur sinnlichen Realität geworden, Denken zum Sein. Die Realität der Statue ist ebenso ent-deckt wie er-funden. Der Bildhauer er-findet also seine Skulptur im Stein, indem er sie im Stein ent-deckt. Die Einbildungskraft – man verstehe dieses alte, schöne deutsche Wort wörtlich: Ein-Bildungskraft – realisiert sich in der fertigen Statue, diese reflektiert die entwickelte Idee des Künstlers, seinen Eigensinn. Insofern wäre, wenn man die Schule neu erfinden wollte, eine Schule der Fantasie erforderlich, die die Einbildungskraft der Kinder nicht gegen logisch-rationales Denken ausspielt, sondern sowohl Verstand wie Einbildungskraft fördert und fordert.

Coagito – Paralogisches Denken als Wurzel des Schöpferischen

Der Urgrund des Schöpferischen, des Neumachens, liegt in der dekonstruktiven Ver-Rückung eingefahrener Denkgeleise, in der Brechung des alten Kategoriensystems, um auf den Trümmern des Alten ein Neues zu errichten. Eigensinn kommt also über einen destruktiven und einen konstruktiven Aspekt zustande. Etwas Altes, Vertrautes wird zerstört, und mittels entfesselter Einbildungskraft werden neue Kategorien, neue Ideen, neuer Sinn erschaffen. Dass das Denken im Kern diese Kreativität hat, wird deutlich, wenn wir uns der Etymologie und der Metaphorik hinter dem cartesianischen Cogito zuwenden.

Die Bedeutung von *cogitare*, von *cogito* kommt von *con agito, coagito*, das heißt nichts anderes als: „Ich schüttele und rüttele heftig hin und her." Genau darin besteht das Wesen kreativen Denkens, das – im Gegensatz zum bloß reproduktiven Nach-Denken – vor allem ein Durcheinanderschütteln, ein spekulatives Verrücken ist, in dem logische Kategorien durcheinander geworfen, außer Kraft gesetzt werden können. Hier haben wir von den Verrückten dieser Welt, den kreativen Paralogikern, den Poeten und Künstlern viel zu lernen. Man hat in der Tradition, die die Logik zum Maßstab für Rationalität gemacht hat, dieses Denken paralogisch genannt, bei dem die Vernunft absent zu sein scheint.

Wie sieht dieses Denken aus, welcher Logik folgt es?

In der Logik wird versucht, die gültigen, rationalen von den ungültigen Schlussfolgerungsformen zu scheiden, um die Spreu vom Weizen zu trennen. Da es sich dabei um „Denkgesetze", um fundamentale Prinzipien des als rational geltenden Denkens handelt, spricht man bei Verstößen gegen diese Denkgesetze von irrationalem, paralogischem Denken (griech. *paralogismos*: falscher, neben – *para* – der Ordnung liegender Schluss) bzw. von Denkstörungen. Die zwei bekannten klassischen Denkschemata (Syllogismen) sind die der Deduktion und der Induktion. Ich möchte auf die für unser tatsächliches Denken relevante, lange vergessene und durch den Philosophen Charles Sanders Peirce (1839–1914) wieder entdeckte Denkform der Abduktion hinaus, in der ich das Geheimnis der Kreativität, des Schöpferischen sehe. Bevor ich die Unterschiede der drei Schlussweisen im Schema erläutere, möchte ich auf einen fiktionalen Text zurückgreifen, in dem uns der Zeichentheoretiker Umberto Eco (1982, S. 389) in der Maske des Franziskaners Francis von Baskerville den Unterschied der drei Schlussweisen erläutert:

> „'Mein lieber Adson', dozierte mein Meister, ,das Aufklären eines Geheimnisses ist nicht dasselbe wie das Deduzieren aus festen Grundprinzipien. Es gleicht nicht einmal dem Sammeln von soundso vielen Einzeldaten, um aus ihnen dann auf ein allgemeines Gesetz zu schließen. Es ist eher so, daß man vor einer Anzahl von Tatsachen steht, die anscheinend nichts miteinander zu tun haben, und nun versuchen muß, sie sich als ebenso viele Einzelfälle eines allgemeinen Gesetzes vorzustellen, eines Gesetzes aber, das man nicht kennt und das womöglich noch nie formuliert worden ist.'"

Zunächst deutet Eco hier die Deduktion an als Art und Weise des Schließens vom Allgemeinen (Gesetz) auf das Besondere und dann die Induktion als den umgekehrten Weg, vom Besonderen aufs Allgemeine. Das Aufklären eines „Geheimnisses" (eines Mysteriums) ist mit diesen Methoden nicht möglich. Dazu bedarf es der Abduktion, des Erfindens eines allgemeinen Gesetzes, das viele Einzelfälle, die augenscheinlich nichts miteinander zu tun haben, zu verbinden in der Lage ist.

Ich möchte der Lesbarkeit halber auf das logische Vokabular so weit wie möglich verzichten.

Die abduktive Schlussweise besteht aus zwei Schritten. Sie geht von einem zu erklärenden bzw. zu verstehenden „Phänomen" aus (1), in Peirce' Terminologie vom „Ergebnis", das in der klassischen Terminologie die Konklusion darstellt, und greift auf eine vorhandene oder neu konstruierte Hypothese (Regel/Gesetz) zurück (2), mit deren Hilfe (zweitens) dann der Fall (3) abduziert wird.

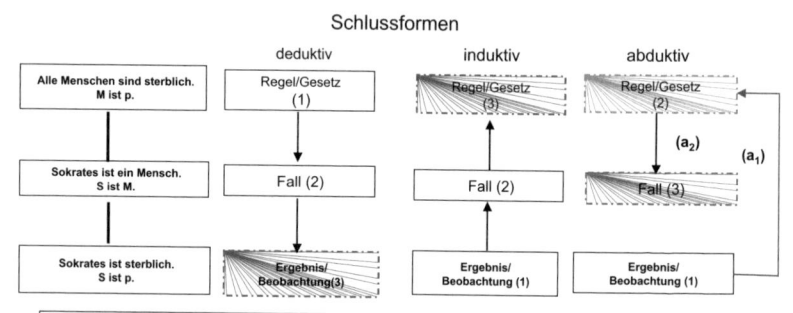

Schlussformen

	deduktiv	induktiv	abduktiv
Alle Menschen sind sterblich. M ist p.	Regel/Gesetz (1)	Regel/Gesetz (3)	Regel/Gesetz (2)
	↓	↑	↓ (a$_2$) (a$_1$)
Sokrates ist ein Mensch. S ist M.	Fall (2)	Fall (2)	Fall (3)
	↓	↑	↓
Sokrates ist sterblich. S ist p.	Ergebnis/ Beobachtung(3)	Ergebnis/ Beobachtung (1)	Ergebnis/ Beobachtung (1)

Kästchen mit durchgezogenen Linien bezeichnen Prämissen, Hypothesen, die als wahr bzw. gegeben vorausgesetzt werden. Kästchen in gepunkteten Linien bezeichnen Hypothesen, die erschlossen bzw. konstruiert sind. Man kann zwei Arten der Abduktion unterscheiden.
Ist das Gesetz/die Regel vorgegeben oder vorhanden, wie beim normalen Sprachverstehen, bei dem wir „wissen" X bedeutet (Konvention), dann haben wir (a2), den Schluss auf den Fall. Das ist der Kern der abduktiven Schlussweise, zwei Prämissen und eine Konklusio. Ist die Regel/das Gesetz nicht vorhanden, das verschiedene Fälle als Ausdruck eines Allgemeinen zusammenfaßt, (a1), dann haben wir die kreative Abduktion, von der Eco hier spricht. Rein logisch betrachtet, ist der abduktive Schluss falsch bzw. nicht begründet. Von den Prämissen „S ist p" und „M ist p" kann nicht gültig geschlossen werden, dass S ein M ist.

Ich möchte hier nur auf die Abduktion fokussieren.

Für Peirce besteht die Funktion des abduktiven Folgerns darin, „in das verworrene Durcheinander gegebener Tatsachen eine nicht gegebene Idee einzuführen, deren einzige Rechtfertigung darin besteht, dieses Durcheinander in Ordnung zu bringen" (Peirce 1991a, S. 333). Die Abduktion ist also als Prinzip verständlich, das es zu rekonstruieren erlaubt, *wie* konzeptuelle Ordnungen durch Einführung einer Hypothese (in Form einer Minitheorie bzw. einer Regel- bzw. Gesetzeshypothese) erzeugt werden. Sie macht auch die Kreisbewegung des Verstehens deutlich, den hermeneutischen Zirkel.

Verstehen setzt immer Verstehen voraus, Verstehen ist immer Interpretieren. Wenn ich den Fall (3) abduziert habe, *dann* erst habe ich die Beobachtung/das Ergebnis (1) verstanden. Wenn man das allgemeine Gesetz als Interpretationsanleitung, als Codierungsregel versteht und als Konditional schreibt, lässt sich die Abduktion in folgendem Schema als Logik der Zeichendeutung verstehen.

Sinnkonstruktion in einem Zeichensystem
Abduktives Schließen als Zeichendeutung
bzw. Interpretation

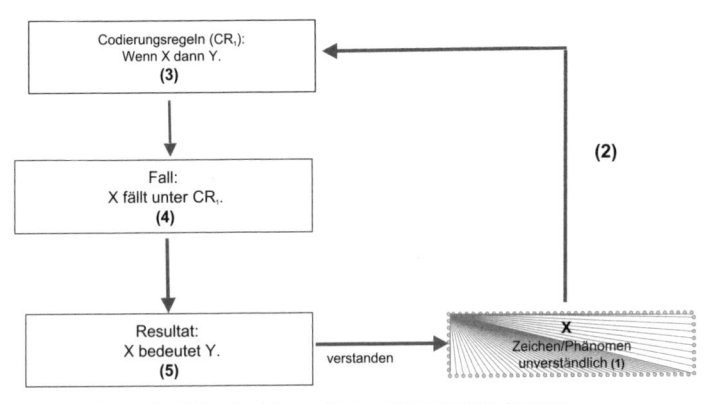

```
┌──────────────────────────┐
│ Codierungsregeln (CR₁):  │ ◄─────────────────┐
│    Wenn X dann Y.        │                   │
│         (3)              │                   │
└──────────────────────────┘                   │
             │                                 │
             ▼                              (2)│
┌──────────────────────────┐                   │
│         Fall:            │                   │
│     X fällt unter CR₁.   │                   │
│         (4)              │                   │
└──────────────────────────┘                   │
             │                                 │
             ▼                                 │
┌──────────────────────────┐                ┌──────────────────┐
│       Resultat:          │                │        X         │
│     X bedeutet Y.        │──verstanden──► │ Zeichen/Phänomen │
│         (5)              │                │ unverständlich(1)│
└──────────────────────────┘                └──────────────────┘
```

Als Prozess des Findens einer Prämisse (Hypothese) ist die Abduktion Grundlage aller hermeneutischen Verfahren, ein Schlussfolgern von Phänomenen (Verhalten, Handlungen) auf Absichten (Motive, Intentionen).

In der hermeneutischen Logik – wie ich sie verstehe – symbolisiert der Pfeil von (5) auf (1), dass jetzt erst X verstanden ist.

Auch diagnostische Schlüsse sind abduktiv. Beispiel:

X hat Flecken im Gesicht [Ergebnis/Symptom].
<u>Hat jemand Flecken im Gesicht (X), hat er (Y), die Masern [Gesetz].</u>
X hat die Masern [Fall; Konklusion].

Mit der Konklusion wird auch verstanden, *warum* X die Flecken im Gesicht (Ergebnis/Symptom) hat, nämlich *weil* er Masern hat. Man hat also zu einer Wirkung die Ursache gefunden (bzw. erfunden).

Die Logiker sprechen von einer Fallacia consequentis, einem Fehlschluss bezüglich der Folge. Aus „M ist p" und „S ist p" folgt nicht, dass „S" „M" ist. Was aber inhaltlich an diesem Fehlschluss interessant ist, ist, dass an der Prädikatsstelle in beiden Prämissen dasselbe Prädikat p steht.

Fremde Blicke

Paralogisches Denken ist ein Denken in Ähnlichkeiten, ein Denken, das übliche logische Unterschiede verwischt und auf ungeahnte „Ähnlichkeiten" oder neu erschaffene Ähnlichkeiten fokussiert. Die Grundlage aller Kreativität und aller Denkänderungen, der Metanoia (Umdenken, Reue), beruht auf solchen paralogischen Störungen logischer Rationalität, der Verrückung der etablierten Perspektiven.

Wie sehr Fantasie und Realität, Poesie und Wissenschaft in der fiktionalen und der wissenschaftlichen Literatur verknüpft sind, zeigt sich im *Namen der Rose* auch in der Figur des blinden Bibliothekars, des Mantikers Jorge von Burgos, womit Eco auf den blinden argentinischen Schriftsteller Jorge Luis Borges (1899–1986) anspielt. Ein Netz von Assoziationen verweist mittels Ähnlichkeit auf andere Assoziationen usw. Namen verweisen auf Namen, Zeichen auf Zeichen, der Name der Rose auf die Ordnung der Dinge. Wie kommt diese zustande?

Exotisches Denken – Die Verwandtschaft der Dinge

Michel Foucault ließ sich zu seinem Buch *Die Ordnung der Dinge* von einer „Enzyklopädie" inspirieren, die die Ordnungen unseres vertrauten Denkens fundamental erschüttert und einen „exotischen Zauber" entfaltet, der uns die schiere Grenze des Undenkbaren vor Augen zu führen scheint. Foucault zitiert eine wiederum von dem Schriftsteller Borges selbst „zitierte" chinesische Enzyklopädie, bei der sich „die Tiere sich wie folgt gruppieren: a) Tiere, die dem Kaiser gehören, b) einbalsamierte Tiere, c) gezähmte, d) Milchschweine, e) Sirenen, f) Fabeltiere, g) herrenlose Hunde, h) in diese Gruppierung gehörige, die sich wie Tolle gebärden, k) die mit einem ganz feinen Pinsel aus Kamelhaar gezeichnet sind, l) und so weiter, m) die den Wasserkrug zerbrochen haben ..." (zit. nach Foucault 1974, S. 17).

Wie wird hier das Gleiche und das Andere gehandhabt, dass es in der Lage ist, unser Denken so massiv zu irritieren, dass wir diese „Enzyklopädie" für undenkbar, für verrückt halten?

Die von dem argentinischen Schriftsteller Borges fingierte Enzyklopädie macht die prinzipielle Willkürlichkeit aller Taxonomien deutlich, in der jedes Zeichen semantisch mit allen anderen des Zeichensystems vernetzt sein kann, weil das Kriterium des „Gleichen", mit dem „gemessen" wird, vom Beobachter *vor* der Beschreibung bzw. Beobachtung etabliert werden muss. Wir haben hier ein fiktionales Beispiel eines Denkens vor uns, das vor den Ordnungsmaßstäben der Logiker „paralogisch" ist.

Borges' fiktives Beispiel für „exotisches" Denken ist auch ein Beispiel für *Verfremdung*. Die Sicht, die Beschreibung von Phänomenen, Dingen *durch die Brille* einer anderen Taxonomie bzw. Grammatik ist ein Akt der Verfremdung: Das Vertraute erscheint fremd.

In abduktiven Schlüssen liegt der Kern aller Fantasie, allen Eigensinns, aller Weisen der Welterzeugung.

Dass poetisches Denken in erster Linie metaphorisches Denken ist, ist eine Trivialität. Aber auch darin zeigt sich das paralogische Denken als kreativer Kern. Zum Schluss möchte ich noch auf die paralogische Struktur metaphorischen Denkens zu sprechen kommen und die Frage, wie Metaphern die Einbildungskraft entfesseln können.

METAPHORISCHE VERRÜCKUNG – FALSCHE SCHLÜSSE, NEUER SINN

Seit Aristoteles ist klar, dass die Metapher ein wesentliches Moment der Einbildungskraft ist. Was ist ihr Betriebsgeheimnis, wie schafft sie es, neuen Sinn, neue Bezüge bzw. Beziehungen herzustellen, wie, Neues in die Welt zu bringen? Es ist das Unerhörte, Widersprüchliche, das die Einbildungskraft zu entfesseln vermag, und das ist seit alters eine Bedrohung unseres Verständnisses von Rationalität.

In diesem unerhörten *paralogischen* Moment der Metapher liegt aber ihr kreatives Potenzial, das Lern- und Erkenntnisprozesse auslösen und ermöglichen kann.

Bereits Aristoteles hat in der Fähigkeit des „richtig denkenden Menschen", das Ähnliche auch in Dingen zu sehen, die faktisch unmöglich miteinander zu verknüpfen seien (Poetik, 1459a, 22; Rhetorik III, 5 1412a), das Charakteristikum einer guten Metapher ausgemacht. Gleichzeitig hat er der Metapher die Wahrheitsfähigkeit abgesprochen, was zu dem jahrtausendealten Kampf gegen metaphorisches Denken in den Wissenschaften geführt hat: Jenes Moment ist zugleich dasjenige, das die Metapher in Widerspruch zu Logik der theoretischen Vernunft setzt.

Faktisch sind die Dinge nicht miteinander zusammenzubringen, weil eine nicht zu überbrückende kategoriale Differenz zwischen ihnen besteht. Bezeichnet man einen Menschen als Löwen, hat man eine Metapher geprägt. Der Begriff des Menschen fällt nicht unter

Fremde Blicke

den des Löwen und umgekehrt. Logisch betrachtet, ist hier ein Widerspruch am Werk, weil zugleich die Negation dieser Äußerung gilt: X ist Y, und X ist *non-Y*. Was passiert bei solchen Prozessen? Es werden widerstreitende Begriffe, widerstreitende Vorstellungen zusammengebracht, „vermischt", um dadurch etwas „vor Augen zu führen" (Rhetorik III, 1410b, 6), was der gängigen Sehweise aufgrund des etablierten sprachlichen Kategoriensystems und der damit verbundenen Erwartung widerspricht. Metaphorisches Denken ist also gegenüber den etablierten logischen Kategorien „verrückt", exotisch und von daher prinzipiell von der Exkommunikation bedroht. Die darin zum Ausdruck kommende Entfesselung der Einbildungskraft hat man auch als Defizit an Rationalität begriffen und als Kern schizophrenen Denkens ausgemacht. Der Psychiater Domarus (1944) hat versucht, die Logik schizophrenen Denkens dahin gehend zu bestimmen, dass Schizophrene die Identität zweier Dinge (Subjekte) aus der Ähnlichkeit eines gemeinsamen Prädikates (Adjektivs) folgerten, das sie in beiden Dingen sähen. Zum Beispiel folgerten Schizophrene aus den beiden Prämissen „Hirsche sind schnell"/„Indianer sind schnell": „Indianer sind Hirsche." Genau diese Struktur ist aber – wie oben gezeigt – das Prinzip abduktiven („exotischen") Schließens wie das Prinzip des Metaphorischen.

„Indianer sind Hirsche" kann als metaphorische Äußerung verstanden wie „Achill ist ein Löwe", nämlich als abduktive Folgerung aus den beiden Prämissen: „Löwen sind mutig"/„Achill ist mutig."

Während solche Fehlschlüsse, Widersprüchlichkeiten in dem einen Diskurs Unsinn und falsche Aussagen erzeugen, sind sie in einem anderen poietisch wirksam und erzeugen neuen Sinn. Ist nicht diese ursprüngliche, nicht ausschließbare Ambivalenz, dieses Sowohl-als-auch an Rationalität und Irrationalität, an Fantasie und Wirklichkeit das Betriebsgeheimnis metaphorischen und kreativen Denkens?

Eine Pädagogik der Einbildungskraft hätte also weder den Verstand gegen die Einbildungskraft noch die Einbildungskraft gegen den Verstand auszuspielen, sondern beide antinomischen Fähigkeiten des Menschen in eine produktivere Balance zu bringen, bei der die Einbildungskraft nicht völlig unter die Räder des Logos gerät.

PISA oder: Über die Unwahrscheinlichkeit, lesen zu können. Literalität als Bildungsziel?

Clemens Albrecht

Lesen gehört zu den Grundfertigkeiten, ohne die ein Mensch in der modernen Gesellschaft nicht erfolgreich sein kann – so lautet die gängige These. Aber stimmt das wirklich? Der Beitrag unterscheidet zunächst zwischen Alphabetisierung und Literalität, um dann zu zeigen, dass die Entwicklung umfassender Lesekompetenz in allen Bevölkerungsschichten ein historisch einzigartiger Vorgang ist. Er diskutiert am Ende die Frage, ob Literalität in einer visualisierten Medienlandschaft noch eine zentrale Funktion für den individuellen sozialen Erfolg hat.

Medienkompetenz ist in. Kaum eine Grundschule, die sich nicht mit Anzahl und Nutzungsintensität der neu aufgestellten Computer schmückt, kaum ein Kommunikationswissenschaftler, der nicht die Bedeutung des *pictural turn* betont. Vor diesem Hintergrund ist es eigentlich erstaunlich, dass die PISA-Studie auf die Lesekompetenz der Schüler so großes Gewicht legt. Lesekompetenz, so die PISA-Macher, sei „eine elementare Voraussetzung für eine breite Partizipation am sozialen Leben und an den kulturellen Gütern" (Baumert et al. 2001, S. 67). Sie schließe auf der einen Seite das Informationslesen zur gezielten Wissenserweiterung ein, auf der anderen Seite aber auch die Erfahrungserweiterung durch Literatur, die eigene Lebensentwürfe und Denkmuster fiktiv ergänze.

Die Grundlage für dieses Verständnis von Lesekompetenz ist das in den USA Ende der 1960er-Jahre entwickelte Konzept der *Literacy*. Es basiert auf einem Gutachten der *National Academy of Education* (Carroll a. Chall 1975), das die verschiedenen Grade zwischen den beiden Bedeutungen von *to be literate* (lesen und schreiben können/gebildet sein) betonte und die Mitte durch eine pragmatistische Definition an Fallbeispielen fand: Literacy haben bedeutet demnach, über diejenigen Fähigkeiten zu verfügen, die nötig sind, um eine den eigenen Wünschen und Bedürfnissen gemäße Partizipation an den schriftlich vermittelten gesellschaftlichen und kulturellen Gütern erlangen zu können.

Im PISA-Test geht es also um weit mehr als einfache Lesekenntnisse. Gemessen wird Literalität im vollen Umfang, also die Fähigkeit zur gezielten Analyse und Kontextualisierung von komplexen Texten. Die Ergebnisse sind im Wesentlichen bekannt: Deutschland belegt im internationalen Vergleich insgesamt einen Platz im unteren Mittelfeld.

Zur Frage, wie dieser vergleichsweise geringen Lesekompetenz deutscher Schüler zu begegnen sei, verweist die PISA-Studie auf die kulturellen Unterschiede in der gesellschaftlichen Wertschätzung des Lesens. Für Finnland, das neue Musterland der Lesekompetenz, wird etwa angenommen, dass protestantische Wurzeln Ursache für die Leselust der Kinder seien. In diesem Kontext verweist die PISA-Studie explizit auf den Begriff der Lesekultur:

> „Mit Lesekultur ist keinesfalls nur die literarische Lesekultur gemeint, sondern eine von verschiedenen Seiten getragene Einstellung dem Lesen gegenüber, die sich in leseförderlichen Lesepraxen sowie in vielfältigen Anregungen und Unterstützungsmöglichkeiten äußert, so zum Beispiel in Form von Gesprächspartnern, um Verständigungsschwierigkeiten auszuräumen, um Leseeindrücke auszutauschen oder das eigene Urteil zu schärfen. [...] Lesen ist eine kulturelle Praxis, deren Erwerb ganz entscheidend auf stützende soziale Kontexte angewiesen ist" (Baumert et al. 2001, S. 133).

Damit ist der Begriff im Spiel, den ich aufgreifen möchte. PISA scheint uns vor Fragen zu stellen, die über den „pädagogisch-technischen" Aspekt hinausreichen in fundamentale Bereiche unserer Kultur. Meine Aufgabe soll nun darin bestehen, einen „fremden Blick" auf diese Befunde der Studie zu werfen. „Fremd" heißt, etwas in den Blick zu nehmen, das im „normalen" Diskurs über die Leseschwäche deutscher Schüler eben nicht oder nur wenig beachtet wird. Dieser Diskurs geht von einer technopädagogischen Grundlage aus: Wie müssen Schule und Unterricht sein, damit die Kinder wieder lesen? Meine zentrale These dagegen lautet, in Abwandlung des berühmten Böckenförde-Dilemmas: Schulische Leseförderung lebt von Voraussetzungen, die sie selbst nicht reproduzieren kann.

Ich möchte diese These auf zwei Argumentationsebenen erläutern: erstens durch einen universalhistorischen Blick auf die Bedeutung, die die so genannten neuen Medien (Fernsehen, teilweise auch Computer) für den Wandel unserer Kultur haben, und zweitens durch einen mikrohistorischen Blick auf die Frage, unter welchen sozialen Bedingungen Kinder heute Literalität entwickeln (Lesesozialisation).

DIE SOZIALEN FOLGEN DER SCHRIFTKULTUR

Welche Bedeutung Schrift und Schriftlichkeit für die universalhistorische Kategorisierung der Menschheitsgeschichte hat, die wir alle mehr und weniger ungebrochen teilen, macht ein Blick auf die Übergänge deutlich: Sprache ist ein entscheidendes Kriterium für das Tier-Mensch-Übergangsfeld, und die Kenntnis einer Schrift kennzeichnet für uns den Übergang von primitiven Gesellschaften zu Hochkulturen (Plessner 1976, S. 40 ff.). Ab diesem Übergang ist nicht mehr die Anthropologie, sondern die Historie zuständig. Der Mensch braucht die Sprache nicht nur zur Weltdistanzierung, sondern sie ist ihm zugleich auch das zentrale Mittel, um komplexere, das heißt: arbeitsteilig organisierte Gesellschaften zu bilden. Das Schreiben von Sprache wiederum ist eine zentrale Voraussetzung für zivilisatorische Formen menschlicher Gemeinschaften, die ihre sozialen Normen zeitlich verstetigen und räumlich expandierbar machen. Erst Schriftkulturen bilden, womit ich eine Unterscheidung Jan und Aleida Assmanns aufgreife, jenseits des kommunikativen auch ein kulturelles Gedächtnis aus und damit eine rationalisierbare Form der Identitätsbildung. Dies ist nur ein Indikator für den historisch tiefgreifenden Wandel der Gesellschaft durch die Einführung neuer, wesentlich auf Bilder und nicht mehr auf Schrift gestützter Medien.

Die kulturellen Folgen der neuen Medien sind nicht mit denen der Einführung des Buchdrucks zu vergleichen, sondern mit denen der Einführung der Schrift (Tenbruck 1990). Der Rückgang der Lesekultur ist, so gesehen, Teil eines umfassenden Modernisierungsprozesses, der alle gesellschaftlichen Institutionen erfasst hat. Die hochwertige Lesekompetenz der Stufen vier und fünf, die wir in der PISA-Studie messen, ist auf dem guten Weg, sozial dysfunktional zu werden. Wer sich in der heutigen Medienlandschaft erfolgreich und umfassend informieren will, muss gar nicht mehr über die Fähigkeit verfügen, lange und komplexe Texte akkurat zu verstehen und sie unter Zuhilfenahme von Hypothesen und speziellem Wissen kritisch reflektieren zu können. Es reicht völlig aus, sich von Link zu Link durchs Internet zur gewünschten Information zu hangeln, die in der Regel in einem Halbsatz oder einem kurzen Abschnitt erfasst werden kann.

Vielleicht messen wir mit und in PISA weit mehr ein bildungsbürgerliches Ideal von Lesekompetenz aus dem 19. Jahrhundert als die im 21. Jahrhundert erforderlichen sozialen Kompetenzen. Gerade der pragmatistische Ansatz der Literacy-Konzeption verlangt eine dauerhafte Überprüfung ihrer funktionalen Bewährung im Leben, die ständige Anpassung an die technologische und soziale Entwicklung.

Um die Tragweite der These verdeutlichen zu können, muss ich einen kurzen, aber historisch weit zurückreichenden Blick auf die Einführung der Schrift und ihre Folgen für verschiedene kulturelle Bereiche riskieren. Jack Goody und Ian Watt haben in ihrem inzwischen klassischen Aufsatz über die Konsequenzen der Literalität diesen Kulturwandel beschrieben. In illiteraten Gesellschaften seien die Sprache und die mit ihr verwobenen Bedeutungsmuster stets eng an die soziale Situation des Sprechens gebunden. Die mündliche Tradition werde permanent an diese wechselnden Situationen angepasst:

> „In jeder Generation wird das individuelle Gedächtnis das kulturelle Erbe daher so vermitteln, daß seine neuen Elemente sich in dem Interpretationsprozeß […] an die alten angleichen; und alle Elemente, die ihre aktuelle Bedeutung verloren haben, werden in der Regel durch den Prozeß des Vergessens ausgeschieden. Die soziale Funktion des Gedächtnisses – und des Vergessens – läßt sich daher als die Endstufe dessen auffassen, was man die homöostatische Organisation der kulturellen Tradition in der nicht-literalen Gesellschaft nennen könnte. Die Sprache entwickelt sich in enger Verbindung mit der Erfahrung der Gemeinschaft, und das Individuum erlernt sie im unmittelbaren Kontakt mit anderen Mitgliedern seiner Gruppe. Was von sozialer Bedeutung bleibt, wird im Gedächtnis gespeichert, während das übrige in der Regel vergessen wird" (Goody et al. 1986, S. 68).

Diese Tradierung von Bedeutungsmustern, von Welterklärung im Sinne der Grundbildung des deutschen PISA-Ergänzungstest wird durch die Einführung der Schrift einem fundamentalen Wandel unterzogen. Indem die Mythen schriftlich fixiert werden, verlieren sie die Fähigkeit zur Anpassung an den sozialen Kontext ihrer Wiedergabe. Sie verobjektivieren sich zu Geschichten, die dem Rezipienten nun als etwas Fremdes, Vergangenes, Eigenständiges entgegentreten. Erst damit gewinnt er den Deutungsraum, ein individuelles Verhältnis zu den Mythen zu gewinnen, etwa einzelne Bestandteile abzulehnen und andere in sein Wissen zu integrieren.

Mit der Schrift reißt zwar die Kette der Unterhaltungen nicht ab, die mündliche Tradierung läuft weiter, aber sie wird zunehmend überlagert und gewinnt einen völlig anderen Stellenwert. Die Konsequenzen sind übrigens zuerst von Platon im *Phaidros* erkannt worden, der sein Misstrauen gegenüber der Schrift folgendermaßen begründet: Sie schwäche das individuelle Gedächtnis, biete als stummer Text keine Antwortmöglichkeit für den Lesenden und habe als Geschriebenes keinen konkreten Adressaten, weshalb ein Autor auch nicht für ihren Inhalt einstehen müsse (Platon, Phaidros, 274b–277a).

Diese Einwände einmal beiseite gelassen, sind die Folgen der Schrifteinführung für die gesamte gesellschaftliche Organisation, für alle Institutionen gar nicht zu überschätzen. Ich kann das hier nur andeuten: Zuvörderst wird die Religion eine andere, wenn sie sich auf geschriebene Lehren stützt, weil erst mit der Schrift Orthodoxien, Häresien und die Berufung auf heilige Texte möglich werden, die sich der Anpassung an aktuelle Lagen sperren; das Recht wird ein anderes, wenn es von der individuellen Fallrechtsprechung auf geschriebene Regeln wechselt; die Politik wird eine andere, wenn sie über Aktenbestände verfügt; und die Wirtschaft wird eine andere, wenn der Wert einer Ware getrennt vom Tauschakt fixiert werden kann.

Dies sind nur magere Andeutungen über einen sozialen Wandlungsprozess, dessen tiefreichende Revolutionierung aller Lebensverhältnisse hier nur mit dem Tuschpinsel skizziert werden kann. Und wie gesagt: Wir stehen heute mitten in einem historischen Prozess, der ähnlich tiefreichenden Wandel in sich birgt. Die Konsequenzen der Literalität können wir heute ermessen, die Konsequenzen der Visualität können wir nur erahnen. Nur so viel können wir dazu sagen:

1. Der historische Prozess, in dem sich der Wandel aller gesellschaftlichen Institutionen durch ihre Literalisierung vollzog, nahm mehrere 100 Jahre ein. Es ist kein Wunder, dass wir wenige Jahrzehnte nach der Einführung der visuellen Medien ihre Folgen noch nicht überblicken können.

Fremde Blicke

2. Die Literalisierung ganzer Gesellschaften ist eine Episode in der Entwicklung der Schriftkultur. Während die überwiegende Mehrzahl der schriftkundigen Gesellschaften dadurch gekennzeichnet ist, dass nur eine kleine Oberschicht über Literalität verfügt, ist die Entwicklung einer Lesekultur, d. h.: Literalisierung breiter Bevölkerungsschichten, erst das Produkt der bürgerlichen Kultur (Lesegesellschaften) und der allgemeinen Schulpflicht im 19. Jahrhundert.
3. So wie die Einführung der Schrift nicht zu einer Verdrängung, sondern zu einer Überlagerung der mündlichen Tradierung führte, die dadurch – etwa als geschriebener Dialog – einen völlig anderen Stellenwert in der Kultur bekam, so führen auch heute die visuellen Medien nicht zu einer Verdrängung der Schrift, wohl aber zu ihrer Überlagerung. Schrift und Schriftlichkeit, Literalität bekommt dadurch einen anderen Stellenwert in unserer Kultur. Vielleicht reicht deshalb Alphabetisierung in Zukunft aus.

Entstehungsbedingungen der Literalität

Wie aber reproduziert sich Literalität? Wer in der Forschung zur Lesesozialisation nach Antworten auf diese Frage sucht, wird von einem geradezu verblüffend einhelligen Ergebnis überrascht: *Literalität wird vererbt.*

Werner Graf (1996) hat auf der Basis von ca. 500 Lektüreautobiografien die typischen Verläufe skizziert. Sein Ergebnis ist eindeutig: Ob jemand zum Vielleser wird oder nicht, hängt von einer ganz bestimmten Phase in der Lesebiografie ab, der Phase des kindlichen Leseglücks. Dazu gehören völlige Konzentration und Hingabe an den Stoff, eine Veränderung des Zeitgefühls, spielerische Autonomie und die Überwindung der Ich-Grenzen: Leseglück realisiert sich als *autotelische Erfahrung*, als vollständige Loslösung der Person aus dem Hier und Jetzt der erlebten Zwecke und Zwänge in die freie Fantasie der Geschichten (Muth 1996).

Wer diese typische Leserattenerfahrung im Alter zwischen sieben und zwölf Jahren einmal durchlaufen hat, wird selbst dann, wenn er zwischen 14 und 17 Bücher weitgehend aus der Hand legt, später wieder zum Vielleser. Entscheidend für die kindliche Lektüre sei, so Graf, die Anregung durch Lesevorbilder, meist die Eltern. Die frappierende Homogenität kindlicher Leselust in nahezu allen Lesebiografien wird abgelöst durch ein diversifiziertes Leseverhalten ab der Pubertät. Während die einen (Belletristikleser) ihr Leben lang dem Leseglück auf der Spur blieben, entwickelten sich andere zu funktionellen Nutzern verschiedener Medien, und Dritte wiederum transformierten über den schulischen Kanon ihre Leseerfahrung in die ästhetisch-artifizielle Welt der literarischen Klassiker.

Die Schullektüre selbst wird in den allermeisten Lesebiografien dabei eher als Zwang, als Verleidung der Leselust erlebt: „Lesezwang, Interpretationspflicht und schulischer Kanon treten als Totengräber der Leselust auf den Plan. [...] Wenn ein Lehrer einerseits das freiwillige Lesen fördern will, aber andererseits im Kontrast zur Lesekonstruktion der Privatlektüre ein philologisches Arbeiten mit komplexen Texten forciert, wie es seiner Aufgabe entspricht, sind Enttäuschungen vorprogrammiert, was als Aporie des Literaturunterrichts erscheinen mag" (Bellebaum u. Muth 1996, S. 200).

Diese Aporie ist freilich auch sozial gegeben, weil Leselust strukturell auf einen privatisierten Raum, auf die Einsamkeit des Lesers angewiesen ist, während Unterricht ja immer die Organisation eines Kollektivs einschließt. Ich sehe deshalb nicht, wie durch vermehrten Unterricht – etwa in einer Ganztagsschule – anderes geleistet werden könnte als funktionelle Alphabetisierung. Mit ihr ist es aber nicht getan, will man Literalität erzeugen. Denn was ontogenetisch spät erworben wurde, bedarf eines ständigen Trainings, um als Fähigkeit erhalten zu bleiben (vgl. Raible 1995, S. VII).

Literalität, Lesekompetenz im Sinne der oberen Stufen der PISA-Studie, ist also auf private Lektüre der Kinder, auf Lesefreude angewiesen. Auch im internationalen Vergleich ergibt sich bei rund der Hälfte der beteiligten Länder ein Zusammenhang zwischen der Zeit, die mit freiwilliger Lektüre verbracht wird, und den Leseleistungen. Deutschland gehört zu diesen Ländern. Rund 31 % der 15-jährigen deutschen Schüler geben an, dass Lesen für sie eine Zeitverschwendung darstellt. Diese Haltung ist in den allermeisten Fällen von den Eltern präjudiziert. Auf der Grundlage aller mir bekannten quantitativen Studien zur Lesesozialisation kann man sagen, dass lesende Eltern lesende Kinder generieren. Besondere Bedeutung hat dabei das Vorlesen im vorschulischen Alter, weil Eltern dadurch ihren Kindern einen anderen, wesentlich differenzierteren Wortschatz nahe bringen als im Alltag (vgl. Baumert et al. 2001, S. 74 f.). Entscheidend ist aber die durch Vorlesen vermittelte Anregung, Geschichten aus Büchern in die eigene Fantasie zu nehmen und sie dort fortzuentwickeln, die den Wunsch nach selbstständigem Lesen in Kindern weckt.

Den Zusammenhang zwischen dem Leseverhalten der Eltern und der Lesefähigkeit der Kinder hat Renate Köcher (1988) in einer ausführlichen Studie nachgewiesen. Bestätigt wurde er erneut in der letzten großen Längsschnittuntersuchung der *Stiftung Lesen*:

> „Zwischen Lesesozialisation und Lesertypologie gibt es einen deutlichen Zusammenhang: 52 Prozent der Befragten mit Familieneinfluß sind Vielleser, dagegen findet man in dieser Gruppe nur 8 Prozent Kaumleser. Im Gegensatz dazu sind 43 Prozent der Befragten, die negative oder keine positiven Erfahrungen mit dem Lesen gemacht haben, Kaumleser, wogegen man Vielleser hier nur zu 13 Prozent findet. Bei persönlichen Veränderungen oder Einfluß des Kindergartens beziehungsweise der Schule finden sich alle Lesertypen in etwa gleich verteilt. Neben dem Vorbild der Eltern und einer hohen Bildung scheint damit die Sozialisation eine wesentliche Variable zu sein, um ein Vielleser zu werden" (Tullius 2001, S. 78).

Im Ergebnis kann man festhalten: Wer mit zwei lesenden Eltern aufwächst und eine höhere Schulbildung genießt, hat fast keine Chance, etwas anderes als ein Vielleser zu werden, also jemand, der mehrmals in der Woche ein Buch zur Hand nimmt. Wer umgekehrt mit Eltern aufwächst, die selbst nicht lesen, kann nur zum Vielleser werden, wenn er nicht oder kaum fernsieht. Niedrige und mittlere Schulbildung können fehlende Vorbilder im Elternhaus nicht ausgleichen.

Vor diesem Hintergrund sollte man sich fragen, ob mit den Schülern der unteren Lesekompetenz die richtige Zielgruppe identifiziert ist, durch die man die Lesefähigkeit in Deutschland entscheidend verbessern kann. Es geht, so legt der Befund zumindest nahe, eigentlich um ihre Eltern. Die Schule jedenfalls wird auch bei wesentlich veränderten Curricula ohne außerschulische Institutionen wenig erreichen. Schulische Leseförderung lebt eben von Voraussetzungen, die sie selbst nicht reproduzieren kann.

Literalität als Bildungsziel

DIE ZUKUNFT DER LITERALITÄT

Wenn Literalität (wie gesagt: nicht Alphabetismus) tatsächlich so eng an die familiären Vorbilder geknüpft ist, dann stecken wir in einer demographischen Falle der Literalität. Hierzu noch einmal die große Umfrage der *Stiftung Lesen*: Während die Anzahl derjenigen, die angeben, täglich ein Buch zur Hand zu nehmen, 1992 noch 16 % betrug, sind es 2000 gerade einmal 6 %. Am unteren Ende der Skala hat sich der Anteil derjenigen, die nie ein Buch zur Hand nehmen, innerhalb von acht Jahren von 20 % auf 28 % erhöht (Stiftung Lesen 2001, S. 11). Diese Verminderung der Lesefrequenz betrifft dabei hauptsächlich die Jüngeren bis zu 30 Jahren, also genau die Gruppe, deren Leseverhalten das der Kinder wiederum maßgeblich beeinflussen wird. Alle schulischen Änderungen, die wir gegenwärtig überlegen oder in die Wege leiten, werden also wiederum auf eine Generation treffen, die mit Sicherheit eine deutlich geringere Anzahl von Viellesern enthält als die gegenwärtige.

Auch das Zeitbudget, das im Vergleich mit anderen Medien für die Lektüre aufgewendet wird, sinkt konstant, seit 1992 um immerhin 20 Minuten pro Woche, und zwar nicht zugunsten des Fernsehens oder Radios, sondern der Computernutzung (ebd., S. 137). Die Computernutzung kann bei textorientierten Anwendungen Lesefähigkeit fördern, bei spielorientierter Anwendung aber mit der Nutzung des Fernsehens verglichen werden. Computer sind Zwitterwesen im Reich der neueren Medien.

Dabei zeigt sich eine Wandlung des Lesestils und -interesses. Eine wachsende Anzahl der Vielleser sind informations- oder weiterbildungsorientierte Leser. Die informationsorientierten Leser werden in einer Lesertypologie, die auf 120 Interviews beruht, als eher zwischen 40- und 60-jährig und als PC-Nutzer beschrieben, die über eine höhere Bildung verfügen. Sie haben in der Regel die kindliche Phase der Leselust durchlaufen und transformieren diese Erfahrungen heute in Sach- und Fachbuchlektüre. Weiterbildungsorientierte Leser dagegen sind häufig zwischen 14 und 29 Jahren, eher männlich, Computernutzer und benötigen die Lektüre für die Ausbildung. Freiwillig greifen sie aber nicht zu einem Buch. Die unterhaltungsorientierten Leser dagegen, die ihre kindliche Leselust auch im Erwachsenenalter behalten haben, sind eher weiblich, eher keine PC-Nutzer und häufig ältere Unverheiratete (Pfarr u. Schenk 2001, S. 48 ff.).

Ältere Unverheiratete stehen also in der Gruppe der Vielleser für die Lust am Lesen. Sie bekommen aber in der Regel keine Kinder mehr, an die sie diese Leselust vererben könnten. Nur sie pflegen aber das kontinuierliche Lesen, während informations- und weiterbildungsorientierte Vielleser für den Stil des „Lesezappings" stehen, d. h. für eine hohe, zielorientierte Nutzung unterschiedlichster Medien. Der Anteil derjenigen Vielleser, die angeben, dass sie manchmal nur die Seiten überfliegen und das Interessanteste herauslesen, hat sich in allen Altersgruppen seit 1992 erhöht, bei den unter 19-Jährigen von 11 auf 31 %. Damit wird deutlich, dass sich unter den Viellesern der Anteil der funktionalen Lektüre deutlich erhöht hat und in Zukunft auch noch erhöhen wird. Die offene Frage ist, ob und wie die funktionalen Vielleser ihr Leseverhalten auf die lustbetonte Lektüre ihrer sieben- bis zwölfjährigen Kinder übertragen. Ich kenne hierzu noch keine Studien.

Diese mikrosoziologische Perspektive macht plausibel, warum der typische Verlauf der Lesesozialisation von Viellesern, wie wir ihn bislang kennen, aus gesamtgesellschaftlichen Entwicklungen heraus eher unwahrscheinlicher wird. Jede Schulreform muss sich im Klaren darüber sein, dass sie die Defizite dieser Lesesozialisation nur kompensieren kann.

Der Prozess umfassender Literalisierung von ganzen Gesellschaften ist reversibel. Und das ist nicht nur durch ein kulturpessimistisches „Verfallsparadigma" erklärbar, sondern modernisierungstheoretisch. Dazu noch ein Hinweis: Die PISA-Rangliste der Lesekompetenz in den nationalen Bildungssystemen entspricht nicht im Entferntesten dem ökonomischen Erfolg der betreffenden Länder. Finnland und Neuseeland jedenfalls rangieren in der Reihenfolge der produktivsten Volkswirtschaften nicht ganz oben, Japan und Korea erleiden eine tiefe ökonomische Krise, und die USA verfügen sogar über die Tradition eines dezidierten Bekenntnisses zur Illiteralität eingewanderter Unterschichten, die es zu etwas gebracht haben. Die neueste Studie der *National Endowment for the Arts (NEA)* ergibt, dass knapp die Hälfte der 17 000 befragten Amerikaner in den vergangenen zwölf Monaten kein Buch gelesen hat. Lesen, so ihr Resümee, werde in allen Bevölkerungsgruppen der USA unpopulärer (FAZ v. 12. 7. 2004, S. 31).

Vielleicht ist das auch ein Hinweis darauf, dass wir uns längst auf dem Weg in eine postliterale Gesellschaft befinden, in der Schrift und

Schriftlichkeit durch Überlagerung von visuellen Medien ihren Stellenwert wandeln, indem sie nur noch der Transformation von bereits repräsentierten Bildern in Sprache dienen. Die Ausbildung einer Lesekultur, die Literalisierung ganzer Gesellschaften ist also reversibel. Insofern lebt auch hier schulische Leseförderung von Voraussetzungen, die sie selbst nicht reproduzieren kann. Einer der besten Kenner der Geschichte von Schrift und Schriftlichkeit, Harald Haarmann, schreibt in seiner *Universalgeschichte der Schrift* (1991, S. 15):

> „Wie relativ der Stellenwert der Schrift für den zivilisatorischen Fortschritt heutzutage ist, davon haben die meisten gar keine Vorstellung. Wir leben in einem Zeitalter, in dem Schrift nicht mehr das wichtigste Medium ist, um die Informationsflut der hochtechnisierten Industriegesellschaft zu bewältigen. Längst haben andere Technologien die Leistung der Schrift um ein Vielfaches überboten, und eine Gesellschaft, die noch heute nur mit Schrift operiert, ist hoffnungslos veraltet."

# Zum Stand der Kunst

Schulentwicklung und das Nadelöhr des Bewusstseins – Wie Schulen ihre eigene Wirklichkeit verändern können

Rolf von Lüde

In diesem Beitrag wird drei grundsätzlichen Voraussetzungen für einen Schulentwicklungsprozess nachgegangen – den subjektiven Organisationsbildern, den „objektiven" Strukturen sowie deren Verfestigung und Erstarrung über die Zeit. Es zeigt sich, dass es die Mitglieder der Schule selbst sind, die ihre Schule „machen", indem sie handeln. Zwar finden sie „strukturelle", d. h. gesetzliche, materielle, organisatorische und erwartungsbedingte Rahmenbedingungen vor, die ihr Handeln ermöglichen und beschränken. Aber erst durch ihr eigenes Handeln, ihre Handlungspraxis, gestalten sie diese Bedingungen, was trotz möglicher restriktiver Vorgaben eine prinzipielle Veränderung der Schule umfasst.

Voraussetzungen von Schulentwicklungsprozessen: Analyse von Organisationsbildern und Verständigung über Strukturen

Das öffentliche Bild der Schule in Deutschland ist schlecht, vom Image der Lehrerinnen und Lehrer ganz zu schweigen – und das nicht erst seit Erscheinen der PISA-Studie im Jahre 2002. Aber auch das innere Bild der Mitglieder der Schule ist nicht frei von Widersprüchen.

Die Ursachen hierfür sind überaus vielfältig. Auch handelt es sich keineswegs um eine auf Schule bezogene Besonderheit. Fast alle gesellschaftlichen Institutionen werden derzeit in ihren bisherigen Strukturen und Aufgabenspektren massiv infrage gestellt. Die sich seit fast zwei Jahrzehnten verschärfende Finanzkrise der öffentlichen Haushalte und die damit einhergehende Vernachlässigung des staatlichen Bildungsauftrages in Deutschland sind hier nur zwei, wenn auch wesentliche Aspekte. Öffentlich-rechtliche Institutionen wie

Zum Stand der Kunst

die Schule oder die Universität sind hiervon in besonderem Maße betroffen. Das liegt zum einen an einem spezifischen Beharrungsvermögen dieser Institutionen, zum anderen aber daran, dass sich in den öffentlich-rechtlichen Institutionen gesellschaftliche Probleme wie in einem Brennglas bündeln, was am Beispiel der Schule in vielen Fällen offenkundig und nachvollziehbar ist.

In diesem Beitrag wird drei grundsätzlichen Voraussetzungen für einen Schulentwicklungsprozess nachgegangen. Dabei werde ich mich am Sozialkonstruktivismus (in diesem Kongressband keine Überraschung) sowie an der Strukturationstheorie orientieren. Dass darüber hinaus weiterer Klärungsbedarf besteht – z. B. zur Zielfindung, zu den Chancen der Realisierung, zur Motivation und zum Widerstand, zur Handlungsrationalität individueller und kollektiver Akteure usw. –, steht außer Frage; diese Themen sind aber vielfältig und ausführlicher andernorts behandelt worden (vgl. zur Schule z. B. Rolff et al. 1998; zur Mikropolitik in öffentlich-rechtlichen Institutionen vgl. von Lüde 2003).

Ich will drei zentrale Fragen voranstellen und versuchen, hierauf zufrieden stellende Antworten für die Praxis der Schule zu finden, und dabei die Bedeutung des „Nadelöhrs des Bewusstseins" für schulische Entwicklungsprozesse verdeutlichen:

1. Wie entstehen die Organisationsbilder und die Selbstwahrnehmungen, die die Mitglieder (Lehrer, Schüler, Schulleitungen, Eltern) von ihrer Schule haben?
2. Hat es überhaupt Sinn, bei den „objektiven Gegebenheiten" der Schule etwas verändern zu wollen, oder kämpfe ich, z. B. als junges Mitglied des Kollegiums oder als neu ernannte Schulleiterin, ohnehin nur gegen Windmühlenflügel an? Eine Frage, die sich vor allem immer dann stellt, wenn man von außen in eine solche Organisation hineinkommt oder aber von innen unter bestimmten starren oder erstarrten Strukturen leidet. (Wodurch eine Schulstruktur gekennzeichnet ist, wird in Abschnitt 4.1 behandelt).
3. Wie kommt es, dass sich in Organisationen bestimmte Strukturen über die Zeit verfestigen? Und warum geschieht in der Schule oft selbst bei guten Absichten etwas, was keiner gewollt oder zumindest *so* nicht gewollt hat?

DAS BILD DER SCHULE ALS KONSTRUKT VERSCHIEDENER PERSPEKTIVEN

Zur Beantwortung der ersten Frage, der nach dem Entstehen von Organisationsbildern, möchte ich Sie zunächst zu einem kleinen Gedankenspiel einladen. Die folgende Abbildung zeigt eine Szene, die wohl jedem aus dem schulischen Alttag vertraut ist – eine Sitzung des Kollegiums, moderiert durch den Schulleiter. Die Sitzung wurde überraschend anberaumt, und ebenso überraschend sind nahezu alle Kolleginnen und Kollegen anwesend.

Nicht ohne Stolz verkündet Ihnen der Schulleiter, dass er es an der Zeit fände, die Anregung endlich umzusetzen und sich einmal grundsätzlich Gedanken über die Zukunft der Schule in der Nach-PISA-Ära zu machen – und diesem Nachdenken auch Taten folgen zu lassen.

Was mögen die Kollegen und Kolleginnen wohl denken? Notieren Sie doch einmal Ihre Vermutungen.

Konferenz (aus von Lüde 2004, S. 14)

Wie ich aus Fortbildungen, bei denen diese kleine Übung durchgeführt wurde, weiß, gehen die den einzelnen Personen zugeschriebenen Meinungen weit auseinander. Das ist nicht überraschend, weil wir alle unsere eigenen Vorstellungen und Konstruktionen hinsichtlich einer solchen Konferenz in uns tragen – und zwar erfahrungsbasiert, mental oder emotional und unter dem Einfluss sozialer Emotionen. Damasios Hypothese des „somatischen Markers" erklärt, wie es im Regelfall zu einem derartigen unbewussten Klassifizieren kommt (Damasio 2003, S. 170 ff.). Allerdings können wir uns in den Annahmen auch irren (von den Konsequenzen eines solchen

Irrtums handelt das Kapitel 4). Diese unterschiedlichen Bilder in den Köpfen der Kollegen und Kolleginnen konfigurieren die Realität der Schule, von der alle ihre Mitglieder ausgehen müssen, vor allem dann, wenn sie Veränderungs- und Entwicklungsprozesse in Gang setzen wollen.

Was also macht Schule aus? Wenn man selbst versucht, darauf eine Antwort zu geben, wird man auf eine Menge an Gedanken, bildhaften Vorstellungen und sinnlichen Erfahrungen stoßen, die zu einer Beschreibung „der Schule" geordnet werden. Auf diese Weise machen wir uns ein Bild der Schule.

Diese Bilder sind unsere (Schul-)Wirklichkeit. Wir haben keine andere. Die Schule ist für uns das, was wir als „die Schule" sehen. Eine solche Schulsicht besteht aus der Menge der Annahmen, Vermutungen und Hypothesen über die Schule. Kürzlich hat Brüsemeister (2003, S. 403 ff.) in einer vergleichenden Untersuchung von Schulen in Hamburg, Bayern und im Kanton Zürich gezeigt, dass es bei Lehrern zu unterschiedlichen „Aufmerksamkeitsreichweiten" in Abhängigkeit von biografischen (und regionalen) Mustern kommt: So ist der Blick der jungen Kollegen verengt auf den einzelnen Schüler und z. B. eine einzelne Didaktik. Der Blick kann sich mit mehr Erfahrung und mehr Engagement auf die Klasse oder die Schule als Ganzes erweitern.

So wie hier unter spezifischer Sicht auf Schule bezogen dargelegt, gilt sogar als allgemeine Regel, dass unsere kombinierten Vermutungen über die Welt auch unser Realitätsmodell von dieser Welt darstellen. Unsere Realität besteht für uns nur im Modus solcher Bilder von der Wirklichkeit und kommt in Weltbildern, Weltanschauungen, Theorien, Erzählungen, Mythen, Geschichten, Sagen, Glaubenssystemen, Ideologien, Religionen und Wissensbeständen zum Ausdruck. Menschen nehmen nicht nur wahr, sondern interpretieren ihre Wahrnehmung, geben dem Wahrgenommenen eine bestimmte Bedeutung. Insofern sind sie selbst die Konstrukteure ihrer eigenen Realität (vgl. von Lüde 2002a, S. 282).

So gelangt auch Maturana (1982, S. 269) in einer weit über Schule hinausgehenden Sicht zu seiner grundlegenden Regel zur Konstruktion unserer Welt: Da Wahrnehmung ein Akt der Fantasie, der Interpretation und der Erinnerung ist, „erzeugen" wir die Welt, in der wir leben, buchstäblich, indem wir sie leben. Das gilt in ähnlicher Weise auch für alle gesellschaftlichen Phänomene, wie es der französische

Soziologe Pierre Bourdieu (1983, S. 183) im Einleitungssatz seines berühmten Aufsatzes auf einen kurzen Nenner gebracht hat: „Die gesellschaftliche Welt ist akkumulierte Geschichte", und, so möchte man auf unser Thema bezogen hinzufügen, die wahrgenommene schulische Welt ist Resultat der Erinnerungsspuren ihrer Mitglieder.

SUBJEKTIVE WAHRNEHMUNG UND „OBJEKTIVE" STRUKTUR

Diese grundlegende Wirklichkeitsannahme des (radikalen) Konstruktivismus steht hier als Ausgangspunkt aller Überlegungen für Schulentwicklungsprozesse. Schule als Ganzes wird nur durch das Bündel dieser verschiedenartigen Perspektiven ihrer Mitglieder erkennbar (vgl. etwa zum Problem des „richtigen" und „falschen" Wahrnehmens Balgo u. Voß 2002, S. 58). Es ist deshalb eine zentrale Aufgabe, diese Erkenntnis zu Beginn von Schulentwicklungsprozessen als gemeinsames Wissen in Erinnerung zu rufen und die unterschiedlichen Perspektiven zunächst einmal sichtbar zu machen, Transparenz zu erzeugen und zu verdeutlichen, welche und wie viele unterschiedliche Sichtweisen und Interpretationen es zu einem Problem oder Thema gibt.

Und es *gibt* zu jedem Thema unterschiedliche Perspektiven: Ob es sich um einen „Problemschüler" handelt oder um die Frage „Was ist guter Unterricht?", ob man sich um Schulhofgestaltung oder die Verbesserung der Kommunikation in Konferenzen kümmert oder eine Nach-PISA-Perspektive entwickelt – immer wird man zunächst einmal sichtbar machen müssen, welche unterschiedlichen Aspekte das jeweilige Thema hat, wie komplex es ist und welche Auffassungen bei den Beteiligten überhaupt existieren (und klar machen müssen, dass der Initiator eines Prozesses keineswegs über die „richtige" Perspektive verfügt).

Wenn man sich vergegenwärtigt hat, wie unterschiedlich eine einzelne Schule bereits wahrgenommen und interpretiert werden kann, hat man einen großen Schritt getan: Man versteht und nimmt ernst, dass andere Personen und Gruppen eine andere Sicht der Dinge haben als man selbst – und selbstverständlich auch haben dürfen: vielfältige subjektive Strukturvorstellungen ...

Daraus aber ergibt sich das Problem, ob und wie man diese verschiedenen Wahrnehmungen zusammenbringen kann. Schließlich soll in einem Schulentwicklungsprozess nicht jedes Schulmitglied isoliert vor sich hin arbeiten und sein Modell von künftiger Schule vor dem Hintergrund seiner Wahrnehmung entwickeln. Zwar ist eine solche Arbeitsweise nicht untypisch, aber sie wird doch zunehmend fragwürdig. Unternimmt man nun den Versuch, unterschiedliche Perspektiven zu vermitteln, um eine gemeinsame Sicht der Dinge zu konstruieren, z. B. um eine Einigung über anstehende Veränderungsmaßnahmen zu erzeugen, damit die Schulmitglieder bei den entsprechenden Aktivitäten an einem Strang ziehen, dann wird man an diesem Versuch trotz der Vielfältigkeit der Perspektiven nicht verzweifeln müssen.

Das mag zunächst überraschend sein. Aber es gibt auch „objektive" Gemeinsamkeiten der zunächst so vielfältig und unübersichtlich erscheinenden Sichtweisen – und sie lassen sich nicht nur innerhalb einer Perspektive (von Personen in vergleichbarer Lage) finden, sondern auch zwischen den Perspektiven. Es ist augenfällig: Alle Kollegen und Kolleginnen interessiert es, wenn auch unterschiedlich stark, wie sie ins Kollegium integriert sind, wo sie Anerkennung und Ablehnung erfahren. Für neue Kollegen und Kolleginnen, die noch nicht wissen, „wie hier der Hase läuft", sind diese Fragen besonders brennend, sie beschäftigen sich wesentlich stärker damit als alle anderen.

Es ist eine wichtige Aufgabe der Schulentwicklung, derartige „objektive" Gemeinsamkeiten aufzudecken, um zu erkennen, was die Mitglieder einer Schule eint, was „unsere Schule" überhaupt als ein Ganzes ausmacht oder ausmachen könnte.

Diese Gemeinsamkeiten sind in jeder sozialen Gruppe, in jeder Organisation zu finden, auch wenn sie den Mitgliedern nicht gegenwärtig sind. Denn Personen sind gezwungen, ihre Vorstellungen von der Realität zu vermitteln, sobald sie kommunizieren. Diese praktische Vermittlung geschieht allenthalben und resultiert in bestimmten Gemeinsamkeiten, die alle Handlungen an einer Schule und alle unterschiedlichen Perspektiven auf die Schule miteinander verbinden.

Die Frage nach der einen, „wirklichen" Organisationsstruktur ist demnach nicht falsch gestellt. Es stimmt zwar: So viele verschiedene Menschen man über Organisationsstruktur befragt, so viele verschiedene Strukturbilder erhält man. Aber die unterschiedlichen Perspektiven weisen Gemeinsamkeiten auf. Einige Normen, Praktiken und Vorstellungsbilder werden von allen Mitgliedern einer

Schule getragen bzw. geteilt, wenn auch nicht unbedingt ausdrücklich kommuniziert. Gerade diese strukturellen Gemeinsamkeiten aber können die einzelne Schule rigide strukturieren. Eine Analyse der Gemeinsamkeiten unterschiedlicher Vorstellungsbilder eines sozialen Systems bzw. unterschiedlicher Perspektiven auf ein soziales System ist jedoch unabdingbar in Entwicklungsprozessen.

Was normalerweise als „objektive Beschreibung" oder „objektiv richtiges Verhalten" kommuniziert wird, ist in der Regel nur eine vorherrschende Meinung über die Wirklichkeit bzw. das Verhalten. Die Kritik an der Behauptung „objektiver Fakten" und am Anspruch auf objektive Richtigkeit ist dann sehr berechtigt. Damit aber gleich die Möglichkeit der Existenz „objektiver" Verhältnisse über Bord zu werfen und zu behaupten, es gäbe ausschließlich subjektive Sichtweisen, schießt weit über das Ziel hinaus.

Denn bei genauerer Betrachtung gibt es wirksamere und weniger wirksame Strukturen. Es gibt bessere, weil treffendere Beschreibungen und schlechtere Beschreibungen, die auf undifferenzierter und oberflächlicher Kenntnis beruhen. Ein Urteil, eine Regel, ein Handlungsmuster, das sozial gilt bzw. als gültig durchgesetzt worden ist, hat eine objektive Qualität. Wir kommen dem Objektiven auf die Spur, wenn wir uns den *Gemeinsamkeiten* der „selektiven Wahrnehmungen" zuwenden.

Die Schule tritt uns allen, trotz unserer selektiven Wahrnehmungen, als widerständige, öfter widerspenstige Realität entgegen. Soziale Wirklichkeit und ihre Strukturen sind in dem Maße objektiv, in dem sie intersubjektiv, kollektiv geteilt werden und dadurch übersubjektive, kollektive Geltung erlangen. Dies kommt im so genannten Thomas-Theorem (Thomas u. Thomas 1928, S. 114) zum Ausdruck: „Wenn Menschen Situationen als real definieren, sind auch ihre Folgen real."

Die Schule erscheint folglich als eine Realität, die unabhängig vom Glauben, Denken, Meinen und Hoffen ihrer Mitglieder so ist, wie sie ist. Trotz sozialer Konstruktion der Wirklichkeit ist die Wirklichkeit auch übersubjektiv: Die Verhältnisse als menschlich produzierte, kollektive Seite des individuellen Verhaltens lösen sich vom Verhalten des Einzelnen ab und treten den Menschen dann als „fremde Gewalt" von außen entgegen. Die Verhältnisse erscheinen gegenüber ihren Produzenten als das Bestimmende (vgl. Tillmann 1989,

S. 157 f.) und die von den Mitgliedern selbst geschaffene und gestaltete Ordnung „Schule" tritt ihnen als objektivierte Faktizität oder Tatsache gegenüber.

Beharrung und Veränderung – oder: Warum bleibt häufig alles so, wie es ist?

Mit diesem Kapitel soll die dritte Eingangsfrage beantwortet und die wichtigste Perspektive für schulische Entwicklungsprozesse gleich vorangestellt werden. Auf einen knappen Nenner gebracht, lautet das zentrale Ergebnis der nachfolgenden Überlegungen: *Auch in der fest gefügten sozialen Struktur einer Schule, die aus welchen Gründen auch immer bestimmten Grundüberzeugungen und Glaubenssätzen verhaftet ist, bestehen Möglichkeiten der Veränderung.*

Es ist an dieser Stelle wichtig anzumerken, dass die Ausgangsannahme der fest gefügten Struktur einer Schule nicht negativ konnotiert ist: Es kann ja sinnvoll sein, an bestimmten Vorstellungen von Schule festzuhalten, etwa an der Grundüberzeugung von der Notwendigkeit eines Bildungs- und Erziehungsauftrages und nicht nur an detailliert festgeschriebenen Lehrinhalten. Aber wir wissen auch, dass Schulen sich in bestimmten Denkgewohnheiten und Weltbildern so verfestigen können, dass sie darin erstarren. Im Folgenden soll ein Weg aufgezeigt werden, mit dem man solche Situationen verändern kann. Dazu ist ein kurzer Umweg in soziologische Überlegungen zum Handeln von Akteuren (in unserem Fall also Lehrern, Schülern, Schulleitungsmitgliedern etc.) erforderlich.

Bisher ist beschrieben worden, wie trotz vieler subjektiver Wirklichkeiten gleichwohl eine verobjektivierte Schulstruktur entstehen kann. Diese Dualität von subjektiver Wahrnehmung und objektiver Struktur ist nicht nur theoretisch unbefriedigend; sie kann auch für den Einzelnen zu einem Gefühl des Ausgeliefertseins und der Ohnmacht führen, weil er gegen die scheinbar fest gefügten Mauern kollektiv geteilter Wahrnehmungen, also der objektiven Struktur der Schule, nicht ankann. Auch für Mitglieder von Schulleitungsorganen ebenso wie für veränderungswillige Kolleginnen und Kollegen muss eine solche Situation unbefriedigend sein, und es widerspricht ja auch den Alltagserfahrungen, dass Schule nicht wirklich veränderbar sei.

Im Folgenden können die grundlegenden theoretischen Überlegungen nur skizziert werden; es ist der schwierige Versuch, eine komplexe Sozialtheorie für die schulische Praxis zu transformieren und zu zeigen, dass sie trotz ihrer Komplexität das Handeln in der Organisation Schule plausibel erklären kann. Der Dualismus des Handelns der Akteure in der Schule und einer sich daraus ergebenden fest gefügten Struktur soll nach einem Ansatz erklärt werden, den der britische Soziologe Anthony Giddens entwickelt hat (und der auf einer Reihe von theoretischen Entwürfen anderer Autoren in der Soziologie zurückgreift).

Die beiden zentralen Fragestellungen für die Entwicklung von Schulen lauten unter dieser Perspektive:

– Wie wird das Handeln der Akteure in der Schule von den Entwicklungen und Ereignissen sozialer Prozesse bestimmt und geformt, und
– wie wirkt das Handeln von Lehrerinnen und Lehrern, Schülerinnen und Schülern, Eltern und der Schulleitung seinerseits auf soziale Prozesse ein, sodass darüber die künftige Struktur der Schule bestimmt wird?

Diesen Fragen liegt zugrunde, dass die individuellen Akteure die Triebfeder der Sozialbeziehungen in der Schule sind. Akteure, so die zentrale Annahme, handeln immer rekursiv/rückbezüglich, womit gemeint ist, dass sich ihr Handeln sowohl auf das bisherige eigene Verhalten als auch auf das der jeweils anderen bezieht (vgl. z. B. Ortmann et al. 1997, S. 317). Sie orientieren ihre Handlungen an den gegebenen Strukturen im Sinne einer „permanenten rekursiven Reproduktion", wobei sie in dieser Rekursivität verändernden Einfluss auf die Strukturen nehmen.

Dabei kann man zwei Arten der Handlungsorientierung unterscheiden.

Einerseits bezieht sich ein Akteur auf seine eigenen Handlungsmotive und ist in der Lage, seine Handlungen als rational darzustellen. Dabei ist er sich *selbst keineswegs* ständig seiner handlungsleitenden Motive bewusst, kann jedoch seine Handlungen nachträglich explizieren.

Andererseits bezieht er seine Handlungen auf die ihn umgebende Umwelt. Dies können sowohl andere Akteure als auch ein von außen vorgegebener Handlungsrahmen der schulischen Umwelt sein, der sich etwa auf das Einzugsgebiet der Schüler, die finanzielle Ausstattung der Schule oder auch auf eine Konkurrenz zu anderen Schulen bezieht.

Es ist wichtig, darauf hinzuweisen, dass die Handlungen durch diese rekursive Steuerung nicht vorab determiniert sind. Der Akteur kann in jeder Situation anders handeln, als er es bisher getan hat. Aber: Sein Handeln ist zunächst erst einmal weitgehend routinegeleitet, womit gemeint ist, dass ihm beim Alltagshandeln seine Handlungsmotive nur selten bewusst sind, auch wenn sie immer latent Einfluss auf sein Handeln nehmen. Erst wenn Routinen gestört sind oder versagen, kommen auch die Motive des Einzelnen wieder stärker zum Ausdruck.

Anthony Giddens, dessen Strukturationstheorie diesen Überlegungen zugrunde liegt, gibt den (verdeckten) Motiven auch „Namen" – z. B. Furcht, Eifersucht, Eitelkeit, Statusdifferenzierungen usw. – und setzt sie in Bezug zu den Bedürfnissen und Gefühlen des jeweiligen Akteurs (Giddens 1984, S. 102). Derartige Motive können als nicht erkannte oder im Alltagshandeln unhinterfragte kausale Bedingungen des Handelns wirken. Das bedeutet, dass sie auf unbewusster Ebene Einfluss auf den Prozess der reflexiven Steuerung des Akteurshandelns nehmen (ebd. S. 102 f., S. 156).

Da alle Akteure versuchen, die Handlungsbedingungen zu interpretieren, um dann auf Basis ihrer Interpretation zu handeln, kann es passieren, dass diese Interpretationen falsch sind. Das führt (nach Giddens) zu den „unerkannten" Voraussetzungen des Handelns. Handeln ein oder mehrere Akteure aufgrund solcher fehlerhafter Interpretationen der verdeckten und/oder unbewussten Handlungsmotive, werden nicht beabsichtigte Handlungsfolgen produziert. In der Konsequenz können die Resultate von Handlungen, insbesondere die von kollektiven Handlungen, deshalb anders ausfallen, als sie beabsichtigt waren, ohne dass auch nur ein einziger Akteur die Absicht hatte, eine angestrebte Lösung zu unterlaufen. Zugrunde liegende Absichten und die Folgen von kollektiven Handlungen sind dann nicht deckungsgleich.

Die „Strukturationstheorie" geht deshalb davon aus, dass unintendierte Handlungsfolgen viel häufiger das Resultat von Handlungen sind als intendierte Handlungsfolgen. Die wohl häufigste und wahrscheinlichste Folge ist dabei die *Reproduktion der vorgegebenen Struktur*. Deshalb bleibt – selbst bei den besten Absichten aller Beteiligten – so häufig alles beim Alten.

Schulen haben Strukturen

Das Handeln der Menschen in der Organisation der Schule und die Schulstruktur können deshalb nicht losgelöst voneinander betrachtet werden. Strukturen sind Regeln (z. B. die Organisation des Unterrichts, die Leistungsbewertung) und Ressourcen (z. B. die Überzeugungskraft des Einzelnen, seine Machtposition und Anweisungsbefugnis innerhalb der schulischen Hierarchie, die Akzeptanz und Glaubwürdigkeit im Kollegium), die von den Handelnden in den Interaktionen verwendet werden. Durch diese Verwendung von Regeln und Ressourcen produzieren und reproduzieren die Handelnden die Strukturen ständig selbst.

Strukturen sind also nicht als sichtbare Gegebenheiten existent, die für einen externen Beobachter sofort erkennbar oder „lesbar" wären, vielmehr werden sie erst durch und im Handeln der beteiligten Akteure zu einer eigenen Wirklichkeit. Sie weisen somit gleichsam eine „virtuelle Existenz" auf.

Strukturen existieren demnach ausschließlich in den Erinnerungsspuren von Akteuren. Damit Strukturen praktisch wirksam werden können, müssen sie durch das „Nadelöhr des Bewusstseins oder der Wahrnehmung der handelnden Individuen" hindurch (Giddens 1988, S. 290). Erst durch die Handlungen der Akteure erhalten Strukturen ihre Existenz. Das bedeutet, dass Schulen keine Strukturen sind (schon gar keine festgezurrten), vielmehr Strukturen *haben*, die das Ergebnis der Handlungen der Akteure sind. Das wird als *rekursive Produktion von Strukturen* bezeichnet, womit der Wiederholungscharakter von Handlungen gemeint ist, der vollzogen wird (Giddens 1992, S. 37).

Entwicklung und Beharrung sozialer Strukturen

Dieser rekursive Charakter der Strukturen ermöglicht es, dass soziale Praktiken über Raum und Zeit hinweg sich immer wieder identisch reproduzieren. Gleichwohl wird deutlich, dass Strukturen nicht als starre, unveränderbare Gebilde zu verstehen sind. Strukturen können einen dynamischen und flexiblen Charakter aufweisen, der es ermöglicht, sich dem Raum und der Zeit anzupassen – und zwar durch das Handeln der Akteure. Damit gelangen wir zu der grundlegenden Erkenntnis, dass Strukturen die Eigenschaft haben, sowohl das tägliche Leben und Miteinander in einer Organisation wie der Schule erst zu ermöglichen als auch das Handeln einzuschränken.

Aufgrund dieser Dichotomie der Organisationsstruktur verbietet es sich auch, Strukturen ausschließlich als Zwang zu verstehen, weil ohne die Strukturen, also ohne die eingeübten und bewährten Verlässlichkeiten des täglichen Umganges miteinander, Handelnde in einer Organisation gar nicht agieren könnten.

Resümee: Der begrenzende und ermöglichende Charakter von Strukturen

Um es noch einmal soziologisch zu formulieren: Struktur ist also sowohl Medium als auch Ergebnis von rekursiv organisierten sozialen Praktiken – dies nennt Giddens die *Dualität von Struktur*. Handlungen existieren daher nicht ohne die Einbettung in den Prozess der Produktion und Reproduktion von Strukturen. In ihren Handlungen beziehen sich die Akteure auf die sozialen Systeme und damit auf die kognitiven und normativen Ordnungen der Gesellschaft. Strukturen wirken demnach einerseits begrenzend auf das individuelle Handeln, andererseits sind sie auch die Folgen ebendiesen Handelns (vgl. zu einer Kurzform dieser Darstellung das Glossar bei Giddens 1992, S. 429 ff.).

Was folgt nun abschließend aus dieser wissenschaftlichen Erkenntnis für die Praxis der Schule und der Schulentwicklung? Schulstrukturen sind, so lautet die erste Botschaft, veränderbar, auch wenn sie uns (zunächst) als fest gefügtes Bollwerk gegenübertreten – und zwar unabhängig davon, in welcher Rolle wir in der Schule agieren.

Die Mitglieder der Schule selbst, also die Lehrer und Lehrerinnen, die Schulleitung, die Schüler und Schülerinnen, die Eltern und die Hausmeister (!), so die zweite Botschaft, haben Möglichkeiten, trotz aller äußeren Widrigkeiten verändernd auf ihre Schule einzuwirken. Und je intensiver sie ihren Wahrnehmungen, Interpretationen und ihren Handlungsfolien durch das Nadelöhr ihres Bewusstseins Zugang zu Reflexion, Überprüfung und Auseinandersetzung geben, desto größer wird die Chance der Realisierung der intendierten Veränderungen.

Konstruktivistische Didaktik auf dem Weg, die Didaktik neu zu erfinden

Kersten Reich

Die konstruktivistische Didaktik stellt Ressourcen zur Verfügung, mit denen Lehrer und Lehrerinnen zu neuen und anderen Lösungen kommen können. Einige der dabei geltenden Prinzipien werden vorgestellt. Ferner werden wichtige Ansätze in der konstruktivistischen Didaktik skizziert, die heute vorliegen. Dann wird auf den Punkt eingegangen, weshalb nicht nur Lehrende, sondern auch Lernende als Didaktiker aufzufassen sind. Dies zeigt sich vor allem auch im Bereich der Methoden, die eine Herausforderung für die konstruktivistische Didaktik darstellen. Geschlossen wird mit Bemerkungen über den Neuigkeitswert einer solchen Didaktik und den notwendigen Sinn einer kritischen Aufhebung und nicht bloß Ablehnung anderer Ansätze.

KONSTRUKTIVISTISCHE DIDAKTIK ALS RESSOURCEN- UND LÖSUNGSORIENTIERTER ANSATZ

Die Krise der deutschen Schule, die sich nicht nur in den PISA-Ergebnissen dokumentiert, sondern die gerade von Praktikern im System als Mangel an Ressourcen sehr oft beklagt wird, ist auch eine Krise der bisherigen Didaktiken. Dies liegt, wie es aus konstruktivistischer Sicht scheint, besonders daran, dass in der deutschen Didaktik – selbst bei einer lerntheoretischen Orientierung, wie sie früher etwa die Berliner Schule der Didaktik vertreten hatte – noch ein Verständnis von didaktischen Handlungsprozessen vorherrscht, das eher vom Lehrer und weniger vom Lerner aus denkt. Zwar wird auch hier ebenso wie in der bildungstheoretischen Didaktik nicht verleugnet, dass die Lerner effektiv lernen sollen, aber das theoretische Setting ist letztlich für ein Exerzitium förderlich, das sich auf den Lehrer und sein Handeln fokussiert. Vergleichen wir dies mit dem grundlegenden didaktischen Anspruch, wie er etwa von John Dewey als einem wesentlicher Klassiker der Pädagogik und Didaktik im englischen Sprachraum formuliert wurde, dann wird deutlich, dass wir in Deutschland die Didaktiken grundsätzlich sehr viel inhalts- und lehrerbezogener aufbauten. John Deweys Konzept geht davon aus, dass beim Lehren und Lernen folgende Handlungsstufen miteinander vermittelt werden müssen (vgl. dazu Hickman et al. 2004, S. 1 ff.).

Emotionale Antwort: Ein Lerner erfährt in einer Situation etwas Unerwartetes, das ihm zum Antrieb für eine Lösungssuche wird. Lernen und Lehren benötigen immer diesen Antrieb, der nicht bloß kognitiv bleiben sollte, weil erst eine *emotionale* Reaktion dafür sorgen wird, sich auf den Sinn des Lernens einzulassen. Wird es versäumt, die Lerner emotional einzubinden, dann scheitern die instruktiven Versuche der Lehrenden meist.

Definition des Problems: Der Lerner versucht, die Lernsituation zu stabilisieren, indem er bereits durch frühere Erfahrungen Erlerntes anwendet – die neue Situation kann dann, wie schon andere zuvor, erkundet werden. Oft setzt unmittelbar mit der emotionalen Reaktion eine *intellektuelle* Reaktion ein. Lehrende müssen solche Situationen ermöglichen und ihre Verarbeitung erleichtern helfen, aber sie können keineswegs dem Lerner sein Lernen abnehmen.

Hypothesenbildung: Nachdem die Situation als etwas definiert worden ist, das erkundet werden muss, wendet der Lerner eine vertraute Methode bisheriger Untersuchungen an und probiert sie aus oder bildet Hypothesen darüber, was zu tun wäre. Lehrende müssen hierfür Raum und Zeit geben.

Testen und Experimentieren: Lösungen werden im Lernen dann erfolgreich handlungsbezogen gefunden, wenn der Lerner seine Lösungen tatsächlich ausprobieren kann (Learning by Doing). Je weniger handlungsbezogene Möglichkeiten geboten werden, desto stärker sinkt nicht nur das Lerninteresse, sondern auch die Einsicht in den Sinn des Lerngegenstandes und die erbrachte Behaltensleistung.

Anwendung: Das Wissen von Welt, das durch die Erfahrungen mit den Lerngegenständen erworben wurde, bedarf anschließend der (kontinuierlichen) Anwendung, damit sichtbar wird, was mit dem Lernergebnis erreicht werden kann. Je öfter und je umfassender solche Anwendungen tatsächlich genutzt werden können, desto sicherer wird eine jeweilige Anwendung und das Behalten im Lernen realisiert werden.

Dewey hat mit diesem Lehr- und Lernmodell eine idealtypische Sicht auf das Lernen begründet, die mittlerweile zu einem didaktischen Verständnis geführt hat, das unter wechselnden Terminologien, aber stets in ähnlicher Ausrichtung als eine viable Konstruktion für Beschreibungen von Anforderungsprofilen im (internationalen) Lernen gilt, ohne dass noch besonders zitiert werden müsste. Sehr viele positive praktische Erfahrungen wie auch empirische Untersuchungen bestätigten im Grunde die Wirksamkeit dieser Sicht. Nach diesem Verständnis ist Lernen ein pragmatischer und konstruktiver Prozess, der keinesfalls auf eine inhaltsbezogene Wissensaneignung oder ein Bildungsverständnis begrenzt oder konzentriert werden kann, sondern immer im Vollzug von Handlungen in Kontexten zu situieren ist. Für die Didaktiken, die dies aufnehmen, bedeutet diese Handlungsorientierung zugleich, die kommunikativen und sozialen Kompetenzen, die in solchen Lernsituationen notwendig enthalten sind, umfassend in alle Lernvorgänge einzubeziehen.

An diesem Punkt ist es schon erstaunlich, zu sehen, wie zwischen der internationalen und der deutschen Entwicklung gegenwärtig eine immer größere Kluft entsteht. International gesehen, ist es selbstverständlich, dass in allen Lernsituationen der grundlegenden schulischen Bildung (schwerpunktmäßig etwa bis zur neunten Klasse) eine Einheitsschule für alle Schüler und Schülerinnen mit stark lernerheterogenen Gruppen existiert. Aus der Sicht der deutschen Didaktik müssten daraus wegen solcher Heterogenität große Ressourcenprobleme resultieren, denn bei uns versucht das dreigliedrige Schulsystem, das durch die ständige Ausweitung der Sonderschulen sogar auf dem Weg in die Viergliedrigkeit ist, eher lernerhomogene Gruppen herzustellen, um eine vermeintlich optimale Lernförderung für die selektierten Lerner zu erzielen. Aber genau das Gegenteil ist der Fall: Im deutschen System werden trotz (oder gerade wegen) der äußeren Differenzierung schlechtere Leistungen als in den heterogenen Systemen erzielt. Erschreckend an diesen Ergebnissen ist insbesondere, dass vor allem das leistungsschwächste Viertel der Schülerschaft in Deutschland in ein Niveau abrutscht, das sowohl für die individuelle Biografie mit einer frühen Erfahrung der Selektion und des herabgesetzten Selbstwertes (oft noch verstärkt durch Sitzenbleiben) als auch für die gesamtgesellschaftliche Zukunftsentwicklung Deutschlands als Industrienation mit einer dequalifizierten Bevölkerungsschicht als äußerst problematisch anzusehen ist. Im internationalen Vergleich müssen wir sagen, dass dies ein Konstrukt und keineswegs zwangsläufig ist. Wir könnten es ändern. Zwar ist hier nicht der Ort, die Fülle der Ergebnisse und Problemstellungen solcher Untersuchungen als Grundlage für Änderungsprobleme zu sichten, aber für die didaktische Entwicklung will ich zumindest drei Aspekte festhalten, die die Ressourcen didaktischen Handelns in der Gegenwart stark negativ beeinflussen und die grundsätzlich für eine bessere Didaktik und Schule zu reformieren wären.

(1) *Inhaltsdominanz:* Nach wie vor zeichnet sich das deutsche Schulsystem durch eine durchgehende Inhaltsdominanz im Lernen mit Bevorzugung frontaler und dozierender Stile aus. In der Lernpsychologie nennt man dies auch *Osterhasendidaktik.* Der Lehrer versteckt in seinen Fragen an die Lerner die Antworten wie ein Osterhase das Geschenk, das man nur finden muss, um glücklich zu werden. Dadurch aber wird zu wenig eigenständiges Denken gefördert, und die Lerner erarbeiten sich zu stark Belohnungen von außen, deren Sinn sie wenig verstehen. Durch das Geschenk aber scheint sich im Glück der Antwort dieses System auch noch zu bestätigen. Hierzu passen Didaktiken, die das Lehrerhandeln auf der Planungsseite im Vordergrund sehen und dazu methodisch-technische Tipps verabreichen, die halbwegs Motivationen der Lerner sichern sollen. Dagegen treten lernerbezogene Sichtweisen, die Entwicklung einer kommunikativen Beziehungskultur, Aspekte einer Erziehung in einer *community,* aber auch der fachbezogene Inhalt in seinen Problem- und Handlungsbezügen zu sehr in den Hintergrund. Dieses System verstärkt sich dadurch, dass es trotz einiger Reformbestrebungen überwiegend in den Schulen praktiziert und erlebt, in den Hochschulen konsequent durch Bevorzugung des Fachstudiums tradiert und geprüft, in der Schulaufsicht und Politik weitgehend akzeptiert wird. Da zugleich die Effektivität nicht konsequent evaluiert wird (außer vielleicht sporadisch durch internationale Vergleiche), denkt man im System immer noch, ein gutes System zu besitzen. Man meint sogar heute in Deutschland in der Reaktion auf die Schulleistungsstudien mit den Mitteln des Systems (vor allem durch eine Erhöhung des Selektionsdrucks) der Systemschwäche begegnen zu können. Auffällig

ist jedoch, dass wie in keinem anderen Land die Schüler und Schülerinnen und Eltern überwiegend dieses System zunehmend für unzureichend halten. Die Kunden wissen längst, dass sie keine gute Ware mehr bekommen, aber andere Waren sind kaum verfügbar.

(2) *Methodenarmut:* Ein Schulsystem und Didaktiken, die stark inhaltsorientiert sind und sich zu wenig mit dem Druck leistungsheterogener Gruppen konfrontieren, entwickeln kaum hinreichend lernerbezogene Methoden, die möglichst alle Lerner zu fördern in der Lage wären. Allein schon aufgrund des geringen Stundenansatzes für eine pädagogisch-didaktische Grundausbildung in der Lehrerausbildung verwundert es nicht, dass Deutschland ein didaktisches Entwicklungsland in jeder Hinsicht geworden ist. Diese didaktische Armut zeichnet besonders die Sekundarstufe I aus, die – wie die IGLU-Studie nach W. Bos u. a. belegen konnte – gegenüber den Leistungen der Grundschule (die noch Einheitsschule ist) deutlich schwächer in der Lernerförderung abschneidet. Erschreckend ist auch, dass zu viel reproduktives Wissen eingepaukt wird, das dann nicht für Problemlösungen in der Anwendung bereitsteht. Nehmen wir die didaktischen Lernebenen nach Dewey, dann versagt das deutsche System eben vor allem im Problem- und Handlungsbezug des Wissens.

(3) *Fehlende pädagogische Diagnostik:* Wenn man sich wie in Deutschland ein frühes Selektionssystem nach der vierten Klasse leistet, dann müsste die Selektion wenigstens einigermaßen gerecht erfolgen. Aber genau dies muss man nach den vorliegenden Ergebnissen der Schulleistungsuntersuchungen bestreiten. Gerne werden dafür die Didaktiker verantwortlich gemacht, aber es bleibt leicht übersehen, dass es sich hierbei auch um einen System- und Ressourcenfehler handelt. Ein System, das nicht hinreichend ausbildet und seine Effektivität nicht konsequent evaluiert, kann nicht erwarten, gut zu funktionieren. Wenn die Lehrenden dann als alleinige Sündenböcke ausgesucht werden, dann verkennt das System seine eigene Schwäche, die vor allem in ihm selbst begründet liegt. Hier muss auch grundsätzlich erkannt werden, dass es bei Evaluationen nicht darauf ankommen darf, bloß Schuldige für ein Versagen zu suchen, sondern *durchgehend* den Fördergesichtspunkt in den Vordergrund zu stellen.

In dieser Lage stehen neue didaktische Ansätze, wie z. B. die konstruktivistische Didaktik, vor einer doppelten Schwierigkeit.

Einerseits muss die konstruktivistische Didaktik die Ressourcen beachten, in denen die Didaktiker tätig werden. Hierbei kann sie sich nicht allein auf die Gestaltung des Unterrichts im engeren Sinne beziehen, sondern sie muss Partei gegen einen Mangel an Ressourcen ergreifen, der in Deutschland die didaktische Arbeit erschwert. Dies ist angesichts gegenwärtiger Besitzstände in Schulen, Verwaltung und Politik (die sich in Deutschland in ein Netz wechselseitiger Abhängigkeiten gestellt haben) besonders schwierig, da wenig grundlegender Reformwille in diesem Bereich zu spüren ist. Konstruktivistische Didaktiker jedoch sind stark reformorientiert, weil sie für ihre Lösungen verbesserte Ressourcen benötigen (vgl. dazu genauer Reich 2004a).

Andererseits entspricht eine konstruktivistische Haltung einem Verhalten, das immer auch im konkreten Arbeitsfeld (auch bei schlechten Ressourcen) nach eigenen Lösungen strebt und solche sucht. Auch wenn dies als eine Sisyphos-Arbeit anzusehen ist, so ist der konstruktive Teil solcher Arbeit eben der begrenzte Erfolg, der didaktisches Handeln als sinnvoll erscheinen lässt. Dabei erzeugt ein ständiges Reden über Probleme immer mehr Probleme, ein Sprechen und Handeln hinsichtlich möglicher Lösungen jedoch erzeugen erst praktikable Lösungen. Auch wenn damit die Probleme nicht geleugnet werden sollen, so ist die Bestärkung der lösungsorientierten Seite wesentlich, will man als Didaktiker auch angesichts der bei uns schlechten Ressourcen handlungsfähig bleiben.

Konstruktivistische Didaktik als pluralistischer Ansatz

Im Spektrum der Konstruktivismen (vgl. Wallner u. Agnese 2001) ist, ähnlich wie beim Pragmatismus, der von Dewey vertreten wird, eine große Vielfalt an Theorien vorhanden. Da zudem beide Theorieansätze in der Gegenwart starke Verschmelzungserscheinungen zeigen (vgl. Hickman et al. 2004), ist es für diejenigen, die nicht berufsmäßig solche Diskurse verfolgen, sehr schwer, die Theorielage einzuschätzen. Für die konstruktivistisch orientierte Didaktik (vgl. Reich 2001a, 2004c) fällt ein Überblick ein wenig leichter, da es hier im deutschen Sprachraum als systematisch ausgewiesene Ansätze aus meiner Sicht nur fünf umfangreicher ausgearbeitete Theorien gibt:

- Die von Horst Siebert überwiegend auf die Erwachsenenbildung konzentrierte Didaktik (2000) basiert teilweise auf radikalkonstruktivistischen Erkenntnissen, verbleibt dabei allerdings nicht subjektivistisch, sondern sucht vor allem über eine Differenzierung der handlungsbezogenen Situation und des selbst gesteuerten Lernens (vgl. Siebert 2001) eine bildungs- und kulturbezogene Sicht zu entwickeln. Siebert (1999) gibt dabei auch einen Überblick über verschiedene konstruktivistische Ansätze.
- Auch die von Rolf Arnold entwickelte konstruktivistische Didaktik ist stark auf die Erwachsenenbildung bezogen. Er sieht seinen Ansatz als Ermöglichungsdidaktik. Arnold und Schüßler (1998) stellen die Begründung dieser didaktischen Sicht in den Zusammenhang mit einem grundsätzlichen Wandel der Lernkulturen, Arnold und Siebert (1999) reflektieren dies für den Wandel der Erwachsenenbildung insgesamt.
- Kersten Reich (2002, 2004 a) hat einen allgemein didaktischen Ansatz auf konstruktivistischer Basis entwickelt, der stark kulturbezogen entwickelt ist und in Abgrenzung zu radikal-konstruktivistischen Ansätzen steht. Dieser Ansatz wird mittlerweile in der Darstellung (z. B. in dem Überblick von Jank u. Meyer 2002) gegenwärtiger didaktischer Ansätze als wesentlich für eine konstruktivistische Didaktik angesehen.
- Reinhard Voß hat durch seine eigenen und sammelnde Beiträge – insbesondere durch die Organisation der zwei Kongresse *Die Schule neu erfinden* – wesentlich zur Verbreitung des konstruktivistischen Denkens beigetragen. Er nimmt eine vermittelnde Position zu den bisher geschilderten Ansätzen einer konstruktivistischen Didaktik ein und bemüht sich, ständig nach neuen Perspektiven und vor allem praktischen Anwendungen zur Entwicklung der Ansätze Ausschau zu halten (vgl. z. B. Voß 1998b, 2002a, 2002b).
- Edwin Kösel (1997) hat einen zu großen Teilen am radikalen Konstruktivismus orientierten Ansatz vorgelegt, der sehr stark subjektivistisch ausgelegt ist und in der Rezeption lokal begrenzter als die anderen Ansätze geblieben ist.

Die Ansätze von Arnold, Siebert, Voß und Reich weisen in großen Teilen Schnittmengen auf. Allerdings wird die Übersichtlichkeit sofort dann wieder eingeschränkt, wenn wir uns konstruktivistisch orientierte Ansätze im englischen Sprachraum ansehen. Hier gibt es eine ganze Fülle von Theorien, die bisher nur ansatzweise in Deutschland rezipiert werden (vgl. als Einführung z. B. Law 2000). Im englischen Sprachraum wurde insbesondere durch Bruner (1983, 1984, 1990, 1996), Gardner (1996, 1999) und die nachwirkende Bedeutung der Didaktik Deweys in einer zunehmenden Anzahl von Veröffentlichungen in den 1990er-Jahren sowohl auf der pädagogischen als auch auf der psychologischen Seite ein argumentativer Raum eröffnet, in dem die Bedeutung eines Wandels von Lernansprüchen und Lernbedingungen im kulturellen Kontext stärker thematisiert wird. Daraus oder damit in Zusammenhang stehend sind zahlreiche Ansätze erwachsen, die sich theoretisch und empirisch mit dem Lernen und didaktischen Konsequenzen beschäftigten. Als Stichworte können wir hier z. B. das reziproke Lernen, *situated learning*, *cognitive apprenticeship*, *anchored instruction*, *communities of practice* nennen.[1]

Wer sich heute mit konstruktivistischer Didaktik beschäftigt, der sollte in zwei Richtungen denken: Die Herkunft konstruktivistischer Didaktiken ist keineswegs auf den radikalen Konstruktivismus beschränkt. Vielmehr zeigt sich bei genauerem Hinsehen, dass es nicht nur unterschiedliche konstruktivistische Herleitungstheorien gibt (so z. B. in Deutschland auch den methodischen Konstruktivismus und Kulturalismus), sondern dass dabei auch wesentliche Vorgängertheorien wie die Phänomenologie und der Pragmatismus, aber auch psychologische Theorien (Piaget, Wygotski) und Kommunikationstheorien (Bateson, Watzlawick) – um nur einige wichtige Eckpunkte zu nennen – zu beachten sind.

Eine Besonderheit der deutschen konstruktivistischen Didaktik ist z. B. bei Reich und Voß ihre deutlich engere Verbindung mit systemischen Theorien, wie sie in der Familientherapie und Beratung entwickelt wurden, als sie im englischen Sprachraum anzutreffen ist. Gerade durch die Inhaltsdominanz didaktischer Prozesse in Deutschland erscheint eine Beziehungsdidaktik als Gegengewicht notwendig, die sich des Instrumentariums und der Reflexionspotenziale des systemischen Denkens bedienen kann und sollte. Dies könnte dann auch als eine eigene Sicht zurück in den englischen Sprachraum wir-

---

1 Eine Charakterisierung dieser Ansätze, die ständig aktualisiert wird, findet sich in meinem konstruktivistischen Methodenpool: http://methodenpool.uni-koeln.de.

ken, der diesen Aspekt bisher vorrangig nur aus einer kommunikativen Perspektive entwickelt.

Lehrende und Lernende als Didaktiker

Will man die Wende beschreiben, die eine konstruktivistische Didaktik für das Lernen und Lehren bedeutet, dann scheint es mir besonders wichtig zu sein, darauf hinzuweisen, dass aus konstruktivistischer Sicht die Didaktik nicht mehr eine Beschreibungstheorie und nicht mehr ein normatives Konstrukt mit methodischen Tipps und Regeln für Lehrende ist, sondern den Lerner als so zentral ansieht, dass dieser auch als eigener Didaktiker erscheint. Diese These, für die ich mich in meiner konstruktivistischen Didaktik (Reich 2004a, S. 121) stark mache, besagt, dass es im Lernen für jeden Lerner erforderlich ist, sich in seinen Lernprozessen zugleich eine Didaktik zu erfinden oder entdecken zu können, die auf seine Lernsituation passt. Diese Forderung zeigt eine wesentliche Veränderung in der Wahrnehmung individueller und gesellschaftlicher Rollen. Als Menschen in der Postmoderne müssen wir sehr viele Rollen im Blick z. B. auf Arbeit, Familie, Freizeit, Lebenswelt insgesamt einnehmen, arrangieren, gegeneinander ausspielen und miteinander in eine Balance bringen. Dabei kommunizieren und didaktisieren wir ständig diese Anforderungen, denn um eine Balance tatsächlich zu erreichen, müssen wir uns selbst und anderen stets auch das verständlich darstellen, was wir als Wissen oder Verhalten uns angeeignet und gelernt haben. Dabei benötigen wir ein durchgehend didaktisches Geschick, um nicht in Unmengen von Daten und unaufbereiteten Informationen zu ersticken. In unseren Rollen, vor allem in den beruflichen Rollen, müssen wir uns zunehmend mehr in didaktischer Aufarbeitung den Stand bestimmter Diskussionen und Entwicklungen selbst erst einmal plausibel machen und dann auch noch anderen kommunizieren. Didaktik als eine Lernerqualifikation wird immer wichtiger.

Aber neben diesem eher äußeren Gesichtspunkt eines Rollenwandels gibt es vor allem auch einen inneren des Lernens selbst. Die wirksamste Didaktik für das Lernen ist immer die Lernerdidaktik, denn wenn ein Lerner sich selbst auf einfache Weise und verständlich erklären kann, wie, was, warum, wie weitgehend und mit welcher Tiefe gelernt werden kann und soll, dann hat dieser Lerner bereits das Lernen gelernt. Für die Lehrenden wird es zur didaktischen Aufgabe, solche Didaktik des Lernens zu ermöglichen. Wollen wir dies als Lehrende erreichen, dann benötigen wir zwar dafür eine eigene Didaktik, aber diese ist nicht mehr ausschließlich eine Didaktik für *Lehrende*, sondern sollte hinreichend transparent in den Lehr- und Lernprozessen selbst sein, damit sie auch von den Lernenden als eine eigene Perspektive angenommen werden kann. Damit wechseln wir von einem Modelldenken in der Didaktik, das anzugeben versucht, wie Lehrende was mit welchen Mitteln und in welcher Situation effektiv (entsprechend vorliegender Bedingungen) vermitteln, zu einem offeneren Denken, das alle konstruktiven Elemente im didaktischen Prozess an das Wechselspiel zwischen Lernern und Lehrenden zurückgibt. Sie haben nach Möglichkeit dialogisch auszuhandeln, welche konstruktiven Wege und Mittel ihnen als Ressourcen bereitstehen und welche Lösungen sie hierbei auf der Inhalts- und Beziehungsseite ausprobieren wollen.

METHODISCHE HERAUSFORDERUNGEN

Aus dieser Sicht verwandeln sich die Methoden in Werkzeuge, die wir erst dann sinnvoll benutzen können, wenn wir als Lehrende *und* Lernende sie nicht als Selbstzweck, Trick, Rezept, Lückenfüller usw. sehen und benutzen, sondern nach einer von uns gewollten Verwendung einsetzen und beurteilen. Die gegenwärtige in Deutschland zu beobachtende Methodenarmut basiert aus meiner Sicht auf zwei wesentlichen Voraussetzungen.

Einerseits auf einer durch eine mangelhafte Lehrerbildung und fehlende Weiterbildung und nicht hinreichende Evaluation erzeugte erschreckende Unkenntnis der reichhaltigen Methoden, die man einsetzen könnte. Hierzu sieht man offenbar zu wenig Sinn, weil es keine umfassende Herausforderung durch lernerheterogene Gruppen gibt, die durchgehend (und auch kompensatorisch) umfassend gefördert werden sollen. Es ist in Deutschland zu leicht, Mängel des Lehrens auf solche des Lernens zu verlagern und die Lerner zu selektieren oder sitzen bleiben zu lassen, statt sich, gezwungen durch Didaktik und ein sozial und ethisch verantwortliches Schulsystem, konsequent mit der Förderung eines jeden Lerners beschäftigen zu müssen (auch wenn es viele Lehrende gibt, die sich dieser Verantwortung nicht entziehen wollen, aber in ihren Ressourcen leider zu wenig Unterstützung erfahren). Es fällt auf, dass die Einheitsschulsysteme weltweit mit ihren lernerheterogenen Klassen bis etwa Jahrgangsstufe 9 sehr viel mehr Methodenvielfalt als die deutsche Schule aufweisen.

Andererseits fehlt auch eine Methodenkompetenz, die sich darin zeigt, dass vielfältige Methoden auf breiten und selbst gemachten Lernerfahrungen aufruhen, die als ein erlebter und reflektierter Methodenhintergrund bereitstehen. Es zeigt sich, dass methodische Trainings im Grunde dann zu wenig bringen, wenn die Lehrenden bloß theoretisch oder in kurzen praktischen Übungen eine Vielfalt an Methoden lernen sollen, dafür aber keinen geeigneten Erfahrungsraum besitzen. Dann werden sie in eigenen Lehrsituationen kaum auf neue Methoden zurückgreifen, sondern sich sicherer in dem fühlen, was ihnen aus eigener Schulzeit schon bekannt ist. Um hier zu einer grundsätzlichen Reform zu gelangen, wäre es gerade die Aufgabe der Hochschulen und des Referendariats, in umfassender Weise und miteinander koordiniert eine Methodenkompetenz in Theorie *und* Praxis auszubilden, d. h., dann aber auch eine entsprechende Lernkultur als Erfahrungsraum zur Verfügung zu stellen. Angesichts der Knappheit des Personals in der Lehrerbildung gibt es für diese wichtige Aufgabe derzeit aber keine hinreichenden Ressourcen. Deutschland leistet es sich, hier auf dem Niveau eines Entwicklungslandes zu operieren.

Es wird oft gefragt, ob es typische Methoden für eine konstruktivistische Didaktik gibt. In dem Methodenpool zur konstruktivistischen Didaktik (http://methodenpool.uni-koeln.de) bemühen wir uns darum, relevante Methoden zu sammeln und in Kurzbeschreibungen nach Quellen, Begründungen, Darstellungen, Praxiserfahrungen und einer jeweiligen konstruktivistischen Interpretation kostenlos allen Lehrenden und Lernenden zur Verfügung zu stellen (hier erarbeiten Studierende und Lehrende gemeinsam in Projekten solche Beschreibungen). Wir legen in der konstruktivistischen Didaktik besonderen Wert darauf, dass diese Methoden möglichst vielfältig und breit eingesetzt werden. Aber sie werden erst dann Ausdruck eines konstruktivistisch orientierten Unterrichts, wenn sie auch in einer Haltung eingesetzt werden, die konsequent auf den Einsichten einer solchen Didaktik aufbaut und der Methode damit Sinn, Tiefe, Anspruch, Haltung, Visionen verleiht. Insoweit soll der Methodenpool methodisch anregen, aber er kann keine systematische didaktische Ausbildung ersetzen.

Vom Überwinden und Aufheben

In einer Warengesellschaft hat man sich daran gewöhnt, bei neuen Produkten zu fragen, was denn nun wirklich neu an ihnen sei. Das gilt auch für die konstruktivistische Didaktik. Dabei ist diese Frage aber für diesen didaktischen Ansatz gar nicht wichtig. Es kommt ihm nicht darauf an, in möglichst vielen Teilen neu zu sein, sondern für Lerner erfolgreich ihre Lernumgebung und die Chancen ihres Lernens zu organisieren. Wenn hierbei Einsichten aus der Vergangenheit helfen, wenn z. B. praktische Erfahrungen anderer Ansätze – aus der Reformpädagogik, aus Experimenten, aus anderen Kulturen usw. – sich als passend (viabel) erweisen können, dann gehört es zu den konstruktivistischen Selbstverständlichkeiten, dass solche Einsichten aufgenommen und ins Handlungsrepertoire konstruktivistischen Unterrichts aufgenommen werden. Manche Menschen sperren sich auch gegen Kunstwörter wie Konstruktivismus oder systemisches Denken. Auch hiermit können konstruktivistisch orientierte Didaktiker leben, auch wenn es einfacher ist, wenn wir uns sprachlich auf Konventionen im Verstehen einigen. Es gibt aber immer wieder didaktische Praktiker, die in anderen Terminologien einen guten, lernerorientierten Unterricht organisieren. Von diesen können und wollen auch Konstruktivisten lernen, sofern die Praxis nicht willkürlich, beliebig oder prinzipienlos den Unterricht organisiert, um dann vielleicht zufällig auch einmal zu konstruktiven Erfolgen zu gelangen. Die konstruktivistische Didaktik will insbesondere aufgrund ihrer systemischen Sicht keine Überwindungsdidaktik sein, sondern alles das kritisch aufheben und bewahren, vor allem aber auch fördern und entwickeln, was für das Lernen passend ist. Aber dazu muss sie sich immer wieder strikt darauf konzentrieren, das zu tun, was nicht allein den Lehrenden gefällt, sondern tatsächlich den Lernenden den gewünschten Erfolg bringt. Auch die Definition dessen, was als Erfolg gelten kann, kann nicht mehr allein von Lehrenden definiert werden, weil dies ein zu leichter Weg wäre. Insoweit sollte unser Gedanke des Aufhebens davon geleitet sein, die Lernenden viel stärker denn bisher als Didaktiker sich entfalten zu lassen (das Prinzip der „kleinen Lehrer" ist vielen handlungsorientierten Methoden eingeschrieben) und unsere Evaluationen systemisch – wechselseitig bis hin in die Notengebung (vgl. Reich 2004a) – als ein Konzept stetiger Partizipation und Förderung zu entwickeln. Dann wird mehr und nicht weniger gelernt.

„Ich seh etwas, das du nicht siehst!" – Systemtheoretische Schultheorie nach Niklas Luhmann als Reflexionshilfe für pädagogische Berufe

Lilian Fried

> Die hochkomplexen Entwicklungen in Gesellschaft und Schule bringen viele Spannungen und Widersprüche mit sich. Diese werden von den pädagogischen Berufen zunächst als Belastungen, Widerstände und Überforderungen erlebt. Das ist aber nur eine Seite der Medaille. Solche Paradoxien und die daraus erwachsenden Dynamiken bieten immer auch die Chance, hochkomplexe Zusammenhänge genauer zu beobachten, besser zu verstehen und damit angemessener zu handhaben. Deshalb brauchen wir Schultheorien, mit denen zentrale Paradoxien rekonstruiert werden können. Es wird skizziert, wieweit die Systemtheorie von Niklas Luhmann geeignetes Material bietet, mit dem man eine systemtheoretische Schultheorie rekonstruieren kann, welche diesem Zweck dienen kann.

Einleitung

Seit der Etablierung der Erziehungswissenschaft ist man bestrebt, Schule mithilfe theoretischer Mittel umfassend zu kennzeichnen. Mit den im Laufe der Geschichte dieser Disziplin entwickelten spekulativen, empirischen und/oder kritischen Varianten von Schultheorie ließ sich das aber nur bedingt einlösen. Zwar existiert „ein äußerst heterogenes Feld von divergierenden Grundüberzeugungen, einzelnen objekttheoretischen Versuchen, vielfältigen und thematisch äußerst unterschiedlichen Forschungsergebnissen und punktuellen metatheoretischen Reflexionen" (Tillmann 1993, S. 409 f.); aber dieses bietet kaum Ansatzpunkte, wie man die „Modernisierungsambivalenzen"

(Paradoxien), also die sich stets aufs Neue reproduzierenden Widerspruchs- und Spannungsverhältnisse in Gesellschaft und Schule, zu erklären und verstehen vermag. In dieser Situation scheint es den Versuch wert, mit einigen Grundkategorien der Systemtheorie von Niklas Luhmann eine Schultheorie zu rekonstruieren, die es erlaubt, diese Paradoxien schärfer in den Blick zu nehmen.

SYSTEMTHEORIE VON NIKLAS LUHMANN

Niklas Luhmann, der, nach Gripp-Hagelstange (1995, S. 10), „herausragendste Vertreter und Weiterdenker" des konstruktivistischen Paradigmas, hat in den 80er-Jahren des 20. Jahrhunderts einen „radikalen Schritt" vollzogen, hin zu einem „andersartigen Theoriedesign", das auf Erkenntnissen der Thermodynamik und Biologie als Theorie des Organismus, der Neurophysiologie, Zellentheorie und Computertheorie basiert (Luhmann 1984, S. 27) und in der „Theorie der sich reproduzierenden autopoietischen Systeme" mündet. Diese Theorie ist allerdings nicht ohne weiteres zugänglich. Deshalb wird kurz auf wenige Grundkategorien eingegangen.

Im Zentrum der Theorie von Luhmann steht die Differenz im Sinne von Unterscheidung zwischen System und Umwelt. Anders als im alltäglichen Sprachgebrauch meint der Begriff Unterscheidung dabei keine statischen Verhältnisse, die durch Unterscheidungen gekennzeichnet sind, sondern dynamische Vorgänge, in deren Verlauf Unterscheidungen vollzogen werden. Luhmann erklärt diesen komplexen Sachverhalt mithilfe des Formbegriffs. Danach sind Formen nicht Gestalten, sondern Linien, an denen entlang sich Dynamiken entwickeln bzw. Markierungen, mit deren Hilfe entschieden werden muss, welche Seite man bezeichnet, das heißt: auf welcher Seite der Form man sich befindet und wo man dementsprechend für weitere Operationen anzusetzen hat. Zwischen der Innen- und Außenseite der Form zu differenzieren bedeutet deshalb immer auch, zwischen System und Umwelt zu unterscheiden.

Ausgangspunkt jedes Systems sind Ereignisse bzw. Elemente. Damit sind „Informationen" gemeint, die nur für das System, nicht jedoch für die Umwelt Relevanz besitzen. Sie tauchen momenthaft auf und vergehen gleich wieder. Von sich aus haben sie keine Dauer. Sie können aber Konstanz gewinnen, wenn sie zeitliche Relationen eingehen, also zu Strukturen gerinnen, die das System nutzt, um seine weiteren Operationen zu orientieren (Luhmann 1992, S. 118 f.). Im Laufe der Zeit entstehen immer dichtere Erwartungsstrukturen, mit denen das System die Differenz zwischen System und Umwelt innerhalb des Systems immer besser handhaben kann (Luhmann 1997a, S. 98). Das ist erforderlich, weil dem System seine Außenseite unzugänglich ist. Es kann seine Umwelt nämlich nicht wirklich sehen, sondern nur in seinem Inneren nachzubilden versuchen. Dabei kann es immer nur mit den eigenen Elementen und Strukturen operieren. Diesen Vorgang, in dessen Verlauf das System die Elemente und Strukturen, aus denen es besteht, „aus sich selbst erzeugt", also immer wieder reproduziert, nennt man Autopoiesis bzw. Selbstreproduktion oder Selbstorganisation (Luhmann 1996, S. 49).

Nicht alle Systeme sind gleich. Vielmehr gibt es verschiedene Systemtypen, die sich verschiedenen Abstraktionsebenen der Systembildung zuordnen lassen. Zunächst lassen sich organische und sinnorientierte Systeme unterscheiden. Letztere können noch in psychische und soziale Systeme unterteilt werden. Gemeinsam ist allen Systemtypen, dass sie sich selbst, nämlich mit eigenen Produkten (Elementen, Strukturen) reproduzieren. Es handelt sich also in jedem Fall um autopoietische Systeme. Bei den organischen Systemen geschieht dies „qua Leben", bei den psychischen „qua Bewusstsein" und bei den sozialen „qua Kommunikationen". Die sozialen Systeme lassen sich noch weiter unterteilen in Funktions- (Umwelt-), Organisations-, Interaktionssysteme sowie soziale Bewegungen. Zwischen diesen Systemen bestehen keine hierarchischen Beziehungen.

SYSTEMTHEORETISCHE SCHULTHEORIE

Aus der Perspektive der Systemtheorie verbirgt sich hinter der Bezeichnung „Schule" keine Einheit, wie es die Begriffsklammer vermuten lässt, sondern eine unübersehbare Vielfalt von miteinander gekoppelten sozialen Systemen, die sich nach Systemtypen unterteilen lassen. Hier ist zu unterscheiden zwischen dem Funktions-, Organisations- und Interaktionssystem sowie dem Umweltsystem.

Funktionssystem Erziehung

Das Funktionssystem Erziehung hat die Aufgabe, die nachwachsende Generation so zu erziehen, dass die Gesellschaft das Komplexitätsniveau, das sie erreicht hat, beibehalten kann. Um diese Funktion erfüllen zu können, braucht das Erziehungssystem – wie alle anderen Funktionssysteme auch – einschränkende Strukturierungen (Luhmann 1984, S. 384 f.). Das beinhaltet einen doppelt codierten Code (Selektion) und ein Programm (Gleichbehandlung). Aufgabe des Codes ist es, die „Symbole für Erfolge/Misserfolge" zuzuteilen, nämlich durch die Unterscheidung gute/schlechte Leistungen bzw. in Arbeit vermittelbar/nicht vermittelbar. Um diese Unterscheidung operieren zu können, braucht man aber ein Programm, welches Entscheidungsregeln bietet, sodass man messen kann, ob ein Erfolg bzw. Misserfolg vorliegt. Mit diesem binären Mechanismus erreicht das Erziehungssystem eine „Limitierung und Steigerung: eine Spezifikation der Gesichtspunkte", sodass es scheinbar in der Lage ist, die intendierten Erziehungseffekte fest- und damit sicherzustellen (Luhmann u. Schorr 1988b, S. 247).

Damit ist das Erziehungssystem in einer „unmöglichen Situation". Es hat eine Aufgabe übernommen, die es unmöglich einlösen kann, weil die Codierung das Programm insofern unterläuft, als die Pädagogik zum Gelingen der individuellen Karriere von Zöglingen ohne Rücksicht auf soziale Unterschiede beitragen soll, aber gleichzeitig gezwungen wird, erreichte Ungleichheiten zu konstatieren, also doch Unterschiede zu machen. Vielmehr hat das Erziehungssystem effektive Mechanismen entwickelt, mit denen es diese Paradoxie zu „invisibilisieren" bzw. zu „entstören" vermag, z. B. die „beiden Sprößlinge ungleich beurteilt, indem sie die Gleichbehandlung als ihr ureigenstes Anliegen geliebt, die Selektion dagegen als staatlich aufgezwungenes Amt ablehnt" (Luhmann 2002, S. 62). Mit dieser Strategie gerät die Paradoxie aus dem Blick, wird aber in Form eines Reflexionsdefizits bezahlt, das eine Bearbeitung der Ambivalenzen verhindert.

Organisationssystem Schule
Organisationssysteme sind darauf bedacht, keine Entscheidung zu fällen, die abgelehnt werden könnte. Deshalb bedienen sie sich spezifischer Kommunikationsstrategien, die der Risikokontrolle dienen. In der Schule geht es um die Entscheidung, ob der intendierte Effekt der Erziehung eingetreten ist oder nicht (Luhmann u. Schorr 1988b, S. 175). Damit sieht sich dieses Organisationssystem folgenden Risiken ausgesetzt: Es kann entscheiden, dass Erziehungseffekte bei Schülern und Schülerinnen eingetreten sind, obwohl das nicht der

Fall ist; oder es kann zur Überzeugung gelangen, dass keine Erziehungseffekte bewirkt wurden, obwohl das in Wahrheit der Fall war. Um nun diese Risiken möglichst auszuschalten, bedient sich Schule eines binären Schematismus, der an der Codierung und Programmierung des Erziehungssystems ausgerichtet ist. So beruft es sich auf Erziehungsprogramme, wie z. B. Lehrpläne, die angeben, welche Effekte genau angestrebt werden sollen; es hält sich an Kontrollmechanismen, wie z. B. das Zensuren- und Prüfungswesen, die vorgeben, wie genau die Effekte überprüft werden können usw. Damit gewinnt man aber nur Scheinsicherheit. Denn auch das Organisationssystem ist von Strukturdefiziten geprägt. Wenn es nämlich gar nicht möglich ist, Einblick in die Abläufe zu gewinnen, die Schüler und Schülerinnen bestimmen, kann nicht mit letzter Sicherheit entschieden werden, ob ein Erziehungseffekt erreicht wurde oder nicht; und wenn es (angesichts der Autonomie der psychischen und biologischen Systeme dieser Schüler und Schülerinnen) gar nicht möglich ist, sie direkt zu steuern, kann nicht begründet entschieden werden, ob ein eingetretener Effekt tatsächlich auf die Erziehungsmaßnahme zurückgeht, der er zugeschrieben wird. Alle Versuche, das Risiko einer Fehlentscheidung zu vermeiden, indem man die Entscheidung immer differenzierter absichert, sind somit aussichtslos, weil sie nichts an der Tatsache zu ändern vermögen, dass Erziehung ein „unmögliches" Unterfangen darstellt.

Im Organisationssystem Schule manifestiert sich dieses strukturelle Defizit in einem spezifischen Paradox. Das Bestreben, die Risiken möglichst klein zu halten, führt nämlich dazu, dass sich immer mehr immer kleinere organisatorische Einheiten herausbilden, die durch ein immer komplexeres Regelwerk koordiniert und abgesichert werden müssen. Auf diese Weise hat sich das Bildungssystem in immer kleinere Einheiten wie z. B. Schularten, Schulklassen, Schulfächer, Ausbildungsabschnitte usw. ausdifferenziert; die eine „organisatorisch forcierte" Steuerung und Kontrolle von Erziehungseffekten möglich erscheinen lassen (Luhmann u. Schorr 1988b, S. 259 f.). In Wahrheit jedoch gebiert diese „Verregelung" des Bildungssystems neue Risiken. So besteht z. B. die Gefahr, dass die intendierten Erziehungseffekte nicht zustande kommen, weil die Erziehungsmaßnahmen durch das bestehende Regelwerk eingeschränkt bzw. verfälscht werden usw. Dies gilt umso mehr, als dieses Regelwerk ob seiner Komplexität nicht mehr im Bildungssystem gehandhabt werden kann, sondern von einem darauf spezialisierten Organisationssystem (Schulaufsicht) verwaltet wird. Das wiederum bringt das Risiko mit sich, dass die Entscheidungsprämissen, die dem Bildungssystem von außen gegeben werden, nicht in erster Linie an pädagogischen, sondern vornehmlich an verwaltungsspezifischen Erfordernissen ausgerichtet sind. Die daraus erwachsende „selektierte Starrheit der Entscheidungsgrundlagen" manifestiert sich in der viel gescholtenen Bürokratie.

Unterricht als Interaktion

Luhmann (1986, S. 97) bezeichnet das Unterrichtssystem als eigentlichen „Kern des ausdifferenzierten Erziehungssystems", um den die „Organisation in der Form von Schulklassen oder Kursen, Schulen, Schulsystemen, Schulverwaltungen drum herum gebildet worden ist". Das Besondere an diesem Systemtyp ist, dass daran organische, psychische und soziale Systeme beteiligt sind. Diese müssen koordiniert werden, damit Erziehung zustande kommen kann. Es müssen also zwischen den Kommunikationssystemen, welche den sozialen Kontext ausmachen, und den organischen und psychischen Systemen der Kinder strukturelle Kopplungen bestehen. Das Problem ist nun, dass die organischen und psychischen Systeme der Schüler nicht „von außen" durchschaut oder gesteuert werden können. Deshalb können durch Unterricht ausgelöste Lern- bzw. Bildungsprozesse weder exakt vorhergesagt noch genau determiniert werden.

Zwar können die sozialen Kontexte eine Wirkung entfalten, weil sie Anstoß zu einer Art Dauerirritation der Systeme geben, also mit einer gewissen Typizität auf Schüler einwirken und dadurch bei ihnen Strukturentwicklungen auslösen. Aber was Schüler aus den „unsteuerbaren Außenwirkungen" (Luhmann 1992, S. 123) machen, was also in ihnen „als eigener Habitus oder als die Weise, in der [...] sie mit sich selbst bekannt werden, entsteht, ist zwar nicht unabhängig von Pädagogen (Eltern, Lehrern usw.) zu denken, liegt aber auch nicht auf der Linie der intendierten Ziele" (Luhmann 1985, S. 92).

Unterricht ist ein Interaktionssystem, das sich mit Kommunikationen reproduziert, welche auf das Hervorrufen von Lehr-Lern-Vorgängen spezialisiert sind (vgl. Luhmann 2002). Das wird durch eine spezifische, das heißt komplementäre, asymmetrische und unumkehrbare Struktur ermöglicht, die „Lehrer-Schüler-Rollen". Daraus ergeben sich verschiedene strukturelle Eigenheiten, wie z. B. Ungleichverteilung der Personenzahl, der Kommunikationschancen, der Kommunikationszeiten usw., die es dem Unterrichtssystem ermöglichen, seine Operationen in die gewünschte Richtung zu lenken (vgl. Luhmann u. Schorr 1981). Außerdem bewirkt die Tatsache, dass Unterricht in Schulklassen stattfindet, dass die Interaktion in Bezug auf Zeitpunkt, Treffpunkt und Personen „pünktlich" reguliert und von der Umwelt abgeschottet ist, sodass Interaktionsketten möglich sind, die eine „zeitunabhängige Themenkontinuität" erlauben, womit eine „langfristige Konzentration und damit anspruchsvolle Erziehung" erleichtert werden (Luhmann 2002, S. 108 ff.).

Diese Strukturtypik reicht aber nicht aus, um Unterrichtsverläufe in die intendierte Richtung zu lenken. Zumal Unterricht und Erziehung nicht derselben Programmatik folgen. Unterricht kann durchaus im Hinblick auf Ziele programmiert werden, die festlegen, was gelernt werden soll. Hingegen kann Erziehung nur „konditional und wirkungsoffen" skizziert werden, indem Erziehungsanreize geboten werden, die Erziehungschancen eröffnen. Deshalb kann das Unterrichten bestenfalls „[…] ein Anlaß, vielleicht ein Verfahren zur laufenden Erzeugung von pädagogisch auswertbaren oder auch pädagogisch blockierten Situationen […]" sein (Luhmann u. Schorr 1988b, S. 231). Natürlich kann man im Unterricht Situationen schaffen, welche geeignet sind, Erziehungseffekte hervorzurufen. Aber diese Möglichkeit bietet keinerlei Gewähr dafür, dass diese Effekte eintreten. Schließlich verhält sich ein Schüler gegenüber den Erziehungseinflüssen selektiv. „Was daraus in ihm als eigener Habitus oder als die Weise, in der er mit sich selbst bekannt wird, entsteht, ist nicht unabhängig von dem Erziehungssystem zu denken, liegt aber auch nicht auf der Linie der intendierten Ziele" (Luhmann u. Schorr 1988b, S. 91). Unterricht konfrontiert also Lehrer „mit einem Paradox – eben der Einheit von Routine und Zufall" (ebd., S. 109).

Dieses erneute strukturelle Defizit wird durch Unterrichtstechnologien überdeckt, die unterstellen, dass es möglich wäre, komplexe Lehr-Lern-Situationen so „zu konditionieren", dass sie handhabbar bzw. kontrollierbar werden. Ein interaktives Sozialsystem wie der Unterricht, in dem Zeithorizonte, Erwartungen und Erinnerungen der Beteiligten übereinander greifen, ist aber nicht rational dekomponierbar, lässt sich also „nicht in Teile oder Teilschritte zerlegen, zwischen denen keine … Interdependenzen bestehen" (ebd.,

197

S. 121). In Wahrheit ist das Wechselspiel so komplex, dass es nie eine Liste kontrollierbarer Bedingungen geben kann, mit deren Hilfe sich Unterricht steuern ließe. Da aber Lehrer „... Technik im Sinne einer Entlastung von unnötiger Aufmerksamkeit, im Sinne von Konzentration auf das, was wahrscheinlich Erfolg bringt, und im Sinne von nicht an den Moment gebundener Planbarkeit und Wiederholbarkeit" brauchen (ebd., S. 131), können sie gar nicht anders, als „konditionale und wirkungsoffene" mögliche „Bestimmungsstücke" einer lerngünstigen Umgebung für Schüler „vorzuhalten", die situationsspezifisch ausgewählt und kombiniert werden können (ebd., S. 123 f.).

Umweltsysteme
Systeme stehen über strukturelle Kopplungen in Verbindung mit ihrer Umwelt. Deshalb können sie Informationen aus ihr aufnehmen. Allerdings können sie diese Botschaften immer nur aus dem eigenen Blickwinkel und mit den eigenen Mitteln rekonstruieren. So erklärt es sich auch, dass ein System zwar von der Umwelt abhängig ist, weil es nicht ohne sie existieren kann, aber nicht durch sie determiniert wird, weil es keinen unmittelbaren Zugang zu ihr hat.

Die Systemkopplung Schule muss Kontakte zu etlichen Umweltsystemen aufrechterhalten, um existieren zu können. Dass sie auf strukturelle Kopplungen mit psychischen und organischen Systemen angewiesen ist, wurde bereits deutlich. Darüber hinaus ist sie mit zentralen Funktionssystemen strukturell gekoppelt, u. a. mit den Funktionssystemen Wirtschaft und Politik.

Die systeminternen Umweltkonstruktionen der Systemkopplung Schule sind gemeinhin in die Form von Problemen und Problemlösungen gefasst, weil diese spezifischen Konstruktionen es erlauben, „geeignete Mittel zu testen und gegebenenfalls zwischen funktional äquivalenten Problemlösungen hin und her zu pendeln" (Luhmann 1996, S. 37). Nun kann ja die Systemkopplung Schule die Diskrepanz zwischen den eigenen Umweltkonstruktionen und der Realität nicht „sehen". Deshalb hält sie ihre Problembeschreibungen für realitätsadäquat. Demzufolge nimmt sie nicht wahr, wenn ihre Problemlösungen daran scheitern, dass sie die Realität nicht treffen. Sie kann auch nicht erfassen, dass dies einer Aufforderung gleichkommt, die Umweltkonstruktionen zu rekonstruieren. Das Einzige, was die Systemkopplung Schule bemerkt, ist, dass die Probleme trotz der Problemlösungen nicht abnehmen. Dieser Paradoxie begegnet sie mit Entparadoxierungsstrategien. Eine der häufig angewandten Hilfskonstruktionen besteht darin, das Problem zu externalisieren, das heißt, mit Appellen und Schuldzuweisungen zu reagieren, die an die Umweltsysteme adressiert werden. Dass sich die Probleme auf diese Weise nicht lösen lassen, wird dabei ausgeblendet. Immerhin gelingt es dadurch, sich von der Verantwortung für das Problem zu entlasten.

Ähnlich gestaltet sich die Beziehung der Systemkopplung Schule zum Politiksystem. Da es – laut Luhmann und Schorr (1988b, S. 107) – in der Pädagogik „keine Moral der Bescheidenheit" gibt, werden „Knappheiten" als extern verursachte Zumutung erfahren, „als Sache des Geldes oder seiner Derivate wie Bauten oder Planstellen". Wenn dann Schule scheitert, kann dies auf Ressourcenknappheit zurückgeführt werden, die darauf geschoben wird, dass die Politik der Schule nicht den Platz einräumt, der ihr – aus der Sicht der Pädagogik – eigentlich zusteht, nämlich – wegen der selbst zugeschriebenen zentralen gesellschaftlichen Bedeutung – einen gegenüber anderen gesellschaftlichen Funktionssystemen bevorzugten (vgl. z. B. Weiß 1996, S. 132).

Ausblick

Alles in allem zeigt also diese zwangsläufig flüchtige Skizze, dass es mithilfe von Grundkategorien der Systemtheorie von Niklas Luhmann möglich ist, eine Schultheorie zu rekonstruieren, welche Paradoxien enthüllt, sodass man sich den zentralen Widerspruchs- und Spannungsverhältnissen in der Schule direkter nähern und sich damit unmittelbarer beschäftigen kann.

Dabei wird z. B. sichtbar, dass manche der Problembeschreibungen, nebst den untauglichen Problemlösungen, die unsere Schuldiskussionen bestimmen, auf „einseitigen" Sichtweisen beruhen, also Reflexionsdefizite beinhalten, die ausgeräumt werden müssen, wenn wir zu anspruchsvolleren Problembeschreibungen und komplexeren Problemlösungen kommen wollen. Das bedeutet, sich von der scheinbaren Gewissheit, die Zukunftsvisionen versprechen, zu lösen, um sich dafür umso aufmerksamer der fragilen Kennzeichnung von Gegenwartskonstellationen zuzuwenden. Dabei könnte die Gegenüberstellung bzw. der Versuch der Abgleichung verschiedener Perspektiven dazu beitragen, sich typischer Denkfallen bewusst zu werden. Schließlich wissen wir aus der Schuleffektivitätsforschung, dass berufsbezogene Kooperation pädagogischer Professioneller für die Unterrichtseffizienz von hoher Bedeutung ist. Deshalb spricht vieles dafür, sich von einseitigen Standortbestimmungen zu lösen, denn diese taugen nicht zur kleinschrittigen Handlungsmodifikation. Kurz: Es ist ratsam, Kollaborationen zu wagen, die den Regeln des Spiels folgen: „Ich seh etwas, das du nicht siehst."

Die Systemik der Berufsbildung

Rolf Arnold

Der Beitrag problematisiert den Blick auf die berufliche Bildung, welcher immer ein Blick von einem Beobachterstandpunkt aus ist. So wird berufliche Bildung perspektivisch konstruiert – ein Gedanke, der auch hilft, die Weitungen und Wandlungen, die dieser Gegenstand in den letzten Jahren erfahren hat, in ihrer fachlichen und kulturellen Beschränktheit zu verstehen. Die damit verbundene Relativität und Offenheit ist auch und gerade für die Internationalisierung der Berufsbildung, welche auf Systementwicklung bzw. – im ungünstigsten Fall – auf Systemtransfer bezogen ist, von grundlegender Bedeutung.

DIE FALLE DER ONTOLOGIE

Der Frage nach der Systemik eines Gegenstandes wohnt eine doppelte Perspektive inne: Zum einen ist sie der ehrwürdige Versuch, die Sache selbst – hier: Berufsbildung – sprechen zu lassen, zum anderen erfolgt dieser Versuch in einem ständigen – wenn auch erfolglosen – Bemühen zu beobachten, was genau geschieht, während wir beobachten. Auf diese Weise – so zumindest die Hoffnung – können wir uns an „die Muster, die verbinden" – wie Gregory Bateson es ausdrückte – annähern und ego- sowie ethnozentristische Einengungen unserer Wahrnehmungen zumindest reflektieren. Wir geben uns dann damit nicht mehr mit dem konstruktivistischen Effekt des „What you see is what you get" zufrieden, sondern versuchen, das Resultat bzw. die Gegenstandsdefinition als Beobachtung eines Beobachters zu relativieren, wissend, dass dieser Beobachter letztlich über keine anderen Beobachtungswerkzeuge verfügt als diejenigen, über die er verfügt. Seine Beobachtung ist Produkt seiner eigenen Sozialisation, seiner sprachlichen Möglichkeiten und seiner Angst – ein

Aspekt, den Devereux bereits 1969 wissenschaftspsychologisch auszudeuten versuchte. Wir beschreiben die Welt als Beobachter demnach auch so, wie wir sie auszuhalten vermögen – ein Sachverhalt, auf den ich noch zurückkommen werde.

Was bedeutet dies für den Versuch, Berufsbildung bzw. Berufsbildung in anderen Ländern zu beschreiben? Was sieht ein Europäer, wenn er auf die Formen und Modelle der beruflichen Kompetenzentwicklung anderer Kontinente blickt? Die Antwort ist: Er sieht, was er sieht. Und das, was er sieht, ist in einer kaum bewussten Weise von seinen kulturellen bis hin zu psychologischen Besonderheiten durchdrungen und von sprachlichen Möglichkeiten kontaminiert. Er verwendet z. B. als Deutscher das Wort „Berufsbildung" und transportiert damit auch Vorstellungen und Erwartungen, die so in anderen Kontexten nicht üblich sind. Dies geht bereits beim Berufsbegriff los. Dieser ist Ausdruck der calvinistischen Ethik mit ihrer Vorstellung, dass sich die Auserwähltheit durch Gott am beruflichen Erfolg des Einzelnen ablesen lasse. Beruf ist demnach die Berufung durch Gott, und nur dies erklärt die Zentralität des Berufes für die Identität, den Lebenslauf und die Lebensplanung des abendländischen Menschen, welche letztlich aber kein Faktum, sondern ein Konstrukt ist, d. h.: Es erscheint mir und meiner Beobachtung plausibel, aber es könnte auch ganz anders sein. Auch der Begriff der „Bildung" führt den Beobachter in eine Erkenntnisrichtung, die seine ist und nicht dem Gegenstand als solchem innewohnt. Bildung ist in abendländischen Kontexten die Selbstbefreiung des Menschen zu sich selbst und steht damit durchaus in einem spannungsreichen Bezug zur Welt der Arbeit mit ihren alltäglichen Zwängen und Nötigungen: hier die Freiheit zu sich selbst, dort die Unfreiheit und Abhängigkeit von anderem und anderen. Nur indem man sich dieser Brillen, mit denen wir beobachten, bewusst wird, ist zu verstehen, warum wir bis heute eine nicht enden wollende Debatte zum Verhältnis von Bildung und Beruf haben: Es ist eine Debatte von Brillenträgern, und in ihr wird keine Dialektik des Gegenstandes an sich sichtbar – so könnte man sagen, wenn wir uns der neuen Brille bewusst wären, die wir tragen, während wir dies sagen. Denn man kann nicht ohne Brillen sehen, doch immerhin erkennen, welche Brillen wir tragen, während wir – als Wissenschaftler – beobachten, unsere Beobachtungen dokumentieren und verteidigen oder – wie gerade eben jetzt – über die Beobachtung der Beobachtung nachden-

Die Systemik der Berufsbildung

ken. In diesem Sinne weist Peter Fuchs (2004, S. 14) uns darauf hin, dass wir „nicht über das Sein einer wirklichen Welt, die unbeobachtet existiert (verhandeln). Und zwar: weil wir – beobachtend – nur immer Beobachtungen finden. Wirklichkeiten sind Beobachtungsresultate. Wenn gesagt wird, hinter diesen Resultaten sei etwas wirklich Wirkliches oder auch nur eine Leere, ein All-Eines etc., schnappt erneut die Falle der Ontologie zu."

Vor Kurzem wurde an meiner Universität eine japanische Berufsbildungswissenschaftlerin habilitiert, die sich in ihrem Vortrag mit der primären Sozialisation im westlich-japanischen Kulturvergleich befasste. Die primäre Sozialisation ist die Phase, in welcher die noch unstrukturierte Kognition wahrzunehmen lernt, indem sie Brillen erwirbt. Dabei rekonstruierte diese Kollegin, auf welch dichte Weise die frühesten Erfahrungen in der Mutter-Kind-Beziehung das gesellschaftliche Leben prägen: Während japanische Mütter den Bedürfnissen des Kindes sowie seiner Eingebundenheit in die engere soziale Umgebung eine hohe Priorität zumessen (sekundäre Kontrollorientierung), folgen deutsche Mütter einem eher dirigistisches Konzept (primäre Kontrollorientierung) (vgl. Trommsdorff 1989).[1] Letztlich sind es diese frühen Erlebnisse, die das Sich-sicher-Fühlen in quasifamiliären Kontexten („Betrieb als Familie") zu dem tragenden Muster werden lassen, welches bis in die Funktionsweisen von Alltag, Arbeitsmarkt, Betrieb und Berufsbildung hineinwirkt.

Die gesamte Gesellschaft konstelliert sich demnach nach einem latenten Muster, welches an der Oberfläche – z. B. in den manifesten Formen beruflicher Bildung – nicht sichtbar ist, diese aber in der Tiefe trägt und erklärt. Und ein externer Beobachter sieht dies zunächst nicht, und er sieht es vielleicht auch auf Dauer nicht, wenn er aus einem kulturellen Kontext kommt, in welchem eine andere Mutter-Kind-Beziehung in dieser Weise gesellschaftstragend und kulturprägend ist. „Wer einen Hammer hat, für den besteht die Welt aus lauter Nägeln" – sagen die Konstruktivisten. Abgewandelt auf unser Thema, könnte man sagen: Wer vornehmlich im Einklang mit seiner engeren sozialen Gruppe in einem bejahenden Kontext aufgewachsen ist, für den besteht die Welt aus schützenden bzw. aus familiären

---

1 Es geht hierbei nicht um die Mutter alleine, sondern um das Netz von Helferinnen und Helfern, welches die Entwicklung des frühen Menschen grundlegend prägt, wie wir aus neueren Forschungen wissen (Hrdy 1989).

Kontexten. Wer demgegenüber gelernt hat, sich in einem frühen Kontext primärer Kontrollorientierung zu behaupten, für den besteht die Welt aus individuellem Wettkampf, individuellem Erfolg und individueller Berufung. Es sind zwei grundlegend unterschiedliche Welten, die sich hier einander gegenüberstehen. Keine hat Recht im Sinne universaler Maßstäbe, vielmehr realisieren beide das gleiche universale Muster, nämlich die Welt so zu beschreiben und zu organisieren, wie sie sie auszuhalten gelernt haben. Es setzt sich hier somit „hinter dem Rücken der Beteiligten" etwas durch, was den Gegenstand, der beobachtet wird, ebenso prägt wie die bevorzugte Art, diesen – auch wissenschaftlich! – zu beobachten, womit wir gleichzeitig einen für die Erkenntnistheorie wichtigen Hinweis gegeben haben, nämlich den, dass auch die wissenschaftlich konzeptualisierte Welt letztlich nicht frei ist von einer emotionalen Konstruktion der Wirklichkeit.

Natürlich wäre es spannend, sich an dieser Stelle genauer die abendländischen Mechanismen der Primärsozialisation mit ihren stark verneinenden, das „wahre Selbst" eher einschränkenden oder gar vernichtenden Wirkungen zu analysieren; die entsprechenden Vorarbeiten reichen von Erich Fromm über Alice Miller bis hin zu neueren Ergebnissen der Familien- und der Ethnopsychotherapie. Ein solcher Exkurs könnte uns z. B. zu einem vertieften Verständnis der Frage führen, wie die spezifische Primärsozialisation von Imanuel Kant, welche durch Einsamkeit und eine überstarke Mutterbindung gekennzeichnet gewesen ist, seine spezifische Art des Denkens und seine Bemühungen, das – philosophisch – Unsichere in eine Gewissheit des Denkbaren zu überführen, geprägt hat. Solche Überlegungen würden uns aber zu weit von unserer berufspädagogischen Frage nach dem „Muster, das verbindet" (Gregory Bateson) wegführen und nur noch genaueres Illustrationsmaterial zu dem liefern, was wir bereits erkannt haben und was ich in folgender These zusammenfassen will: Es gibt nicht *die* Berufsbildung. Der Gegenstand wird vielmehr von Beobachtern konstruiert, welche sehen, was sie sehen und „auszuhalten" vermögen.

DIE ERWEITERUNGEN DER BERUFSPÄDAGOGIK

Etwa seit Beginn der 1980er-Jahre hat sich die Berufspädagogik mehr und mehr als die Wissenschaft von der Kompetenzentwicklung profiliert (vgl. Arnold 2002) und dabei eine mehrfache Erweiterung ihrer bisherigen Perspektiven vollzogen. Stand traditionell der Blick auf die Fachkompetenz und ihre Förderung in formellen und formalisierten, d. h. curricular geplanten Ausbildungsprozessen im Vordergrund, so blickt sie heute stärker auch auf die außerfachlichen sowie fachübergreifenden Lernprozesse in formellen *und* informellen Kontexten.

		Methoden- kompetenz	Sozial- kompetenz	emotionale Kompetenz
formelles Lernen	A	B	C	D
informelles Lernen	E	F	G	H

traditionelle Form
Erweiterung 1987 ff.
Erweiterung 1995 ff.

Abbildung 1: Erweiterung der Berufsbildung

In einer zusammenfassenden Kommentierung dieser Erweiterungen der Berufsbildung kann man feststellen:

Das formelle Lernen zur systematischen Förderung fachlicher Kompetenzen (A) steht am Beginn der Berufspädagogik. Historisch gesehen, war es die Gründung der deutschen Berufsschule um 1920 oder der nationalen Berufsbildungsorganisation SENAI in Brasilien (1947) (vgl. Arnold et al. 1986), die wichtige Meilensteine auf dem Weg zu einer formalisierten Berufsbildung darstellten, d. h. einer Berufsbildung, die fachlichen Standards folgt und sich bemüht, diese im nationalen Maßstab als Standards durchzusetzen.

Seit Mitte der 1980er-Jahre wurde deutlich, dass Fachwissen und Fachkönnen einer rapiden Veralterung unterliegen. Was nutzt der Erwerb fachlicher Kompetenzen, wenn die Werkstoffe und Verarbeitungsverfahren sowie die Produkte sich wandeln und die Anwendung einmal erworbenen Know-hows obsolet wird – so die mehr oder weniger deutliche Infragestellung des gewohnten Blickes. Man begann deshalb, die methodischen und sozialen Kompetenzen zu erforschen, die dem Einzelnen helfen, mit dem Wandel selbst zurechtzukommen und ihn – aktiv – zu gestalten. Dies war die Geburtsstunde der Schlüsselqualifikationen, der Methoden- und Sozialkompetenzen (B und C), ohne die berufliche Handlungsfähigkeit als unvollständig und wenig zukunftstauglich erschien.

Seit Ende der 1990er-Jahre erlebt die Berufspädagogik eine weitere Differenzierung ihrer Kompetenzkonzepte durch die stärkere Fokussierung auf die emotionale Kompetenz sowie das informelle Lernen. Letzteres wurde gewissermaßen wieder entdeckt und u. a. durch Befunde ins rechte Licht gerückt, die herausstellten, dass 70 % der Handlungskompetenz eines Erwachsenen außerhalb formeller Lernprozesse in Schule, beruflicher Ausbildung oder universitärer Einrichtung erworben werden (vgl. Dohmen 2001, S. 7). Wenn dem so ist, so die Konsequenzen der neueren Berufsbildungskonzepte, so muss es in Zukunft verstärkt darum gehen, das informelle bzw. das En-passant-Lernen der Menschen gezielter zu fördern. Die entsprechenden Vorschläge reichen von der – bekannten – Forderung nach intelligenten Arbeitsplätzen über Formen selbst organisierter Lerngruppen im Betrieb bis hin zu Formen des *computer-* oder *web-based learning* im Arbeitsprozess. Die Berufspädagogik entdeckt – so könnte man pointiert schlussfolgern – gerade die informelle Dimension der Kompetenzentwicklung und wendet sich damit dem eigentlichen Schwerpunkt („70-%-Schwerpunkt") ihres Gegenstandes erst zu.

Ähnliches gilt für die emotionale Kompetenz. Indem Kooperations- sowie Problemlösefähigkeit mehr und mehr als die tragenden Säulen beruflicher Handlungskompetenz hervortreten, gewinnen auch die sehr persönlichen Formen des Umgangs mit sich selbst und anderen eine neue Bedeutung. In besonderem Maße gilt dies für Führungskräfte, aber nicht nur. Wir wissen heute, dass depressive, hysterische oder zwanghafte Führungskräfte ganze Organisationen entsprechend ihrer Neurose prägen – die Organisationspsychologie spricht deshalb auch von depressiven, zwanghaften oder hysterischen sowie schizoiden Organisationen – und sie in den Untergang führen, obwohl dieses Scheitern ihre ganz persönliche Thematik ist (vgl. Kets de Vries 2004). In ähnlicher Weise wirken sich entsprechende seelische Dispositionen auch in Arbeitsteams oder auf Abteilungsebenen aus. Eine lernende Organisation kann so nicht entstehen, denn eine lernende Organisation braucht eine gesunde Seele, welche die Energien aller Beteiligten zur Zielerreichung zu bündeln vermag, statt sie bei der Reinszenierung seelischer Themen Einzelner zu vergeuden. Der emotionalen Kompetenz der Führungskräfte, ihren Weisen der „emotionalen Konstruktion von Wirklichkeit" (Arnold 2005), kommt dabei eine Schlüsselrolle zu, zumal sie auch für die Sinnstiftung und die Entwicklung der Unternehmenskultur wichtige Leistungen zu erbringen haben. Emotionale Kompetenz setzt die Fähigkeit voraus, sich auf sich selbst, andere und die Sachaufgabe produktiv beziehen zu können, ohne diese drei Dimensionen zu vermischen. Emotionale *In*kompetenz vermischt diese Ebenen, wodurch die Beziehungen im Team oder die Sachaufgabe zu Feldern werden, auf denen man sich selbst spürt und von anderen gesehen werden will. Die eigene – innere – Logik wird so zum Maßstab des Berufshandelns und nicht die strategischen Anforderungen des Kontextes – eine teure Version, die sich auf Dauer kein Unternehmen leisten kann.

Die skizzierten Erweiterungen der Berufsbildung überwinden auch die überlieferten Gegensätze von Allgemeinbildung und Berufsbildung. Die formell oder informell sich entwickelnden methodischen, sozialen oder emotionalen Kompetenzen sind *allgemeine Kompetenzen*, d. h., sie stärken die „individuelle Regulationsfähigkeit" (Baethge 2004) sowie die Persönlichkeit. Gleichwohl spielen diese Kompetenzen in den allgemeinen Bildungsinstitutionen noch kaum wirklich eine Rolle. Diese haben nicht begonnen, sich an den „realen Kompetenzen" (Vereinigung der Bayerischen Wirtschaft 2003, S. 219) zu orientieren; es ist noch zu viel behauptete Bildungswirkung (z. B. von Lateinlernen, Mathematikunterricht) im Spiel, und es fehlt noch der Mut, wirklich alles auf den Prüfstand zu stellen: Die Berufsbildung hat damit in der zurückliegenden Phase begonnen, es fehlen aber noch entsprechende – an der realen Kompetenzentwicklung ansetzende – Entwicklungen im allgemein bildenden Bereich.

Systeme ganzheitlich verstehen

Was wäre eine systemisch-konstruktivistische Betrachtung der aktuellen Tendenzen der Berufsbildung ohne einen Blick auf die Hirnforschung, von der man sich in letzter Zeit vielerorts allzu viel erwartet? Diese Erwartungen sind vielfach enttauscht worden, da das, was dort herausgefunden wird, das bestätigt, was die Didaktik immer schon behauptet hat: Wissen und Kompetenz sind Subjektleistungen und bleiben deshalb in der Autonomie des Subjektes. Der Bremer Hirnforscher Gerhard Roth weist hierzu in der Augustnummer der *Zeitschrift für Pädagogik*, die sich mit dem Verhältnis von „Gehirnforschung und Pädagogik" befasst, darauf hin, dass „ein guter Lehrer den Lernerfolg nicht direkt erzwingen, sondern günstigstenfalls die Rahmenbedingungen schaffen (kann), unter denen Lernen erfolgreich abläuft" (Roth 2004, S. 496). Und weiter heißt es (S. 497):

„Bedeutungen können somit gar nicht vom Lehrenden auf den Lernenden übertragen, sondern müssen vom Gehirn des Lehrenden konstruiert werden. Dabei ist wichtig zu beachten, dass die meisten Konstruktionen von Bedeutung in unserem Gehirn hoch automatisiert und unbewusst ablaufen, und selbst wenn sie bewusst erlebt werden, sind sie in aller Regel nicht unserem Willen unterlegen",

wobei Roth an anderen Stellen seiner Werke recht deutlich darauf hinweist, dass – nach allem, was die Hirnforschung heute weiß – das emotionale System bereits bewertet und entschieden hat, bevor die Kognition eine bewusste Entscheidung trifft.

Welche Konsequenzen ergeben sich aus solchen Hinweisen für eine Berufspädagogik, die den Anspruch erhebt, eine weite Kompetenzentwicklung im internationalen Maßstab zu fördern? Und – dies eine Frage, die ich hier nur anzudeuten vermag – über welchen Wahrheitsgehalt verfügt ein Beobachter, der sich beim Beobachten beobachtet, und aus welchen – inneren – Gründen tut er dies so? Wie prägt dies seine Wissenschaft?

Abschließend kann ich nur auf die erste Frage sehr pointiert und mehr thesenhaft eingehen: Die entscheidende Konsequenz besteht m. E. darin, dass man die Denkfehler des linearen und eindimensionalen Umgangs und der komplexen Umwelt überwindet und sich in einem systemischen, anschließenden Denken zu üben beginnt. Um welche Denkfehler handelt es sich? Es handelt sich um die Einstellungen (nach Gomez u. Probst 1987):

– Probleme sind objektiv gegeben und müssen nur noch klar formuliert werden.
– Jedes Problem ist die direkte Konsequenz einer Ursache.

Die Systemik der Berufsbildung

- Damit man eine Situation verstehen kann, genügt es, eine „Fotografie" des Ist-Zustandes zu haben.
- Verhalten ist prognostizierbar, sofern man nur über eine ausreichende Informationsbasis verfügt.
- Problemsituationen lassen sich „beherrschen", es ist lediglich eine Frage des Aufwandes.
- Ein „Macher" kann jede Problemlösung in der Praxis durchsetzen.
- Mit der Einführung einer Lösung kann das Problem endgültig ad acta gelegt werden.

Diese „Denkfehler" führen eindrucksvoll vor Augen, dass Systembildung mehr und anderes umfasst als den Aufbau und die Entwicklung von Organisationen. Eine entscheidende Bedingung für das Gelingen von Systeminterventionen sind vielmehr auch die nichtmateriellen, soziokulturell verankerten Dimensionen sozialer Entwicklung. Der Stellenwert, der einem Problem oder einem Ereignis im soziokulturellen oder informellen Kontext zukommt, hängt demzufolge ab von seiner Deutung bzw. von dem Rahmen, in dem es von den Beteiligten – im Konsens oder im Dissens – *interpretiert* bzw. *konstruiert* wird. In diesem Sinne geht die so genannte interpretative Organisationstheorie z. B. davon aus, dass „Festlegungen und Bestimmungen, die in vorliegenden Situationen getroffen und zu Anknüpfungspunkten für nachfolgende Situationsdefinitionen werden, [...] Ergebnisse von Verständigungs- und Einigungsprozessen (bilden). Häufig findet man auch die Bezeichnung ‚Aushandlungsprozesse' (negotiations)" (Wollnik 1988, Sp. 1790). Wollnik bezeichnet deshalb die „Interpretationstendenzen als Strukturen von Organisationen" (Wollnik 1994, S. 132).

Die faktische Realität von Deutungen zu erkennen, Interpretationstendenzen gar als die – eigentlichen – „Strukturen von Organisationen" und Systemen anzuerkennen ist eine wesentliche Voraussetzung für ein realistisches Verständnis der Möglichkeiten von Interventionen in autopoietische Abläufe und die entscheidende Voraussetzung einer professionellen Moderation der systemischen Selbstorganisation. Ausgegangen wird nämlich in gewisser Weise davon, dass sich Systemanalysen und steuernde Eingriffe zunächst der jeweils vorherrschenden Interpretationsstruktur vergewissern müssen, ehe sie *einer* – oft der vermeintlich eigenen oder einzig richtigen – Interpretation mit Autorität zum Durchbruch verhelfen. Die Leitfrage einer entsprechend „hinspürenden" Strategie von Systemanalyse und Systementwicklung lautet deshalb: *Welche Interpretationstendenzen deuten, definieren und legitimieren in dem beobachteten Kontext die vorhandene Selbstorganisation des Systems?* Es geht bei dieser Frage um „eingeschliffene" Deutungsmuster und kulturell eingelebte Formen von Alltagswissen, von dem Luhmann (1985, S. 445) sagt, dass „es jene Art von Sicherheit (besitzt), die an der Selbstreferenzseite der Vorstellungen kondensieren kann".

Damit ist auch ein Weg zu einem Systemverständnis beruflicher Bildung markiert, der neue und andere Schritte für die Analyse und Entwicklung von Berufsbildungssystemen ermöglicht, wie Abbildung 2 zeigt. Auf diese Schritte kann hier nicht mehr eingegangen werden.

Auf dem Weg zu einem ganzheitlichen Systemverständnis beruflicher Bildung

Denkfehler im Umgang mit Komplexität	Schritte einer ganzheitlichen Systemanalyse	Schritte einer ganzheitlichen Systementwicklung
Probleme sind objektiv gegeben und müssen nur noch klar formuliert werden.	Die Situation ist aus verschiedenen Blickwinkeln zu definieren, und eine Integration zu einer ganzheitlichen Abgrenzung ist anzustreben. (**= Abgrenzung des Problems**)	viel Zeit und Energie der Phase der Problembestimmung widmen und überoperationalisierte Zielpräzisierung vermeiden. (**= konstruktivistische Problemdefinition**)
Jedes Problem ist die direkte Konsequenz einer Ursache.	Zwischen den Elementen einer Problemsituation sind die Beziehungen zu erfassen und in ihrer Wirkung zu analysieren. (**= Ermittlung der Vernetzung**)	Kontexte schaffen, Autonomie fördern, Akzeptieren und Integration der vorhandenen Aktivitäten (**= Grenzen der Machbarkeit**)

Damit man eine Situation verstehen kann, genügt es, eine „Fotografie" des Ist-Zustandes zu haben.	Die zeitlichen Aspekte der einzelnen Beziehungen und einer Situation als Ganzer sind zu ermitteln. Gleichzeitig ist die Bedeutung der Beziehungen im Netzwerk zu erfassen. **(= Erfassung der Dynamik)**	Beachtung von sich selbst verstärkenden oder stabilisierenden Kreisläufen, Beziehungen, des Zeitaspektes und Vermeidung von „mehr desselben" **(= Vermeiden unterkomplexer Interventionen)**
Verhalten ist prognostizierbar, sofern man nur über eine ausreichende Informationsbasis verfügt.	Künftige Entwicklungspfade sind zu erarbeiten und in ihren Möglichkeiten zu simulieren. **(= Interpretation der Verhaltensmöglichkeiten)**	synthetisches und analytisches Handeln mit zurückhaltender Planungseuphorie **(= Weichheit und Demut)**
Problemsituationen lassen sich „beherrschen", es ist lediglich eine Frage des Aufwandes.	Die lenkbaren, nicht lenkbaren und zu überwachenden Aspekte einer Situation sind in einem Lenkungsmodell abzubilden. **(= Bestimmung der Lenkungsmöglichkeiten)**	Nutzung vorhandener, auch der zerstörenden Kräfte für Zielerreichung **(= Jiu-Jitsu-Prinzip)**
Ein „Macher" kann jede Problemlösung in der Praxis durchsetzen.	Explikation der eigenen Wirklichkeitskonstruktion bzw. der eigenen Kriterien und „Hinspüren" auf die Selbstorganisation des Systems **(= qualitativ-dialogische Rekonstruktion)**	Entsprechend systemischen Regeln sind die Lenkungseingriffe so zu bestimmen, dass situationsgerecht und mit optimalem Wirkungsgrad eingegriffen werden kann. **(= Gestaltung der Lenkungseingriffe)**
Mit der Einführung einer Lösung kann das Problem endgültig ad acta gelegt werden.	Die Einführung einer Lösung kann neue Probleme verursachen. **(= positive Rückkopplung)**	Veränderungen in einer Situation sind in Form lernfähiger Lösungen vorwegzunehmen. **(= Weiterentwicklung der Problemlösung)**

Abbildung 2: Ganzheitliches Systemverständnis beruflicher Bildung (nach Gomez u. Probst 1987, S. 6 ff.; Wollnik 1994, S. 137; Vester 1992, S. 20)

Fremde Blicke

Enden möchte ich mit der überlieferten Geschichte eines klugen Rabbiners, welcher systemisch dachte und handelte – eine Geschichte, die ich leicht abgewandelt habe.

Zu dem Rabbiner kamen zwei internationale Experten, die in einen unlösbaren Streit über die Frage geraten waren, welches Berufsbildungssystem das beste auf der Welt sei. „Schau mal, Rabbiner", sagte der erste, „das duale System der Berufsbildung ermöglicht es, viele, viele Jugendliche in den Unternehmen auszubilden statt nur wenige in den Schulen. Deshalb ist es das beste System der Welt." Der Rabbiner dachte nach und sagte nach einiger Zeit: „Da hast du Recht, mein Sohn." – „Aber schau mal, Rabbi", entgegnete der andere, „die Betriebe haben keinen hohen technologischen Stand. Was kann man da schon Bedeutsames lernen für den technologischen Fortschritt? Deshalb muss den Jugendlichen systemalisches Lernen neuer Technologien in Schulen angeboten werden, damit Entwicklung in Gang kommt. Das gelingt nur in Schulen." Der Rabbi dachte lange nach und sagte: „Da hast du Recht, mein Sohn". – „Aber Rabbi", rief jemand von denen, die umherstanden und dem Gespräch lauschten, „beide können doch nicht gleichzeitig Recht haben!" Der Rabbi dachte lange nach und sagte: „Da hast du Recht, mein Sohn."

Neue Lernkulturen in der politischen Bildung – Konzeptuelles Deutungswissen
Stichworte zu konstruktivistischen Perspektiven

Wolfgang Sander

> In einigen Stichworten werden konstruktivistische Perspektiven auf die politische Bildung vorgestellt: Perspektiven auf den Gegenstand (Politik als Konstrukt), auf das Verständnis von Lehren und Lernen und die Beschreibung von Lernzuwächsen in der politischen Bildung und auf eine komplexere Sicht politischer Bildung jenseits des Scripts „Unterricht".

ZUR EINFÜHRUNG: DIE KONSTRUKTIVISMUSDISKUSSION IN DER POLITIKDIDAKTIK

Die Konstruktivismusdiskussion in der Erziehungswissenschaft hat die politische Bildung erst mit einer gewissen Verspätung erreicht. In der *außerschulischen* politischen Bildung waren es vor allem Arbeiten von Horst Siebert aus den 1990er-Jahren (Siebert 1994, 1996, 1999), die den Konstruktivismus ins Gespräch brachten und zu kontroversen Reaktionen geführt haben. In der *schulbezogenen* Politikdidaktik wurde erstmals bei Sander (2001) eine Theorie politischer Bildung entwickelt, die sich in erkenntnis- und lerntheoretischer Hinsicht explizit auf den Konstruktivismus stützt. Mehr oder weniger ausgearbeitete Bezüge zum Konstruktivismus finden sich in der Politikdidaktik ferner vor allem bei Grammes (1998) und Henkenborg (2002).

Vor allem das Buch von Sander (2001) hat dann in der schulbezogenen Diskussion zur politischen Bildung zu einer kontroversen Debatte über den Konstruktivismus geführt. Kerstin Pohl (Pohl 2004, S. 324 f.) nennt bei ihrer vergleichenden Analyse von aktuellen politikdidaktischen Theorieansätzen diese Debatte als eine der derzeit wichtigsten Kontroversen im Fach. Besonders deutlich werden die unterschiedlichen Positionen in einem Streitgespräch zwischen Joachim Detjen und dem Verfasser dieses Beitrags (Detjen u. Sander 2001). Inzwischen scheinen sich die Positionen in dieser Debatte insofern zu differenzieren, als der *erkenntnistheoretische* Konstruktivismus kontrovers zu bleiben scheint, während die *lerntheoretischen* Konsequenzen aus dem Konstruktivismus offenbar weniger strittig sind.

Die Auseinandersetzung mit den Gegenargumenten, die von Kritikern des Konstruktivismus in der Politikdidaktik vorgebracht wurden, würde einen eigenen Aufsatz erfordern; dieser soll hier nicht geschrieben werden. Der hier vorliegende Beitrag soll sich vielmehr auf die *Perspektiven* konzentrieren, die der Konstruktivismus für Theorie und Praxis politischer Bildung eröffnen kann. Dabei muss vor dem möglichen Missverständnis gewarnt werden, Antworten auf Fragen didaktischer Theorie oder gar Handlungsanleitungen für die pädagogische Praxis ließen sich zwingend aus erkenntnistheoretischen Grundlagen ableiten. Dies ist nicht möglich; der Konstruktivismus sagt über klassische Fragen didaktischer Theorie wie die nach Kriterien für die Auswahl von Lerngegenständen oder die nach Intentionen von Lernangeboten und ihre Begründbarkeit zunächst gar nichts aus. Damit diese Fragen theoretisch und praktisch beantwortet werden können, bedarf es weiterer Kriterien, die sich aus der erkenntnistheoretischen Orientierung nicht eindeutig deduzieren lassen. Der Konstruktivismus stellt für die Didaktik eine interessante und ertragreiche Perspektive dar, aus der die Fragen didaktischer Theorie gewissermaßen in einem neuen Licht erscheinen, aber sie beantworten sich damit noch nicht von selbst.

Diese Perspektive führt auch keineswegs dazu, dass nun alles pädagogische, didaktische und fachliche Wissen neu erfunden werden muss. Um es mit einer Metapher zu sagen: Der Konstruktivismus gleicht einer Brille, die interessante, neue Blicke auf die Welt möglich macht – manches sieht dann anders aus, manches auch nicht; manches wird deutlich klarer, anderes bleibt auch durch diese Brille unscharf. Es ist daher wenig sinnvoll, von einer konstruktivistischen Didaktik im Sinne einer eigenen „Schule" oder Richtung der Didaktik zu sprechen, die sich in *allen* Fragen von traditioneller didaktischer Theorie abgrenzt und *gänzlich andere* Antworten sucht. So kann eine konstruktivistisch sich verstehende Politikdidaktik in vielen

Neue Lernkulturen in der politischen Bildung

Fragen zu ganz ähnlichen Antworten kommen wie politikdidaktische Theorien, die von anderen erkenntnistheoretischen Perspektiven ausgehen; in anderen Fragen wiederum werden die Unterschiede pointierter sein.

In diesem Beitrag sollen entlang von einigen zentralen „Stichworten" Perspektiven ausgeleuchtet werden, die der konstruktivistische Blick für die politische Bildung eröffnet oder nahe legt. Es versteht sich, dass schon aus Platzgründen mit diesen Stichworten nicht der Anspruch erhoben werden soll, eine konstruktivistische Theorie politischer Bildung systematisch zu umreißen.

GEGENSTÄNDE: DIE „SACHE POLITIK" ALS KONSTRUKT

Aus einer konstruktivistischen Sicht besteht die „politische Wirklichkeit", die „Sache Politik" letztlich aus den Deutungen der Beteiligten. Damit ist nicht gesagt, dass diese Deutungen bloß individuelle, subjektive Konstrukte sind; wenn geteilte Wirklichkeit, wie unter anderem Paul Watzlawick vielfach betont hat, durch *Kommunikation* entsteht, so gilt das für politische Wirklichkeit besonders offenkundig: Die „Wirklichkeiten" von Völkern und Nationen, von sozialen Milieus und Religionsgemeinschaften, von Interessen und Institutionen entstehen durch die Deutungen und Bedeutungszuweisungen, die Menschen ihnen heute geben, gegebenenfalls auch – als Weiterwirken kultureller Überlieferung – schon zu früheren Zeiten gegeben haben. Damit soll kein idealisierendes Bild von politischer Kommunikation gezeichnet werden; es kann für Individuen und Gruppen höchst ungleiche Chancen geben, Deutungen zur Geltung zu bringen, also über *Macht* zu verfügen, und auch Gewalt ist eine Form von Kommunikation.

Ein solches konstruktivistisches Verständnis von Politik ist durchaus anschlussfähig in Bezug auf ältere Traditionen des politischen Denkens. So ist es eine alte Einsicht der politischen Theorie, dass es „Politik" als „Sache" überhaupt nur deshalb geben kann, weil Menschen *unterschiedlich* sind, weil sie *verschiedene* Interessen haben und *gegensätzliche* Vorstellungen vom gesellschaftlichen Zusammenleben entwickeln. Erst daraus entsteht in den gemeinsamen Angelegenheiten überhaupt jener Regelungsbedarf, den wir „politisch" nennen können (vgl. Rohe 1994; Sander 2001, S. 45 ff.). Der Politikdidaktiker Bernhard Sutor hat diesen Zusammenhang so formuliert (1992, S. 10):

> „Unser Miteinander wird zum Problem und also politisch, weil unsere divergierenden Interessen aufeinandertreffen und miteinander vereinbart werden müssen, wenn ein erträgliches Zusammenleben gesichert werden soll. Deshalb sind politische Fragen nicht ‚Sachfragen', sondern menschliche Fragen. In der Politik ist jede Sache jemandes Sache. Politik heißt nicht, die sachlich beste Lösung zu finden; das wäre Aufgabe der jeweils besten Experten. Vielmehr kommt es darauf an, Situationen zu regeln, in denen einander widersprechende Interessen konflikthaft aufeinandertreffen. Wichtiger als die Frage, was ‚objektiv' ist, ist im politischen Denken die Frage, wie die Beteiligten und Betroffenen es sehen."

Paradoxerweise entwickelt sich die politische Bildung deshalb in dem Maße, in dem sie sich auf Politik als ihren fachlichen Kern konzentriert, von der Rekonstruktion eines eher oberflächlichen, scheinbar sicheren Wissens über „Daten und Fakten" aus der sozialen Welt zu einer Auseinandersetzung über *Vorstellungen* von dieser sozialen Welt, über Deutungen, Interpretationsmuster und Theorien. Gleichzeitig steht eine konstruktivistische Sicht auf Politik weit weniger im Gegensatz zur „realistischen" Richtung der Politikwissenschaft, als es auf den ersten Blick scheinen mag. Was beide Perspektiven verbindet, ist die Skepsis gegenüber Wahrheitsansprüchen in der Politik, die Einschätzung, dass es in der Politik immer um das Zusammenleben trotz unterschiedlicher Weltsichten geht und die nüchterne Erwartung, dass auch völlig irrationale ideologische Weltsichten beträchtliche politische Wirkungsmacht entfalten können, wenn sie den Individuen subjektiv plausibel erscheinen.

DEUTUNGSLERNEN: DEUTUNGSWISSEN, MULTIPERSPEKTIVITÄT UND DIAGNOSTIK

Peter Henkenborg hat eine Entwicklungsaufgabe für die politische Bildung treffend so beschrieben: „Vom programmorientierten Politikunterricht zum Deutungslernen." Erläuternd fügte er hinzu: „Konzepte des Deutungslernens fordern Lehrerinnen und Lehrer […] zu einem grundsätzlichen Perspektivenwechsel auf. Lernen wird nicht als passive Aufnahme von Informationen, sondern als ein aktiver und konstruktiver Prozess begriffen" (2002, S. 116). Diese konstruktivistische Perspektive fließt auch in den Wissensbegriff ein, auf den ein

Entwurf der wissenschaftlichen Gesellschaft für Politikdidaktik und politische Jugend- und Erwachsenenbildung (GPJE) für nationale Bildungsstandards im Fach sich bezieht (2004, S. 14):

> „Neues Wissen muss [...] in eine Beziehung zu den Vorverständnissen gesetzt werden, die Schülerinnen und Schüler von den Gegenständen des Faches bereits mitbringen, und geeignet sein, diese Vorverständnisse qualitativ zu verbessern. Dabei geht es in der politischen Bildung um grundlegende Annahmen, um Deutungen und Erklärungsmodelle über Politik, Wirtschaft, Gesellschaft und Recht. Dieses Wissen wird hier als *konzeptuelles Deutungswissen* bezeichnet [...] Politische Bildung will somit in erster Linie jenes Wissen verbessern, von dem aus Schülerinnen und Schüler ihre Vorstellungen und Wahrnehmungen von Politik im weiteren Sinne strukturieren."

Es geht hierbei um Konzepte (im Sinne von Scripts, Schemata und mentalen Modellen) des Politischen, die die Wahrnehmungen und Interpretationen von Schülerinnen und Schülern zu aktueller Politik vorstrukturieren. Dies können beispielsweise Vorstellungen von „Demokratie" und „Recht", zu „(Markt-)Wirtschaft" und „Parteien", zu „Freiheit" und „Gerechtigkeit" sein.

Wenn das Lernen von Vorverständnissen der Schülerinnen und Schüler ausgehen soll, erfordert dies ein besonders hohes Maß an *Fachkompetenz* der Lehrerinnen und Lehrer. Gerade wenn man Lernangebote zur politischen Bildung nicht entlang einem zunächst Sicherheit gebenden „Geländer" vorgeblicher „Fachsystematik" konzipiert, sondern solche Angebote als Entwicklungsmöglichkeit versteht, die sich auf mitgebrachte Vorstellungswelten der Adressaten bezieht, muss man zunächst einmal in der Lage sein, politische Deutungsmuster in diesen Vorstellungswelten angemessen zu identifizieren und die Anschlussstellen für neues Lernen zu erkennen. Damit wird eine „politikdidaktische Diagnostik" wichtig. Neben der Fähigkeit zur sensiblen Wahrnehmung von Schüleräußerungen innerhalb und außerhalb des Unterrichts, die entsprechende Rückschlüsse zulassen, benötigen die Lehrenden ein breites Repertoire an Methoden, die geeignet sind, neue Lernvorhaben auf vorhandene Deutungsmuster abzustimmen. Beispiele für solche Methoden reichen vom Brainstorming bis zur Erwartungsabfrage, vom Standbild bis zur Collage, von der freien Assoziation zu Bildern bis zur Konfrontation mit provokativen Positionen, vom Planungsgespräch bis zur Formulierung von Hypothesen zum Gegenstand, die im Verlauf des Lernvorhabens überprüft werden.

Dass *Multiperspektivität* nicht nur bei der Beachtung von Lernausgangslagen, sondern auch bei der inhaltlichen Auseinandersetzung mit den Gegenständen des Lernens ein wesentliches Prinzip und Qualitätsmerkmal politischer Bildung ist, gilt in der Politikdidaktik nicht erst seit der Rezeption des Konstruktivismus als selbstverständlich. Bereits der „Beutelsbacher Konsens" von 1976, mit dem nach den bildungspolitischen Konflikten der frühen 1970er-Jahre in der Politikdidaktik ein Grundkonsens über den Umgang mit Konflikten und Kontroversen im Fach gefunden wurde, definierte als Grundprinzipien politischer Bildung unter anderem:

> „1. *Überwältigungsverbot*. Es ist nicht erlaubt, den Schüler – mit welchen Mitteln auch immer – im Sinne erwünschter Meinungen zu überrumpeln und damit an der ‚Gewinnung eines selbständigen Urteils' (Minssen, W. S.) zu hindern [...].
> 2. Was in Wissenschaft und Politik *kontrovers* ist, muß auch im Unterricht kontrovers erscheinen [...]" (Wehling 1977, S. 179).

Mit diesem Überwältigungsverbot und Kontroversitätsgebot nahm die Politikdidaktik die heute in vielen Fächern geführte Debatte über Perspektivenvielfalt respektive Multiperspektivität als Bildungsprinzip vorweg (vgl. Duncker, Sander u. Surkamp in Vorb.) und verabschiedete sich von der lange im Fach wirksamen Vorstellung, der Sinn politischer Bildung liege in der Vermittlung politischer Gesinnungen oder eines vordefinierten politischen Weltbildes (vgl. zur Geschichte der politischen Bildung in der Schule einführend Sander 2004).

KOMPETENZEN: QUALITÄTSZUWACHS IN LERNPROZESSEN POLITISCHER BILDUNG

Gerade angesichts der notwendigen Perspektivenvielfalt bei der Auseinandersetzung mit politischen Fragen stellt sich aber zugleich die Frage, worin letztlich *Lernzuwächse* in der politischen Bildung bestehen sollen, wenn diese weder als Vermittlung einer Systematik gesicherten deklarativen Wissens noch als Vermittlung eines vorgegeben politischen Weltbildes verstanden werden können. In der Politikdidaktik scheint sich in jüngster Zeit die Auffassung durchzusetzen, dass diese Lernzuwächse als *Kompetenzzuwächse* zu beschreiben sind. In diesem Sinne ist auch das Kompetenzmodell zu verstehen, das dem Entwurf der GPJE für nationale Bildungsstandards in der politischen Bildung zugrunde liegt (GPJE 2004, S. 13):

Konzeptuelles Deutungswissen	
Politische Urteilsfähigkeit	*Politische Handlungsfähigkeit*
Politische Ereignisse, Probleme und Kontroversen sowie Fragen der wirtschaftlichen und gesellschaftlichen Entwicklung unter Sachaspekten und Wertaspekten analysieren und reflektiert beurteilen können	Meinungen, Überzeugungen und Interessen formulieren, vor anderen angemessen vertreten, Aushandlungsprozesse führen und Kompromisse schließen können
Methodische Fähigkeiten	
Sich selbstständig zur aktuellen Politik sowie zu wirtschaftlichen, rechtlichen und gesellschaftlichen Fragen orientieren, fachliche Themen mit unterschiedlichen Methoden bearbeiten und das eigene politische Weiterlernen organisieren können	

Die Bildungsstandards der GPJE legen das Fach selbstverständlich nicht auf den Konstruktivismus fest, sondern formulieren die Ziele und Aufgaben politischer Bildung auf eine Weise, die mit unterschiedlichen didaktischen Konzeptionen kompatibel und in der Politikdidaktik auf breiter Basis konsensfähig ist. Dennoch sind in diesem Kompetenzmodell, das im Kern erstmals bei Sander (2001, S. 54 ff.) entwickelt wurde, Einflüsse eines vom Konstruktivismus und von der Kognitionspsychologie geprägten Lernverständnisses deutlich zu spüren. Politische Bildung wird hier verstanden als *intervenierende Praxis*, in der Schülerinnen und Schüler ihre mitgebrachten kognitiven Landkarten zu politischen Fragen durch die Konfrontation mit neuen Perspektiven und neuem Wissen erweitern oder umstrukturieren können. So heißt es zum Kompetenzbereich der politischen Urteilsfähigkeit im GPJE-Entwurf unter anderem (2004, 15 f.):

> „Schülerinnen und Schüler werden zu den Lerngegenständen der politischen Bildung in aller Regel schon politische Urteile mitbringen, die häufig noch wenig differenziert sind. Im Unterricht geht es darum, solche Urteile durch die Auseinandersetzung mit unterschiedlichen Perspektiven (z. B. von verschiedenen Akteuren und von Politik Betroffenen), durch die Konfrontation mit anderen Sichtweisen in der Öffentlichkeit

sowie mit Ergebnissen und Perspektiven der Sozialwissenschaften zu erweitern, zu differenzieren und einen Komplexitätszuwachs in der Begründung des politischen Urteils zu ermöglichen."

Dieser Komplexitätszuwachs wird im GPJE-Entwurf dann, für alle drei Kompetenzbereiche nach Schulstufen differenziert, in Form von kompetenzorientierten Standards beschrieben.

Schulscripts: Vom „Unterricht" zur „Lernumgebung"

War bisher von politischer Bildung im Wesentlichen als Fachunterricht im Rahmen der überlieferten Fächerstruktur der Schule die Rede, so soll nun abschließend eine umfassendere und grundsätzlichere Sicht wenigstens angedeutet werden. Der Konstruktivismus legt ja einen *systemischen* Blick auf die Schule als Lernort nahe; insofern stehen didaktische Reflexionen, die sich *alleine* innerhalb der Fächerstrukturen bewegen, immer auch in der Gefahr, ungewollt Probleme zu reproduzieren, die die systemischen Strukturen der Schule gerade erst erzeugen. Zu diesen Strukturen, die heute als problematisch gelten müssen, gehören nicht nur, um wenigstens die wichtigsten zu nennen, die Überbürokratisierung, die starren Zeitrhythmen, die unkooperative Struktur der Lehrerarbeit, die weit reichende kulturelle und institutionelle Abschottung der Schule vom gesellschaftlichen Umfeld und die aus der Sicht der Lernenden oftmals willkürlich erscheinende Auswahl der schulischen Lerninhalte; sondern zu diesen Strukturen gehört wohl auch das tief verwurzelte Verständnis von „Unterricht", das die Alltagskultur der wohl allermeisten Schulen in Deutschland prägt.

Mit dem Begriff „Unterricht" verbindet man im Allgemeinen bestimmte Vorstellungen davon, was in der Schule geschieht. Im Unterricht gibt es immer die, die unterrichten, und die, die unterrichtet werden; jeweils einem Unterrichtenden (Lehrer) ist eine – mehr oder weniger langfristig stabile – Gruppe von zu unterrichtenden Menschen (Schüler) für einen gewissen Zeitraum fest zugeordnet. Die Planungs- und Durchführungsverantwortung für diesen Unterricht trägt der jeweils Unterrichtende, und insofern ist bei aller denkbaren Methodenvielfalt „Unterricht" im Kern immer Frontalunterricht. Dieser – hier nur mit wenigen Stichworten angedeutete – Vorstellungsraum hat sich seit langer Zeit zu einem kulturellen Script, zu einem Wissen über typische Abläufe verdichtet, das bei Lehrern, Schülern, Eltern und in der breiten Öffentlichkeit tief verankert ist. Fast jeder, der erstmals einen Unterrichtsraum betritt, kann intuitiv ein bestimmtes Verhaltensrepertoire abrufen, und schon vor dem ersten Schultag wissen Kinder, was sie mit „Schule" verbinden und was auch unbedingt an diesem ersten Tag erfüllt werden muss: der Gang als Klasse in den Klassenraum, eine kurze Unterrichtssequenz mit der Klassenlehrerin und eine erste Hausaufgabe.

Über dieser Selbstverständlichkeit ist weithin in Vergessenheit geraten, dass dieses Script seine Wurzeln in der Vorstellungs- und Erfahrungswelt einer bestimmten Epoche hat, in der Zeit von der Aufklärung bis zur Industriegesellschaft. Es sind im Wesentlichen drei Quellen, aus denen dieses Script sich speist: die Vorstellung einer von der Natur gegebenen gleichmäßigen Entwicklung der Kinder bei Comenius, das Kontroll- und Disziplinierungsbedürfnis des modernen Territorialstaates und die Adaption des industriellen Modells der Arbeit (vgl. ausführlich Sander 2003). Heute, am Ausgang des Industriezeitalters, versiegen alle diese Quellen. Vermutlich ist dies der tiefere kulturelle Hintergrund dafür, dass die Art und Weise, wie in der Alltagskultur der meisten Schulen Lehren und Lernen verstanden und organisiert werden, heute in eine tiefe Krise geraten ist.

Der konstruktivistische Begriff der „Lernumgebung" dürfte derzeit am ehesten geeignet sein, eine Alternative zum tradierten Unterrichtsscript zu entwickeln. Lernumgebungen sind für Zwecke des Lernens gestaltete oder ausgewählte Umwelten. Für die politische Bildung sind mögliche Lernumgebungen nicht nur der Klassenraum und die Schule, sondern beispielsweise auch die Einkaufsstraße, ein Unternehmen, verschiedene Stadtviertel, die kommunale Verwaltung, der Landtag oder ein Webquest im Internet. Der Begriff der Lernumgebung ist auch offener als der Begriff des Unterrichts: für komplexe Fragen und Aufgaben (die sich nicht an Fächergrenzen halten), für Unvorhergesehenes und für Überraschungen. Auch hier muss freilich vor dem Missverständnis gewarnt werden, dass damit die Bedeutung fachlicher Kompetenz von Lehrerinnen und Lehrern gemindert werden soll: Das politische Lernen von Schülerinnen und Schülern, die sich mit einer ergebnisoffenen Frage- und Problemstellung in eine komplexe Situation begeben (sagen wir: in eine Fußgängerzone in der Innenstadt, um das Phänomen des Bettelns zu untersuchen), so anzuregen und zu begleiten, dass Kompetenzzuwächse im politischen Urteilen und Handeln möglich werden, stellt erhebliche Anforderungen an die fachliche Qualität dieser Lernbegleitung. Eine konstruktivistische Perspektive führt nicht zu niedrigeren, sondern zu höheren Ansprüchen an die Professionalität von Lehrerinnen und Lehrern. Mit „Beliebigkeit", wie ein hartnäckiges Vorurteil wissen will, hat sie nichts zu tun.

Konstruktivistische Lehrerbildung

Die Form und die Botschaft –
Die kommunikative Matrix einer konstruktivistischen Hochschuldidaktik

Bernhard Pörksen

Für das Verständnis der Hochschuldidaktik haben zentrale konstruktivistische Postulate (die Orientierung am Beobachter, das Eingeständnis der Autonomie des Erkennenden, die Zurückweisung absoluter Wahrheitsvorstellungen, das Interesse an paradoxen und zirkulären Denkfiguren etc.) vielfältige Konsequenzen: Sie regen zur Konstruktion einer neuen kommunikativen Matrix an, die sich in der universitären Lehre benutzen lässt, um intellektuelle Neugierde, Faszination und ein kooperatives Nachdenken zu unterstützen.

DAS PROBLEM DES ANFANGS

Das Kernproblem des universitären Lernens und Lehrens lautet: Wie fängt man an, wenn es keinen Anfang gibt? Wie beginnt man, wenn schon lange zuvor begonnen wurde? Welchen Startpunkt kreativer Interaktion entdeckt man, wenn diejenigen, denen man etwas beibringen soll, bereits junge Erwachsene sind, geprägt von Elternhaus und Schule und den Besonderheiten ihrer jeweiligen kulturellen Umgebung? Wie geht man mit Menschen um, die man in der Regel nicht kennt und die in einem allgemeinen Sinn als prinzipiell undurchschaubar gelten müssen? Natürlich kann man, um mit Heinz von Foerster zu sprechen, das Problem ignorieren (die Strategie der Ignoranz), man kann es trivialisieren, also auf ein vorgeblich leicht handhabbares Maß zurechtstutzen (die Strategie der Trivialisierung), oder aber man kann versuchen, eine Epistemologie der Nichttrivialität zum Ausgangspunkt des eigenen Nachdenkens über das Lernen und Lehren zu machen, die von der Autonomie des Erkennenden ausgeht (von Foerster 1993, S. 360).

Wenn man – mit allen Möglichkeiten des Scheiterns – diese dritte Strategie wählt, so zeigt sich: Die erste und vielleicht wichtigste Umorientierung eines konstruktivistisch inspirierten Hochschullehrers besteht darin, dass das *Lehrparadigma* durch das *Lernparadigma* ersetzt wird. Das Lehrparadigma sieht vor, dass ein Wissender – der Dozent, der Professor – das unwissende Publikum allmählich in eine wissende Gemeinschaft verwandelt. Er weiß, welchen Stoff er vermitteln will, er kennt die optimale Art und Weise seiner Präsentation, er zergliedert die Wissensbestände in verdauliche Portionen, hebt allmählich das Niveau und schraubt sich von einfachen Überlegungen zu komplizierten Gedankengängen empor. Der Lernende hat in diesem Spiel die Rolle des passiven Rezipienten; er hört zu, er macht sich Notizen und versucht nachzuvollziehen, was der Lehrende sagt und meint. Schließlich wird das Gewusste wiederholt, es folgt der unvermeidliche Test, die Prüfung, dann die Note. Die verborgene Epistemologie eines solchen Vorgehens besteht darin, dass man glaubt, es gebe allgemeine Prinzipien optimaler Stoffvermittlung; dass man meint, Wissen ließe sich – vergleichbar mit einer Substanz wie Kaffee oder Zucker – dem Unwissenden einflößen, damit er auf diese Weise aus seinem rohen, noch ungebildeten Zustand erlöst werde; Aufgabe des Lernenden sei es, dieses von Personen und Handlungen abgetrennte Wissen in seinem Gedächtnis zu speichern. Wissen ist hier, so zeigt sich unmittelbar, ein übertragbares, verdinglichtes Denkergebnis und nicht ein Denkereignis, es ist nicht gebunden an Menschen, nicht gekoppelt an einen Beobachter, nicht bezogen auf eine besondere Situation oder Atmosphäre, die dieses Wissen überhaupt erst lebendig und damit brauchbar werden lässt (von Foerster u. Pörksen 1998, S. 65 ff.).

Der Konstruktivismus widerspricht einer solchen Auffassung, die von einem schlichten, einem wohl portionierten Wissenstransfer handelt, fundamental: Bei ihm rückt derjenige, der lernen soll, in den Vordergrund und erscheint als der aktive und autonome Konstrukteur; Lernen kann nicht erzeugt, so lautet eine seiner zentralen Annahmen, sondern nur ermöglicht werden. Der Lehrende schafft eine Umgebung, er kreiert Bedingungen, von denen sich, wenn etwas gelingt, eigentlich auch faszinationsresistente Menschen begeistert zeigen. Das Prinzip des Wissenstransfers, das einen aktiven Sender und einen passiven Empfänger einander modellhaft gegenüberstellt, wird ersetzt durch die ziemlich unangenehme Einsicht, dass sich Wissen einfach nicht übertragen, sondern nur individuell erschaffen lässt. Aus konstruktivistischer Sicht erscheint es unmöglich, erwarten zu können, dass ein Satz, den ein Mensch sagt, in einem anderen genau jene Gedanken und Begriffsnetze erweckt, die der Sprecher mit seiner Äußerung verbindet. Kommunikation ist nie Transport (von Glasersfeld 2002, S. 63 f.). *Übertragung*, *Sendung* und *Empfänger* sind irreführende Metaphern, sofern es sich um den begrifflichen Inhalt handelt. Gelingende Kommunikation bekommt aus konstruktivistischer Sicht etwas hochgradig Unwahrscheinliches, zu rechnen ist stets mit einer unentrinnbaren Subjektivität von Bedeutungen. Das Nichtverstehen ist – so gesehen – eigentlich der unbemerkte Normalfall; man gleitet einfach so dahin, ohne auch nur zu bemerken, wie wenig man von einem anderen weiß und begreift. Erst wenn wir uns erkennbar nicht verstehen, verstehen wir überhaupt, dass wir uns nicht verstanden haben.

Für die Lehre in der Universität heißt dies, dass man Mittel und Wege finden muss, um die Unwahrscheinlichkeit gelingender Kommunikation zumindest unwahrscheinlicher zu machen. Es gilt, sich an der Realität der Lernenden zu orientieren, von ihr auszugehen, in einer Mischsprache aus notwendiger Anpassung und ebenso notwendiger fachlicher Eigenständigkeit zu formulieren. Die zentrale Frage lautet: Wie sind – trotz der Autonomie des Erkennenden – funktionsgerechte Inspirationen und Irritationen möglich? Die Antwort muss notwendig bescheiden ausfallen: Möglich ist es allein, dem Studierenden in seiner Sprache – an seine Logik anschließend – Anlässe vorzugeben, sodass er Gründe geliefert bekommt, sich selbst auf neue Umstände einzustellen, sich somit selbst zu verändern (vgl. Bardmann u. Groth 2001, S. 15).

Varianten des Zuhörens

Als Hochschullehrer, der diese Anlässe zur Selbstveränderung in der direkten Interaktion kreiert, muss man lernen, auf eine sehr spezielle Weise zuzuhören. Oft hört man ja auf eine Weise zu, die sich von der Frage leiten lässt, ob man mit dem anderen übereinstimmt, ob einem das, was er sagt, gefällt, sympathisch ist, als wahr und plausibel erscheint etc. Eine solche Spielform des Zuhörens, die jede Aussage auf ihre subjektiv empfundene Richtigkeit hin untersucht, ist hier natürlich nicht gemeint, denn man hört dann genau genommen eigentlich nicht dem anderen zu, sondern vor allem oder nur sich selbst. Das eigene System und das jeweilige mentale Modell der Vorlieben, Interessen und Abneigungen funktionieren als Filter: Je stärker die Übereinstimmung mit dem eigenen Modell der Wirklichkeitskonstruktion, desto brauchbarer und wahrer erscheint einem dann das Gehörte, und desto größer ist dann auch der Grad der Harmonie im Gespräch.

Die konstruktivistisch geprägte Art zuzuhören geht nicht mehr primär von der Frage aus, ob das, was der andere sagt, mit den eigenen Gedanken übereinstimmt. Übereinstimmung ist nicht mehr zentral. Man möchte vielmehr in einem Akt nichtegozentrischer Aufmerksamkeit herausfinden, in welchem Bereich das, was der andere sagt, gültig ist. Unter welchen Bedingungen stimmt es? In welcher Welt ist es relevant? Wie sehen die internen Kriterien aus, anhand deren über die Gültigkeit des Gesagten entschieden werden kann? Stimmt das Gesagte, wenn man ebendiese Kriterien zur Validierung zugrunde legt? Wer auf diese Weise zuhört und fragt, der lernt den anderen kennen und erfährt auch, wie dieser andere zuhört oder auch warum er sich vielleicht verweigert. Auch hier treibt man die Beobachtung noch etwas weiter, spannt den Begriff des Zuhörens in eine reflexive Denkfigur ein und trainiert sich in einem nächsten Schritt, dem *Zuhören zuzuhören,* um jene Bedingungen ausfindig zu machen, die gegeben sein müssen, damit ein anderer überhaupt bereit ist, das Gesagte zur Kenntnis zu nehmen. Das bedeutet: Man lernt den, dem man etwas beibringen soll, kennen, indem man ihm – auf einer konstruktivistischen Grundlage – zuhört und seinem Zuhören zuhört, um die Bedingungen eventueller Kommunikationsblockaden zu eruieren (Maturana u. Pörksen 2002, S. 136 ff.).

Die Unterscheidung von Wissenden und Nichtwissenden

Man kann jedoch, wenn es darum geht, die Kernelemente einer neuen kommunikativen Matrix für Hochschullehrer zu skizzieren, noch weitergehen und überhaupt die blockierenden Wissenshierarchien, die zwischen eingeschüchterten Studenten und vermeintlich allwissenden Dozenten bestimmend wirken, aufweichen. Die klassische Auffassung, die Schüchternheit, Angst und Frustration erzeugt, also das Lernklima an den Universitäten vergiftet, besteht darin, dass die Studenten wenig bis gar nichts wissen und sich der Dozent – ausgesprochen oder unausgesprochen – als der Hüter von Wahrheit und Gewissheit verstehen sollte. Er ist es, der weiß; er ist es, der das Recht zur Entscheidung über Richtiges und Unrichtiges, Wertvolles und Wertloses besitzt. Eine solche Unterscheidung von Wissenden und Nichtwissenden gefährdet den Dialog; sie ist keine gute Basis, um Kreativität, Leidenschaft, Geduld, Ausdauer und Neugier zu wecken.

Wenn man sich aber klar macht und die konstruktivistische Einsicht einverleibt, dass absolute Wahrheit nicht zu haben ist, dass wir – unterschiedslos – im Erkennen alle Befangene sind, dann ist es ein fundamentales Unwissen, das Studierende und Lehrende eint. Die blockierende, ängstigende und intellektuell unproduktive Wissenshierarchie, die ihre Macht gerade aus einer realistischen Interpretation des Erkenntnisvorgangs bezieht, verliert an Gewicht: Niemand ist näher an einer absoluten Wahrheit. In der Sphäre des konventionell gültigen Wissens gibt es Unterschiede, intersubjektiv gültige Vereinbarungen, konventionell akzeptierte Standards und mehr oder minder ausgeprägte Erfahrungen, aber bezogen auf einen Pol des objektiven, des absoluten Wissens herrscht eine fundamentale Gleichheit zwischen Studenten und Dozenten. Sie verwandeln sich in Co-Lehrende und Co-Lernende, beiderseits geprägt und auf merkwürdige Weise inspiriert und fasziniert von der Gewissheit der Ungewissheit. Natürlich stellt auch diese Gewissheit der Ungewissheit keinen letzten archimedischen Punkt dar, sie ist keine paradox verfasste Letztgültigkeit, sondern hält sich selbst stets in der Schwebe. Sie kann nur auf eine leichte, offene, gleichsam immer leise schmunzelnde Weise überhaupt vertreten werden, damit man nicht in einen Metadogmatismus abstürzt, der die anderen fortwährend über ihre epistemologischen Irrtümer belehrt.

Wir wissen also, so muss man genauer formulieren, dass wir vermutlich nie sicher wissen können, wissen aber auch das nicht mit jener unbedingten Sicherheit, der irgendetwas Absolutes zukommt. Das Nichtwissen bleibt auch dann, wenn wir uns fragen, ob wir uns denn nicht wenigstens im Nichtwissen beheimaten können. Die Un-

Die kommunikative Matrix einer konstruktivistischen Hochschuldidaktik

erkennbarkeit des Absoluten bildet einen anregenden Stimulus, ein Motiv des Aufbruchs in ewig unbekanntes Gelände, sie ist kein Grund zur Resignation. Man will mehr wissen, wenn man sich mit der Grundsätzlichkeit des Nichtwissens vertraut gemacht hat. Das Paradox animiert und passt bei genauerer Betrachtung besonders gut zur universitären Hauptbetätigung: dem Forschen. In der Forschung (gleich welcher Art und gleich welcher disziplinären Provenienz) wird Ungewissheit akzeptiert, um nicht zu sagen: begrüßt. Sie ist die Startbedingung von wissenschaftlicher Aktivität überhaupt. Und in der universitären Lehre sollte gesichertes Wissen vor dem Hintergrund seiner prinzipiellen Ergänzungsbedürftigkeit präsentiert werden.

LOGISCHE UND RHETORISCHE SELBSTWIDERSPRÜCHE

Derartige Überlegungen zum Wahrheitsstatus allen Erkennens erhalten eine paradigmatische Wendung, wenn man sie auf die in der Universität üblichen Kommunikationsformen bezieht. Wer wissenschaftliche Prosa liest und Vorträgen zuhört, der erkennt leicht, dass hier Darstellungsregeln wirksam sind, die alle den Beobachter ausschließen, also das konstruktivistische Postulat der Beobachterorientierung und die Forderung, den eigenen Erkenntnisanspruch drastisch zurückzunehmen, verletzen. Das wissenschaftliche Schreiben und Sprechen wird von einem *Ich-Tabu,* einem *Metapherntabu* und einem *Erzähltabu* regiert. Die Prämissen dieser Tabus hat der Sprachwissenschaftler Heinz L. Kretzenbacher folgendermaßen beschrieben (1995, s. 34):

> „Das Ich-Tabu suggeriert, daß Wissen unabhängig von einem menschlichen Subjekt existiere und daß eine wissenschaftliche Äußerung unabhängig von den spezifischen Kommunikationspartnern übermittelt werden könne. Das Metapherntabu suggeriert, daß ein wissenschaftliches Faktum nur in einer ganz bestimmten Weise dargestellt werden könne, weil es nur in ein und derselben Art wahrgenommen werden könne. Und das Erzähltabu suggeriert, daß in wissenschaftlichen Texten die Fakten selbst sprächen, ohne ein menschliches Subjekt als Übermittlungsinstanz."

Das heißt: Wer als ein konventionell formulierender Student oder Wissenschaftler auf Geschichten und Parabeln, kreative Metaphern und die Schilderung eigener Denkerlebnisse verzichtet und wer vor allem das eigene Ich spürbar aus seinen Texten verbannt, der spricht oder schreibt eine Sprache, die Objektivitätsansprüche zumindest nahe legt. Sie bedingt, wenn sie von Konstruktivisten und anderen Skeptikern gebraucht wird, eine Paradoxie, die man einen *rhetorischen Selbstwiderspruch* nennen könnte: Im Falle eines logischen Selbstwiderspruchs sind Aussagen logisch unvereinbar. Mit dem Begriff des rhetorischen Selbstwiderspruchs meine ich dagegen, dass die Art und Weise, die Diktion, die gewählt wird, nicht zu der Aussage, die man trifft, passt. Man legt eine Autorität und einen Anspruch auf Endgültigkeit und letzte Gewissheit nahe, den man eben, bleibt man den einmal formulierten Prämissen treu, gar nicht erheben kann. Man suggeriert die Möglichkeit der Letztbegründung und der objektiven Aussage schon durch die verwendeten Stilmittel – und bestreitet diese jedoch gleichzeitig auf der Inhaltsebene, verwendet eine Diktion, einen Jargon der Unumstößlichkeit, der nicht mit den eigenen Grundannahmen in Einklang steht. Diese müssten einen eigentlich zu anderen, offeneren und vor allem beobachtergebundenen Darstellungs- und Redeweisen inspirieren. Man könnte es auch so sagen: Wer über den Konstruktivismus und die zentralen Fragen des didaktischen Vorgehens nachdenkt, der ist notwendig mit der Frage der Form konfrontiert, die das Problem der Form mit behandelt.

Mein Vorschlag ist es, das Gespräch radikal zu kultivieren und zur Grundlage allen Sprechens und Schreibens zu machen. Der Grund besteht darin, dass mir eine dialogische Wissensschöpfung sehr effektiv zu sein scheint und dass der Geist des Gesprächs zu der Erkenntnistheorie des Konstruktivismus besonders gut passt. Denn was ist ein Gespräch? Ein Gespräch ist, wenn es denn gelingt, immer auch Ausdruck der konstruktivistischen Grundthese, dass es *die Wirklichkeit* nicht gibt, sondern nur ein Multiversum unterschiedlicher Deutungen. Man kann sich widersprechen und streiten, man kann eine Einsicht, die sonst, wenn ein Einzelner sie vertreten würde, im Anschein des allgemein Gültigen stehen bliebe, von verschiedenen Seiten aus umspielen, ohne auf eine endgültige Harmonie und eine die Widersprüche verbergende Synthese zu zielen. Der Prozess der Entstehung und Verfertigung von Gedanken wird selbst zum eigentlichen Fixpunkt dessen, was erreicht werden soll. Der Gestus der allumfassenden, der ungebrochenen Darstellung, den letztgültige Wahrheiten und monolithische Gedankengebäude stets benötigen, wird so gestört. Bei Heinz von Foerster (2002, S. 14) bekommt man zu lesen:

> „Die Form ist die Botschaft und die Botschaft ist die Form: In einem Dialog, den man nur als Form akzeptiert, wenn eben auch eine bestimmte Botschaft erzeugt werden soll, wird die wechselseitige Verbundenheit und die Fülle möglicher Wirklichkeiten zur Erfahrung; man ist kein scheinbar neutraler Beobachter mehr, der von einem merkwürdigen *Locus observandi* aus – frei von persönlichen Einflüssen und seinem individuellen Geschmack – eine von ihm getrennte und unveränderlich erscheinende Wirklichkeit betrachtet. Das, was man Wirklichkeit nennt, wird zur Gemeinsamkeit und zur Gemeinschaft, die man zusammen mit anderen kreiert."

Natürlich soll in einer womöglich etwas utopisch anmutenden Universität, die ich mir hier ohne Rücksicht auf die Realität eines Massenbetriebes herbeidenke, nicht nur wie in einer endlosen Gruppentherapie fortwährend geredet werden. Aber ich plädiere für eine *Universalisierung des dialogischen Prinzips,* um die Unkultur des stummen Lauschens, des depressiven Schweigens und des unbeteiligten und ängstlichen Zuschauens aufzubrechen, die in so vielen Seminaren verbreitet ist (Floyd 1996). Mit der Rede von der Universalisierung des dialogischen Prinzips ist gemeint, dass auch unvermeidlich monologische Formen der Präsentation – z. B. Vorlesungen, das Verfassen von Aufsätzen, Büchern etc. – als sprecherseitige Dialoge, als Elemente eines übergeordneten und eben in der Universität anzusiedelnden Gesprächs verstanden werden sollten. Denn wer vom ersten Satz an auf das Gespräch zielt, der spricht und schreibt anders; er provoziert strategisch, er greift die Einwände seines Publikums auf, er orientiert sich an dessen Horizont und bemüht sich erkennbar um sein tatsächliches oder imaginäres Gegenüber. Ganz verschiedene Wirklichkeiten sind es, die in seiner Darstellung ihre legitime Präsenz besitzen.

Die Verfeinerung eigener Kommunikationsfähigkeit

In diesen verschiedenen Versuchen, konstruktivistische Postulate und hochschuldidaktische Praxis zu verknüpfen, ist, wenn auch in Form einer recht grob gewirkten Skizze, eine kommunikative Matrix enthalten, die im Idealfall ein Klima intellektueller Kreativität begünstigt. Zu den Kernelementen dieser Matrix gehören: das wechselseitige Zugeständnis kognitiver Autonomie, der Abschied von einem trivialen Konzept des Informations- und Wissenstransfers, eine andere Form des Zuhörens, die sich – je nach Situation und Erfordernis – auch an den intern relevanten Kriterien des jeweiligen Gegenübers orientiert. Bedeutsam erscheint schließlich auch die Zurückweisung einer emphatisch-realistischen Konzeption von Wahrheit und die generelle Orientierung an Gespräch und Dialog, verstanden als Modi der Rücksichtnahme auf kognitive Selbstorganisation. Was sich – wiederum im Idealfall und unabhängig von spezifischen Themen und einzelnen Disziplinen – ergibt, ist eine Verfeinerung von Kommunikationsfähigkeit, die für Hochschullehrer (und Hochschulabsolventen in rapide fluktuierenden Arbeitswelten) gleichermaßen bedeutsam ist. Eine so verstandene Kommunikationsfähigkeit ist unvermeidlich eine Kompetenz zweiter Ordnung, sie basiert auf der Beobachtung eines Beobachters, der man auch selbst sein kann. Man reflektiert die individuellen Voreingenommenheiten und Ziele, holt sich die eigenen Leitunterscheidungen vor das geistige Auge, erkennt die intern angelegten Konsequenzen jeweiliger Wirklichkeitswahrnehmung. Man orientiert sich an dem Horizont des Gegenübers, beobachtet die Form der Realitätskonstruktion, die von diesem praktiziert wird – und variiert seine eigenen Kommunikationsangebote entsprechend, um möglichst anschlussfähig zu formulieren, Aufmerksamkeit zu binden, einen Dialog zu initiieren und zu verstetigen.

Natürlich klingt dies alles reichlich idealistisch, vermutlich gerade für Leser, die die Realität des hiesigen Hochschulbetriebes aus der Innenansicht kennen. Es scheint wenig bis gar nichts mit der gegenwärtigen universitären Situation (im deutschsprachigen Raum) zu tun zu haben, die sich mit hektischen Reformbemühungen und widersprüchlichen Zieldefinitionen notwendiger Energieressourcen für Forschung und Lehre systematisch beraubt. Derartige Beobachtungen sind jedoch kein Grund für resignatives Verstummen, sie verändern allerdings den Charakter jeder mehr oder minder programmatisch gemeinten Beschreibung: Sie bekommen etwas Utopisches. Sie werden zu *einer* Möglichkeit des Denkens und Handelns, die ihre Kraft gerade aus der Differenz zu dem beziehen, was man alltäglich als Wirklichkeit erfährt.

Es könnte auch anders sein –
Lehrerbildung im Spannungsfeld zwischen Erfahrung und Antizipation

Andreas Völkel und Bärbel Völkel

Ziel einer konstruktivistisch informierten Lehrerbildung ist es, Lehrer angesichts profunder Widersprüchlichkeiten in der Schulpraxis „in ihren Verhältnissen" zu stärken. Dies beinhaltet auch ein neues Verständnis des Umgangs mit „Unerwartetem". Die Anerkennung aller Beteiligten als Experten in eigener Sache eröffnet dann sinnvolle und nutzbringende Reflexionen über Erfahrungswiderstände in Bildungspartnerschaften.

STANDORTBESTIMMUNG LEHRERBILDUNG[1]: „BILDUNGSPRODUKT" LEHRER?

Publikationen zur Lehrerbildung gibt es in einer nahezu unüberschaubaren Menge. Vor allem seit Beginn der 1990er-Jahre hat eine erneute Diskussion um die Professionalisierung von Lehrern eingesetzt, die durch die Ergebnisse der PISA-Studie an Brisanz gewonnen hat. Dabei steht die zunehmend marktgängige Schule mit den entsprechend lernwilligen, entwicklungsbereiten und -fähigen Pädagogen im Mittelpunkt der internationalen Professionalisierungsdebatte (vgl. Kriwet 2002, S. 9).

Trotz kritischer Überlegungen der Wissensverwendungsforschung (vgl. Dirks u. Feindt 2002, S. 37; Dewe, Ferchhoff u. Radtke 1992; Radtke 1996) kann beobachtet werden, dass die Verantwortung für das Gelingen und auch Misslingen von Lehrerbildung auf diejenigen verlagert wird, die Aus-, Fort- und Weiterbildungsveran-

---

1 Wo immer die männliche Schreibweise Anwendung findet, sind Frauen gleichermaßen gemeint.

staltungen anbieten. Standardisierungsbemühungen, verknüpft mit entsprechenden Evaluationsmaßnahmen, legen diese Vermutung nahe. Die Verantwortung wird häufig angenommen, indem durch gut gemeinte, aber in der Wirkung kontraproduktive Einengung des Entwicklungsweges (bestandene Tests, Bewertungen, die Vorstellung erfolgreichen Wissensaufbaus durch Lehre und Belehrung, Fixierung auf präexistente Wahrheiten u. Ä.) größtmögliche Kontrolle über den Erfolg der Bildungsbemühungen sichergestellt werden soll, die Adressaten im Extrem allerdings in einem Zustand dauerhafter Unmündigkeit verbleiben. In der Konsequenz potenziert sich aufseiten der Anbieter der Grad an wahrgenommener und umgesetzter Verantwortung, während auf der Seite der Adressaten die Verantwortung für den eigenen Lernprozess drastisch abnimmt. Problematisch ist dabei auch, dass diese Vorgehensweise eine stark sozialisierende Wirkung hat und zu einer Habitualisierung von Denk-, Wahrnehmungs- und Verhaltensmustern führt, die eine fatale Neigung zum Anerkennen vordergründiger Wahrheiten protegiert (Bohnsack 2000, S. 55 f.).

ANFORDERUNGEN AN LEHRER: UMGANG MIT WIDERSPRÜCHEN

Die Anforderungen an Lehrer gerinnen schnell zu einer Auflistung von für bedeutsam gehaltenen Fähigkeiten und Fertigkeiten. In ihrer alltäglichen Begrenztheit und Fehlbarkeit und angesichts eines hochkomplexen Handlungsfeldes stehen diese jedoch vor der Notwendigkeit, permanent Risikoabwägungen vorzunehmen: Einerseits wird von ihnen z. B. gefordert, die jeweils jüngsten Ergebnisse der Forschungs- und/oder Ausbildungsinstitutionen zu befolgen. Andererseits sollen sie sowohl die eigenen Grenzen kennen, als auch ihre in keinem Fall aufzugebende Veränderungsbereitschaft sicherstellen (vgl. auch Dick 1999, S. 161).

Unter strukturellen Gesichtspunkten erscheint es von daher durchaus Gewinn bringend, nach zentralen Anforderungen zu fragen, denen sich Lehrer in ihrer Praxis tagtäglich stellen:

1. An erster Stelle wäre hier der zwingend notwendige Umgang mit Widersprüchen, Antinomien, Ambivalenzen oder Paradoxien (vgl. z. B. Helsper 1997; Reiser 1996) zu nennen. So

sind Lehrer ständig aufgefordert, zwischen Fallbezug und Theorieorientierung oder zwischen Nähe und Distanz, um nur zwei Beispiele aufzuführen, zu vermitteln.
2. Parallel dazu gewinnt die Kultivierung pädagogischer Reflexivität zunehmend an Bedeutung – Kanter (1997) etwa spricht von „Ambiguitätstoleranz", die Bildungskommission NRW von „metakognitiver Kompetenz" (1995, S. 305).
3. Schließlich weist Wimmer (1997, S. 425 f.) auf die grundlegende Schwierigkeit pädagogischer Professionalität hin, „durch Erziehung eine Intention verfolgen zu wollen, es aber eigentlich nicht zu können, weil, was gewollt wird, nur vom Anderen selbst hervorgebracht werden kann".

Lehrersein bedeutet also wesentlich mehr als die Umsetzung gut gemeinter Ambitionen. Möglicherweise werden in Zukunft besonders jene Lehrer effektiv in der Zusammenarbeit mit Schülern sein, denen es gelingt, „Unerwartetes erfolgreich, weil achtsam" zu integrieren (Reh 2004, S. 369, unter Hinweis auf Weick u. Sutcliff 2003).

Eine auf langfristige Veränderungen abzielende Lehrerbildung kann letztlich nur dann erfolgreich sein, wenn es gelingt, Lehrer „in den Verhältnissen zu stärken", indem diese lernen, mit der Widersprüchlichkeit und Uneindeutigkeit der Schulpraxis so umzugehen, dass ihr erworbenes theoretisches Wissen nicht im Alltag versandet, sondern durch permanente Angleichungsprozesse in andere oder neue Organisationsstrukturen umgebaut und immer wieder neu angepasst wird und werden kann. Lehrer in den Verhältnissen zu stärken bedeutet auch, ihnen die Angst vor dem Unerwarteten zu nehmen, damit sie dieses nicht nur als drohende Gefahr wahrnehmen, sondern im Unerwarteten auch Chancen und neue Gelegenheiten erkennen können.

Folglich geht es auf der Ebene der Lehrerbildung darum, „in einer eigenen wissenschaftlichen Qualifizierungsphase wissenschaftliches Wissen, hermeneutische Kompetenz und Reflexivität" (Kolbe 2002, S. 176) zu entwickeln und darüber hinaus in der Berufspraxis selbst mit Mehrdeutigkeiten, Divergenzen und Widerständen professionell umzugehen.

Wir fassen dies in den Begriff der Kontingenzinklusion.

Kontingenzinklusion meint die Fähigkeit, sich auf das unvermeidlich Paradoxe, Widersprüchliche und Ambivalente nicht nur einzustellen, sondern sich gerade in diesen Konstellationen weiterzuentwickeln. Es gilt nicht nur, die Selbstlernkompetenz unter ermöglichungsdidaktischen Gesichtspunkten in den Blick zu nehmen und zu schulen (Arnold et al. 2003, S. 108–119), sondern diese hat auch ein Ziel in einer die Kompetenzbereiche umfassenden Fähigkeit zur Reflexion, die die Grundlage für die Kontingenzinklusion bildet.

Kann den bisherigen Ausführungen gefolgt werden, stellt sich nicht nur die Frage nach einer didaktischen Neuausrichtung der Lehrerbildung. Vielmehr stehen ebenso strukturelle Aspekte zur Disposition, die im Verhältnis der an der Ausbildung Beteiligten zu verorten sind.

Anliegen der folgenden Ausführungen ist es, zu einem Perspektivenwechsel einzuladen, in dessen Folge Lehrerbildung zu einem offenen Prozess wird, der immer wieder neu zwischen den Beteiligten ausgehandelt werden muss. Das Ernstnehmen der These, dass Menschen stets Experten ihrer Welt sind, nimmt Theorie und Praxis aus einem hierarchischen Verhältnis heraus und stellt sie auf eine äquivalente Ebene: Wissenschaft und Praxis stellen sich als zwei unterschiedliche Beobachterperspektiven auf die gleiche Sache dar, die nur in einem gleichberechtigen Miteinander Synergieeffekte ausbilden können, die sich auf ihr gemeinsames Bezugsfeld, hier die Schule, auswirken können.

LEHRERBILDUNG IN ANERKENNUNGSVERHÄLTNISSEN: BETEILIGUNG DER BETEILIGTEN

Lehrerbildung geschieht nicht voraussetzungslos: Bereits die Studierenden kommen mit einem breiten Spektrum an (berufs)biografischen Erfahrungen an die Universität. „Gute" und „schlechte" Lehrer haben die Vorstellungen vom künftigen Berufsfeld bereits gründlich geprägt. Bedacht werden muss dabei einerseits, dass diese Erfahrungen und Vorstellungen den Wahrnehmungshorizont abstecken. Andererseits geht es hier um eine berufliche Sozialisation, die, in welchem Stadium auch immer, biografisch (bislang) sinnvoll integriert ist.

Diese Grundannahmen und Vorerfahrungen als viable Deutungsmuster im Berufsfeld sind es wert und machen es nötig, zum Ausgangspunkt und zur Folie reflektierender Prozesse in Bildungsverhältnissen von Lehrern gemacht zu werden. Zudem diagnostiziert Dick die eigene Berufsbiografie als die größte regressive Einflussvariable, die Ausbildungsbemühungen korrigieren und transformieren – bis hin zu einem „Desertieren" der deklarierten Professionsstandards (Dick 1999, S.150). Dabei sind Individuen durchaus in der Lage, sich als Subjekte Erwartungen entgegenzustellen, mit Gewohnheiten zu brechen und Behauptungen zu hinterfragen. Dies können sie allerdings nur, wenn ihnen die Möglichkeit der Teilhabe an sozialen Beziehungen sowie die kommunikative Berücksichtigung ihrer Bedürfnisse und Fähigkeiten eingeräumt wird (Scherr 2002, S. 33).

Vor diesem Hintergrund erscheint es notwendig, über einen grundlegenden Perspektivenwechsel in der Ausbildung von Lehrern nachzudenken: Studierende, Referendare und Fortzubildende müssen „als Subjekte anerkannt werden, deren Erfahrungen und deren Wissen relevant und nicht minderwertig ist" (ebd., S. 40). Das bedeutet, dass sie als Experten ihrer eigenen Welt die Möglichkeit erhalten, im Rahmen von Erziehungs- und Bildungsprozessen als eigenständige sprach-, handlungs- und entscheidungsfähige Subjekte anerkannt zu werden. Die sich in diesem Zusammenhang entwickelnde pädagogische Anerkennung erschöpft sich keineswegs in einer zweckfreien Anerkennung individueller Subjektivität, sondern sie ist nach wie vor absichtsvoll und zielgerichtet an bestimmten Vorstellungen von angestrebten Bildungsprozessen ausgerichtet (ebd., S. 31). Allerdings zeichnen sich Anerkennungsverhältnisse durch solche sozialen Beziehungen aus, „in denen Individuen nicht nur als ein Instrument für fremde Zwecke [...] von Bedeutung sind, sondern in denen ihr Recht und ihre Fähigkeit zu Selbstbestimmung respektiert werden" (ebd., S. 34).

Es kann also nicht darum gehen, durch Verantwortungsminderung auf der einen und Verantwortungspotenzierung auf der anderen Seite das „Bildungsprodukt Lehrer" zu formen. Worum es im Bereich der Lehrerbildung gehen muss, ist, eine Lernkultur in Anerkennungsverhältnissen zu entwickeln.

Lehrveranstaltungen haben, diese Absicht weitergedacht, selbst den Ansprüchen zu genügen, die in ihnen für das spätere Berufsfeld formuliert werden (Hoppe 1999, S. 129). Dies geschieht z. B. dann, wenn Ausbildungsveranstaltungen im Sinne einer Ermöglichungsdidaktik gestaltet werden, wie sie bereits für den Bereich der Erwachsenenbildung erschlossen wurde (Arnold u. Schüßler 2003). Theorieaneignung und berufsfeldbezogene Methodenkompetenz können so Weise gekoppelt und gefördert werden. Prozesse der Selbstwahrnehmung und der Metakommunikation werden damit zu festen Bestandteilen von Ausbildungsveranstaltungen und haben zum Ziel, die Grenzen des eigenen Wahrnehmungshorizonts sichtbar und möglicherweise überwindbar zu machen. Lehrende helfen dann nicht nur beim mentalen Verstehen eines unbekannten Zusammenhangs, sondern ebenso beim Entwickeln bestimmter Kompetenzen, die für das eigenständige Generieren des Verstehens notwendig sind (Oelkers 1986, S. 34).

Dazu ist aber zwingend erforderlich, dass Lehrende lernen, der Fähigkeit und dem Willen von Individuen zu vertrauen, ihr eigenes Potenzial zu entwickeln, und dass sie ihnen erlauben, dies auf eignen Lernwegen zu tun. Gelingt das, können Erfahrungen einer verbesserten Teilnahme an Seminar- oder Ausbildungsveranstaltungen gemacht werden, wird die Motivation zur Vor- und Nacharbeit sowie zur selbstständigen Weiterarbeit gefördert und zeigen sich bessere Lernergebnisse, bezogen auf Lernziele im kognitiven Bereich (Gedächtnis – Verstehen – Anwendung – Transfer) (Berendt 2003, S. 217).

Freimuth betont die Notwendigkeit in die Einsicht, dass das vermittelte Konzept von Realität und Expertenhandeln von exemplarischer und modellhafter Bedeutung für die Adressaten von Bildungsprozessen ist. Auch wenn er sich auf den Bereich der Hochschulen bezieht, können seine Überlegungen doch auf die anderen Phasen der Lehrerbildung bezogen werden: „Je weniger Spielraum [...] den Lernenden überlassen wird, umso weniger lernen sie tendenziell auch, in ihrem späteren beruflichen Handeln Spielräume zu nutzen, Initiative zu ergreifen und Verantwortung zu übernehmen bzw. Spielräume selber auch zu geben" (Freimuth 2000, S. 17).

REFLEXION: REFRAMING VON PERSPEKTIVEN

Gehen wir mit Polanyi (1985) davon aus, dass wir weit mehr lernen, als wir wissen, dass wir jedoch weit weniger verstehen, als wir gelernt haben, dass aber das, was wir verstehen, stets mehr umfasst, als gelehrt wurde (vgl. Oelkers 1986, S. 47), dann wird verständlich, warum „Wissen nicht vollständig instruierbar [und] Erfahrung nur sehr begrenzt durch Belehrung substituierbar" (Neuweg 2001, S. 17) ist.

Polaniy thematisiert, dass es im kognitiven System Räume gibt, die sich dem Zugriff entziehen und die für das kognitive System von daher (erst einmal) nicht existieren. Wird die Thematisierung von Dingen, die wir nicht sehen, dauerhaft ausgeblendet, führt dies zu einer Fixierung auf Handlung und macht uns damit blind für uns selbst (Maturana u. Varela 1987, S. 29). Diese Blindheit kann, so die beiden Neurophysiologen (ebd., S. 260), nur durch Reflexion überwunden werden. Reflexionen werden dadurch ausgelöst, dass Unerwartetes, Befremdliches, Erstaunliches, Irritierendes oder auch Faszinierendes in einer Weise wahrgenommen wird, dass Selbstverständlichkeiten gebrochen und Unbekanntheiten und Mehrdeutigkeiten spürbar werden, die auch als Erfahrungswiderstände (Rumpf 1998, S. 17) bezeichnet werden können. Diese Erfahrungswiderstände gilt es in den Blick zu nehmen und bewusst zu machen. Wem es gelingt, Achtsamkeit in Bezug auf Widerständigkeiten im Lernprozess zu entwickeln, die auf „blinde Flecken" hindeuten, der findet Ansatzpunkte für Reflexionen . Das dauerhafte Ignorieren dieser Erfahrungswiderstände, das durch eine Fokussierung auf präexistente Inhalte auf vorgegebenen Lernwegen nur allzu leicht habitualisiert werden kann, entfremdet das Subjekt zunehmend von seiner Selbstlernkompetenz.

Worum es also gehen muss, ist, Reflexionskompetenzen sowohl auf Seiten der Lehrenden als auch der Lernenden zu institutionalisieren, damit Individuen sich eines Teils ihrer selbst bewusst werden können, den sie sonst nicht sehen können. Die Reflexion erfüllt dabei die Funktion eines Spiegels (Maturana u. Varela 1987, S. 29). Durch eine leichte Positionsänderung erweitert sich zusätzlich der Blickwinkel. Dadurch ermöglicht uns der Blick in den Spiegel, andere Beobachtungen zu machen und anders zu beobachten als sonst. Dinge können damit als kontingent wahrgenommen werden. Der Blickwechsel erleichtert eine Relativierung der eigenen Weltsicht und ermöglicht so ein Reframing, eine Umdeutung von bestehenden Deutungsmustern, eine Einblendung von zuvor Ausgeblendetem (Siebert 2003, S. 183) oder neue Konstellationen von Relationen, die uns vorher nicht bewusst waren oder die wir für selbstverständlich hielten (Maturana u. Varela 1987, S. 261).

In der Reflexion greift das Subjekt auf sich selbst zurück (ebd., S. 29). Es lernt, in der Reflexion von Widerständen sich selbst gegenüber in ein Verhältnis zu treten, an sich selbst zum Objekt zu werden und im Nachdenken über sich selbst und das Andere eine kognitive Plastizität zu entwickeln, die eine Grundfähigkeit für kontingentes

Denken darstellt. In diesem Prozess erscheint die Person nicht nur in ihrer Identität, „sondern auch und darüber hinaus in der Schnittlinie gesellschaftlicher Prozesse und Widersprüche" (Schiek 1996, S. 1311– 1323). Auf diese Weise geschieht eine emanzipatorische Aneignung von Subjektivität, wird ein Zusammenhang von Erkenntnis und verändernder Praxis hergestellt. Grundlage der reflexiven Auseinandersetzungen sind die akkumulierten Erfahrungen, die sich im Verlauf der Verarbeitung reorganisieren (ebd., S. 1312 f.) und durch die Thematisierung dieser Reorganisation oder dieses Reframings die Erkenntnis möglich machen, „dass die Erkenntnisse der anderen ebenso überwältigend und ebenso unsicher sind wie unsere eigenen" (Maturana u. Varela 1987, S. 29). Reflexivität gestaltet sich dabei als ein interdependenter Prozess: Einerseits ist das Subjekt durch einen Prozess der Selbsterkenntnis in der Lage, Aspekte seiner Subjektivität im Allgemeinen wieder zu erkennen und aus dieser Erkenntnis heraus seine Geschichte und Gegenwart neu zu befragen. Auf der anderen Seite findet ein Prozess der Theoriebildung und Theorieaneignung statt, innerhalb dessen die Dignität der eigenen Erfahrungen und ihrer Deutung bei aller Vorläufigkeit nicht verloren geht. Innerhalb dieses Prozesses bleibt die wissenschaftliche Theorie allerdings nicht fremd, sondern kann als „Theorie für mich" begriffen werden. Damit erhält sie eine erhöhte Chance auf Adaptierung und Umsetzung (Hierdeis 1997, S. 60). Reflexion ist, obwohl ausgehend von und zurückgehend zu den Erfahrungen des Subjekts, dabei kein Prozess, der losgelöst von interaktionellen Beziehungen zu denken wäre. Reflexionen haben von ihrer Initiierung und ihrem Verlauf her Beziehungscharakter, dessen Ziel dem Subjekt von außen allerdings nicht vorgegeben ist (Schiek 1996, S. 1313 f.).

Macht das Individuum im Verlauf einer reflexiven Auseinandersetzung immer wieder die Erfahrung, dass es in der Lage ist, Erfahrungswiderstände zu überwinden, wird es Widerständen gegenüber zunehmend handlungsfähiger und damit auch selbstsicherer im Umgang mit ihnen. Die Haltung „Entweder so oder gar nicht" kann in die Haltung „Wenn nicht so, dann vielleicht so" transformiert werden. Ziel des reflexiven Arbeitens ist es, zu einer emanzipatorischen, bewussten, planmäßigen, regelgeleiteten Aneignung bisher nur wenig begriffener Lebensgeschichte und aktueller Lebensumstände, die auch einen berufsbiografischen Bezug aufzeigen können, zu kommen und dabei eine mögliche Zukunft zu antizipieren (ebd., S. 1315).

Eine wesentliche Voraussetzung reflexiven Arbeitens an widerständigen Erfahrungen ist, dies in einem Umfeld tun zu können, in dem diese Prozesse kultiviert und gewürdigt werden. Dazu gehört, dass Lehrende in pädagogischen Bildungsprozessen selbst bereit und dazu in der Lage sind, öffentlich, d. h. vor den Lernenden zu reflektieren und dieses exemplarisch immer wieder vorzumachen, um es auf diese Weise in pädagogischen Entscheidungssituationen zu institutionalisieren. Indem sich Lehrende als reflexive Menschen präsentieren, die die eigene Professionalität (immer wieder) kritisch hinterfragen und an veränderte Umstände anpassen, verändert sich gleichzeitig das Beziehungsgefüge im Bildungsverhältnis. Der Kontingenzgedanke gilt dann nicht nur für die Novizen im Bildungsprozess, sondern auch die Erfahrenen unterliegen offensichtlich – so wird sichtbar – der Notwendigkeit, Kontingenzen zu integrieren und die eigene Professionalität somit als einen offenen Prozess zu demonstrieren: Der Fragwürdigkeit der anderen Perspektive entspricht die Fragwürdigkeit der eigenen.

Die Teilnehmer mag diese Beobachtung ermutigen, ihrerseits in reflexive Prozesse einzutreten, in denen sie die angebotenen Inhalte daraufhin durchleuchten, was sie an Veränderungsprozessen in ihnen selbst anzuregen vermögen. „Was hat das mit mir zu tun? Bedeutet dieser neue Aspekt, dass sich auch neue Horizonte öffnen? Welche sind das, und welche Veränderungen oder Anpassungen sollte ich vornehmen, damit ich mir diesen Horizont (dauerhaft) erschließen kann?" Diese und ähnliche Fragen erscheinen geeignet, Verantwortung für den eigenen Lernprozess zu übernehmen.

Gelingt es, subjektorientierte Bildungspartnerschaften (vgl. auch Völkel et al. 2000) zu entwickeln, innerhalb deren Eigenverantwortung zählt, mehr Vorschläge gemacht als Ratschläge erteilt werden und die durch Impulse statt Kontrolle geprägt sind (vgl. Brabeck 1998), dann eröffnen sich für die Lernenden substanziell wie individuell wichtige Deutungsspielräume.

Verantwortung in eigener Sache tatsächlich wahrnehmen zu können, Lernen an Modellen und Ermutigung werden auf diese Weise zu zentralen Bausteinen pädagogischer Bildungsprozesse und haben so die Chance, auch im Schulalltag ihre Wirkung zeigen zu können, da die Teilnehmer an Bildungsprozessen keine Diskrepanz zwischen Theorie und Praxis überwinden müssen, die pädagogisches Wissen von pädagogischer Praxis trennt.

Kontingenzinklusion: Es könnte auch anders sein!

Eine Lehrerbildung, die Lehrer in den Verhältnissen stärken will, kann letztlich nur in subjektorientierten Bildungspartnerschaften geschehen. Innerhalb dieser Bildungspartnerschaften wird den Auszubildenden zuerkannt, dass sie bereits mit einem Expertenwissen ausgestattet sind, das einerseits anschlussfähig, andererseits immer wieder auch veränderbar ist. Ausbilder wiederum bringen ihr spezielles Wissen und ihre speziellen Erfahrungen ein und stellen diese Kompetenz in Aus-, Fort- und Weiterbildungssituationen zur Verfügung – stets in dem Bewusstsein und mit der Bereitschaft, dass auch sie sich in den sich eröffnenden Lern- und Erfahrungsräumen verändern werden.

Der Anspruch, schulische Realität in ihrer ganzen Widersprüchlichkeit und Komplexität (wissenschaftlich) zu durchdringen oder gar generalisierend beherrschen zu können, verliert dann seine Ausschließlichkeit. Im Spannungsfeld zwischen einerseits wissenschaftlich orientiertem Wissen hinsichtlich Regelhaftigkeit und Effektivität und andererseits situativ bezogenem Erfahrungs-, Anwendungs- und Verantwortungswissen der Praxis (vgl. Dick 1999, S. 156 f.) eröffnen sich Spielräume für reflektierte Einzelfallentscheidungen. Die Bereitschaft und Fähigkeit zur Kontingenzinklusion erleichtert es dann, in eine reflexive Zwiesprache mit pädagogisch-unterrichtlichen Situationen zu treten, und bedeutet damit Skepsis und Hoffnung zugleich: Skepsis in Bezug auf die Deutungshoheit wissenschaftlich wie praktisch-handlungsbezogener Validität – Hoffnung dagegen auf die wechselseitige Befruchtung im Sinne eines „Es könnte (vielleicht) auch anders sein".

Im Kontext der Lehrerbildung bedeutet Kontingenzinklusion damit die konsequente Berücksichtigung und Umsetzung der konstruktivistischen Prämisse, wonach Wissen und Erkenntnis sich nicht trivialisieren lassen, sondern entsprechender Bedingungen bedürfen, unter denen sie ihre Viabilität erst entwickeln und erweisen können. Kontingenzinklusion bezieht sich dabei auf einen hohen Grad an Selbststeuerung und Reflexivität in wechselseitigen Prozessen der Lehrerbildung (Christiani 2003), wobei beiden an der Ausbildung beteiligten Seiten ein äquivalenter Anteil an Verantwortungsüberlassung und Verantwortungsübernahme zugesprochen wird.

Mediale Wissenskonstruktion

Wissenskonstruktion durch kooperatives Schreiben in Netzwerkmedien

Wolf-Andreas Liebert

Gentechnik, Klimakatastrophe, SARS – wenn hierzu überhaupt etwas in den Schulbüchern steht, dann ist es bei der Drucklegung meist veraltet, denn die wissenschaftliche und gesellschaftliche Diskussion entwickelt sich in einem rasanten Tempo. Hinzu kommt, dass die tatsächlichen Debatten nicht rein wissenschaftlich oder akademisch sind, sondern von einer Vielzahl von Akteuren, z. B. wirtschaftlichen oder politischen Interessengruppen, bestimmt werden. Wenn das Ziel etwa der naturwissenschaftlichen Grundbildung darin bestehen soll, dass die Schülerinnen und Schüler in den aktuellen Debatten kompetent mitsprechen können, dann muss ein neuer Weg eingeschlagen werden, und der heißt: direkt in eine der laufenden Diskussionen einsteigen und mitdiskutieren. Die Partizipation an wissenschaftlichen Debatten der Gegenwart macht es dann notwendig, bestimmte Wissensressourcen zu erschließen oder Argumentationsgänge, Beweise und Erklärungsmodelle nachzuvollziehen, die dann klar zweckbestimmt sind: Sie unterstützen das eigene Mitwirken an den großen Diskussionen der Gegenwart. Hierzu wird ein konkretes Projekt vorgestellt, eine „Enzyklopädie der Kontroversen", die von Wissenschaftlern, Schülern, Lehrern und betroffenen Bürgern gemeinsam geschrieben wird.

Einleitung

Ein Projekt wird vorgestellt, bei dem auf eine neue Art wissenschaftliches Wissen in Netzwerkmedien aufgebaut werden kann. Dabei ist diese Art der Wissenskonstruktion gleichermaßen für die Schule wie für außerschulische Zusammenhänge geeignet. Der schulische Zusammenhang bietet dabei eine ganze Reihe spezifischer Möglichkeiten, die hier besonders thematisiert werden sollen. Zunächst soll jedoch auf Probleme der Wissenskonstruktion im außerschulischen Zusammenhang eingegangen werden, bevor dann die spezifischen Probleme des Naturwissenschaftsunterrichts in der Schule erörtert werden. Diese Ausführungen bleiben auf den Bereich der Naturwissenschaften beschränkt. Dabei wird von einem Konzept der naturwissenschaftlichen Grundbildung *(scientific literacy)* ausgegangen, wie es in der PISA-Studie (Deutsches PISA-Konsortium 2001) zugrunde gelegt wurde.

Schließlich wird das Projekt präsentiert. Sein Kernpunkt ist eine kooperative Schreibplattform: *Kontropedia, eine Enzyklopädie der Kontroversen,* bei der sich Wissenschaftler und naturwissenschaftliche Experten und Laien, aber auch Schüler und Lehrer direkt an wissenschaftlich-gesellschaftlichen Kontroversen beteiligen und gemeinsam im Internet Texte erstellen können. Im Rahmen dieser Partizipation wird das dazu notwendige Wissen erarbeitet, das anderen Mitstreitern über die Schreibplattform wieder zur Verfügung gestellt werden kann. Der Prozess kann als Open-Space-Prozess beschrieben werden, der stark auf die Selbststeuerung durch die Freiheit der Wahl des Problemfelds, der Problemauffächerung und -beschreibung und der Arbeitsgruppen setzt. Im Fazit: „Durch Partizipation zur naturwissenschaftlichen Grundbildung" wird argumentiert, dass die Anlehnung an den Open-Space-Prozess die Arbeit mit der Enzyklopädie der Kontroversen als besonders geeignet erscheinen lässt, die Fähigkeiten zum selbst regulierten Lernen in authentischen Situationen sowie zur Kommunikation und Kooperation zu entwickeln.

NATURWISSENSCHAFT IN DER ÖFFENTLICHKEIT

Wenn wir in den Massenmedien Artikel zu Themen wie „Acrylamid", „Klimawandel", „BSE" oder „Ozonloch" lesen, so gehen wir davon aus, dass die Zeitung oder Zeitschrift unserer Wahl eine Darstellung gibt, die dem Stand der Wissenschaft zumindest nahe kommt. Dass dies eine problematische Annahme ist, haben verschiedene Untersuchungen gezeigt (vgl. etwa Haller 1987; Bell 1991; Weingart et al. 2002; Liebert 2002). Aus diesen Untersuchungen lässt sich fordern, dass insbesondere Kontroverse und Diskursivität, Unsicherheitszonen und die Verfahren zur Konstitution von Gegenständen und fachlichen Technobildern Bestandteil von Vermittlungstexten werden müssen, wenn nicht in Kauf genommen werden soll, dass lediglich leicht eingängige, bunte Wissenschaftsattrappen in der Öffentlichkeit verbreitet werden sollen. Wissenschaft muss demnach als Kontroverse unterschiedlicher Positionen verstanden werden, die zu einem bestimmten Zeitpunkt immer auch bestimmte Unsicherheitszonen beinhaltet und über eigene Wege der Gegenstandskonstitution verfügt, die sich von denen der Alltagspraxis häufig unterscheiden.

NATURWISSENSCHAFT IN DER SCHULE

In den letzten Jahren wurde die Qualität des naturwissenschaftlichen Unterrichts durch verschiedene Tests untersucht. Der bedeutendste Test war die so genannte PISA-Studie, bei der 15-jährige Schülerinnen und Schüler aus 32 Ländern (darunter 28 OECD-Länder) in den Bereichen Lesekompetenz, naturwissenschaftliche und mathematische Grundbildung getestet wurden: pro Land zwischen 4500 und 10 000, insgesamt rund 180 000 Schülerinnen und Schüler.

Prenzel, Rost, Senkbeil, Häußler und Klopp (2001, S. 197 ff.) gehen dabei im naturwissenschaftlichen Testteil von einem Konzept naturwissenschaftlicher Grundbildung *(scientific literacy)* aus, das aus den folgenden drei Komponenten besteht:

- Prozessen (Besonderheiten naturwissenschaftlicher Untersuchung, Behaupten und Begründen, Daten und Befunde als Belege heranziehen, Schlussfolgerungen ziehen, Kommunizieren wissenschaftlicher Beschreibungen oder Argumente, Vorhersagen treffen)
- Konzepten und Erklärungsmodellen
- Anwendungsbereichen (Anwendung auf realistische Fragestellungen und Probleme auf Individual-, Lokal- und Globalebene).

Dabei wird die letzte Komponente als besonders relevant hervorgehoben, da die Anwendung in authentischen Situationen die Entwicklung zu einem selbst regulierten Lernen besonders begünstigt.

Selbst reguliertes Lernen gilt als zentrales Ziel institutionalisierter Bildungsprozesse:

„Die Entwicklung der Fähigkeit zum selbst regulierten Lernen wird gerade im Zusammenhang mit der Vermittlung von Sach- und Fachwissen als eine der Hauptaufgaben institutioneller Bildungsprozesse angesehen.

Selbst reguliertes Lernen ist gleichzeitig Ziel und Mittel schulischer Lernprozesse" (Baumert et al. 2001, S. 28).

Als weiteres zentrales Ziel wird die Entwicklung der Fähigkeit zur Kommunikation und Kooperation angesehen (vgl. Stanat u. Kunter 2001, S. 299 ff.).

Probleme bei deutschen Schülerinnen und Schülern und ihre Ursachen

Im Bereich der naturwissenschaftlichen Grundbildung schnitten die getesteten deutschen Schülerinnen und Schüler weit unter dem Durchschnitt der OECD-Staaten ab (vgl. Prenzel et al. 2001, S. 197 ff.).

Als Ursachen nennen Prenzel et al. neben der Selektivität des dreigliedrigen Schulsystems und der mangelnden gesellschaftlichen Wertschätzung der Naturwissenschaften vor allem veraltete nichtanwendungsbezogene Unterrichtsformen. Daraus ziehen sie den Schluss, dass der Unterricht von zu lösenden Problemen oder konkreten Anwendungen ausgehen sollte:

> „Auch ein nach Fächern differenzierter Naturwissenschaftsunterricht kann konsequent problemorientiert geführt und im Rahmen fachübergreifender und fächerverbindender Ansätze auf interessante Anwendungen bezogen werden. Nach wie vor gilt es, die in Deutschland erkennbare Neigung zum fragend-entwickelnden und fachsystematisch orientierten Unterricht zu überwinden und durch Anwendungsbezug, Problemorientierung sowie Betonung mentaler Modelle das Interesse an den Naturwissenschaften und die Entwicklung eines tiefer gehenden Verständnisses und flexibel anwendbaren Wissens zu fördern" (ebd., S. 245).

Betrachtet man diese Ursachenanalyse der Defizite sowie die Konsequenzen, die für die Vermittlung naturwissenschaftlichen Wissens diskutiert werden, so lassen sich einige Parallelen zur Problematik der Vermittlung naturwissenschaftlichen Wissens im außerschulischen Bereich erkennen, die nun im nächsten Teilabschnitt ausgeführt werden sollen.

Analoge Problemlagen der schulischen und außerschulischen Vermittlung naturwissenschaftlichen Wissens

Im Bereich der außerschulischen Vermittlung und Aneignung naturwissenschaftlichen Wissens wurden u. a. Diskursivität und Kontroverse, Unsicherheitszonen sowie die spezifisch fachliche Konstitution von Gegenständen genannt, für den Bereich des Schulunterrichts die Dimensionen Problemorientierung und Anwendungsbezug, Prozesse sowie Konzepte und Erklärungsmodelle, selbst reguliertes Lernen sowie Kommunikations- und Kooperationsfähigkeit.

Insbesondere die Kriterien der Diskursivität (mit kontroversen Standpunkten, Austauschen von Argumenten), die Differenzierung nach sicherem und unsicherem Wissen (das etwa auf Arbeitshypothesen beruht) und die Konstitution (wozu etwa die Messinstrumente und Untersuchungsdesigns gehören) können mit der Komponente „Prozess" im Modell von Prenzel et al. (2001) analog gesetzt werden.

Solche Ähnlichkeiten sind auch nicht verwunderlich, denn die Basiskompetenzen, wie sie im Rahmen der PISA-Studie verstanden werden, zielen ja genau auf die Befähigung zur Partizipation, ein Ziel, das in Demokratien für die Bürgerinnen und Bürger generell, speziell aber auch für die technisch-wissenschaftlichen Debatten in der Gesellschaft angestrebt wird. Die vorgestellten Analysen der Massenmedien zu naturwissenschaftlichen Kontroversen zeigen, dass die Information über die normal zugänglichen Medien die besprochenen Defizite im Schulunterricht nicht ausgleicht, sondern verstärkt.

Im Folgenden soll nun ein kooperatives Schreibprojekt im Internet vorgestellt werden, das geeignet erscheint, dazu beizutragen, die hier diskutierten Fähigkeiten innerhalb und außerhalb der Schule zu entwickeln.

KONTROPEDIA – DIE ENZYKLOPÄDIE DER KONTROVERSEN

Die bekannteste Schreibplattform ist die Internetenzyklopädie *Wikipedia* mit mittlerweile über 180 000 Artikeln (http://de.wikipedia.org; vgl. dazu auch Liebert 2001; Winkler 2003; Kohl u. Liebert 2004). Die *Wikipedia* besitzt allerdings eine Reihe von Merkmalen einer herkömmlichen, gedruckten Enzyklopädie, insbesondere ist es nicht vorgesehen, Kontroversität in der Artikelstruktur selbst anzulegen. Sie verlangt von den Schreibenden einen „neutralen Standpunkt", der insbesondere bei aktuellen Kontroversen wegen der Standortgebundenheit der Schreibenden kaum einnehmbar ist. Ich habe deshalb ein anderes System vorgeschlagen (Liebert 2002), das mittlerweile als Pilotversion implementiert wurde, die *Kontropedia. Die Enzyklopädie der Kontroversen* (http://lenz.uni-koblenz.de/wiki/).[1]

---

1 *Die Enzyklopädie der Kontroversen* wird ständig weiterentwickelt. Deshalb können sich Struktur und Aussehen beim Aufrufen der Internetseite von der Beschreibung und den Abbildungen in diesem Artikel unterscheiden.

Im Folgenden möchte ich die *Enzyklopädie der Kontroversen* vorstellen und diskutieren, inwieweit dieses Medium geeignet erscheint, die eben vorgestellten Kriterien im Bereich der außerschulischen Vermittlung und Aneignung naturwissenschaftlichen Wissens (Diskursivität und Kontroverse, Unsicherheitszonen, fachliche Konstitution von Gegenständen) angemessen umzusetzen und die Kriterien im Bereich des Schulunterrichts (Problemorientierung und Anwendungsbezug, Prozesse sowie Konzepte und Erklärungsmodelle, selbst reguliertes Lernen, Kommunikations- und Kooperationsfähigkeit) zu erfüllen.

Es soll nun zunächst um die Technik und den Aufbau dieser kollaborativen Schreibplattform gehen und dann darum, welche Unterstützung sie im Naturwissenschaftsunterricht bieten könnte.

Technik und Lizenz

Die Enzyklopädie der Kontroversen basiert auf der kostenlosen Open-Source-Software *Wiki* (vgl. Cunningham u. Leuf 2001). Sie bietet die Möglichkeit, kooperativ im Internet gemeinsame (Hyper-)Texte zu erstellen und zu verändern. Dies schließt die Erstellung und Veränderung von Hyperlinks ein. Alle Texte stehen unter der Creative-Commons-„CC-by-sa"-Lizenz (vgl. http://lenz.uni-koblenz.de/wiki/index.php/Lizenz), die sich an Open-Source-Lizenzen wie die GNU General Public License (GPL) anlehnt (vgl. http://www.gnu.org/copyleft/gpl.html; sowie DiBona et al. 1999; Müller 1999). Diese Lizenz erlaubt es, Texte zu übernehmen, zu verändern und sogar zu verkaufen mit der Verpflichtung, die so produzierten Texte selbst wieder der gleichen Lizenz zu unterstellen und damit das Wissen für alle frei zugänglich und weiter verwertbar zu halten.

Inhaltliche Struktur

Auf der Hauptseite der *Enzyklopädie der Kontroversen* stehen zunächst schlagwortartig die eingetragenen Kontroversen. Im Moment gibt es die Kontroversen *AD(H)S, Cattenom, Hochbegabung, Softwarepatente* und *Rechtschreibung*. Klickt man eine der Kontroversen an, so gelangt man jeweils auf eine Seite mit der Struktur: „Betroffene und Beteiligte", „Themen", „Positionen", „Konsens" und „Stand der Kontroverse". Abbildung 1 zeigt diese Struktur am Beispiel der AD(H)S-Kontroverse (vgl. Anmerkung 1).

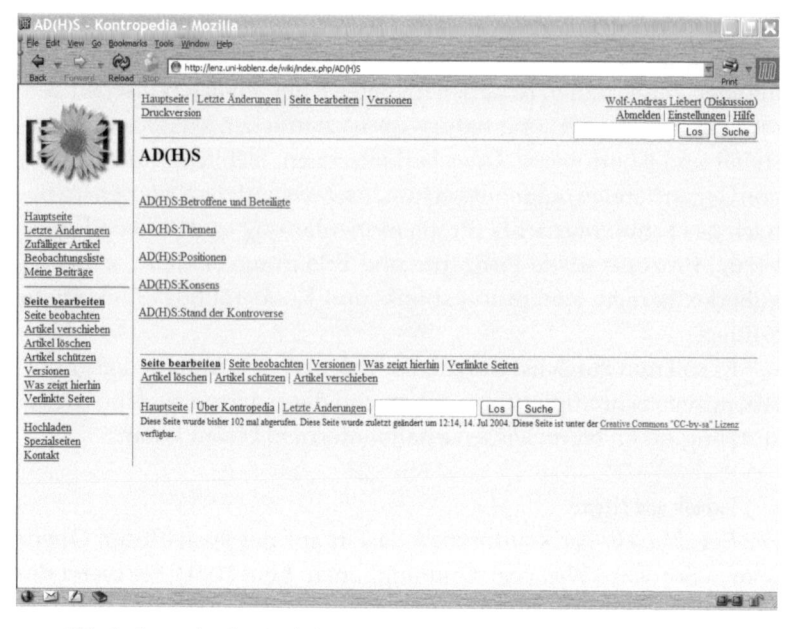

Abb. 1: Startseite der AD(H)S-Kontroverse in der „Enzyklopädie der Kontroversen"

Betroffene und Beteiligte

In der Kategorie „Betroffene und Beteiligte" sind die Adressaten in der Definition von Peter Kühn (1995) enthalten. Damit diese Kategorie ausgefüllt werden kann, wurden zunächst Tageszeitungen und andere Medien hinsichtlich explizit genannter Akteure der betreffenden Kontroversen ausgewertet. Dabei sollen unter „Akteuren", wie in der Soziologie üblich, nicht nur handelnde Personen, sondern auch handelnde Organisationen verstanden werden. Es wurden aber gemäß der Definition Kühns (ebd.) nicht nur die explizit genannten Akteure, die sich an der Kontroverse beteiligen, sondern auch diejenigen, die von dem diskutierten Thema betroffen sind, ermittelt. Daher erhielt die Kategorie auch ihren Namen. Der kühnsche Ansatz führt somit automatisch zu einem hybriden Charakter der Kontroverse (Latour 2002). Die Aufstellung von Betroffenen und Beteiligten ist dynamisch, da jeder, der hier aufgeführt ist, Informationen zu seiner Person bzw. Institution verändern kann. Wenn Betroffene nicht aufgeführt sind und ihr Fehlen bei einem Besuch der Seite bemerken, können sie sich selbst eintragen.

Themen

Der zweite Abschnitt ist mit „Themen" überschrieben. Die Themen sind für die freie Diskussion gedacht, d. h. das Stellen von Fragen und gemeinsame Beantworten in Arbeitsgruppen, die sich für diese Themen konstituieren, aber auch zur Bereitstellung von Hintergrundinformationen (z. B. im Netz *Cattenom*: „Kernspaltung, Atommüll – wie war das gleich noch mal?") oder aber aktuelle Information. Die Themen können von den Beteiligten beliebig definiert und bearbeitet werden.

Positionen

Eine Kontroverse benötigt weiterhin mindestens zwei Akteure, die sich über mindestens eine Streitfrage uneins sind. Die verschiedenen an der Kontroverse beteiligten Akteure nehmen dabei in Bezug auf die Streifrage eine bestimmte „Position" im Diskurs ein. Diese Kategorie leitet sich aus der Diskursanalyse her (Foucault 1997; Jäger 1999) und wird hier im Sinne einer argumentativen Position verstanden. Die Einführung dieser Kategorie ist wichtig, da sie Kontroversen einerseits nicht von den Akteuren abkoppelt, sie aber auch von aktuellen Akteurenkoalitionen unabhängig macht: Die Positionen im laufenden Diskurs lassen sich nicht immer mit bekannten Akteuren beschreiben. Bei vielen Kontroversen liegen die argumentativen Ausgangspositionen quer zu gesellschaftlichen Akteuren. Beispielsweise finden sich in verschiedenen Kontroversen über den Einsatz der Gentechnik Mitglieder unterschiedlichster politischer Parteien zu einer Diskursposition zusammen, die nur für diese Kontroverse, aber nicht für andere gilt. Die Anzahl der Positionen kann schwanken – auch in jeder Phase der Kontroverse. Die einzige Regel, die man aufstellen kann, lautet: Es muss mindestens zwei Diskurspositionen geben. In der Praxis werden es allerdings häufig mehr sein.

Konsens

In diesem Teiltext kann der bisher erreichte Konsens formuliert werden. In verschiedenen Stadien einer Kontroverse wird es noch nicht einmal einen Minimalkonsens geben, meist lässt sich jedoch ein Teilkonsens formulieren. Der Konsens kann sich dabei auf wissenschaftlich erforschte Dinge oder anderes, z. B. die Einigkeit über ein bestimmtes Vorgehen, beziehen. Der Begriff „Konsens" in der *Enzyklopädie der Kontroversen* meint nicht nur wissenschaftliche Wahrheit

Mediale Wissenskonstruktion

oder wissenschaftlichen Konsens, sondern darüber hinaus den Konsens aller an der Kontroverse Beteiligten. Der jeweilige Konsens kann somit differenziert beschrieben werden. In bestimmten wissenschaftlichen Disziplinen mag Konsens herrschen, zwischen wissenschaftlichen Positionen und anderen, nichtwissenschaftlichen Positionen jedoch nicht.

Stand der Kontroverse
Der Abschnitt „Stand der Kontroverse" (vgl. Abbildung 2) entspricht ungefähr dem eigentlichen Artikel in einer herkömmlichen Enzyklopädie. Da hier aber davon ausgegangen wird, dass es sich um eine laufende, nicht abgeschlossene Kontroverse handelt, kann gar kein abschließender Artikel produziert werden, sondern lediglich der aktuelle Stand der laufenden Argumentation dargestellt bzw. eingesehen werden, vergleichbar einem Spielbericht zu einem bestimmten Zeitpunkt eines Sportereignisses. Da das visuelle Textmedium, in dem die *Enzyklopädie der Kontroversen* ja verfasst ist, nichtflüchtig ist, kann der Prozess als Ganzes sowohl in seiner Genese, aber auch in seinem aktuellen Zustand überblickt werden.

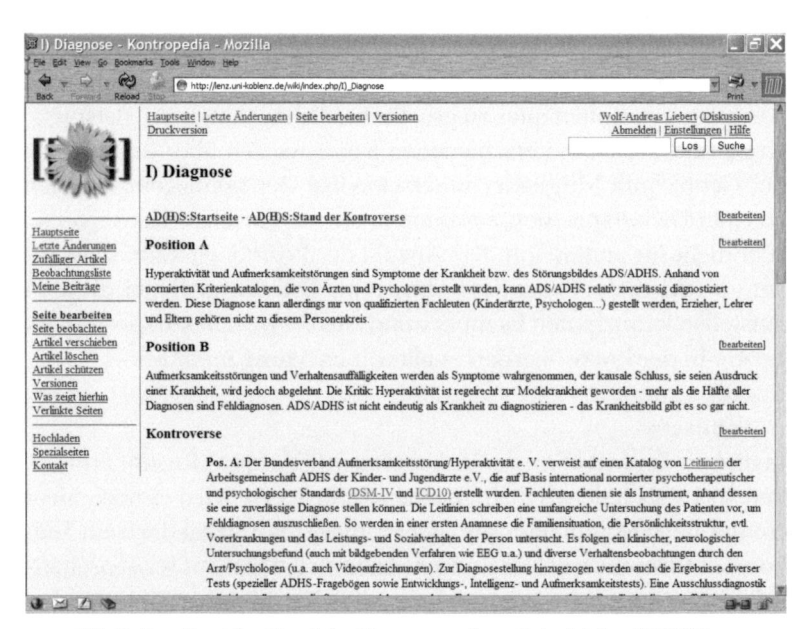

Abb. 2: Der Bereich „Stand der Kontroverse" am Beispiel der AD(H)S-Kontroverse (Teilbereich Diagnose)

Diese Form hat gegenüber der Darstellung in den Massenmedien den Vorteil, dass verteilte Argumentation gebündelt wird. So wird man in einer Tageszeitung an einem Tag Position A mit einem Argument hören, am nächsten oder übernächsten Tag Position B mit einem Gegenargument, vielleicht sogar nicht einmal in derselben, sondern in einer anderen Zeitung. Selbst wenn in *einem* Zeitungsartikel steht, was Position B auf As Argument erwidert hat, ist nicht klar, ob Position A nun seinerseits nichts mehr zu sagen hat oder ob doch weitere Aspekte vorgebracht werden könnten. *Die Enzyklopädie der Kontroversen* sichert deshalb den argumentativen Dialog auch für später einsteigende Leser bzw. Beteiligte. Auch in diesem Teil gilt wiederum, dass alles von allen editiert werden kann (vgl. Abbildung 3).

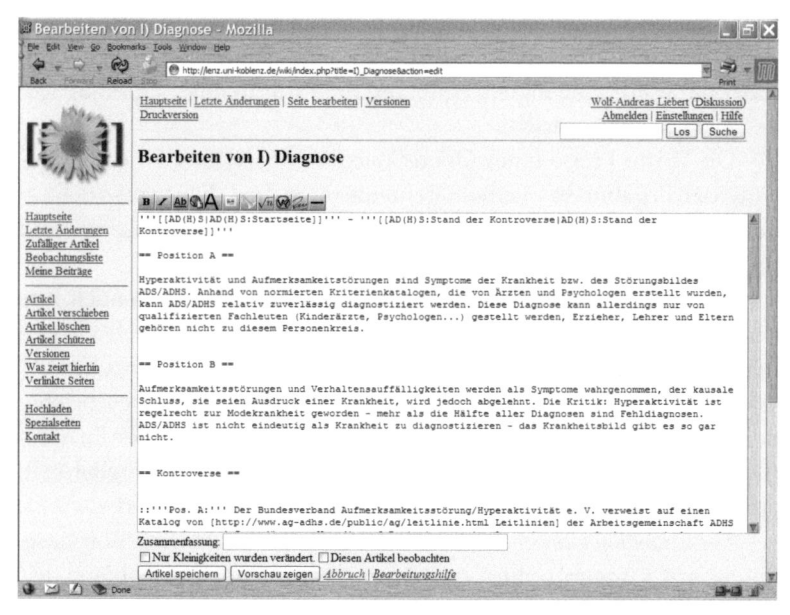

Abb. 3: Editieren des „Stands der Kontroverse" am Beispiel der AD(H)S-Kontroverse (Teilbereich Diagnose)

Die Enzyklopädie der Kontroversen als Open-Space-Veranstaltung

Wir können die Arbeit mit der *Enzyklopädie der Kontroversen* als einen selbst organisierten Prozess im Rahmen der Open-Space Technologie (Owen 2001) verstehen. Open-Space ist eine Form der selbst organisierten Großgruppenarbeit. Jeder Open-Space-Prozess besteht aus drei Phasen:

In der ersten Phase werden alle Betroffenen in einem Raum im Kreis versammelt. Dies entspricht in der *Enzyklopädie der Kontroversen* der Abteilung „Betroffene und Beteiligte".

In der zweiten Phase kann jeder der im Kreis Versammelten ein Thema, das ihn interessiert, formulieren, auf einen Zettel schreiben und diesen zusammen mit einer Raumangabe an eine Pinnwand heften. Hat jeder der Anwesenden, der dies wünscht, Gleiches getan, gehen die Themeninitiatoren in die angegebenen Räume, und wer will, geht je nach Interesse in einen der Räume, in dem ein bestimmtes Thema diskutiert wird. Es gilt das „Gesetz der zwei Füße", d. h., jeder bleibt nur so lange, wie es ihn interessiert, und geht einfach, wenn es ihn nicht mehr interessiert. Dies entspricht in der *Enzyklopädie der Kontroversen* dem zweiten Abschnitt, den „Themen", die jeder durch Setzung eines Hyperlinks sozusagen „anpinnen" kann. Der Link führt dann auf eine eigene Seite, die dem Raum einer Open-Space-Veranstaltung entspricht.

Die dritte Phase einer Open-Space-Veranstaltung ist die Sicherung der Ergebnisse in einem gemeinsamen Text. Dies entspricht in der *Enzyklopädie der Kontroversen* den Abschnitten „Konsens" und „Stand der Kontroverse".

Die Analogie zum Open-Space-Prozess hat natürlich auch ihre Grenzen: So sind die Betroffenen und Beteiligten lediglich virtuell versammelt und nicht physisch, und es existiert in der *Enzyklopädie der Kontroversen* eine Redaktion, die die Einhaltung der beschriebenen Textstrukturen gewährleistet. Außerdem besteht in der *Enzyklopädie der Kontroversen* auch mittel- und langfristig die Möglichkeit, gemeinsam Wissensressourcen aufzubauen und zu nutzen.

Die Enzyklopädie der Kontroversen befindet sich in der Pilotphase. Sie ist seit kurzem online erreichbar (http://lenz.uni-koblenz.de/wiki/), wird aber noch verändert. Deshalb können auch noch keine Angaben dazu gemacht werden, inwieweit dieses Medium tatsächlich in der besprochenen Weise genutzt wird bzw. welche Parameter eine solche Nutzung begünstigen und welche nicht.

Durch Partizipation zur naturwissenschaftlichen Grundbildung

Die häufig anzutreffende Annahme, man könne an den wissenschaftlich-technischen Debatten um Gentechnik oder Klimawandel so lange nicht teilnehmen, bis man sich nicht ein solides Fundament an Wissen angeeignet habe, setzt voraus, dass es sich bei authentischen Situationen, etwa den oben genannten Kontroversen, nicht um Lernsituationen handelt. Im *Kontropedia*-Projekt wird dagegen argumentiert, dass die authentische Situation, die das Lösen eines Problems oder die Beteiligung an einer aktuellen Kontroverse beinhaltet, erst die Notwendigkeit und damit auch die Motivation schafft, sich bestimmte Wissensressourcen, seien es nun Konzepte, Erklärungsmodelle oder Prozesse, anzueignen.

Open-Space-Prozesse, die den kommunikativen Kern von *Kontropedia* bilden, gehen von Anwendungssituationen aus und setzen auf die selbst gesteuerten Lern- und Kommunikationsprozesse der Beteiligten. Deshalb überrascht es nicht, dass die Arbeit mit der *Enzyklopädie der Kontroversen* das Erreichen der zentralen Ziele, wie sie in der gegenwärtigen Bildungsdiskussion vorgeschlagen werden, unterstützen kann.

Betrachten wir die vorhin eingeführte Dreiteilung der naturwissenschaftlichen Grundbildung nach Prenzel et al. (2001) in Anwendungsbereiche, Konzepte und Prozesse, so beginnt man bei der Arbeit mit der *Enzyklopädie der Kontroversen* mit dem Bereich der Anwendung, indem man sich einfach an der Kontroverse beteiligt, und kann dann je nach Bedarf auf Ressourcen wie Konzept- und/oder Prozesswissen zurückgreifen oder diese entwickeln.

Zentraler theoretischer Ausgangspunkt ist dabei, „dass authentische Anwendungssituationen in der Regel auch Lernsituationen darstellen" (Baumert et al. 2001, S. 28). Der direkte Bezug zum authentischen Forschungsprozess in einer bestimmten Kontroverse und der Anwendungsbezug zu offenen Fragen fördert die Entwicklung des „selbst regulierten Lernens" (Artelt et al. 2001, S. 272 ff.), bei dem Konzeptwissen und Wissensverarbeitungsstrategien ausgewählt und gegebenenfalls modifiziert und flexibel an die jeweiligen Erfordernisse angepasst werden.

Durch die Arbeit mit der *Enzyklopädie der Kontroversen* werden naturwissenschaftliche Prozesse nicht nur gelernt, sondern teilweise auch ausgeübt, insbesondere das „Kommunizieren naturwissenschaftlicher Beschreibungen und Argumente" (Prenzel et al. 2001, S. 199). Dies liegt daran, dass ein Teil der wissenschaftlichen Prozesse bereits in die diskursiv-kontroverse Textstruktur implementiert ist, sodass man sozusagen gar nicht anders kann, als zur Kenntnis zu nehmen, dass es unterschiedliche Diskurspositionen gibt oder dass ein Teil des Wissens als sicher, ein anderer Teil als unsicher gilt, bevor man beginnt mitzuargumentieren.

Die Arbeit mit der *Enzyklopädie der Kontroversen* geht über die Anforderungen von Prenzel et al. (2001) hinaus, da sie einen grundsätzlich hybriden Charakter im Sinne von Latour (2002) besitzt, denn es diskutieren nicht nur wissenschaftliche, sondern auch andere gesellschaftliche Akteure mit. Schüler und Schülerinnen und Lehrer und Lehrerinnen werden also nicht nur mit der wissenschaftlichen Kontroverse, sondern mit dem Kräftefeld der gesamten aktuellen gesellschaftlichen Debatte konfrontiert. Dies ist nicht nur wichtig, um zu lernen, wissenschaftliche und nichtwissenschaftliche Argumente auseinander zu halten, sondern auch, um die Grenzen wissenschaftlicher Erkenntnis aufzuspüren.

Virtuelle Unterrichtsformen – Chancen für die Grammatik

Iris Meißner

Die folgenden Überlegungen zu einer Konzeption von Grammatikunterricht sind keine genuin theoretischen, sondern sie sind das Resultat von Beobachtungen der hochschuldidaktischen Praxis im Bereich der Deutschlehrerausbildung an der Universität Koblenz-Landau. Nichtwissenschaftliche Faktoren, wie Seminargrößen, Vorkenntnisse der Studienanfänger etc., haben zu Organisationsformen geführt, die besonderer Kommunikationsmittel bedurften, welche wiederum mediale Bedingungen für die Konzeption der Lehrveranstaltungen schufen. Die aus der Not heraus entwickelten virtuellen Unterrichtsformen erwiesen sich jedoch nicht nur als Notlösungen, sondern führten auch qualitativ zu einer Verbesserung der Lehre.

In diesem Beitrag möchte ich das virtuelle Grammatikpropädeutikum *Grammatikbär* (Meißner et al. 2004) vorstellen und aus der Beobachtung des virtuellen Lehr- und Lernalltags allgemeine Überlegungen zur Grammatikdidaktik ableiten, die auch für den schulischen Lehrbetrieb von Interesse sind.

Grammatik in der Unterrichtspraxis

Grammatikunterricht hat einen schlechten Ruf. Sowohl bei Schülerinnen und Schülern als auch bei vielen Lehrenden scheint die Praxis des Grammatikunterrichts als mühselig und langweilig stigmatisiert. Das wohl am meisten verwendete Attribut, das dem Grammatikunterricht zugesprochen wird, ist *trocken*. Was immer sich hinter dieser Metapher verbergen mag: Dieses Attribut kommt nicht nur dem systematischen, deduktiven, nach alter Lateinschule verfahrenden Unterricht zu, sondern wohl auch vielen Unterrichtskonzepten, die die zuständige Fachdidaktik der Lehrpraxis in den vergangenen Jahrzehnten unterbreitet hat. Das Ausbleiben von Fortschritten in der Unterrichtspraxis ist nicht nur mit der teilweisen Unausgewogenheit neuerer Grammatikdidaktiken zu begründen. Vielmehr scheint es so zu sein, dass bereits in der Deutschlehrerausbildung Studierende zu Grammatikvermeidungsstrategien neigen und ihre Treue gegenüber alten Schulgrammatiken und Terminologien sie in dieser Hinsicht in großem Maße ausbildungsresistent machen. Es mangelt nicht an neuen Ansätzen zur Grammatikdidaktik, aber diese Ansätze werden von Studierenden selten angenommen und in der Schulpraxis noch seltener umgesetzt. Die Wissenslücken hinsichtlich der Strukturen des Sprachsystems begleiten viele Absolventen und Absolventinnen in den Schuldienst und führen zu einer geringen Vermittlungskompetenz im grundlegenden Sprachunterricht. Mangelnde Fähigkeit der Reflexion über Sprache wird vererbt.

Die Lehrpläne sehen in der Regel vor, dass für den Bereich Sprachbetrachtung und Grammatik bis zum 8. Schuljahr die Terminologie der Wortartenlehre und Syntax bereits vollständig erarbeitet werden. Weiter wird gefordert, dass der Sinn der grammatischen Fachbegriffe in der Auseinandersetzung mit Texten erfahrbar gemacht werden soll. Der Sprachunterricht ab dem 9. Schuljahr fokussiert pragmatische, semantische und textlinguistische Aspekte von Sprache. Wenn die Sprachstrukturanalyse nicht in den folgenden Deutschunterricht integriert wird, dann haben die Schülerinnen und Schüler über Jahre hinweg bis zur Hochschulreife keinen weiteren Kontakt mit diesem Lerninhalt. Hinzu kommt eine Eigenheit im Umgang mit Grammatik, die auch darauf zurückzuführen ist, dass die Grammatik nicht nur eine Kompetenz ist, Sprache zu generieren, sondern auch durch ein Regelwerk zunächst deskriptiv festgestellt und weiter durch eine standardisierte Hochsprache zur Norm erhoben wird. Wir befinden uns in der Unterrichtspraxis in dem Dilemma, dass es zwar unterschiedliche grammatische Theorien gibt, die einen Anspruch auf Erklärungsadäquatheit in Bezug auf grammatische Regeln haben, dem aber eine – vor allem durch die Duden-Grammatik geprägte – Norm entgegentritt, die den Lehrern und Lehrerinnen nur wenige plausible Erklärungen der Regeln zur Verfügung stellt. Auf der einen Seite also Erklärungsmöglichkeiten, die aber zu unterschiedlichen Beschreibungsergebnissen führen, auf der anderen Seite eine tief verwurzelte Autorität des grammatikalisch Richtigen, die jedoch induktives Lernen und Einsicht in die Strukturen der Sprache erschwert.

Die Macht der grammatikalischen Norm löst anscheinend auch eine Gruppendynamik nach Art der Schweigespirale aus. Es gibt eine große Schüchternheit, unbekannte oder nicht sicher gewusste Fachbegriffe der Grammatik, wie beispielsweise „Adverb" oder „Prädikat", im Unterricht zu erfragen, da solche Begriffe als vermeintlich klare Grundbegriffe gelten. Das Nichthinterfragen führt dazu, dass solche Unsicherheiten nicht thematisiert werden und der Eindruck des Selbstverständlichen dadurch erst etabliert wird. Im Sinne der Reflexion und Ableitung grammatischer Eigenregeln im Deutschunterricht bekommen die Überlegungen zu Dekonstruktion, Rekonstruktion und Konstruktion ein sehr konkretes didaktisches Potenzial.

GRAMMATIK IN DER DEUTSCHLEHRERAUSBILDUNG

In den Einführungsseminaren des Germanistikstudiums werden Studierende betreut, die aufgrund der faktischen Schulausbildung mit nur sehr wenig Grundlagenwissen über die Grammatik des Deutschen ausgerüstet sind. Schon die Bestimmung der Hauptwortarten stellt für viele Studienanfänger eine nicht lösbare Aufgabe dar, an eine Unterscheidung von koordinierenden und subordinierenden Konjunktionen ist gar nicht zu denken. Es ist kann nicht die Aufgabe der universitären Lehrerausbildung sein, diese grundlegenden Lerninhalte nachzuholen, aber es wäre auch völlig unrealistisch, die Studierenden naserümpfend mit einem Hinweis auf Mindestanforderungen ihrer Eigenverantwortung zu überlassen.

Ein wichtiger Ansatz ist sicherlich der, dass in den einzelnen Lehrveranstaltungen die Lehrenden versuchen, in plausibler Weise das Erklärungspotential, die poetische Leistung und die lebensweltliche Relevanz des Grammatikhandwerks zu demonstrieren. Die Motivation allein reicht allerdings nicht aus, denn die Studierenden benötigen ein Lernangebot, das ihren differenzierten Nachholbedarfes und ihren individuellen Terminplanungen gerecht wird, aber auch zu einem gemeinsamen Niveau führt, welches die Sicherheit einer verbindlichen Ausgangsbasis für das Studium verspricht.

Aus diesem Grund ist das Lernprogramm *Grammatikbär* auf der Basis von WebCT entwickelt worden, das als verbindliches Propädeutikum individuelle Differenzen zwischen universitären Anforderungen und faktischem Leistungsstand nach der gymnasialen Oberstufe ausgleichen und somit die Lehrveranstaltungen des Grundstudiums entlasten soll. Lernziel des Programms ist nicht nur das Auffüllen von Wissenslücken im Sinne eines Lernstoffdefizits, sondern die Vorbereitung der Studienanfänger auf einen wissenschaftlichen Umgang mit Sprache und Grammatik. Das bedeutet in erster Linie, dass sie lernen sollen, die linguistischen Fragestellungen in der Alltagssprache zu reflektieren. Das Lernprogramm ist daher thematisch und sprachlich der Lebenswelt junger Menschen angepasst. Es besteht aus acht Inhaltsmodulen mit teilweise interaktiven Lerneinheiten, einem Glossar, einem thematisch strukturierten Diskussionsforum und Online-Tests zu den einzelnen Modulen.

Solches E-Learning ersetzt nicht traditionelle Unterrichtsformen, sondern ermöglicht durch seine medialen Besonderheiten einen alternativen Zugang zum Lerninhalt. Das Lernprogramm wird dabei als Auslagerung von Interaktion in ein elektronisches Medium verstanden, nicht als ein elektronisches Lehrbuch. Mediale Besonderheiten beziehen sich daher sowohl auf Fragen der Gestaltung des elektronischen Unterrichtsmaterials als auch auf die Organisation der virtuellen Unterrichtskommunikation.

Virtueller Unterricht

Hypertextualität

Eine mediale Besonderheit des elektronischen Unterrichtsmaterials ist seine ausgeprägte *Hypertextualität*. Das bedeutet, dass es in den Inhaltsmodulen des Lernprogramms keine durchgängige Linearität gibt. Die Lernenden können auf einzelne Phänomenbereiche direkt zugreifen und sich, dem eigenen Interesse folgend, mit dem Unterrichtsangebot befassen. Die Inhaltsmodule sind durch Verweise miteinander vernetzt, was dazu führt, dass Inkonsequenzen beim Gebrauch von Regeln und bei terminologischem Gebrauch schnell sichtbar werden. Diese Modularität und Vernetzung scheint auf den ersten Blick den Lerninhalten – Grammatik ist ein modulares System – als auch den kognitiven Prozessen beim Verarbeiten neuer Informationen adäquat zu sein. Es besteht aber auch die Gefahr, dass die Nutzer im Programm keine Lernprogression empfinden und/oder die Orientierung verlieren – sie gehen *lost in cyberspace*. Die Gefahr ist besonders dann gegeben, wenn von einem Grammatikkurs eine straffe Systematik in der Darbietung der Inhalte erwartet wird. Um dennoch eine inhaltliche Orientierung zu gewährleisten, muss die Navigation des Programms einer schlüssigen und darstellbaren Sachlogik folgen. Dies ist eine der schwierigsten Aufgaben, die bei der Konzeption eines Lernprogramms zu bewältigen ist.

Ein technischer Vorteil der Hypertextstruktur liegt darin, dass einzelne Teile des Programms unabhängig vom Gesamtprodukt überarbeitet und aktualisiert werden können. Da das Programm über das Internet angeboten wird und nicht als CD-Rom, können die überarbeiteten Teile jederzeit problemlos ausgetauscht werden. So kann auch direkt auf Wünsche, Probleme und Anregungen, die die Lernenden im Diskussionsforum thematisieren, reagiert werden. Das Lernangebot kann dynamisch an die Lernerbedürfnisse angepasst werden. Darüber hinaus können auch immer neue Elemente als Anreiz eingefügt werden, die Inhaltsmodule wiederholt zu besuchen.

Interaktivität

Interaktivität ergibt sich in der virtuellen Lerneinheit in zweifacher Hinsicht. Erstens gibt es interaktive Übungseinheiten in den Inhaltsmodulen und jeweils einen Online-Test zu den einzelnen Modulen. Interaktivität bedeutet hier, dass die Lernenden etwas im Programm machen können, zum Beispiel bestimmte Lösungsvorschläge anklicken, Fragen beantworten oder Elemente durch Mauszeigerbewegungen verändern. Diese Form von Interaktivität wird von den Nutzern als Mensch-Maschine-Kommunikation empfunden und verliert nach anfänglicher Faszination durch das Technisch-Spielerische schnell seinen Reiz. Dennoch haben diese interaktiven Programmteile in manchen Lernphasen Sinn, beispielsweise dann, wenn Mustererkennung geübt wird oder wenn neue Techniken gesichert werden sollen.

Wichtiger ist aber die Interaktion, die durch die Kommunikation mit anderen Lernenden und den Tutoren entsteht, die im Programm aktiv sind. In diesem virtuellen Kurs werden die Teilnehmer in den Inhaltsmodulen aufgefordert, Lösungen zu Aufgaben im Forum zu diskutieren. Im Forum wiederum werden Aufgaben gestellt, die sich auf Inhalte in den Modulen beziehen. E-Learning ist also mehr als nur das Abarbeiten von Lernprogrammen; es ist ein virtueller Unterricht mit besonderen medialen Kommunikationsbedingungen.

Eine dieser Bedingungen ist die *Asynchronie*. Nicht alle Kursteilnehmer sind gleichzeitig anwesend, und auch die Gesprächsbeiträge erfolgen nicht in einem unmittelbaren zeitlichen Nacheinander. Die Gesprächspartner können sich Zeit lassen, eine Antwort zu formulieren, ihre Äußerungen zu überprüfen, Referenzen zu recherchieren etc. Andererseits herrscht dennoch ein Zeitdruck, da ja andere auch zwischenzeitlich Beiträge verfassen. Das kann dazu führen, dass der eigene Beitrag modifiziert werden muss oder gar überflüssig wird. Wenn das direkte zeitliche Kontinuum nicht transparent ist, wie in einer Präsenzveranstaltung, dann ist es schwierig, den Verlauf eines Gesprächs kohärent zu gestalten. Es muss ausdrücklich geübt werden, nicht nur Einzeltexte zu verfassen, sondern zielorientiert zu formulieren. Die Berufswelt fordert immer mehr genau diese Kompetenz – in einer Gruppe, mit Personen, die man nicht kennt, die nicht vor Ort sind, konstruktiv und zielorientiert zu kommunizieren. Das kann man auch in Präsenzveranstaltungen nicht besser üben, ganz im Gegenteil. Die Flüchtigkeit des mündlichen Gesprächs lässt Defizite in der Gesprächsorganisation weniger deutlich werden. Die direkte zeitliche Abfolge der Äußerungen täuscht oft darüber hinweg, dass womöglich ein inhaltlicher Zusammenhang fehlt. Die Forendiskussionen bieten so über die Grammatikschulung hinaus Schreibanlässe, die zu einer Verbesserung der Schreibkompetenzen der Lernenden führen, wenn die schriftliche Interaktion durch behutsame Moderation begleitet wird.

In einem virtuellen Kurs herrscht *Dispersivität*. Die Gesprächspartner sind nicht direkt anwesend – die Programmnutzer haben keinen Überblick darüber, wer wann was liest und bearbeitet. Es gibt kein visuelles Feedback, keine direkte Kontrolle über die Gruppe, ihre Zusammensetzung, die Wirkung eines Forumsbeitrags. Es gibt im Netz kein Nicken, Lachen oder Augenverdrehen. Umso wichtiger ist es, dass die Lehrenden und Tutoren in der virtuellen Welt präsent sind. Lernende brauchen nicht nur Korrekturen, wenn Äußerungen falsch sind, sondern auch positive Bestätigungen. Wichtig ist für die Moderation der Foren, dass die Konzentration auf die inhaltliche Auseinandersetzung gelenkt wird. Nicht die Personen garantieren die Gültigkeit einer Äußerung, einzig die Äußerung selbst zählt. Nur so kann eine Sicherheit im Umgang mit der Beurteilung von Beiträgen gewonnen werden, und so kann auch ein Selbstvertrauen im Umgang mit Lernmaterialien und wissenschaftlichen Texten überhaupt entwickelt werden. Im *Grammatikbären* werden auch die Studierenden sichtbar, die an der Gestaltung des Programms mitgewirkt haben. Es gibt viele Fotos vom Entstehungsprozess und persönliche Anmerkungen, die auch die Funktion haben, Verbindlichkeit zu vermitteln und Hemmschwellen abzubauen.

Die Lernenden werden auch in den Inhaltsmodulen direkt angesprochen. Die *Stilebene* ist studentische Umgangssprache, wobei jedoch hinsichtlich der inhaltlichen Darstellung und der Terminologie auf Präzision und Korrektheit geachtet wird. Zur Verhinderung der bereits erwähnten Schweigespirale, werden auch ironische Bemerkungen formuliert, die den Lernenden signalisieren sollen, dass von ihnen kein hohes Eingangsniveau erwartet wird, dabei werden auch Probleme mit traditionellen Verfahren des Sprachunterrichts thematisiert. Auf der Willkommenseite des Programms werden die Lernenden vom Grammatikbären wie folgt empfangen:

„Du hast es geschafft, in dieses Programm zu gelangen, also ist das Schwierigste schon überstanden! Wenn du dich jetzt wunderst, weshalb ‚Schwierigste' großgeschrieben ist – Wie ist etwas? Schwierig! Ein Wiewort! Also klein? –, dann bist du hier auf jeden Fall richtig. ‚Schwierigste' ist hier ganz klar ein Nomen. Warum? Weil man es anfassen kann!!!"

Visualisierung

Multimediales Webdesign bietet viele Möglichkeiten, *Visualisierungen* durch Grafiken und Animationen zu realisieren. In traditionellen Grammatiklehrbüchern werden in der Regel Tabellen und Schaubilder angeboten. Es scheint ein ungeschriebenes Gesetz zu sein, dass Bilder, Grafiken, visualisierte Darstellungen anschaulicher seien als verbalisierte Gedanken. Aber Visualisierungen allein sind nutzlos, wenn sie nicht zu einem Erkenntnisfortschritt führen, der auch verbalisiert werden kann oder in ein anderes Handlungswissen übergeht. Visualisierungen können sogar schädlich sein, wenn sie den Lernenden vermeintliches Verständnis vortäuschen. Das ist nicht nur ein empirisches Problem bei Evaluierung von Lernmaterial, sondern auch ein ganz praktisches Problem vieler Lernender. Sie sehen ein Schaubild, haben es vor Augen, fühlen sich mit dieser internen Repräsentation sicher, ohne zu merken, dass sie nicht in der Lage wären, einen Sinnzusammenhang zu formulieren.

Sinnvoll sind Visualisierungen, wenn sie den Sinnzusammenhang darstellen oder thematisieren. Dazu bieten sich häufig Metaphern an. So wird beispielsweise zur Erläuterung der Präpositionen die Karikatur eines Königs[1] gewählt, da es die wesentliche Eigenschaft der Präposition ist, den Kasus der nachfolgenden Nominalphrasen zu bestimmen, sie also zu *regieren*.

durch...? AKKUSATIV!!!

Eine weitere multimediale Gestaltungsmöglichkeit ist die Vorführbarkeit grammatischer Operationen. Wörter und Satzteile können im Programm verschoben, ausgetauscht oder je nach thematischer Einbindung auch schon mal verjagt oder aufgefressen werden.

Die Möglichkeiten des Webdesigns erlauben es auch, den Blick auf grammatische Phänomene im alltäglichen Sprachgebrauch zu illustrieren und so einen aktuellen und ansprechenden Bezug zur Lebenswelt und zum kulturellen Alltag der Lernenden herzustellen. Beispielsweise fragen Ernie und Bert an einer Stelle, wie viele Interrogativpronomen im Titelsong der Sendung *Sesamstraße* vorkommen. Was auf den ersten Blick wie eine Infantilisierung der Lehre erscheint, erweist sich aber in der Lehrpraxis als erfolgreiche Vernetzungsstrategie.

Funktionale Integration und Kommunikationsprozesse

Die Reflexion über die Sprache leistet auch einen Transfer struktureller Beschreibung von Sprache auf die Analyse der sprachlichen Kommunikation, die von den Lernenden selber vollzogen bzw. als Kulturgut rezipiert wird. Die Strukturanalyse, die der Grammatik-

---

1 Nicht alle Grafiken des Koblenzer Lernprogramms sind eigene Produktionen. Einige Elemente sind bereits veröffentlichte Kopien aus dem Internet. Nach § 52a des deutschen Urheberrechts ist es zulässig, „veröffentlichte kleine Teile eines Werkes, Werke geringen Umfangs sowie einzelne Beiträge aus Zeitungen oder Zeitschriften zur Veranschaulichung im Unterricht an Schulen, Hochschulen, nichtgewerblichen Einrichtungen der Aus- und Weiterbildung sowie an Einrichtungen der Berufsbildung ausschließlich für den bestimmt abgegrenzten Kreis von Unterrichtsteilnehmern [...] für deren eigene wissenschaftliche Forschung öffentlich zugänglich zu machen, soweit dies zu dem jeweiligen Zweck geboten und zur Verfolgung nichtkommerzieller Zwecke gerechtfertigt ist."

Virtuelle Unterrichtsformen – Chancen für die Grammatik

unterricht vornimmt, muss funktional eingebunden werden. Anscheinend führt aber der Sprachunterricht immer noch zur Entfremdung von Sprachgebrauch und Sprachwissen. Ein Indiz dafür ist, dass die Studierenden, die an den Inhaltsmodulen gearbeitet hatten, anfangs mit der Aufgabe überfordert waren, funktionale Bezüge der grammatischen Phänomene herzustellen. Die meisten Vorschläge für die *Content-Entwicklung* waren Formentabellen, Regeln und Definitionen, also Darstellungsformen und -inhalte der traditionellen Schulbuchgrammatiken. Vielleicht wird auch der Begriff der kommunikativen Funktion im Sprachunterricht häufig zu eng verstanden, etwa wenn gesagt wird, Attribute hätten die Funktion, ein Nomen näher zu beschreibe;, oder es wird zu unspezifisch formuliert, etwa wenn gesagt wird, Attribute machten einen Text interessanter, bunter und spannender. *Funktionale Einbindung bedeutet, dass grammatische Phänomene als Strukturelemente in der realen, erlebten Sprache der Lernenden wahrgenommen und ihre Regelhaftigkeit formuliert werden kann.* Solche Regelhaftigkeit zeigt sich auch darin, dass sogar grammatikalische Normabweichungen meist regelmäßig sind.

> das ist Klinsmann, der wo früher mal ein unglaublich
> guter Stürmer war und der wo immer auch mit
> seinen Relativsätzen voll getroffen hat, aber
> der wo heute in Amerkika lebt,
> who where nobody cares about it

Mitarbeit der Lernenden und Kenntnisnahme der Unterrichtsbeiträge sind nicht direkt kontrollierbar.[2] Ob jemand das Angebot nutzt oder nicht, kann der Lehrende nur schwer steuern. Die Lernenden brauchen also ein hohes Maß an Selbstverantwortung bei der Organisation ihres eigenen Unterrichts. Die Aufmerksamkeit der Lehrperson richtet sich auf diejenigen, die selber aktiv werden. Lernende,

---

2 Einige WebCt-Tools und auch andere Tracking-Programme erlauben es, die Kursteilnehmer in ihrem Navigationsverhalten zu beobachten. Auf eine Diskussion um die Validität der daraus ableitbaren Aussagen über Lernfortschritt soll an dieser Stelle aber verzichtet werden.

die sich – aus welchen Gründen auch immer – nicht an der Arbeit in den Foren beteiligen, sondern nur alleine in den Inhaltsmodulen arbeiten, werden automatisch weniger betreut. Für den universitären Lehrbetrieb ist eine solche Selektion vielleicht akzeptabel, im schulischen Bereich müsste man jedoch Möglichkeiten entwickeln, wie auch diejenigen Schülerinnen und Schüler gefördert werden können, die sich nicht spontan engagieren. Dazu müsste man die Lernenden allerdings bei ihrer Arbeit beobachten, und es ist fraglich, ob eine solche technische Beobachtung nicht zu einem Kontrollverhalten führt, das einer vertrauensvollen Kommunikationssituation abträglich ist. Eine andere Möglichkeit wäre es, die eher Schweigsamen in Foren direkt anzusprechen und von ihnen Unterrichtsbeiträge zu fordern. In solchen Fällen kann man allerdings beobachten, dass die Kursteilnehmer – sobald sie den Eindruck haben, dass die Bearbeitung einer Aufgabe eine Verpflichtung ist – nicht zu einem gemeinsamen Arbeitsgespräch kommen. Dann werden Lösungen unzusammenhängend aneinander gereiht. Die ersten Versuche, eine Aufgabe zu lösen, sehen dann meist gleich aus – die Lernenden überprüfen nicht, ob die Lösungen stimmen, sondern kopieren nur das Muster. Dieses Problem ist aber nicht nur auf virtuelle Grammatikstunden begrenzt, es wird nur durch die Schriftlichkeit des Mediums sichtbarer als in der mündlichen Unterrichtskommunikation. So schaffen es Grundschulkinder beispielsweise mühelos, in Sätzen nach vorgegebenem Muster vermeintliche Prädikate zu benennen, ohne jemals eine Erklärung zu bekommen, was denn ein Prädikat sei. Wenn dann die Lehrperson genau solche Beispielsätze vorgibt, in denen ein unreflektierter Prädikatsbegriff keine Probleme bereitet, können auch die Schülerinnen und Schüler kein selbstständiges Verständnis von den Strukturen entwickeln. Das Problem ist, dass dies weder die Lehrenden noch die Lernenden in dieser Situation bemerken, da im Vorfeld bereits die Dissonanzen ausgeschlossen werden. Soll aber ein richtiger Lernfortschritt erzielt werden, dann müssen Begriffe und Regeln ungelenkt in unterschiedlichen Umgebungen diskutabel sein. Einerseits erleichtert die Hypertextstruktur des Programms den schnellen Bezug zu multiplen Kontexten, andererseits kann durch einen moderierten konstruktiven Austausch zwischen den Lernenden ein weitestgehend selbst gesteuerter und interaktionistischer Lernprozess zustande kommen, der auch ihren individuellen Wissens- und Erfahrungshorizonten Raum lässt.

Literatur

Aponte, H. J. (1976): The Family-School-Interview. An Eco-Structural Approach. *Family Process* 15 (3): 303–311.
Aristoteles (1961): Poetik. Übersetzt von O. Gigon. Stuttgart (Reclam).
Aristoteles (1980): Rhetorik. Übersetzt von F. G. Sieveke. München (Fink).
Aristoteles (2001): Poetik. Griechisch/deutsch. Übersetzt und herausgegeben von M. Fuhrmann. Stuttgart (Reclam).
Arnold, R. (2002); Formación Profesional. Nuevas Tendecias y Perspectivas. Montevideo (Cinterfor).
Arnold, R. u. I. Schüßler (1998): Wandel der Lernkulturen. Ideen und Bausteine für ein lebendiges Lernen. Darmstadt (Wissenschaftliche Buchgesellschaft).
Arnold, R. u. I. Schüßler (Hrsg.) (2003): Ermöglichungsdidaktik. Erwachsenenpädagogische Grundlagen und Erfahrungen. Baltmannsweiler (Schneider).
Arnold, R. u. H. Siebert (1999): Konstruktivistische Erwachsenenbildung. Von der Deutung zur Konstruktion von Wirklichkeit. Baltmannsweiler (Schneider).
Arnold, R. et al. (1986): Duale Berufsbildung in Lateinamerika. Baden-Baden (Nomos).
Arnold, R. et al. (2003): Selbstlernkompetenzen als Voraussetzungen einer Ermöglichungsdidaktik – Anforderungen an Lehrende. In: R. Arnold u. I. Schüßler (Hrsg.): Ermöglichungsdidaktik. Baltmannsweiler (Schneider), S. 108–119.
Arnold, R. (2005): Die emotionale Konstruktion der Wirklichkeit. Baltmannsweiler (Schneider).
Artelt, C. et al. (2000): Lesekompetenz – Testkonzeption und Ergebnisse. In: Deutsches PISA-Konsortium (Hrsg.): Pisa 2000. Opladen (Leske & Budrich), S. 69–137.
Artelt, C. et al. (2001): Selbstreguliertes Lernen. In: Deutsches PISA-Konsortium (Hrsg.): PISA 2000. Oplanden (Leske & Budrich), S. 271–298.
Arznei-Telegramm (2000): Methylphenidat (Ritalin u. a.) – zunehmend überverordnet? H. 8: 1.
Aufschnaiter, S. von (1998): Konstruktivistische Perspektiven zum Physikunterricht. *Pädagogik* 50 (7/8): 52–54.
Bach, H. (1999): Grundlagen der Sonderpädagogik. Bern/Stuttgart/Wien (UTB).

Literatur

Baeriswyl, F. (2003): Der Funktionsrhythmus als Strukturierungshilfe im Lernprozess. In: F. Baeriswyl u. A. Niggli (Hrsg.): Grundkurs Unterrichten lernen. Vorlesungsskript für Ausbildungsteilnehmer. Freiburg, CH (Universität Freiburg, Département Erziehungswissenschaften).

Baethge, M. (2004): Konzeptionelle Grundlagen für einen nationalen Bildungsbericht. Berlin (Bundesinstitut für Bildung und Forschung).

Balgo, R. u. R. Voß (2002): Wenn das Lernen der Kinder zum Problem gemacht wird. Einladung zu einem systemisch-konstruktivistischen Sichtwechsel. In: R. Voß (Hrsg.): Die Schule neu erfinden. Neuwied (Luchterhand), S. 56–91.

Bardmann, T. M. u. T. Groth (2001): Die Organisation der Organisation. Eine Einleitung. In: T. M. Bardmann u. T. Groth (Hrsg.): Zirkuläre Positionen 3. Organisation, Management und Beratung. Wiesbaden (Westdeutscher Verlag), S. 7–20.

Bateson, G. (1988): Ökologie des Geistes. Anthropologische, psychologische, biologische und epistemologische Perspektiven. Frankfurt a. M. (Suhrkamp).

Baumert, J. (2002): Im Gespräch mit „Mr. PISA". *GEW-Zeitung Rheinland-Pfalz* 12: 10–11.

Baumert, J. et al. (2001): PISA 2000. Untersuchungsgegenstand, theoretische Grundlagen und Durchführung der Studie. In: Deutsches PISA-Konsortium (Hrsg.): PISA 2000. Basiskompetenzen von Schülerinnen und Schülern im internationalen Vergleich. Opladen (Leske & Budrich), S. 15–68.

Baumert, J. et al. (2002): Manifest. In: N. Killiuset (Hrsg.): Die Zukunft der Bildung. Frankfurt a. M. (Suhrkamp), S. 171–226.

Bayer, M. et al. (Hrsg.) (2000): Lehrerin und Lehrer werden ohne Kompetenz? Professionalisierung durch eine andere Lehrerbildung. Bad Heilbrunn (Klinkhardt).

Beck, U. (1996) Das Leben in die eigenen Hände nehmen. Der Versuch einer (Re-)Konstruktion. *Pädagogik* 7–8: 58–62.

Beck, U. (Hrsg.) (1997): Kinder der Freiheit. Frankfurt a. M. (Suhrkamp).

Beck, U. u. E. Beck-Gernsheim (1994): Riskante Freiheiten. Frankfurt a. M. (Suhrkamp).

Beckett, S. (1986): Der Namenlose. Frankfurt a. M. (Suhrkamp).

Beetz, S. u. H. Cramer (1999): Chancen reflexiven Scheiterns. *System Schule* 4: 114.

Bell, A. (1991): Hot Air: Media, Miscommunication, and the Climate Change Issue. In: N. Couplandet al. (eds.): Miscommunication and Problematic Talk. Newbury Park/London/New Delhi (Sage), pp. 259–282.

Bellebaum, A. u. L. Muth (Hrsg.): Leseglück. Eine vergessene Erfahrung? Opladen (Westdeutscher Verlag),

Berendt, B. (2003): Werkstattseminar „Vom Lehren zum aktiven Lernen – Forschungsorientierter Beitrag zur Praxis effektiver Hochschullehre". In: U. Welbers (Hrsg.): Hochschuldidaktische Aus- und Weiterbildung. Grundlagen – Handlungsformen – Kooperationen. Bielefeld (Bertelsmann).

Bildungskommission NRW (1995): Zukunft der Bildung – Schule der Zukunft. Neuwied (Luchterhand).

Bloom, B. S. (1974): Taxonomie von Lernzielen im kognitiven Bereich. Weinheim (Beltz).

Bohnsack, F. (2000): Probleme und Kritik der universitären Lehrerausbildung. In: M. Bayeret al. (Hrsg.): Bad Heilbrunn (Klinkhardt), S. 52–123.
Bollnow, U. F. (1974): Das Wesen der Stimmungen. Frankfurt a. M. (Klostermann).
Bolz, N. (2002): Die Wirtschaft des Unsichtbaren. Düsseldorf (Econ).
Bönsch, M. (1999): Sozialpädagogische Ausrichtung der Grundschule. *System Schule* 3 (2): 44 f.
Bourdieu, P. (1983): Ökonomisches Kapital, kulturelles Kapital, soziales Kapital. In: R. Kreckel (Hrsg.) Soziale Welt. Bd. 2. Soziale Ungleichheiten Göttingen (Otto Schwartz), S. 183–198.
Brabeck, H. (1998): Für die Schule lernen wir ... *Schulzeit* 4: 8–9.
Brackert, H. u. M. Schuller (1981): Theodor Fontane: *Effi Briest*. In: H. Brackert u. J. Stückrath (Hrsg.): Literaturwissenschaft. Grundkurs 1. Reinbek bei Hamburg (Rowohlt), S. 135–172.
Brügelmann, H. (1996/1997): „Öffnung des Unterrichts" aus der Sicht von LehrerInnen. (OASE-Bericht Nr. 3, Nr. 3a.) Siegen (Universität Siegen).
Brügelmann, H. (1998): Öffnung des Unterrichts. Befunde und Probleme der empirischen Forschung. In: H. Brügelmann et al. (Hrsg.): Jahrbuch Grundschule. Fragen der Praxis – Befunde der Forschung. Seelze (Friedrich), S. 8–42.
Brügelmann, H.u. E. Brinkmann, E. (1998): Die Schrift erfinden. Lengwil (Libelle).
Bruner, J. S. (1969): The Process of Education. Cambridge (Harvard University Press).
Bruner, J. S. (1974): Entwurf einer Unterrichtstheorie. Düsseldorf (Pädagogischer Verlag Schwann).
Bruner, J. S. (1983: Child's Talk – Learning to Use Language. Oxford (University Press).
Bruner, J. S. (1984): Vygotsky's Zone of Proximal Development: The Hidden Agenda. In: B. Rogoff u. J. V. Wertsch (eds.): Childrens' Learning in the „Zone of Proximal Development". San Francisco (Jossey-Bas).
Bruner, J. S. (1990): Acts of Meaning. Cambridge (Harvard University Press).
Bruner, J. S. (1996): The Culture of Education. Cambridge (Harvard University Press).
Bruner, J. S. u. H. Haste (1987): Making Sense: The Child's Construction of the World. London (Methuen).
Brüsemeister, T. (2003): Lehrerbiographien in der Schulmodernisierung – Modernisierungspfade – Steuerungsschwierigkeiten. In: T. Brüsemeister u. K.-D. Eubel (Hrsg.): Zur Modernisierung der Schule. Leitideen – Konzepte – Akteure. Ein Überblick. Bielefeld (Transcript), S. 403–410.
Büeler, X. (1994): System Erziehung. Ein bio-psycho-soziales Modell. Bern (Haupt).
Büeler, X. (2004): Qualitätsevaluation und Schulentwicklung. In: R. Stockmann (Hrsg.): Evaluationsforschung. Grundlagen und ausgewählte Forschungsfelder. Opladen (Leske & Budrich), S. 259–286.
Campbell, S. (1994): Being Dismissed – The Politics of Emotional Expression. *Hypatia* 9 (3): 46–65.

Literatur

Carroll, J. B. (1963): A Model of School Learning. Teachers College Record 61: 723-733.

Carroll, J. B. a. J. S. Chall (eds.) (1975): Toward a Literate Society. The Report of the Committee on Reading of the National Academy of Education. New York (McGraw-Hill).

Cathomas, R. u. W. Carigiet (2002): Einführung in eine allgemeine Sprachendidaktik. Der sprachdidaktische Würfel. Aarau (Bildung Sauerländer).

Cebrián, J. L. (1999): Im Netz – die hypnotisierte Gesellschaft. Der neue Bericht an den Club of Rome. Stuttgart (DVA).

Chall, J. S. (2000): The Academic Achievement Challenge. What Really Works in the Classroom? New York/London (Guilford).

Christiani, R. (2003): Ziele der Ausbildung im Vorbereitungsdienst. SchulVerwaltung NRW 9: 246–249.

Cloer, E. et al. (Hrsg.) (2000): Welche Lehrer braucht das Land? Notwendige und mögliche Reformen der Lehrerbildung. Weinheim/München (Juventa).

Collins, A. et al. (1989): Cognitive Aprenticeship: Teaching the Crafts of Reading, Writing, and Mathematics. In: L. B. Resnick (ed.): Knowing, Learning, and Instruction. Essays in the Honour of Robert Glaser. Hillsdale, NJ (Erlbaum), pp. 453–494.

Conen, M.-L. (1996): Aufsuchende Familientherapie mit Multi-Problem-Familien. *Kontext* 27 (2): 150–164.

Cunningham, W. a. B. Leuf (2001): The Wiki Way: Collaboration and Sharing on the Internet. Reading (Addison-Wesley).

Damasio, A. R. (2003): Der Spinoza-Effekt. Wie Gefühle unser Leben bestimmen. München (List).

Daston, L. (2001): Wunder, Beweise und Tatsachen. Zur Geschichte der Rationalität. Frankfurt a. M. (Fischer).

Deci, E. L. u. R. M. Ryan (1993): Die Selbstbestimmungstheorie der Motivation und ihre Bedeutung für die Pädagogik. *Zeitschrift für Pädagogik* 2: 223–238.

Detjen, J. u. W. Sander (2001): Konstruktivismus und Politikdidaktik. Ein Chat-Interview (Moderation: K. Pohl). *Politische Bildung* 34 (4): 128–138.

Deutsches PISA-Konsortium (Hrsg.) (2001): PISA 2000. Basiskompetenzen von Schülerinnen und Schülern im internationalen Vergleich. Opladen (Leske & Budrich).

Devereux, G. (1967): Angst und Methode in den Verhaltenswissenschaften. München (Hanser).

Dewe, B. et al. (1992): Das „Professionswissen" von Pädagogen. In: B. Dewe et al. (Hrsg.): Erziehen als Profession. Opladen (Leske & Budrich), S. 70–91.

Dewey, J. (1988a): Human Nature and Conduct. The Middle Works. Vol. 14 (1922). Carbondale/Edwardsville (Southern Illinois University Press).

Dewey, J. (1988b): Construction and criticism. In: The later works, Vol. 5 (1923–1930). Carbondale/Edwardsville (Southern Illinois University Press), Publikationsanfrage. 125–143.

Dewey, J. (1989): Art as Experience. The Later Works. Vol. 10 (1934). Carbondale/Edwardsville (Southern Illinois University Press).

DiBona, C. et al. (eds.) (1999): Open Sources. Voices from the Open Source Revolution. Beijing/Cambridge/Köln et al. (O'Reilly).

Dick, A. (1999) Vom Ausbildungs- zum Reflexionswissen in der LehrerInnenbildung. In: U. Dirks u. W.Hansmann (Hrsg.): Reflexive Lehrerbildung: Weinheim (Deutscher-Studienverlag), S. 149–168.

Dirks, U. u. A. Feindt (2002): Fallarbeit als Brückenschlag zwischen Theorie und Praxis. In: U. Dirks, U. u. W. Hansmann (Hrsg.): Forschendes Lernen in der Lehrerbildung. Bad Heilbrunn (Klinkhardt), S. 37–45.

Dohmen, G. (2001): Das informelle Lernen. Die internationale Erschließung einer bisher vernachlässigten Grundform menschlichen Lernens für das lebenslange Lernen aller. Bonn (Bundesministerium für Bildung und Forschung).

Dohnke, B. et al. (1997): Vom Konstruktivismus geprägte Forderungen der Lernunterstützung und ihre Umsetzung [Internet]. Verfügbar unter: http://hupsy06.psychologie.huberlin.de/arbpsy/studenten/dohnke/Dohnke.htm.

Domarus, E. von (1939): The Specific Laws of Logic in Schizophrenia. In: J. S. Kasanin (ed.): Language and Thought in Schizophrenia. New York (W. W. Norton) 1964, pp. 104–114.

Döring, K. W. (1991): Praxis der Weiterbildung. Weinheim (Deutscher Studien-Verlag).

Dreeben, R. (1980): Was wir in der Schule lernen. Frankfurt a. M. (Suhrkamp).

Drolsbach, B. (1999): Systembezogene Erziehungshilfe und Schulentwicklung. *System Schule* 3 (4): 122–128.

Dubs, R. (1995): Lehrerverhalten. Zürich (Verlag des Schweizerischen Kaufmännischen Verbandes).

Duncker, L. et al. (Hrsg.) (in Vorb.): Blickwechsel. Multiperspektivität als Bildungsprinzip. Stuttgart (Kohlhammer).

Eco, U. (1982): Der Name der Rose. München (Hanser).

Eco, U. (1985): Semiotik und Philosophie der Sprache. München (Fink).

Eco, U. u. T. A. Sebeok (Hrsg.) (1985): Der Zirkel oder Im Zeichen der Drei. Dupin, Holmes, Peirce. München (Fink).

Eisenberg, P. (1999): Grundriss der deutschen Grammatik. Bd. 2: Der Satz. Stuttgart (Metzler).

Esposito, E. (2002): Soziales Vergessen. Frankfurt a. M. (Suhrkamp).

Finkel, D. L. (2000): Teaching with your Mouth Shut. Portsmouth, NH (Heinemann).

Fischer, H. R. (2000): Rationalität zwischen logischem und paralogischem Denken. In: H. R. Fischer u. S. J. Schmidt (2000): Wirklichkeit und Welterzeugung. Heidelberg (Carl-Auer), S. 118–152.

Fischer, H. R. (2001): Abductive reasoning as a way of worldmaking. *Foundations of Science* 6: 361–383.

Fischer, H. R. (2003): Sinnreservoire der Psychotherapie. Von Metapherntheorien zu Metaphernreflexion. *Familiendynamik* 1: 9–46.

Fischer, H. R. (2005): Poetik des Wissens. Zur kognitiven Funktion von Metaphern. In: H. R. Fischer (Hrsg.): Die Wirklichkeit der Metapher. Göttingen (Velbrück).

Floyd, C. (1996): Choices about Choices. *Systems Research* 13 (3): 262–270.

Flusser, V. (1991): Gesten. Düsseldorf/Bensheim (Bollmann).

Literatur

Foerster, H. von (1985): Sicht und Einsicht. Wiesbaden (Vieweg) [Neuausg. (1999), Heidelberg (Carl-Auer).]

Foerster, H. von (1993): Wissen und Gewissen. Versuch einer Brücke. Frankfurt a. M. (Suhrkamp).

Foerster, H. von (1999): Neue Prüfungen braucht das Land. In: H. E. Renk (Hrsg.): Lernen aus der Welt im Kopf – Konstruktivismus in der Schule. Neuwied (Luchterhand), S. 19.

Foerster, H. von (2002): „Wirklichkeit entsteht im Dialog" [Interview von B. Pörksen]. *Die Tageszeitung*, 7.10.2002, Berlin.

Foerster, H. von u. B. Pörksen (1998): Wahrheit ist die Erfindung eines Lügners. Gespräche für Skeptiker. Heidelberg (Carl-Auer), 6. Aufl. 2004.

Foucault, M. (1974): Die Ordnung der Dinge. Frankfurt a. M. (Suhrkamp).

Foucault, M. (1997): Archäologie des Wissens. Frankfurt a. M. (Suhrkamp).

Franck, G. (1998): Ökonomie der Aufmerksamkeit. München/Wien (Hansa).

Freimuth, J. (2000): Moderation in der Hochschule. Hamburg (Windmühle).

Fried, L. (2001): Pädagogisches Professionswissen und Schulentwicklung. Eine systemtheoretische Einführung in Grundkategorien der Schultheorie. Weinheim (Juventa).

Fried, L. (2003): Pädagogisches Professionswissen als Form und Medium der Lehrerbildungskommunikation – Theoretisch-empirische Suchbewegungen. *Zeitschrift für Pädagogik* 49 (1): 112–126.

Fuchs, P. (2004): Der Sinn der Beobachtung. Begriffliche Untersuchungen. Weilerswist (Velbrück).

Fullan, M. (1999): Die Schule als lernendes Unternehmen. Konzepte für eine neue Kultur in der Pädagogik. Stuttgart (Klett-Cotta).

Gardner, H. (1983): Frames of Mind. The Theory of Multiple Intelligences. New York (Basic Books).

Gardner, H. (1996): So gut wie Einstein. Schlüssel zum kreativen Denken. Stuttgart (Klett-Cotta).

Gardner, H. (1999): Kreative Intelligenz, Frankfurt a. M./New York (Campus).

Garrison, J. (1996): A Deweyan Theory of Democratic Listening. *Educational Theory*: 429–451.

Garrison, J. (1997): Dewey and Eros. Wisdom and Desire in the Art of Teaching. New York/London (Teachers College Press).

Garrison, J. (2004): Deweys Konstruktivismus – Vom Reflexbogenkonzept zum sozialen Konstruktivismus. In: Hickman, L. et al. (Hrsg.): John Dewey – Zwischen Pragmatismus und Konstruktivismus. Münster et al. (Waxmann), S. 59–75.

Garrison, J. et al. (2004): Dewey zwischen Pragmatismus und Konstruktivismus – Eine Diskussion. In: L. Hickman et al. (Hrsg.): John Dewey – Zwischen Pragmatismus und Konstruktivismus. Münster et al. (Waxmann), S. 163–200.

Gervé, F. (1997a): Freie Arbeit in der Grundschule. Eine praxisbegleitende Fortbildungskonzeption zur Steigerung der Innovationsrate. Universität Karlsruhe (unveröffentl. Dissertation).

Gervé, F. (1997b): Zur Praxis der freien Arbeit in der Grundschule. Situationsanalyse zur Entwicklung einer innovationswirksamen Fortbildungskonzeption. (OASE-Bericht Nr. 39.) Siegen (Universität Siegen).

Geske, B. et al. (1996): Professionelle Sozialpädagogische Familienhilfe im Landkreis Böblingen. *Kontext* 27 (2): 123–140.

Giddens, A. (1984) Interpretative Soziologie. Eine kritische Einführung. Frankfurt a. M. (Campus)

Giddens, A. (1988): Die „Theorie der Strukturierung". Ein Interview von Bernd Kießling mit A. Giddens. *Zeitschrift für Soziologie* 17: 286–295.

Giddens, A. (1992): Die Konstitution der Gesellschaft: Grundzüge einer Theorie der Strukturierung. Frankfurt a. M./New York (Campus).

Glasersfeld, E. von (2002): „Was im Kopf eines anderen vorgeht, können wir nie wissen." In: B. Pörksen (Hrsg.): Die Gewissheit der Ungewissheit. Gespräche für Skeptiker. Heidelberg (Carl-Auer), S. 46–69.

Glasl, F. u. B. Lievegoed(1996): Dynamische Unternehmensentwicklung, Bern (Freies Geistesleben / Haupt).

Goffman, I. (1980): Rahmen-Analyse. Ein Versuch über die Organisation von Alltagserfahrungen. Frankfurt a. M. (Suhrkamp).

Gomez, P. u. G. Probst (1987): Vernetztes Denken im Management. Eine Methodik des ganzheitlichen Problemlösens. Bern (Schweizerische Volksbank).

Goody, J. et al. (1986): Entstehung und Folgen der Schriftkultur. Frankfurt a. M. (Suhrkamp).

Götz, K. (Hrsg.) (1994): Theoretische Zumutungen. Vom Nutzen der systemischen Theorie für die Managementpraxis. Heidelberg (Carl-Auer), 2. Aufl.

GPJE (Gesellschaft für Politikdidaktik und politische Jugend- und Erwachsenenbildung) (2004): Nationale Bildungsstandards für den Fachunterricht in der Politischen Bildung an Schulen. Ein Entwurf. Schwalbach i. Ts. (Wochenschau).

Graf, W. (1996): Die Erfahrung des Leseglücks. Zur lebensgeschichtlichen Entwicklung der Lesemotivation. In: A. Bellebaum u. L. Muth (Hrsg.): Leseglück. Eine vergessene Erfahrung? Opladen (Westdeutscher Verlag), S. 181–212.

Grammes, T. (1998): Kommunikative Fachdidaktik. Politik – Geschichte – Recht – Wirtschaft. Opladen (Leske & Budrich).

Grawe, K. et al. (1994): Psychotherapie im Wandel. Von der Konfession zur Profession. Göttingen (Hogrefe).

Gripp-Hagelstange, H. (1995): Niklas Luhmann. Eine erkenntnistheoretische Einführung. München (Fink).

Gruehn, S. (2000): Unterricht und schulisches Lernen. Münster (Waxmann).

Haarmann, H. (1991): Universalgeschichte der Schrift. Frankfurt a. M./New York (Campus).

Haken, H. (1996): Der synergetische Computer. In: G. Küppers (Hrsg.): Chaos und Ordnung. Formen der Selbstorganisation in Natur und Gesellschaft. Stuttgart (Reclam).

Haller, M. (1987): Wie wissenschaftlich ist Wissenschaftsjournalismus? Zum Problem wissenschaftsbezogener Arbeitsmethoden im tagesaktuellen Journalismus. *Publizistik* 32 (3): 305–319.

Heine, H. (1997): Ich liebe doch das Leben. Ein Lesebuch. Frankfurt a. M./Leipzig (Insel).

Literatur

Helmke, A. (1988): Leistungssteigerung und Ausgleich von Leistungsunterschieden in Schulklassen: Unvereinbare Ziele? *Zeitschrift für Entwicklungspsychologie und Pädagogische Psychologie* 20 (1): 45–76.

Helmke, A. (2003): Unterrichtsqualität. Seelze (Kallmeyer).

Helmke, A. u. F. E.Weinert (1997): Unterrichtsqualität und Leistungsentwicklung: Ergebnisse aus dem SCHOLASTIK-Projekt. In: F. E. Weinert u. A. Helmke (Hrsg.): Entwicklung im Grundschulalter. Weinheim (Beltz), S. 241–251.

Helsper, W. (1997): Antinomien des Lehrerhandelns in modernisierten pädagogischen Kulturen. In: A. Combe u. W. Helsper: Pädagogische Professionalität. Frankfurt a. M. (Suhrkamp), S. 521–570.

Henkenborg, P. (2002): Politische Bildung für die Demokratie: Demokratielernen als Kultur der Anerkennung. In: B. Hafeneger et al. (Hrsg.): Pädagogik der Anerkennung. Grundlagen, Konzepte, Praxisfelder. Schwalbach i. Ts. (Wochenschau), S. 106–131.

Hentig, H. von (1985): Die Menschen stärken, die Sachen klären. Stuttgart (Reclam).

Hesse, H. (1982): Eigensinn (1919). Gesammelte Werke, Bd. 10. Frankfurt a. M. (Suhrkamp).

Hickman, L. et al. (Hrsg.) (2004): John Dewey – Zwischen Pragmatismus und Konstruktivismus. Münster et al. (Waxmann).

Hierdeis, H. (1997): Selbstreflexion in der LehrerInnenbildung. Erfahrungen und Überlegungen. In: E. Glumpler u. H. S. Rosenbusch (Hrsg.): Perspektiven der universitären Lehrerbildung. Bad Heilbrunn i. Obb. (Klinkhardt), S. 85–94.

Hoenisch, N. u. E. Niggemeyer (2003): Bildung mit Demokratie und Zärtlichkeit – Lernvergnügen Vierjähriger. Weinheim et al. (Beltz).

Hoppe, H. (1999): Reflexive Lernformen: Kommunikationsschleifen und Inseln der Nachdenklichkeit. Subjektorientierte Lehrerausbildung am Beispiel des Faches Politik/Sozialkunde. In: U. Dirks u. W. Hansmann (Hrsg.): Reflexive Lehrerbildung – Fallstudien und Konzepte im Kontext berufsspezifischer Kernprobleme. Weinheim (Deutscher Studien-Verlag), S. 123–136.

Hösle, V. (1999): Die Philosophie und die Wissenschaften. München (Beck).

Hrdy, S. D. (1989): Evolutionary Context of Human Development. The Cooperative Breeding Model. In: C. S. Carter (ed.): Attachment and Bounding. A New Synthesis. Cambridge, MA (MIT Press).

Jäger, S. (1999): Kritische Diskursanalyse. Eine Einführung. Universität Duisburg (unveröffentl. Dissertation).

Jank, W. u. H. Meyer (2002): Didaktische Modelle. Berlin (Cornelsen).

Joas, H. (1989): Praktische Intersubjektivität. Frankfurt (Suhrkamp).

Kanter, G. O. (1977): Lernbehindertenpädagogik – Gegenstandsbestimmung, Begriffsklärung. Sowie: Lernbehinderungen und die Personengruppe der Lernbehinderten. In: G. O. Kanter et al. (Hrsg.): Handbuch der Sonderpädagogik. Bd. 4: Pädagogik der Lernbehinderten. Berlin (Spiess), S. 7–64.

Kanter, G. O. (1997): In Zusammenhängen denken und handeln – Schlüsselqualifikationen für sonderpädagogisches Arbeiten. *Heilpädagogische Forschung*: 3–10.

Literatur

Kets de Vries, M. F. R. (2004): Führer, Narren und Hochstapler. Die Psychologie der Führung. Stuttgart (Klett-Cotta).

Kintsch, W. (1998): Comprehension. A Paradigm for Cognition. Cambridge (Cambridge University Press).

Klingberg, L. (1995): Lehren und Lernen – Inhalt und Methode. Zur Systematik und Problemgeschiche didaktischer Kategorien. Oldenburg (Carl von Ossietzky Universität).

Klippert, H. (2001): Eigenverantwortliches Arbeiten und Lernen. Weinheim (Beltz).

Köcher, R. (1988): Familie und Lesen. Eine Untersuchung über den Einfluß des Elternhauses auf das Leseverhalten. Frankfurt a. M. (Verlag der Buchhändlervereinigung).

Köcher, R. (1991): Familie und Lesen. Eine Untersuchung über den Einfluß des Elternhauses auf das Leseverhalten. In: Bundesministerium für Bildung und Wissenschaft (Hrsg.): In Sachen Lesekultur. Bonn, S. 103–115.

Kohl, C. u. W.-A. Liebert (2004): Selbstorganisierte Wissenskonstruktion in der Internet-Enzyklopädie Wikipedia. *Fachsprache* 3–4: 134–148.

Kolbe, F.-U. (2002): Wie soll Lehrerbildung organisiert werden? Anmerkungen zur Diskussion aus professionalisierungstheoretischer Perspektive. In: Zentrum für Schulforschung und Fragen der Lehrerbildung Halle (Hrsg.): Die Lehrerbildung der Zukunft – Eine Streitschrift. Opladen (Leske & Budrich), S. 175–184.

Kösel, E. (1997): Modellierung von Lernwelten. Elztal-Dallau (Laub).

Kretzenbacher, H. L. (1995): Wie durchsichtig ist die Sprache der Wissenschaften? In: H. L. Kretzenbacher u. H. Weinreich (Hrsg.) Linguistik der Wissenschaftssprache. Berlin/New York (de Gruyter), S. 15–39.

Kriwet, I. (2002): Internationale Tendenzen der Professionalisierung von Lehrern/Lehrerinnen, aufgezeigt am Beispiel Schweden. *Behindertenpädagogik* 1: 2–23.

Kühn, P. (1995): Mehrfachadressierung. Tübingen (Niemeyer).

Kuhn, T. S. (1976): Die Struktur wissenschaftlicher Revolutionen. Frankfurt a. M. (Suhrkamp).

Langmaack, B. (2001): Einführung in die Themenzentrierte Interaktion TZI. Leben rund ums Dreieck. Weinheim et al. (Beltz).

Latour, B. (2002): Wir sind nie modern gewesen. Versuch einer symmetrischen Anthropologie. Frankfurt a. M. (Fischer).

Law, L.-C. (2000): Die Überwindung der Kluft zwischen Wissen und Handeln aus situativer Sicht. In: H. Mandl u. J. Gerstenmeier (Hrsg.): Die Kluft zwischen Wissen und handeln. Göttingen (Hogrefe).

Liebert, W.-A. (2001): Demokratisierung wissenschaftlicher Information [Internet]. (Beiträge der ersten Ökonuxkonferenz, Dortmund, 28.–30. 4. 2001). Vortrag (Audiofile) und Internetpublikation verfügbar unter: http://erste.oekonux-konferenz.de/dokumentation/texte/liebert.html [16.12.2004].

Liebert, W.-A. (2002): Wissenstransformationen. Handlungssemantische Analysen von Wissenschafts- und Vermittlungstexten. Berlin/New York (de Gruyter).

Literatur

Loth, W. (1998): Auf den Spuren hilfreicher Veränderungen. Dortmund (Modernes Lernen).

Lüde, R. von (2002): Konstruktivistische Handlungsansätze in der Organisationsentwicklung in der Schule. In: R. Voß (Hrsg.): Die Schule neu erfinden. Neuwied (Luchterhand), S. 282–301.

Lüde, R. von (2003): Jenseits von Garbage Cans? Kommunikation und Entscheidung in Universitäten. In: K.-H. Hillmann u. G. W. Oesterdiekhoff (Hrsg.): Die Verbesserung des menschlichen Zusammenlebens. Eine Herausforderung für die Soziologie. Opladen (Leske & Budrich).

Lüde, R. von (2004): Organisationsentwicklung im Sozialen System Schule. Studienbrief für die FernUniversität Hagen. (VorLauf-Vorbereitung auf Leitungsaufgaben in Schulen. Weiterbildendes Studium an der FernUniversität.) Hagen (FernUniversität Hagen).

Ludewig, K. (1992): Systemische Therapie. Stuttgart (Klett-Cotta).

Luhmann, N. (1981): Theoriesubstitution in der Erziehungswissenschaft. Von der Philanthropie zum Neuhumanismus. In: N. Luhmann (Hrsg.): Gesellschaftsstruktur und Semantik. Studien zur Wissenssoziologie der modernen Gesellschaft. Bd. 2. Frankfurt a. M. (Suhrkamp), S. 105–194.

Luhmann, N. (1984): Soziale Systeme. Grundriß einer allgemeinen Theorie. Frankfurt a. M. (Suhrkamp).

Luhmann, N. (1985): Die Autopoiesis des Bewusstseins. *Soziale Welt* 36: 402–446.

Luhmann, N. (1986): Codierung und Programmierung. Bildung und Selektion im Erziehungssystem. In: H.-E. Tenorth (Hrsg.): Allgemeine Bildung. Analysen zu ihrer Wirklichkeit, Versuche über ihre Zukunft. Weinheim (Juventa), S. 154–182.

Luhmann, N. (1990a): Die Homogenisierung des Anfangs: Zur Ausdifferenzierung der Schulerziehung. In: N. Luhmann u. K. E. Schorr (Hrsg.): Zwischen Anfang und Ende. Fragen an die Pädagogik. Frankfurt a. M. (Suhrkamp), S. 73–111.

Luhmann, N. (1990b): Die Wissenschaft der Gesellschaft. Frankfurt a. M. (Suhrkamp).

Luhmann, N. (1990c): Soziologische Aufklärung. Bd. 5. Konstruktivistische Perspektiven. Opladen (Westdeutscher Verlag).

Luhmann, N. (1991): Das Kind als Medium der Erziehung. *Zeitschrift für Pädagogik* 37 (3): 19–40.

Luhmann, N. (1992): System und Absicht der Erziehung. In: N. Luhmann u. K. E. Schorr (Hrsg.): Zwischen Absicht und Person. Fragen an die Pädagogik. Frankfurt a. M. (Suhrkamp), S. 102–124.

Luhmann, N. (1995a): Wahrnehmung und Kommunikation sexueller Interessen. In: N. Luhmann: Soziologische Aufklärung. Bd. 6. Opladen (Westdeutscher Verlag), S. 189–203.

Luhmann, N. (1995b): Was ist Kommunikation? In: N. Luhmann: Soziologische Aufklärung. Bd. 6. Opladen (Westdeutscher Verlag), S. 113–124.

Luhmann, N. (1996): Das Erziehungssystem und die Systeme seiner Umwelt. In: N. Luhmann u. K. E.Schorr (Hrsg.): Zwischen System und Umwelt. Fragen an die Pädagogik. Frankfurt a. M. (Suhrkamp), S. 14–52.

Luhmann, N. (1997a): Die Gesellschaft der Gesellschaft. Erster und zweiter Teilband. Frankfurt a. M. (Suhrkamp).

Luhmann, N. (1997b): Erziehung als Formung des Lebenslaufs. In: D. Lenzen u. N. Luhmann (Hrsg.): Bildung und Weiterbildung im Erziehungssystem. Lebenslauf und Humanontogenese als Medium und Form. Frankfurt a. M. (Suhrkamp), S. 11–29.

Luhmann, N. (2002): Das Erziehungssystem der Gesellschaft. Frankfurt a. M. (Suhrkamp).

Luhmann, N. u. K. E.Schorr (1979): „Kompensatorische Erziehung" unter pädagogischer Kontrolle? Zur Theorielage der kompensatorischen Erziehung, Bildung und Erziehung 32, S. 551–567.

Luhmann, N. u. K. E. Schorr (1981): Wie ist Erziehung möglich? Eine wissenschaftssoziologische Analyse der Erziehungswissenschaft. *Zeitschrift für Sozialisationsforschung und Erziehungssoziologie* 1: 37–54.

Luhmann, N. u. K. E. Schorr (1982a): Das Technologiedefizit der Erziehung in der Pädagogik. In: N. Luhmann u. K. E. Schorr (Hrsg.): Zwischen Technologie und Selbstreferenz. Fragen an die Pädagogik. Frankfurt a. M. (Suhrkamp), S. 11–40.

Luhmann, N. u. K. E. Schorr (1982b): Personale Identität und Möglichkeiten der Erziehung. In: N. Luhmann u. K. E. Schorr (Hrsg.): Zwischen Technologie und Selbstreferenz. Fragen an die Pädagogik. Frankfurt a. M. (Suhrkamp), S. 224–261.

Luhmann, N. u. K. E. Schorr (1988a): Strukturelle Bedingungen von Reformpädagogik. Soziologische Analysen zur Pädagogik der Moderne. *Zeitschrift für Pädagogik* 34: 463–480.

Luhmann, N. u. K. E. Schorr (1988b): Reflexionsprobleme im Erziehungssystem. Frankfurt a. M. (Suhrkamp).

Lüpke, H. von u. R. Voß (Hrsg.) (2000): Entwicklung im Netzwerk. Systemisches Denken und professionsübergreifendes Handeln. Neuwied (Luchterhand).

Mandl, H. u. G. Reinmann-Rothmeier (1995): Unterrichten und Lernumgebungen gestalten. Forschungsbericht Nr. 60. München (Ludwig-Maximilians-Universität München).

Maslow, A. H. (1954): Motivation and Personality. New York (Harper).

Maturana, H. R. (1982): Erkennen: Die Organisation und Verkörperung von Wirklichkeit. Braunschweig/Wiesbaden (Vieweg).

Maturana, H. R. u. B. Pörksen (2002) Vom Sein zum Tun. Die Ursprünge der Biologie des Erkennens. Heidelberg (Carl-Auer).

Maturana, H. R. u. F. J. Varela (1987): Der Baum der Erkenntnis. Die biologischen Wurzeln des menschlichen Erkennens. Bern/München (Goldman).

Mead, G. H. (1967): Mind, self, and society. Chicago/London (University of Chicago Press).

Meißner, I. et al. (2004): Der Grammatikbär. Virtuelles Grammatikpropädeutikum [Internet]. Verfügbar unter: http://webct.uni-koblenz.de [10.8.2004].

Meister, H. (2000): Differenzierung von A-Z. Stuttgart (Klett).

Metzger, C. et al. (1993): Anspruchsniveau von Lernzielen und Prüfungen. (Studien des Instituts für Wirtschaftspädagogik H. 10.) St. Gallen (Hochschule St. Gallen).

Literatur

Mücke, K. (2001): Beratung und Psychotherapie – Ein Unterschied? *Zeitschrift für Systemische Therapie* 3: 167.

Müller, M. (1999): Open Source – Standortbestimmung. In: C. Dibona (Hrsg.): Open Source. Beijing/Cambridge/Köln et al. (O'Reilly), S. 7–19.

Muth, L. (1996): Leseglück als Flow-Erlebnis. Ein Deutungsversuch. In: A. Bellebaum u. L. Muth (Hrsg.): Leseglück. Eine vergessene Erfahrung? Opladen (Westdeutscher Verlag), S. 57–81.

Negt, O. (1998): Lernen in einer Welt gesellschaftlicher Umbrüche. In: H. Dieckmann u. B. Schachtsiek (Hrsg.): Lernkonzepte im Wandel. Stuttgart (Klett-Cotta).

Neubert, S. (1998): Erkenntnis, Verhalten und Kommunikation. John Deweys Philosophie des „experience" in interaktionisch-konstruktivistischer Interpretation. Münster et al. (Waxmann).

Neubert, S. (2004). Pragmatismus, Konstruktivismus und Kulturtheorie. In: L. Hickman et al. (Hrsg.): John Dewey – Zwischen Pragmatismus und Konstruktivismus. Münster et al. (Waxmann), S. 114–131.

Neubert, S. u. K. Reich (2000): Die konstruktivistische Erweiterung der Diskurstheorie. In: H. Burckhart et al. (Hrsg.): Die Idee des Diskurses. Markt Schwaben (Eusl).

Neuweg, G. H. (2001): Lehrerhandeln und Lehrerbildung im Lichte des Konzepts des impliziten Wissens. *Zeitschrift für Pädagogik* 1: 10–29.

Nietzsche, F. (1988): Über Wahrheit und Lüge im außermoralischen Sinne. (KSA 1, hrsg. v. G. Colli u. M. Montanari.) München (dtv).

Niggli, A. (2000): Lernarrangements erfolgreich planen. Aarau (Sauerländer).

Nürnberger Projektgruppe (2001): Erfolgreicher Gruppenunterricht. Praktische Anregungen für den Schulalltag. Stuttgart (Klett).

Nutz, M. (1999): Literaturgeschichte? – Differenzerfahrung und kulturelles Gedächtnis. In: K. H. Spinner (Hrsg.): Neue Wege im Literaturunterricht. Hannover (Schroedel), S. 21–32.

Oelkers, J. (1986): Ist Verstehen lehrbar? Ein Beitrag zur Fachdidaktik. In: J. Oelkers (Hrsg.): Fachdidaktik und Lehrerausbildung. Bad Heilbrunn i. Obb. (Klinkhardt), S. 30–53.

Oelkers, J. (2000): Probleme der Lehrerbildung: Welche Innovationen sind möglich? In: E. Cloer, E. et al. (Hrsg.): Welche Lehrer braucht das Land? Notwendige und mögliche Reformen der Lehrerbildung. Weinheim et al. (Beltz), S. 126–141.

Ong, W. (1987): Oralität und Literalität. Opladen (Westdeutscher Verlag).

Ortmann, G. et al. (1997): Organisation als reflexive Strukturation. In: G. Ortmann et al. (Hrsg.): Theorien der Organisation. Die Rückkehr der Gesellschaft. Opladen (Westdeutscher Verlag), S. 315–354.

Owen, H. (2001): Die Erweiterung des Möglichen – Die Entdeckung des Open Space. Stuttgart (Klett-Cotta).

Peirce, C. S. (1931–35, 1958): Collected Papers of Charles Sanders Peirce. Cambridge, MA/London (Harvard University Press).

Peirce, C. S. (1983): Phänomen und Logik der Zeichen. Hrsg. und übersetzt v. H. Pape. Frankfurt a. M. (Suhrkamp).

Peirce, C. S. (1986): Semiotische Schriften. Bd. 1–3. Frankfurt a. M. (Suhrkamp).

Literatur

Peirce, C. S. (1991): Naturordnung und Zeichenprozeß. Frankfurt (Suhrkamp).
Peschel, F. (2002): Offener Unterricht – Idee, Realität, Perspektive und ein praxiserprobtes Konzept zur Diskussion. Teil I: Allgemeindidaktische Überlegungen. Teil II: Fachdidaktische Überlegungen. Baltmannsweiler (Schneider).
Peschel, F. (2003): Offener Unterricht – Idee, Realität, Perspektive und ein praxiserprobtes Konzept in der Evaluation. Baltmannsweiler (Schneider Verlag Hohengehren).
Peterßen, W. H. (2001): Kleines Methoden-Lexikon. München (Oldenbourg).
Pfarr, K. u. B. Schenk (2001) „Erzählen Sie doch mal ..." Ein Werkstattbericht über 120 Interviews mit Lesern und Nichtlesern. In: Stiftung Lesen (Hrsg.): Leseverhalten in Deutschland im neuen Jahrtausend. (Lesewelten Bd. 3.) Hamburg (SPIEGEL), S. 33–59.
Pierer, H. von u. B. von Oettinger (1999): Wie kommt das Neue in die Welt? Reinbek bei Hamburg (Rowohlt).
Plessner, H. (1976): Die Frage nach der Conditio humana. Aufsätze zur philosophischen Anthropologie. Frankfurt a. M. (Suhrkamp).
Pohl, K. (2004): Positionen der politischen Bildung 1. Ein Interviewbuch zur Politikdidaktik. Schwalbach i. Ts. (Wochenschau).
Polanyi, M. (1985): Implizites Wissen. Frankfurt (Suhrkamp).
Pörksen, B. (2002): Die Gewissheit der Ungewissheit. Gespräche für Skeptiker. Heidelberg (Carl-Auer).
Prengel, A. (1993): Pädagogik der Vielfalt. Verschiedenheit und Gleichberechtigung in Interkultureller, Feministischer und Integrativer Pädagogik. Opladen (Leske & Budrich).
Prenzel, M. et al. (2001): Naturwissenschaftliche Grundbildung: Testkonzeption und Ergebnisse. In: Deutsches PISA-Konsortium (Hrsg.): PISA 2000. Opladen (Leske & Budrich).
Psychologie Heute (2000): Geburtstermin und Schicksal. Jahreszeiten haben einen Einfluss auf unsere Entwicklung. 27 (5): 14.
Radtke, F.-O. (1996): Wissen und Können – Grundlagen der wissenschaftlichen Lehrerbildung. Opladen (Leske & Budrich).
Rahm, D. (2001): Beiträge von psychotherapeutischer Seite für den Umgang des Lehrers mit sich selbst und den Beziehungspartnern in seinem Berufsfeld. In: E. Unterweger u. V. Zimprich (Hrsg.): Braucht die Schule Psychotherapie? Wien (Orac), S. 33.
Raible, W. (Hrsg.) (1995): Kulturelle Perspektiven auf Schrift und Schreibprozesse. Tübingen (Gunter Narr).
Reh, S. (2004): Abschied von der Profession, von Professionalität oder vom Professionellen? *Zeitschrift für Pädagogik* (3): 358–372.
Reich, K. (1998a): Die Ordnung der Blicke. Perspektiven des interaktionistischen Konstruktivismus. Bd. 1. Neuwied (Luchterhand).
Reich, K. (1998b): Die Ordnung der Blicke. Perspektiven des interaktionistischen Konstruktivismus. Bd. 2. Neuwied (Luchterhand).
Reich, K. (2001a): Konstruktivistische Ansätze in den Sozial- und Kulturwissenschaften. In: T. Hug (Hrsg.): Wie kommt die Wissenschaft zu ihrem Wissen? Bd. 4. Baltmannsweiler (Schneider).

Literatur

Reich, K. (2001b): Konstruktivismen aus kultureller Sicht: Zur Position des Interaktionistischen Konstruktivismus. In: F. G. Wallner u. B. Agnese (Hrsg.): Konstruktivismen. Eine kulturelle Wende. Wien (Braumüller).

Reich, K. (2002): Systemisch-konstruktivistische Pädagogik. Einführung in Grundlagen einer interaktionistisch-konstruktivistischen Pädagogik. Neuwied (Luchterhand), 5. Aufl. 2005, Weinheim (Beltz).

Reich, K. (2004a): Konstruktivistische Didaktik. Neuwied (Luchterhand), 3. Aufl. 2006, Weinheim (Beltz).

Reich, K. (2004b): Beobachter, Teilnehmer und Akteure in Diskursen – Zur Beobachtertheorie im Pragmatismus und Konstruktivismus. In: L. Hickman et al. (Hrsg.): John Dewey – Zwischen Pragmatismus und Konstruktivismus. Münster et al. (Waxmann), S. 76–98.

Reich, K. (2004c) Konstruktivismus – Vielfalt der Ansätze und Berührungspunkte zum Pragmatismus. In: L. Hickman et al. (Hrsg.): John Dewey – Zwischen Pragmatismus und Konstruktivismus. Münster et al. (Waxmann), S. 28–45.

Reiser, H. (1996): Arbeitsplatzbeschreibungen – Veränderungen der sonderpädagogischen Berufsrolle. *Zeitschrift für Heilpädagogik* 5: 176–186.

Resnick, L. B. u. M. W. Hall (1998): Learning Organizations for Sustainable Education Reform. *Daedalus* 127 (4): 89–118.

Rohe, K. (1994): Politik. Begriffe und Wirklichkeiten. Eine Einführung in das politische Denken. Stuttgart (Kohlhammer).

Rolff, H.-G., C. C. Buhren, D. Lindau-Bank u. S. Müller (1998): Manual Schulentwicklung. Handlungskonzepte zur Schulentwicklungsberatung. Weinheim (Beltz).

Roth, G. (2004): Warum sind Lehren und Lernen so schwierig. *Zeitschrift für Pädagogik* 50 (7/8): 496–506.

Rotthaus, W. (2002): Wozu erziehen? Entwurf einer systemischen Erziehung. Heidelberg (Carl-Auer), 5. Aufl. 2004.

Rubner, A. (2001): Über die Wechselwirkung zwischen der Rolle des einzelnen, der Gegenübertragung des Leiters und dem Prozess der Gruppe. In: K. Hahn (Hrsg.): Kompetente LeiterInnen. Beiträge zum Leitungsverständnis nach TZI. Mainz (Matthias-Grünewald).

Rumpf, H. (1998): Lernen, sich auf etwas einzulassen. In: U. Fritsch u. H.-K. Maraun (Hrsg.): Über ein anderes Bild von Lehre. Weinheim (Beltz), S. 15–27.

Sander, W. (2001): Politik entdecken – Freiheit leben. Neue Lernkulturen in der politischen Bildung. Schwalbach i. Ts. (Wochenschau).

Sander, W. (2003): Vom „Unterricht" zur „Lernumgebung". Politikdidaktische und schulpädagogische Überlegungen zur politischen Bildung nach der Belehrungskultur. In: GPJE (Hrsg.): Lehren und Lernen in der politischen Bildung. Schwalbach i. Ts. (Wochenschau), S. 21–33.

Sander, W. (2004): Politik in der Schule. Kleine Geschichte der politischen Bildung in Deutschland. Marburg (Schüren).

Sauter, F. C. (Hrsg.) (1983): Psychotherapie in der Schule. München (Kösel).

Schaefers, C. u. S. Koch (2000): Neuere Veröffentlichungen zur Lehrerforschung. *Zeitschrift für Pädagogik* 4: 601–623.

Schäffter, O. (2003): Die Reflexionsfunktion der Erwachsenenbildung in der Transformationsgesellschaft: Institutionstheoretische Überlegungen zur

Begründung von Ermöglichungsdidaktik. In: R. Arnold u. I. Schüßler (Hrsg.): Ermöglichungsdidaktik. Baltmannsweiler (Schneider), S. 48–62.
Schedler, K. u. I. Proeller (2000): New Public Management. Bern (Haupt/UTB).
Scherr, A. (2002): Subjektbildung in Anerkennungsverhältnissen. Über „soziale Subjektivität" und „gegenseitige Anerkennung" als pädagogische Grundbegriffe. In: B. Hafeneger et al. (Hrsg.): Pädagogik der Anerkennung. Grundlagen, Konzepte, Praxisfelder. Schwalbach i. Ts. (Wochenschau), S. 13–25.
Schiek, G. (1996): Selbstreflexion. In: H. Hierdeis u. T. Hug (Hrsg.): Taschenbuch der Pädagogik. Baltmannsweiler (Schneider), S. 1311–1319.
Schindler, A. (2004): Über den Unterschied zwischen Kaiserpinguinen und Suppenschildkröten. Bindungstheoretische Appetithäppchen für Systemiker. ISS'ES (Institut für systemische Studien) 16.
Schläbitz, N. (2001): „.... am Ende die Medientheorie!?" – Vom „Was" zum „Wie" musikalischer Kommunikation. In: K. Pilnitz et al. (Hrsg.): Musikunterricht heute 4. Oldershausen (Lugert), S. 26–57.
Schläbitz, N. u. K. Pappas (2003): U-Modell zu G. Hauptmanns „Bahnwärter Thiel". Paderborn (Schöningh).
Schläbitz, N. (2004): Mit System ins Durcheinander. Musikkommunikation und (Jugend-)Sozialisation zwischen „Hard-Net" und „Soft-Net". Osnabrück (epOs).
Schmidt, S. J. (Hrsg.) (1987): Der Diskurs des Radikalen Konstruktivismus, Frankfurt a. M. (Suhrkamp).
Schmidt, S. J. (1996): Kognitive Autonomie und soziale Orientierung. Frankfurt a. M. (Suhrkamp), 2. Aufl.
Schmidt, S. J. (2003): Geschichten & Diskurse. Abschied vom Konstruktivismus. Reinbek bei Hamburg (Rowohlt).
Schwanitz, D. (2001): Männer – Eine Spezies wird besichtigt. Frankfurt a. M. (Eichborn), S. 208–210.
Schweitzer, J. (1987): Therapie dissozialer Jugendlicher. Weinheim (Juventa).
Schweitzer, J. (1989): Professionelle (Nicht-)Kooperation: Ihr Beitrag zur Eskalation dissozialer Karrieren Jugendlicher. *Zeitschrift für Systemische Therapie* 7 (4): 247–254.
Schweitzer, J. (1998): Gelingende Kooperation. München (Juventa).
Schweitzer, J. (2001): Lohnt sich die Zusammenarbeit von Jugendhilfe und Schule? In: P. Becker u. J. Schirps, J. (Hrsg.): Jugendhilfe und Schule. Weinheim/Basel (Beltz).
Seckel, A. (2003): Meisterwerke der optischen Illusion. Wien.
Senge, P. M. (1996): Die fünfte Disziplin – Kunst und Praxis der lernenden Organisation. Stuttgart (Klett-Cotta).
Siebert, H. (1994): Lernen als Konstruktion von Lebenswelten. Umrisse einer konstruktivistischen Didaktik. Frankfurt a. M. (Verlag für akademische Schriften).
Siebert, H. (1996): Bildungsarbeit konstruktivistisch betrachtet. Frankfurt a. M. (Verlag für akademische Schriften).
Siebert, H. (1999): Pädagogischer Konstruktivismus. Eine Bilanz der Konstruktivismusdiskussion für die Bildungspraxis. Neuwied (Luchterhand), 3. Aufl. 2005, Weinheim (Beltz).

Literatur

Siebert, H. (2000): Didaktisches Handeln in der Erwachsenenbildung. Didaktik aus konstruktivistischer Sicht. Neuwied (Luchterhand).
Siebert, H. (2001): Selbstgesteuertes Lernen und Lernberatung. Neue Lernkulturen in Zeiten der Postmoderne. Neuwied (Luchterhand).
Siepmann, G. (2000): Belastungsfaktoren lernbehinderter Schülerinnen und Schüler im Land Brandenburg und Schlussfolgerungen für eine vorschulische Förderung. In: G. Siepmann (Hrsg.): Frühförderung im Vorschulbereich. (Beiträge einer Interdisziplinären Arbeitstagung zur Frühförderung am Institut für Sonderpädagogik der Universität Potsdam im September 1999.) Wien (Lang).
Simon, F. B. (1995): Die Kunst, nicht zu lernen. In: H. R. Fischer (Hrsg.): Die Wirklichkeit des Konstruktivismus. Heidelberg (Carl-Auer), S. 353–365.
Simon, F. B. (1997): Die Kunst, nicht zu lernen, und andere Paradoxien in Psychotherapie, Management und Politik. Heidelberg (Carl-Auer).
Simon, F. B. (2000): Zirkuläres Fragen. Ein Lehrbuch. Heidelberg (Carl-Auer), 6. Aufl. 2004.
Simon, F. B. (2002): Die Kunst, nicht zu lernen. In: F. B. Simon: Die Kunst, nicht zu lernen. Heidelberg (Carl-Auer), 3. Aufl., S. 145–159.
Simon, F. B. u. A. Retzer (1998): Editorial zur *Familiendynamik* „Erziehung und Schule": 23 (1): 1–5.
Sloterdijk, P. (1993): Medienzeit. Stuttgart (Cantz).
Spindler, M. u. K. Klarer (1999): Schule, Eltern und Erziehungsberatung. Ein Werkstattbericht. *System Schule* 3 (1): 12–17.
Spitta, G. (2000): Sind Sprachbewusstheit und Sprachbewusstsein dasselbe? Oder – Gedanken zu einer vernachlässigten Differenzierung. In: Deutschdidaktische Perspektiven. Universität Bremen.
Spitzer, M. (1996): Geist im Netz. Modelle für Lernen, Denken und Handeln. Heidelberg et al. (Spektrum).
Spitzer, M. (2002): Lernen. Gehirnforschung und die Schule des Lebens. Heidelberg/Berlin (Spektrum).
Sprenger, R. K. (2000): Aufstand des Individuums. Warum wir Führung komplett neu denken müssen. Frankfurt a. M. (Campus).
Stamm, M. (2003): Evaluation und ihre Folgen für die Bildung. Eine unterschätzte pädagogische Herausforderung. Münster (Waxmann).
Stanat, P. u. M. Kunter (2001): Kooperation und Kommunikation. In: Deutsches PISA-Konsortium (Hrsg.): PISA 2000. Pisa 2000. Opladen (Leske & Budrich), S. 299–322.
Stehling, W. (2002): Leadership mit Lust und Leistung. München (Moderne Industrie).
Sternberg, R. J. (1996): Myths, Countermyths, and Truths about Intelligence. *Educational Researcher* 25 (2): 11–16.
Stich, J. (2000): Das erste Mal: Sexuelle Annäherungsprozesse zwischen Planung, Spontaneität und Lust. In: BZGA (Bundeszentrale für gesundheitliche Aufklärung): „meine Sache". Dokumentation einer Fachtagung zur Sexualpädagogischen Mädchenarbeit. Köln, S. 60–66.
Stierlin, H. (1977): Haltsuche in Haltlosigkeit. Grundfragen der systemischen Therapie, Frankfurt a. M. (Suhrkamp).

Literatur

Stiftung Lesen (Hrsg.) (2001): Leseverhalten in Deutschland im neuen Jahrtausend. (Lesewelten Bd. 3.) Hamburg (SPIEGEL).

Storath, R. (1998): Sag mir (nicht), was ich tun soll! Überlegungen zu Elternarbeit in der Schule. *Familiendynamik* 1: 60–80.

Straka, G. A. u. G. Macke (2002): Lern-lehr-theoretische Didaktik. Bd. 3. Münster (Waxmann).

Sutor, B. (1992): Politische Bildung als Praxis. Gründzüge eines didaktischen Konzepts. Schwalbach i. Ts. (Wochenschau).

Szaday, C. et al. (1996): Schulqualitäts- und Schulentwicklungsforschung: Trends, Synthesen und Zukunftsperspektiven. Bern (SKBF/CSRE).

Szecsenyi, J. (1999): Ein Praxisnetz erfolgreich gestalten. Erfahrungen und Ergebnisse aus zwei Jahren ärztliche Qualitätsgemeinschaft Ried. Göttingen (AQUA-Institut).

Tenbruck, F. H. (1990): Die Bedeutung der Medien für die gesellschaftliche und kulturelle Entwicklung. In: Walter-Raymond-Stiftung (Hrsg.): Die modernen Medien und die Zukunft der Gesellschaft. Köln, S. 57–99.

Thom, N. et al. (Hrsg.) (2002): Effektive Schulführung. Chancen und Risiken des Public Managements im Bildungswesen. Bern (Haupt).

Thomas, W. u. D. Thomas (1928): Das Kind in Amerika. In: W. Thomas (1965): Person und Sozialverhalten. Neuwied (Luchterhand).

Tillmann, K.-J. (1989): Sozialisationstheorien. Reinbek (Rowohlt).

Tillmann, K.-J. (1993): Schultheorie zwischen pädagogischer Selbstkritik, sozialwissenschaftlichen Einwanderungen und metatheoretischen Fluchtbewegungen. *Die Deutsche Schule* 85: 404–419.

Trommsdorff, G. (1989): Sozialisation und Werthaltungen im Kulturvergleich. In: G. Trommsdorff et al. (Hrsg.): Sozialisation im Kulturvergleich. Stuttgart (Enke), S. 97–121.

Tullius, C. (2001): Typologien der Leser und Mediennutzer. In: Stiftung Lesen (Hrsg.): Leseverhalten in Deutschland im neuen Jahrtausend. Hamburg (Spiegel), S. 61–83.

Ulrich, H. u. G. Probst (1988): Anleitung zum ganzheitlichen Denken und Handeln. Ein Brevier für Führungskräfte. Bern/Stuttgart (Haupt).

Unterweger, E. u. V. Zimprich (Hrsg.) (2001): Braucht die Schule Psychotherapie? Wien (Orac).

Vereinigung der Bayerischen Wirtschaft (Hrsg.) (2003): Bildung neu denken! Das Zukunftsprojekt. Opladen (Leske & Budrich).

Vester, F. (1992): Leitmotiv vernetztes Denken. Für einen besseren Umgang mit der Welt. München (Heyne).

Vester, F. (1999): Die Kunst, vernetzt zu denken. Ideen und Wege für einen neuen Umgang mit Komplexität. Stuttgart (Deutsche Verlagsanstalt).

Vilar, E. (1987): Der betörende Glanz der Dummheit. Düsseldorf/Wien/New York (Econ).

Völkel, A. et al. (2000): Wir können auch anders! *System Schule* 4 (3): 70–76.

Voß, R. (1991): Systemic Consultation and Interdisciplinary Cooperation – Appeal for an Ecosystemic Model of Action in Human Sciences. *International Journal of Prenatal and Perinatal Studies* (1/2): 1.

Literatur

Voß, R. (1992): Anpassung auf Rezept. Die fortschreitende Medizinisierung auffälligen Verhaltens von Kindern und Jugendlichen. Stuttgart (Klett-Cotta), 2. Aufl.

Voß, R. (Hrsg.) (1995): Das Recht des Kindes auf Eigensinn – Die Paradoxien von Störung und Gesundheit. München/Basel (E. Reinhard, 2. Aufl.).

Voß, R. (1998a): Lasst uns Zeit! Verhaltensauffälligkeiten im Kindesalter und die soziale Dimension der Zeit. *Behinderte* (2): 19.

Voß, R. (Hrsg.) (1998b): Schulvisionen – Theorie und Praxis systemisch-konstruktivistischer Pädagogik. Heidelberg (Carl-Auer).

Voß, R. (2000a): Gemeinsam Lösungen (er-)finden – Systemische Konsultation im Kontext von Familie, Schule und Gemeinde. In: R. Voß (Hrsg.): Verhaltensauffällige Kinder in Schule und Familie. Neuwied (Luchterhand), S. 178.

Voß, R. (Hrsg.) (2000b): Verhaltensauffällige Kinder in Schule und Familie – Neue Lösungen oder alte Rezepte? Neuwied (Luchterhand).

Voß, R. (Hrsg.) (2002a): Die Schule neu erfinden – Systemisch-konstruktivistische Annäherungen an Schule und Pädagogik. Neuwied (Luchterhand), 5. Aufl. in Vorb., Weinheim (Beltz).

Voß, R. (Hrsg.) (2002b): Unterricht aus konstruktivistischer Sicht – Die Welten in den Köpfen der Kinder. Neuwied (Luchterhand), 2. Aufl. 2005, Weinheim (Beltz).

Voß, R. (2002c): Unterricht ohne Belehrung – Kontextsteuerung, individuelle Lernbegleitung, Perspektivenwechsel. In: R. Voß (Hrsg.): Unterricht aus konstruktivistischer Sicht. Neuwied (Luchterhand), 2. Aufl. 2005, Weinheim (Beltz), S. 35.

Voß, R. (2006): Wir erfinden Schulen neu. Lernzentrierte Pädagogik in Schule und Lehrerbildung. Weinheim (Beltz).

Voß, R. u. R. Wirtz (2000): Keine Pillen für den Zappelphilipp. Alternativen im Umgang mit unruhigen Kindern. Reinbek bei Hamburg (Rowohlt).

Wache, M. (2004): Grundlagen von e-Learning [Internet]. Verfügbar unter: http://www.bpb.de/methodik/87S2YN,0,0,Grundlagen_von_eLearning.html [10.8.2004].

Wallner, F. G. u. B. Agnese (2001) (Hrsg.): Konstruktivismen. Eine kulturelle Wende. Wien (Braunmüller).

Walthes, R. (1995): Behinderung aus konstruktivistischer Sicht – dargestellt am Beispiel der Tübinger Untersuchung zur Situation von Familien mit einem Kind mit Sehschädigung. In: J. Neumann (Hrsg.): „Behinderung". Von der Vielfalt eines Begriffs und dem Umgang damit. Tübingen (Attempto), S. 89–104.

Wehling, H.-G. (1977): Konsens à la Beutelsbach? In: S. Schiele u. H. Schneider (Hrsg.): Das Konsensproblem in der politischen Bildung. Stuttgart (Klett), S. 173–184.

Weick, K. E. u. K. M. Sutcliff (2003): Das Unerwartete managen. Stuttgart (Klett-Cotta).

Weinert, F. E. (2001): Qualifikation und Unterricht zwischen gesellschaftlichen Notwendigkeiten, pädagogischen Visionen und psychologischen Möglichkeiten. In: W. Melzer u. U. Sandfuchs (Hrsg.): Was Schule leistet. Weinheim/München (Juventa), S. 65–86.

Weingart, P. et al. (2002): Von der Hypothese zur Katastrophe. Der anthropogene Klimawandel im Diskurs zwischen Wissenschaft, Politik und Massenmedien. Opladen (Leske & Budrich).
Weiß, M. (1996): Bildung ist Zukunftsinvestition. Die deutsche Schule 88: 132–134.
Welsch, W. (1993): Ästhetik und Anästhetik. In: W. Welsch: Ästhetisches Denken. Stuttgart (Reclam), S. 9–41.
Welsch, W. (1996): Unsere postmoderne Moderne. Weinheim (VCH, Acta humaniora).
Willke, H. (1989): Systemtheorie entwickelter Gesellschaften. Weinheim/München (Juventa).
Wimmer, M. (1997): Zerfall des Allgemeinen – Wiederkehr des Singulären. Pädagogische Professionalität und der Wert des Wissens. In: A. Combe u. W. Helsper (Hrsg.): Pädagogische Professionalität. Frankfurt a. M. (Suhrkamp), S. 404–447.
Winkler, S. (2003): Selbstorganisation der Kommunikation Wissenschaft – Öffentlichkeit im virtuellen Raum [Internet]. Koblenz (Forschungsstelle für Wissenstransfer, Universität Koblenz-Landau, Campus Koblenz.) Verfügbar unter: http://lenz.uni-koblenz.de/publications.
Wollnik, M. (1988): Organisationstheorie, interpretative. In: E. Freese (Hrsg.): Handbuch der Organisation. Stuttgart (Poeschel).
Wollnik, M. (1994): Interventionschancen bei autopoietischen Systemen. In: K. Götz (Hrsg.): Theoretische Zumutungen. Vom Nutzen der systemischen Theorie für die Managementpraxis. Heidelberg (Carl-Auer), S. 118–159.
Wynne, L. C. et al. (1986): The Road from Family Therapy to Systems Consultation. In: L. C. Wynne et al. (eds.): Systems Consultation. A New Perspective for Family Therapy. New York/London (Guilford), pp. 4.
Zehnpfennig, H. (1992): Was ist „Offener Unterricht"? In: Landesinstitut für Schule und Weiterbildung (Hrsg.): Schulanfang. Ganzheitliche Förderung im Anfangsunterricht und im Schulkindergarten. Soest, S. 46–60.
Zinnecker, J. (Hrsg.) (1976): Der heimliche Lehrplan. Weinheim (Beltz).

Verzeichnis der Autorinnen und Autoren

Albrecht, Clemens
Univ.-Prof., Dr. rer. soc., lehrt seit 2002 Soziologie an der Universität in Koblenz; albrecht@uni-koblenz.de

Arnold, Rolf
Univ.-Prof., Dr. phil., Dipl.-Päd., Lehrstuhl für Pädagogik an der Technischen Universität Kaiserslautern, Leiter des Zentrums für Fernstudien und Universitäre Weiterbildung (ZFUW) sowie Sprecher des Virtuellen Campus Rheinland-Pfalz (VCRP); rarnold@rhrk.uni-kl.de

Balgo, Rolf
PD, Dr., Lehrer, staatl. gepr. Motopäde, systemischer Berater/Supervisor (SysFoNie, DGsP), Universität Hannover, Institut für Sonderpädagogik; balgo@erz.uni-hannover.de

Beck, Angelika
Studium der Kunstpädagogik und Germanistik in Hamburg, seit 1986 Unterricht in verschiedenen Schulformen, zurzeit an der Kurt-Schumacher-Schule (Kooperative Gesamtschule mit GOS in Karben; Mbeya@t-online.de

Büeler, Xaver
Dr., MBA, Leiter des Instituts für Bildungsmanagement und Bildungsökonomie IBB sowie Leiter F+E an der Pädagogischen Hochschule Zentralschweiz in Zug; xaver.bueler@phz.ch

Fischer, Hans Rudi
Dr. phil., Vorsitzender des Heidelberger Instituts für systemische Forschung, Psychotherapeut, Lehrtherapeut und Lehrsupervisor der IGST und SG, seit 2002 Mitherausgeber der Zeitschrift Familiendynamik; HRudiFisch@aol.com

Fried, Lilian
Univ.-Prof., Dr., Lehrerin, Dipl.-Päd., Professorin an der Universität Dortmund; LFried@fb12.uni-dortmund.de

Garrison, Jim
Univ.-Prof. für Erziehungsphilosophie am College of Human Resources and Education der Virginia Tech University in Blacksburg, Virginia, USA; wesley@vt.edu

Liebert, Wolf-Andreas
Univ.-Prof., Dr., Professor für Germanistische Linguistik und Vizepräsident an der Universität in Koblenz; liebert@uni-koblenz.de

Lüde, Rolf von
Univ.-Prof., Dr. rer. pol., Professor für Soziologie an der Universität Hamburg; luede@uni-hamburg.de

Meißner, Iris
Dr. phil., wissenschaftliche Mitarbeiterin am Institut für Germanistik an der Universität in Koblenz; meissner@uni-koblenz.de

Neubert, Stefan
Dr. paed., Oberstudienrat im Hochschuldienst an der Universität zu Köln, Erziehungswissenschaftliche Fakultät, Seminar für Pädagogik s.neubert@uni-koeln.de

Niggli, Alois
Prof. tit., Dr., Erziehungswissenschafter, Dozent für Allgemeine Didaktik und Leiter der deutschsprachigen Forschungsstelle an der Pädagogischen Hochschule in Fribourg (Schweiz); NiggliA@edufr.ch

Peschel, Falko
Dr., Grundschullehrer und Konrektor im Rhein-Sieg-Kreis, Lehrbeauftragter an den Universitäten Köln und Siegen; Peschel@paedagogik.uni-siegen.de

Pörksen, Bernhard
Dr. phil., M. A., Juniorprofessor für Journalistik und Kommunikationswissenschaft (Schwerpunkt: Medienpraxis) am Institut für Journalistik und Kommunikationswissenschaft der Universität Hamburg; bernhard.poerksen@uni-hamburg.de

Reich, Kersten
Univ.-Prof., Dr. phil., Hochschullehrer für Allgemeine Pädagogik an der Universität zu Köln; Kersten.Reich@uni-koeln.de

Sander, Wolfgang
Univ.-Prof., Dr., Professor für Didaktik der Gesellschaftswissenschaften an der Justus-Liebig-Universität Gießen; wolfgang.sander@sowi.uni-giessen.de

Schläbitz, Norbert
Univ.-Prof., Dr. phil. habil., Lehrer, Medientheoretiker, Professor für Musik und ihre Didaktik, Geschäftsführender Direktor des Instituts für Musikwissenschaft und Musikpädagogik an der Westfälischen Wilhelms-Universität Münster; schlaebi@uni-muenster.de

Schmidt, Siegfried J.
Univ.-Prof., Dr. Dr. h.c., Lehrstuhl für Kommunikationstheorie und Medienkultur am Institut für Kommunikationswissenschaft der Westfälischen Wilhelms-Universität Münster; sjs3811@uni-muenster.de

Schweitzer, Jochen
Prof., Dr., Dipl.-Psych., Mitgründer und Lehrtherapeut/Supervisor des Helm Stierlin Instituts Heidelberg, stellvertretender Direktor des Instituts für Medizinische Psychologie der Universitätsklinik Heidelberg; jochen_schweitzer-rothers@med.uni-heidelberg.de

Siebert, Horst
Univ.-Prof., Dr., Professor für Erwachsenenbildung und außerschulische Jugendbildung an der Universität Hannover, Honorarprofessor der Universität Iasi (Rumänien); h.siebert.hannover@t-online.de

Völkel, Andreas
Dr., Sonderschullehrer, Fachleiter an einem Studienseminar für Sonderpädagogik, zurzeit stellvertretender Ausbildungsleiter in der Ausbildung von Fachlehrern/Fachlehrerinnen an Sonderschulen, Lehrerfortbildung; anvoelk@web.de

Völkel, Bärbel
Dr., Lehrerin, Lehrkraft für besondere Aufgaben an der Universität zu Köln, Seminar für Geschichte und Philosophie, Abteilung Geschichte und ihre Didaktik; BaerbelVoelkel@web.de

Voß, Reinhard
Prof. Dr., Lehrer, Dipl.-Päd., Familientherapeut (IGST), Gastprofessor an der Universität Innsbruck, ist Professor für Schulpädagogik an der Universität in Koblenz; voss@uni-koblenz.de